KB272786

재량활동 교육과정의 실행:

이론과 실제

단위 학교의 자율성과 학생들의 고급 사고력 개발을 위한

재량활동 교육과정의 실행:
이론과 실제

박은종 지음

한국학술정보㈜

머리말(preface)

　일반적으로 우리가 함께 살고 있는 21세기 현대 사회를 지식 기반사회 내지 지식 정보화 사회라고 일컫는다. 이러한 새로운 사회는 교육에 있어서 강의식 교수와 암기식 학습에서 벗어나 학습자 스스로 공부거리를 찾아 이를 창의적이고도 슬기롭게 해결해야 한다. 학습자 중심 교육이 그 초점인 것이다.

　교육 현장에서는 여러 가지 어려움 속에서도 과거의 교육과정과는 유형이 다른 제7차 교육과정이 학교와 교실에서 뿌리를 내렸고, 그 바탕 위에서 2007년 개정 교육과정이 연차적으로 적용되고 있다. 사실 제7차 교육과정과 2007년 개정 교육과정은 한결같이 이상과 내용은 훌륭한데 우리의 현실과 여건에 부합되지 않는다는 교육 관계자, 학생 일선 교원, 학부모들의 지적이 많은 것도 사실이지만, 새로운 시대를 맞아 새로운 교육과정이 차근차근 우리 실정에 알맞게 재구성되어 적용되고 있는 것이다.

　재량 활동은 교과, 특별 활동과 더불어 현행 교육과정의 핵심이다. 또한 재량 활동은 제7차 교육과정과 마찬가지로 2007년 개정 교육과정에서도 크게 강조되고 있다. 교과와 특별 활동이 과거 오랜 교육과정의 역사 속에서 일정한 틀로 정형화된 데 비하여, 재량 활동은 말 그대로 학교와 학생들이 아주 탄력적으로 적용하고 자유롭고도 다양하게 활동할 수 있는 백지이자 무한한 가능성을 펼칠 수 있는 푸른 풀밭이라고 할 수 있다. 세상 사람들이 각자 천차만별이고 각 학교가 처한 환경과 여건이 각양각색인 이상 적어도 재량 활동은 학생들의 필요와 요구, 그리고 관심과 희망을 최대한 반영한 소위 열린 교육과정으로 편성·운영되어야 한다는 점은 명약관화(明若觀火)한 사실이다.

　교과와 특별 활동 교육과정과 달리 재량 활동은 전적으로 학교와 교사의 창의성과 전문성, 그리고 자율성이 요구되는 영역이다. 우선 교육과정의 재구성 내지 지역화가 선행되어야 하고 특색 있게 운영하려는 문제 인식이 필요한 것이다. 재량 활동 교육과정은 탄력성과 다양성이 핵심이다.

　2007년 개정 교육과정은 제7차 교육과정에 이어서 교육과정의 결정권이 학교와 교사에게 부여되어 있음을 유념해야 할 것이다. 이는 학교 교육과정의 본질적 특성이기도 하다. 학생 중심의 학교 교육과정의 적용, 그리고 교사 교육과정 운영 재량권과 학생의 자기 주도적 학습 능력을 신장하기 위해서는 이러한 재량 활동 운영이 충실하게 실행되어야 함은 재론의 여지가 없을 것이다.

본서는 2007년 개정 교육과정에서 더욱 강조·확대된 재량 활동을 효율적으로 운영하기 위한 길라잡이로 일선 학교의 교사는 물론, 교육 행정가, 교육 전문직, 사범계 대학의 예비 교사 그리고 교육학과 교육과정을 연구하는 사람들에게 자율성과 창의성 및 다양성을 바탕으로 한 재량 활동의 이해를 바탕으로 이론과 실제를 제시한 것이다.

본서는 제1부 재량 활동 교육과정의 이론, 제2부 재량 활동 편성 및 운영의 실제, 제3부 재량 활동 교수·학습 과정안 등으로 구성되어 있다. 제1부 재량 활동 교육과정의 이론에서는 재량 활동의 개관, 기본 방향, 목표와 내용, 유의점 및 평가 등 기본적인 재량 활동의 이론으로 꾸며져 있다. 제2부 재량 활동 편성 및 운영의 실제에서는 범교과 학습과 자기 주도적 학습으로 구분하여 여러 주제별 학습에 대한 재량 활동의 내용과 방법을 제시하였다. 제3부 재량 활동 교수·학습 과정안에서는 저·중·고학년별로 구분하여 창의적 재량 활동의 교수·학습 과정안 모형을 제시하였다. 중·고교에서는 교과 재량 활동이 중시되기는 하지만, 교과 재량 활동의 교수·학습 과정안은 각 학교별로 특징적으로 제시되어야 하기에 제외하고, 주로 창의적 재량 활동 위주로 교수·학습 과정안을 제시하였다. 저·중·고학년별로 구분은 편집 편의상 나눈 것이며, 각 학교급, 단위 학교, 학생 수준 등을 고려하여 적용하는 것이 바람직할 것이다. 다만 재량 활동의 교수·학습 과정안은 수업 설계 측면에서 학생 중심 교육을 전제한 바탕 위에서, 각 학교급, 단위 학교, 교사 수준에서 창의적으로 작성되어야 할 것이다.

따라서 본서는 이러한 교육 관계자들의 기대와 요구를 바탕으로 각 학교와 교실에서 재구성하여 적용하도록 한 재량 활동의 지역화·학교화·학급화의 바탕 자료이자 연구 자료라고 할 수 있다. 물론 제7차 교육과정과 2007년 개정 교육과정의 기본 정신인 학교 수준, 학생 수준을 고려하여 재량 활동 교육과정도 아주 탄력적으로 운영해야 한다는 전제를 간과해서는 안 될 것이다.

물론 이전 교육과정에서 학교장 재량 시간, 학교 재량 시간 등이 편제된 적이 있긴 하지만, 명실 공히 제7차 교육과정에서 처음 도입되었고, 2007년 개정 교육과정에서 더욱 강조되고 있는 재량 활동 교육과정의 이해와 적용의 길라잡이이자 작은 종자 씨앗이 되고자 하는 것이 본서를 펴내게 된 소박한 의도이다. 그렇기 때문에 본서가 그냥 책꽂이에 꽂혀 있기보다는 항상 교육 현장에서 실천가인 교사와 이론 연구자들의 손에 들려 있기를 기대한다. 여러 가지로 부족하고 미흡하지만, 앞으로 점차 내용을 보완하여 독자들에게 다가가려는 소박한 생각을 갖고 있다.

끝으로 최근 출판 시장의 열악한 여건을 무릅쓰고 본서를 출판하여 세상에 빛을 보게 해 주신 한국학술정보(주) 채종준 사장님과 임은정 선생님, 박미현 선생님 등 관계자 여러분들의 배려와 성원에 거듭 감사를 드린다. 그리고 늘 학문적으로 성원해 주시는 공주대학교 사범대학의 김병무 전 학장님, 정종호 교수님, 김덕수 교수님, 임경수 교수님 등 여러 교수님들께도 감사의 말씀을 드린다. 아울러 늘 묵묵히 기도와 성원으로 지켜봐 주시는 사랑하는 가족 여러분께도 심심한 사의를 표하는 바이다. 모든 분들에게 고마움의 말씀과 함께 앞으로 더욱 정진하겠다는 약속을 드리고자 한다. 항상 따뜻한 가슴, 부드러운 마음, 그리고 냉철한 이성으로 더욱 더 학문탐구에 매진하려고 다짐하는 바이다.

2008년 성하(盛夏)에
웅진골 연구실에서
저자 박 은 종

목 차

제3부/ 재량 활동 교수·학습 과정안 / 291

제1부

재량 활동 교육과정의 이론

제1장 | 재량 활동 교육과정의 개관

1. 재량 활동 교육과정의 기저와 배경

동서고금을 막론하고 모든 교육의 지향점은 건전한 민주 시민 육성에 초점이 맞추어진다. 곧 모든 교육의 궁극적인 지향점은 사람다운 사람 육성에 있는 것이다. 즉 건전하고도 유능한 민주 시민으로서의 개인, 사회, 국가, 인류 생활을 영위해 나가는 데 기본적으로 필요한 지식, 기능, 태도 및 가치관을 신장하고 나아가 심신의 조화로운 발달을 꾀하기 위한 기초 기본이 교육인 것이다. 따라서 자라나는 미래의 새싹들에게 꿈과 희망을 심어주는 학교 교육이 이루어지기 위해서는 학생 각자의 소질과 적성에 알맞은 다양한 교육 활동이 전개되어 자유롭게 뛰놀고, 마음껏 생각하며, 다양한 활동 속에서 남과 더불어 살아가는 삶을 배우게 하는 데 중점을 두어야 한다.

하지만 과거 우리나라의 교육과정은 다분히 중앙 집권형으로 편성·운영되어 온 것이 사실이다. 따라서 교과 활동과 특별 활동으로만 구분된 교육과정의 고정적 관념에 젖어 있었을 뿐만 아니라 전국적으로 획일적인 교과서에만 매달려 교과서를 금과옥조로 신봉하며 교과서대로 가르쳐 온 경향이 있었다. 교과서 중심의 획일적 교육이 몸에 배어 있는 것이다.

이와 같은 교육과정의 경직적인 전통 속에서도 새로운 변화와 개선의 움직임은 계속되었다. 그 결과 지난 제6차 교육과정은 이와 같은 교육과정의 획일성, 경직성, 폐쇄성을 극복하고 이의 단점을 어느 정도 개선하려는 노력을 경주하였다. 과거의 국가 수준 교육과정 맹종에서 벗어나 학교 교육과정을 도입한 것이다. 즉 제6차 교육과정은 국가 수준의 과도한 규제와 관여를 완화하고 교과 활동과 특별 활동으로 양분하던 과거의 전통적 교육과정 편제와 고정적 관념에서 탈피하여 교과, 특별 활동, 학교 재량 시간 등 세 영역으로 구성하였다. 즉 초등학교 제3학년 이상에 학교 재량 시간을 설정하여 운영함으로써 학교와 지역의 실정과 여건에 따라 특색 있는 교육 활동을 전개할 수 있도록 선택의 여지를 넓힌 것이다. 이는 곧 과거의 '주어진 교육과정'에서 '만들어 가는 교육과정'의 바탕을 마련한 것이다.

이와 같은 새로운 전환으로 제7차 교육과정은 국민공통기본교육과정을 도입하고, 교과, 재량 활동, 특별활동 등 세 영역으로 구성하였다. 학교 재량 시간이 재량 활동으로 폭과 깊이를 더하게 되었던 것이다. 2007년 개정 교육과정은 제7차 교육과정의 정신과 기본 방향을 이어받은 수정판 형식을 취하고 있다. 2007년 개정 교육과정은 제7차 교육과정의 확대, 개편의 성격을 띠고 있다.

현행 2007년 개정 교육과정은 지난 제6차 교육과정과 제7차 교육과정보다 진일보한 21세기의 정보화·세계화 시대를 주도할 수 있는 창의적인 인간을 육성하기 위하여 학생의 자기 주도적 학습 능력 신장과 함께 학교 교육 과정 편성·운영에 있어서 학교와 교사의 자율성과 다양성을 더욱 확대해야 할 필요성이 제기되었다. 따라서 기존의 학교 재량 시간을 재량 활동으로 개칭, 확대하여 전 학년이 연간 초등학교 제1학년 6시간, 초등학교 제2-6학년(제2-6학년) 각 68시간, 중학교 제1-3학년(제7-9학년)과 고등학교 제1학년(10학년)은 각 102시간씩 이수토록 하여, 학교의 특성을 반영한 단위 학교의 독자성이 있는 교육과정이 실현되도록 제도적 장치를 마련하였다.

2. 재량 활동 교육과정의 의의

초·중등학교 2007년 개정 교육과정의 기본 편제는 교과, 재량 활동, 특별 활동의 세 영역이다. 그중 재량 활동은 단위 학교의 교육적인 필요와 요구에 따라 교육의 목표와 내용, 방법, 평가에 관한 일체의 사항을 단위 학교가 결정·운영하는 교육 활동을 의미한다. 재량 활동은 개성 있고 창의적인 인간 육성을 요구하는 시대적 요구에 부응하고 교육 제도의 운용, 교육 내용 변화를 추구하는 교육적 요구를 수용하는 차원에서 도입된 것이다. 또한 지역 사회와 학생의 요구, 학교의 특수성, 교사의 교육관에 따라 학교 나름대로 특색 있는 교육과정을 전개할 수 있는 제도적 장치라고 할 수 있다. 이런 관점에서 2007년 개정 교육과정의 재량 활동은 학교 교육과정의 자율화, 다양화, 탄력성 보장을 위한 시금석이자 좌표로서 다음과 같은 교육적 의의를 갖는다고 할 수 있다.

첫째, 재량 활동은 학생들의 다양한 요구와 흥미, 적성을 수용하기 위한 것이다. 학습자 중심의 교육과정은 재량 활동을 통해서 학생 개인의 특기·관심·흥미 등을 담는 새로운 영역과 내용을 설정하여 학생들의 학교생활에 대한 흥미와 관심을 유발함으로써 자기 주도적 학습의 경험과 기회를 풍부하고도 다양하게 제공하고자 하는 것이다.

둘째, 재량 활동은 학교 교육에 대한 사회적 요구를 수용하기 위한 것이다. 급격한 시대적 변화와 다양한 사회적 요구를 이미 개설된 교과만으로 모두 수용하기는 어렵다. 그러므로 이러한 요구를 학교 교육과정에 수용하여 학생들에게 적절한 교육 프로그램을 제공하기 위한 것이다.

셋째, 재량 활동은 독특한 문화 풍토에 따라 다른 특색 있는 학교로 바꾸어 나가기 위한 것이다. 과거의 획일적이고 경직된 학교 교육에서 벗어나 각 학교가 개성 있고 특색 있는 교육 활동을 펼칠 수 있는 교육의 장을 마련하기 위한 것이다.

넷째, 재량 활동은 교육과정에 대한 교사의 전문성을 발휘할 수 있게 하기 위한 것이다. 재량 활동은 교과나 특별 활동과 다르게 교육과정의 편성과 운영, 개발과 실행에 관한 의사 결정과 전문적인 작업이 거의 학교 현장에서 교사에 의해서 이루어져야 하므로 교사의 전문성을 숙련시키고 발휘하기에 적합한 활동인 것이다.

다섯째, 교육 내용에 대한 학생의 선택권을 확대하기 위한 것이다. 학생들은 개개인의 적성과 능력, 진로 등에 따라 개인차가 있고 흥미, 관심도 등도 개인에 따라 매우 다르다. 그러므로 공통적으로 이수하는 교과만으로 개인차를 충족시키기 곤란하므로 재량 활동을 통해서 필요한 교과와 영역, 주제 등을 선택하게 하거나 보다 집중적으로 이수할 수 있는 선택의 기회를 제공하려는 것이다.

여섯째, 재량 활동은 학생의 직접적인 체험 활동이 활발하게 이루어지도록 하기 위한 것이다. 학교 교육이 단순한 지식 전수 활동에서 벗어나 자기 주도적 학습이 활발하게 이루어지는 형태로 변화되기 위해서는 학생의 문제 해결형 직접 체험 활동이 무엇보다도 중요하다. 재량 활동은 이러한 학생의 체험 활동이 학교의 실정과 학생의 실태에 맞게 적절히 전개될 수 있는 적합한 교육의 장과 기회가 될 것이다.

일곱째, 재량 활동은 학생의 자기 주도적 학습 능력을 기르기 위한 것이다. 2007년 개정 교육과정은 자기 주도적 학습을 크게 강조하고 있는 것이 특징이라고 할 수 있다. 교과와 특별 활동에서도 자기 주도적인 학습은 폭넓게 이루어져야 하겠지만 재량 활동은 학교 현장에서 편성·운영에 관한 의사 결정이 주로 이루어지기 때문에 학교, 교사, 학생이 자기 주도적으로 학습하고 운영할 수 있는 재량의 폭이 넓어 학생의 자기 주도적 하급 능력을 신장하기에 적합하다고 할 수 있다.

여덟째, 재량 활동은 교과서 중심의 교육 체제에서 벗어나기 위한 것이다. 재량 활동은 교과나 특별 활동처럼 국가 수준 교육과정에 목표와 내용 등의 기준을 제시하지 않고, 교과용 도서도 제공하지 않기 때문에 그 편성과 운영을 학교에 일임하고 있다. 그러므로 교과서 중심 교육에서 벗어나 교사가 만들어 가는 교육 과정, 교육 프로그램에 의하여 자기 주도적이고 창의적으로 운영하는 활동으로서는 재량 활동이 가장 적합하다고 할 수 있다.

3. 재량 활동 교육과정의 성격

재량 활동은 설정된 취지나 배경 면에서 볼 때 단위 학교의 교육과정 편성·운영에 대한 재량권을 부여하고, 그 내용에 대한 선택권을 부여한 점에서 자율성을 가진다. 한편 학교 나름대로의 독특하고도 창의적인 재량 활동 교육과정을 편성하여 운영하지 않을 수 없다는 점에서 학교 구성원의 교육과정에 대한 편성·운영, 개발·실행 능력을 높이려는 계도적 성격도 갖고 있다. 또한 재량 활동은 국가 수준 또는 지역 수준에서 교육 내용과 방법 등에서 구체적 지침 등을 제시하지 않고 학교 단위에서 창의적으로 조직할 수 있다는 점에서 비법령성, 무정형성, 탄력성, 자율성 등의 특성을 갖고 있으며, '만들어가는 교육과정'이라는 점에서 형식적 교육과정이라고 할 수 있다.

재량 활동은 교육과정 운영의 분권화, 자율화, 지역화 내용 적정화를 촉진시키기 위한 교육과정의 한 영역으로서 다음과 같은 기능 및 성격을 갖고 있다.

첫째, 재량 활동은 교과 및 특별 활동과 상보적 성격을 갖고 있다. 2007년 개정 교육과정은 교과, 재량 활동, 특별 활동 세 영역으로 편제되어 있어서 단위 학교에서의 의도적 교육은 이 세 영역을 통해서 이루어진다. 교과 활동이 주로 개념이나 원리 또는 지식을 바탕으로 한 인지적 학습이 중심인 데 비하여 특별 활동은 이를 자율적, 구체적으로 적용해 보는 태도와 기능의 학습이 강조된다. 그리고 재량 활동은 직접적인 체험 학습으로 국민 공통 기본 교과의 심화·보충 학습을 통해서 인지적 학습과 태도 및 기능 학습을 모두 강조하는 것이라고 볼 수 있다.

둘째, 재량 활동은 지역 사회와 학교의 독특한 교육적 필요, 학생의 요구에 따른 교육을 전개하기 위한 자율적 교육 활동이다. 제7차 교육과정에 이어서 2007년 개정 교육과정의 재량 활동은 단위 학교가 나름대로 창의적 교육 활동을 전개할 수 있도록 교육 과정의 한 편제로 설정하고 있으며 지역 및 학교의 여건, 학생과 학부모의 희망과 요구에 따라서 학교에서 자율적으로 프로그램을 편성하고 운영하는 데 그 중요한 의의가 있다.

셋째, 재량 활동에서는 범교과 학습과 자기 주도적 학습 등과 같은 창의적 재량 활동이 강조된다. 재량 활동은 21세기에 본격적으로 전개될 지식 정보화 사회 및 열린 학습 사회에 대한 대비 교육으로서의 성격을 띠게 될 것이며, 그에 따라 범교과 학습과 자기 주도적 학습이 강화되어 학생들의 평생 학습력과 수행 능력을 신장 시켜주는 방향으로 나아갈 것이다. 특히, 초등학교의 재량 활동은 학교의 특성에 따라 융통성 있게 배정할 수 있으나, 교과의 심화·보충 학습보다는 학생의 자기 주도적 학습 능력을 촉진시키기 위한 창의적 재량 활동에 중점을 두어 운영하도록 되어 있다. 중등학교의 교육과정은 학교 여건에 따라 교과의 심화·보충 학습 활동에 중점을 둘 수 있도록 하였다.

넷째, 교육과정에서의 재량 활동은 국가 수준, 학교 수준, 교사 수준, 학생 수준 등 교육 공동체의 최대 공약수적 요구와 욕구를 담는 그릇 역할을 한다. 이는 '주어진 교육과정'이 아니라 '만들어 가는 교육과정'이기 때문이다.

제2장 | 재량 활동 교육과정 편성 · 운영의 기본 방향

1. 재량 활동 교육과정의 편성 · 운영 방향

가. 일반적인 편성 · 운영의 기본 방향

재량 활동 교육과정이란 단위 학교의 교육적인 필요와 요구에 따라 교육의 목표와 내용, 방법, 평가에 관한 일체의 사항을 단위 학교가 결정 · 운영하는 교육활동을 의미한다. 이러한 재량 활동은 학교의 여건, 지역 사회의 요구, 학생 및 학부모의 필요와 요구를 반영하여 직접적 체험활동 및 다양한 창의적 활동을 통하여 학생들에게 자기 주도적인 학습능력과 창의성을 신장시키는 데 그 목적이 있다. 사실 재량 활동에 대한 국가적 교육과정 목표와 내용이 없다 보니 현장에서 재량 활동 교육과정을 계획하는 데 있어 어떠한 방향으로 교육과정을 편성하여야 하는지 많은 의문을 가질 수 있는데 이러한 재량 활동 교육과정 편성 · 운영의 기본 방향을 고찰해 보면 다음과 같다.

첫째, 재량 활동은 지역과 학교의 특성 및 여건, 지역 사회, 교사, 학생의 희망과 요구를 최대한 반영하는 방향으로 편성 · 운영되어야 한다. 이를 위해서는 지역 사회, 학부모, 학생 등의 실태 및 요구에 대한 기초 조사 결과에 근거하여야 하며, 학생이 스스로 활동할 수 있는 기회를 가능한 많이 제공하는 것이 바람직하다.

둘째, 각 학교급 간의 연계성을 고려하여 교육과정을 편성 · 운영하여야 한다. 즉 초등학교와 중학교 및 고등학교 사이의 재량 활동 편성 내용의 연계성이 이루어져야 한다. 교육과정에서의 학교급 간 연계성 확보는 제7차 교육과정과 2007년 개정 교육과정의 핵심이다. 이러한 학교 간의 연계성이 어려울 경우 학년 간의 연계성이라도 반드시 확보하도록 노력하여야 한다. 학년 간의 연계성은 각 학년 교사들이 함께 모여 유사한 내용들을 묶고 중복되거나 누락되는 부분들을 신중하게 살펴야 한다.

셋째, 학교 전체 교육활동과의 조화와 통합성을 고려하여 편성한다. 교육과정의 교과, 재량 활동, 특별활동 등 세 영역이 협력적으로 상호 작용하여 상승적 효과를 기대할 수 있도록 한다. 세 영역을 상호 배타적인 영역으로 보고 재량 활동을 교과나 특별활동과는 완전히 다른 방식으로 운영해야 하는 것으로 이해해서는 안 되며, 서로 독립 영역이지만 상호 보완하여 교육과정의 목적을 좀 더 충실히 달성할 수 있도록 탄력적으로 운영하는 것이 필요하다.

넷째, 학생 개인의 관심과 흥미, 진로에 적합한 영역과 내용을 선정하여 학생의 자기 주도적인 학습 경험을 최대한 실현할 수 있도록 한다.

다섯째, 범교과 학습이나 자기 주도적 학습의 효과를 극대화할 수 있도록 편성하여 운영한다. 예컨대 자기 주도 학습에서는 활동의 선정에서뿐 아니라, 운영 방법, 평가에 있어서도 학생의 참여가 보장되고 반영될 수 있도록 하여야 한다.

여섯째, 운영의 단위를 학교의 여건과 프로그램의 특성에 따라 학년, 학급, 학생 개인 등으로 다양화하여 재량 활동 효과의 극대화를 도모해야 한다. 학교에서는 자율성과 융통성을 충분히 발휘하고, 다른 영역과의 상호 통합된 방식으로 운영하는 등의 재량 활동 전개가 필요하다.

일곱째, 재량 활동은 활동 시간, 장소, 지도 교사, 활동 집단 등의 모든 면에서 탄력적으로 운영되어야 한다. 이를 위해서는 학생들의 자기 주도적 학습능력 신장에 중점을 두고, 교재나 문서 중심의 소극적인 학습보다는 직접적인 체험활동 중심으로 운영하는 것이 바람직하다.

여덟째, 학교 교육과정의 운영이 학교의 상황과 실정에 따라 적절하고 효율성 있게 이루어져야 한다. 재량 활동으로 편성된 시간은 교과, 특별 활동과 더불어 학교교육에서 주요 영역으로 하루빨리 정착되어야 하고, 이를 위해서는 학교 경영자를 비롯한 교사, 학생 등 모든 구성원들의 자율적이고 능동적인 자세와 준비가 필요하다.

나. 항목별 편성·운영의 기본 방향

(1) 자기 주도적 학습 능력의 신장

재량 활동 교육과정의 편성·운영을 통하여 추구하는 지향점은 학생의 '자기 주도적 학습 능력'을 신장시키는 것이라고 할 수 있다. 그러므로 재량 활동을 위한 구체적인 교육 프로그램은 각 학교의 특색과 학습 여건, 그리고 학생의 요구와 희망 등을 잘 살려서 자기 주도적이고 창의적으로 구성해야 할 것이다. 특히 각 지역과 학교, 학습자 주변에서 친근한 주제를 찾거나 학습자의 흥미와 관심을 중시하는 내용과 활동을 선정할 때 자기 주도적 학습 능력은 더욱 효과적으로 신장될 수 있을 것이다.

재량 활동의 운영에 있어서도 학생 스스로 계획, 실천, 평가, 반성하게 하고, 교사는 친절하게 안내하고 협조하는 동반자, 배려자의 입장을 유지하는 것도 자기 주도적 학습 능력을 신장시키는 바람직한 방법이라고 할 수 있다.

(2) 직접 체험 활동의 확대

바람직한 민주 시민 육성을 위한 학교 교육 목표에 도달하기 위해서 학습 활동에서 직접적인 체험 활동을 강조하고 있으며 학생들에게 공동 학습 과제를 제시하고 소집단 활동을 통하여 공동으로 문제를 해결하는 다양한 경험을 어린 시절부터 많이 갖도록 하여야 한다. 재량 활동은 지금까지의 교재, 문서 중심, 설명 및 해설 중심의 소극적이고 수동적인 학습 형태에서 벗어나는 것이 중요하다. 가능한 한 학습자가 조사, 관찰, 실험, 수집, 분류, 기록, 발표, 토론, 표현, 견학, 제작, 보고, 사육, 재배 등 직접 체험 활동을 통하여 적극적이고 능동적인 재량 활동 교육과정 편성과 운영에 힘써야 한다. 교육과정의 개발과 실행도 역시 마찬가지이다.

과거에는 과열된 입시 경쟁으로 인한 수험 준비 교육과 TV, 비디오, 컴퓨터 등의 정보 통신 영상 매체 등의 혁명적인 발달 때문에 학생들은 생활시간의 대부분을 교과서, 참고서, 문제집과 각종 영상 자료에 묻혀 지내다 보니, 인간, 사회, 자연 등과의 접촉이 크게 부족하게 되었다. 그러므로 재량 활동을 통해서 가급적 학생의 직접 체험 활동을 확대하고 심화시켜 인간 상호 간의 교류와 사회, 문화, 자연 등과의 접촉이 활발하게 이루어지도록 하여야 할 것이다.

(3) 탄력적이고 융통적인 운영

재량 활동은 종래의 획일적인 교육과정 운영 형태를 벗어나 학교별로 특색 있는 교육 활동을 할 수 있도록 단위 학교가 교육과정을 편성하고 운영하는 재량권과 자율권을 가진다. 따라서 시간 계획과 운영, 활동 장소의 선정과 활용, 지도 교사의 조직과 배치, 활동 주제의 선정, 활동 집단의 편성과 조직, 교재 및 자료의 선정과 활용, 특별 활동 관련 및 보완 등 모든 면에서 융통성을 갖고 아주 탄력적으로 운영되어야 한다.

학교의 자율권과 재량권을 크게 허용하고 있는 재량 활동의 내실 있는 편성·운영은 교육과정 중심 교육 체제로 전환을 촉진하기 위해서 매우 중요한 의미를 지닌다. 각급 학교가 모처럼 보장받은 교육과정 편성·운영의 자율권과 재량권을 얼마나 적극적으로 수용하느냐, 또 전문성을 가지고 올바르게 행사하느냐에 따라 학교의 자율권과 재량권의 확대와 축소 여부가 결정된다. 따라서 융통성 있고 자율적이며, 탄력적인 재량 활동의 편성·운영은 그 무엇보다도 중요하다.

2. 재량 활동 교육과정의 편성·운영 지침

가. 편제와 시간 배당

(1) 재량 활동의 편제

재량 활동은 크게 교과 재량 활동과 창의적 재량 활동으로 나뉜다. 교과 재량 활동에는 국민공통기본교과의 보충·심화학습과 선택 과목을 통한 학습으로 구분해 볼 수 있다. 창의적 재량 활동은 교과에서 다루지 않는 다양한 내용을 접해 볼 수 있는 범교과 학습과 학습능력의 향상을 위한 자기 주도적 학습시간으로 나누어 볼 수 있다. 이들 하위 영역에 관한 내용은 다음 장에서 자세히 다루게 된다.

초등학교에서의 재량 활동의 연간 수업시수는 각 학년별로 주당 2시간씩 모두 68시간(1학년은 60시간)으로 배당되어 있으며, 학교의 실정에 따라 융통성 있게 운영할 수 있다. 초등학교에서는 국민공통교과의 심화·보충학습보다는 학습하는 방법의 학습, 소집단 공동 연구, 주제 탐구 등 자기 주도적 학습능력 촉진과 범교과 학습 등 창의적 재량 활동에 중점을 두고 있다.

창의적 재량 활동과 유사한 용어로 2007년 개정 교육과정에서는 '창의적 교육활동'을 운영하도록 되어 있다. 이것은 엄격히 따지면 재량 활동과 다르다. 2007년 개정 교육과정 편성·운영 지침을 보면 "초등학교의 교과 중에서 주당 평균 3시간 이상의 수업시간 수가 배당된 교과는 주당 평균 1시간 이내에서 시수를 감축하여 창의적 교육활동에 증배·활용할 수 있다. 이 경우에는 감축된 교과의 학습활동과 관련되는 직접적인 체험활동 등으로 통합, 운영하여야 한다."라는 규정이 있다. 이 규정의 정확한 이해는 다음과 같다. 창의적 교육활동은 주제 중심 통합 활동을 강조하기 위한 교과교육 운영 방법으로서의 방법을 말한다. 그러나 중복되는 면이 없지 않지만 창의적 재량 활동은 범교과 학습과 자기 주도적 학습으로 이루어지는 별도의 시간이다. 창의적 교육활동과 재량 활동은 이러한 점에서 구별할 필요가 있다.

〈표 1〉 교육과정 재량 활동의 구성

영 역	학교급 하위 영역	초등학교	중학교	고등학교
교과 재량 활동	선택 과목 학습	–	34~102시간 (한문, 컴퓨터, 환경, 제2외국어, 기타)	68~102시간(4~6단위) 선택 중심 교육과정의 일반 선택 과목
	국민공통기본교과의 보충·심화학습	68시간	0~68시간	68~102 (4~6단위)
창의적 재량 활동	범교과 학습		34시간 이상	34시간 이상 (2단위 이상)
	자기 주도적 학습			
계		68시간	136시간	204시간 (12단위)
참고 사항		교과재량 활동보다는 창의적 재량 활동 중심으로 운영	교과재량 활동은 선택교과 학습에 우선 배당하고 나머지는 국민공통기본교과의 보충·심화시간으로 활용	전문계 고등학교의 교과 재량화동은 전문 교과로 대체하여 이수 가능

<표 1>의 단서 조항에 있는 바와 같이 감축하여 창의적 교육활동을 전개할 때 확보한 시간은 감축된 교과와 관련되는 체험활동을 하게 되어 있다. 따라서 이는 사실상 관련 교과를 통합적으로 편성하여 창의적인 주제중심 통합 교육 활동을 하는 것으로 창의적 재량 활동과는 별개의 내용이라 할 수 있는 것이다.

주당 1시간 이내의 시수를 감축하여 창의적 교육활동에 활용하는 문제는 "~할 수 있다"라는 임의 규정이므로 3시간 이상 되는 모든 교과를 하라고 하는 것은 물론 아니다. 우리나라는 교육과정에서 최소기준시수제를 채택하고 있기 때문에 각 교과 또는 재량 활동, 특별 활동에 배당된 연간 수업시간 수를 감축할 수는 없고, 감축된 교과의 시간을 통합적으로 편성하여 감축된 교과와 관련된 교육활동을 하면 된다. 따라서 국어과에서 감축된 시간(국어 시간을 이용한 창의적 교육활동)은 국어 시간에, 수학과에서 감축된 시간(수학 시간을 이용한 창의적 교육활동)은 수학과 시수로 산입해야 하는 것이다. 주당 3시간 이상의 교과의 수업시간 중 1시간 정도를 감축하여 창의적 교육활동에 증배·활용하도록 한 지침은 수업시수와는 별개의 문제이다. 즉 창의적인 교육활동을 하는 경우 초등학교 재량 활동 68시간과 교육내용 측면에서는 관련이 있을 수 있으나, 수업시수 측면으로는 관련이 없다는 것을 유의해야 한다.

한편 중학교의 교과 재량 활동의 연간 수업시수는 102시간 이상이며, 한문, 컴퓨터, 환경, 생활외국어(독일어, 프랑스어, 스페인어, 중국어, 일본어, 러시아어, 아랍어), 기타의 선택 과목 학습에 우선 배정하고 나머지 시간은 국민공통기본교과의 심화·보충수업시간으로 활용한다. 창의적 재량 활동에는 연간 34시간 이상을 배정하도록 하고 있다.

고등학교에서의 재량 활동 운영을 살펴보면 다음과 같다. 국민공통기본교과의 보충·심화 학습에 4~6단위(68시간~102시간), 선택 중심 교육과정의 선택 과목에 4~6단위(68시간~102시간)를 배정하게 되어 있는데, 다만 실업계 고등학교의 교과 재량 활동은 전문 교과로 대체하여 이수할 수 있도록 해 두고 있으며, 창의적 재량 활동에는 2단위(34시간)를 배정하고 있다.

(2) 편 제

1) 연간 학습 활동 시간은 연간 초등학교 제1학년은 60시간, 제2~6학년은 각 68시간, 중학교 제1-3학년과 고등학교 제1학년은 각각 102시간 이상을 확보하되, 영역별 구분 없이 시간을 배당하여 운영한다.

2) 1단위 시간은 초등학교 40분, 중학교 45분, 고등학교 50분 등을 원칙으로 하나 기후, 계절, 학생의 발달 정도, 학습 내용의 성격 등을 고려하여 학교 실정에 맞도록 조절할 수 있다.

3) 계절적 요인을 고려하여야 할 내용은 적절한 시기에 집중 배정하여 운영할 수 있다.

(3) 시간 배당

〈표 2〉 교육과정 재량 활동 시간 배당표

구분 / 학교급·학년	초등학교						중학교			고등학교
	1	2	3	4	5	6	1	2	3	1
재량 활동 (시간)	60(※)	68	68	68	68	68	102	102	102	102

1) 시간 수는 34주를 기준으로 한 연간 최소 시간 수이다.
2) 초등학교 제1학년의 재량 활동 시간 수(60시간※)는 30주를 기준으로 한 것이며, 3월 한 달(4주) 동안은 '우리들은 1학년'에 배당된 시간 수를 제외시킨 것이다.

나. 편성·운영 지침

재량 활동은 교육과정에 목표와 내용이 구체적으로 제시되지 않고 있다. 이는 지역이나 학교의 교육 활동을 전개할 수 있도록 하여 재량 활동 본래의 취지를 살리기 위함이다. 따라서 단위 학교에서 재량 활동 교육과정을 편성·운영하기 위해서는 국가 수준의 교육과정에서 제시한 재량 활동의 편성·운영 지침에 유의할 필요가 있다.

재량 활동은 학년별 지침이나 내용이 존재하지 않는다. 일반 교과처럼 학년별 목표나 목적도 없다. 각 학교에서 재량 활동 교육과정을 개발할 때 방향을 제시해 주는 것이 바로 국가 수준의 재량 활동 교육과정 편성·운영 지침이다.

일반적으로 초등학교의 재량 활동은 교과의 심화·보충학습보다는 창의적 재량 활동에 중점을 둔다는 부분이다. 아울러 중등학교의 재량 활동은 교과 심화·보충 학습에 중점을 둔다.

초등학교 재량 활동은 중등학교와의 큰 차이점이 있는데 바로 교과의 심화·보충학습보다는 창의적 재량 활동에 중점을 두도록 하고 있다는 부분이다. 이것은 학생에게 교과서 내용의 반복 학습보다는 학생이 직접 체험하고 학생 스스로 학습을 설계하고 이끌어 나가는 학생 참여의 학습을 강조하고 있다고 볼 수 있겠다. 그 외 실제로 재량 활동을 어떻게 설계하고 운영하며, 그 내용은 어떤 것이 들어가야 하는지에 대한 국가적 지침은 전혀 없다. 이것은 그만큼 지역 교육청과 학교의 교육과정 개발과 실행에 대한 역할이 커졌음을 의미한다. 아울러, 실제로 단위 학교에서 교육과정을 실행하는 담당 교사의 역할과 기능이 매우 증대되었다고 볼 수 있다.

(1) 기본 지침

1) 국민 공통 기본 교육과정의 시간 배당 기준에 배당된 각 학년별 재량 활동의 수업 시간

수는 이 기간 동안에 모든 학생이 필수적으로 이수해야 할 연간 기준 수업 시간이다.

2) 재량 활동에서 교과 재량 활동은 중등학교의 선택 과목 학습과 국민 공통 기본 교과의 심화·보충 학습을 위한 것이며, 창의적 재량 활동은 학교의 독특한 교육적 필요, 학생의 요구 등에 따라 범교과 학습과 자기 주도적 학습을 위한 것이다.

3) 초등학교의 재량 활동은 학교의 실정에 따라 융통성 있게 배정할 수 있으나, 교과의 심화·보충 학습보다는 학생의 자기 주도적 학습 능력을 촉진시키기 위한 창의적 재량 활동에 중점을 둔다. 아울러 중등학교 재량 활동은 교과 재량 활동인 교과의 심화·보충 학습에 중점을 둔다. 다만, 초등학교는 창의적 재량 활동, 중등학교 교과 재량 활동이라는 배타적 경계를 갖는 것은 아니다.

(2) 학교에서의 편성·운영

1) 편성

<공통 지침>

① 학교는 국가 수준의 교육과정과 시·도 교육청의 교육과정 편성·운영 지침, 지역 교육청의 학교 교육과정 편성·운영에 관한 장학 자료를 바탕으로 학교 실정에 알맞은 학교 교육과정을 편성·운영한다.

○ 재량 활동에 배당된 시간은 연간 34주를 기준으로 한 최소 시간이므로, 이 기준에 미달되지 않도록 편성한다.

○ 학교에서는 연간 수업 시간 수를 계절, 학교 실정, 학생 실태, 교육 여건 등에 알맞게 월별, 주별로 적절히 배정하여 편성한다.

○ 주간 및 1일의 시간 배정은 요일 간의 균형이 유지되도록 하며, 재량 활동의 내용에 따라서는 시간을 통합하여 연속적으로 운영할 수 있다.

② 교육과정의 합리적 편성과 효율적 운영을 위하여 교원, 교육과정 전문가, 학부모 등이 참여하는 학교교육과정위원회를 구성하여 운영하며, 이 위원회는 학교장의 교육과정 운영 및 의사 결정에 대한 자문 역할을 담당한다.

③ 학교는 학교 교육과정 편성·운영 계획을 바탕으로 학년, 학급, 교과목별 교육과정을 편성할 수 있다.

④ 학교 교육과정을 편성·운영함에 있어서 교원의 조직, 학생의 실태, 학부모의 요구, 지역 사회의 실정 및 교육 시설·설비 등 교육 여건과 환경이 충분히 반영되도록 노력한다.

⑤ 수준별 교육과정을 적용하는 교과는 보충·심화 학습을 위한 추가 시간이 필요한 경우,

재량 활동에 배당된 시간 등 별도의 시간을 활용할 수 있다.

<초등학교 지침>

① 초등학교 재량 활동에서는 주제 탐구, 소집단 공동 연구, 학습하는 방법의 학습, 통합적 범교과 학습 등 다양한 교육 프로그램을 학교와 교사, 학생의 요구와 필요에 따라 편성하여 운영할 수 있다.

② 초등학교에서는 모든 교육 활동을 통한 학생의 기본 생활 습관을 형성할 수 있도록 편성하고 정확한 국어 사용 능력 신장에 대해서 특별히 배려한다.

<중학교 지침>

① 중학교 재량 활동에서는 교과의 보충·심화 학습과 더불어 주제 탐구, 소집단 공동 연구, 학습하는 방법의 학습, 통합적 범교과 학습 등 다양한 교육 프로그램을 운영할 수 있다.

② 중학교에서는 모든 교육 활동을 통한 학생의 기초 학습 태도와 기본 생활 습관을 형성할 수 있도록 편성하고 가정생활, 학교생활, 사회생활의 기초, 기본 태도와 가치관을 형성하는 데 중점을 두어야 한다.

<고등학교 지침>

① 고등학교 재량 활동에서는 교과의 보충·심화 학습과 진학과 사회 진출의 기반이 되는 진로교육 등에 중점을 두어야 한다.

② 고등학교에서는 성인으로서의 새 출발을 모색하는 예비 사회인들에게 공동생활의 여러 덕목, 다양한 사회 봉사 활동, 사회 참여 활동 등에 초점을 맞춘 교육과 활동이 이루어져야 한다.

2) 운영

① 학교 교육과정은 모든 교원이 전문성을 발휘하여 참여하는 민주적인 절차와 과정을 거쳐서 편성·운영한다.

② 학교 교육 활동 전반을 통하여 인성 교육이 통합적이고 체계적으로 이루어지도록 하여야 한다.

③ 학교는 다음과 같은 점에 유의하여 학교 교육과정을 편성·운영한다.

○ 개별적인 학습 활동과 더불어 소집단 공동 학습 활동을 중시하여 공동으로 문제를 해결하는 경험을 많이 갖게 한다.

○ 발표 토의 활동과 실험, 관찰 실측, 수집, 노작, 견학 등의 직접 체험 활동이 충분히

이루어지도록 노력한다.

- ○ 재량 활동의 효율적인 운영을 위하여 지역 사회의 인적, 물적 자원을 계획적으로 활용한다.
- ○ 실험, 실습이나 실기 지도에 있어서는 실습 시설 및 기계·기구 사용 시 안전에 특별히 유의한다.
- ○ 교육 활동 전반을 통하여 남녀 역할에 관한 편견을 가지지 않도록 지도한다.

④ 교과용 도서 중심의 교육에서 탈피하여 교육 정보망, 멀티미디어 등 컴퓨터를 활용한 교육이 활성화되도록 한다.

⑤ 민주 시민 교육, 인성 교육, 환경 교육, 경제 교육, 에너지 교육, 근로정신 함양 교육, 보건 교육, 안전 교육, 성 교육, 소비자 교육, 진로 교육, 통일 교육, 한국 문화 정체성 교육, 국제 이해 교육, 해양 교육, 정보화 및 정보 윤리 교육 등 범교과 학습은 재량 활동을 통하여 통합적으로 다루어지도록 하고, 지역 사회 및 가정과의 연계 지도에 힘쓴다.

⑥ 학교에서는 학생들이 좋은 글을 많이 읽을 수 있도록 도서 목록을 작성하고, 국어과를 비롯한 각 교과 교육과 재량 활동 및 특별 활동에 활용할 수 있도록 한다.

⑦ 학교는 동 학년 모임, 교과별 모임, 현장 연구, 자체 연수 등을 통해서 교사들의 교육 활동 개선이 이루어지도록 한다.

⑧ 학교는 학교 교육과정 편성과 운영의 적합성, 타당성, 효과성을 자체 평가하여 문제점과 개선점을 추출하고, 다음 학년도의 교육과정 편성·운영에 그 결과를 반영한다.

(3) 교육과정의 평가와 질 관리

학교에서 실시하는 평가 활동은 다음과 같은 사항을 고려하여 이루어져야 한다.

① 평가는 모든 학생들이 교육 목표를 성공적으로 달성하기 위한 교육의 과정으로 실시한다.

② 학교는 다양한 평가 도구의 방법으로 성취도를 평가하여 학생의 목표 도달도를 확인하고, 수업의 질 개선을 위한 자료로 활용한다.

③ 재량 활동에 대한 평가는 교과 재량 활동과 창의적 재량 활동의 특성과 학생의 특성을 감안하여 평가의 주안점을 학교에서 작성, 활용한다. 다만, 창의적 재량 활동의 평가는 그 결과를 문장으로 기록하도록 한다.

다. 편성·운영의 절차

　재량 활동 교육과정 편성·운영 시에는 교육적 여건과, 교사, 학생, 학부모의 요구 등 다양한 변인들을 고려하고, 구체적인 프로그램을 학교교육과정위원회에서 마련해야 하기 때문에 보다 치밀한 준비가 필요하다.

　따라서 재량 활동 교육 과정 편성에는 학교 교육과정 편성·운영 절차를 따르면 무리가 없는데, 일반적인 절차를 요약하면 [그림 1]과 같다.

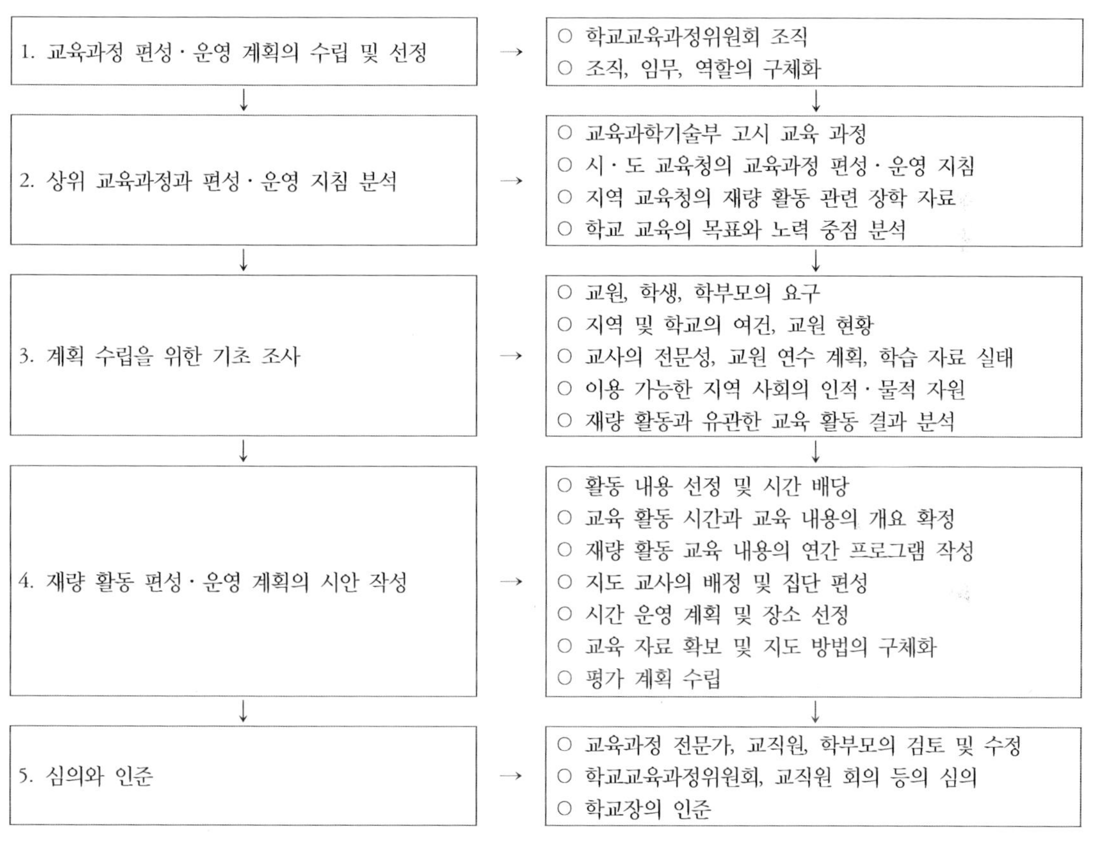

[그림1] 학교 교육과정 편성·운영 절차

라. 재량 활동의 영역 및 내용

　2007년 개정 교육과정의 기본 편제는 제7차 교육과정과 마찬가지로 교과, 재량 활동, 특별 활동 등 세 영역으로 이루어져 있다. 그중 재량 활동은 단위 학교의 교육적인 필요와 요구에

따라 교육의 목표와 내용 방법, 평가에 관한 일체의 사항을 단위 학교가 결정·운영하는 교육
활동을 의미한다. 이런 점에서 제7차 교육과정에서부터 우리나라 초·중등학교 교육과정에 자
리잡은 '재량 활동 교육과정'은 학교 교육과정의 자율화, 다양화를 위한 시금석이라 할 수 있
으며 크게 '교과 재량 활동'과 '창의적 재량 활동'으로 구분한다.

재량 활동은 크게 교과 재량 활동과 창의적 재량 활동의 2개 영역으로 나눌 수 있다. 교과
재량 활동은 국민공통기본교과의 심화·보충학습과 선택 과목 학습의 내용으로 이루어져 있고
창의적 재량 활동은 범교과 학습과 자기 주도적 학습으로 이루어져 있다. 여기서 교과재량 활
동은 국민공통기본교과의 심화·보충학습, 그리고 선택과목 학습을 위해 만들어졌으며 창의적
재량 활동은 학교의 독특한 교육적 필요, 학생의 요구 등에 따른 범교과 학습과 자기 주도적
학습을 위한 것이다.

재량 활동의 영역 구분은 재량 활동의 이해를 돕기 위한 개념적 틀의 성격을 갖고 있다. 따
라서 실제 운영에 있어서는 재량 활동의 하위 영역들이 상호 분리되어 운영되기보다는 부분적
으로 통합되거나 전체적으로 융합되는 방식으로 운영될 수도 있다. 창의적 재량 활동에 있어
서도 범교과 학습과 자기 주도적 학습을 분리하여 운영할 수도 있고 통합하여 운영할 수도 있다.

재량 활동 교육과정의 운영에서 중요한 점은 학교에서는 각 학교의 사정, 환경, 능력에 맞
추어 다양한 활동들을 편성하여 운영할 수 있다. 자기 주도적 학습내용의 선정은 자기 주도적
학습능력 신장을 도울 수 있는 활동 내용과 지역사회의 실정 및 특수성을 감안한 활동, 그리
고 학생의 관심과 지적 발달 단계에 맞는 체험 위주의 활동을 그 기준으로 할 수 있을 것이
다. 주의할 것은 자기 주도적 학습이라 하여 학생 스스로 학습해 가는 측면을 강조한 나머지,
교사의 지도가 생략되거나 소홀이 되어서는 안 된다는 점이다. 학교 재량 활동 교육과정과 담
당 교사의 지도 계획이 있어야 한다.

(1) 교과 재량 활동

교과 재량 활동은 국민 공통 기본 10개 교과(국어, 도덕, 사회, 수학, 과학, 실과<기술·가
정>, 체육, 음악, 미술, 외국어)의 보충·심화를 위한 것과 선택 과목(한문, 컴퓨터, 환경, 생활
외국어, 기타 과목)의 학습으로 구분된다. 선택 과목의 경우는 고등학교(제11-12학년)에 해당
되며, 국민 공통 기본 교과의 보충·심화 학습은 학교의 필요에 따라 초등학교에서도 실시할
수도 있으나, 학생의 자기 주도적 학습 능력을 촉진시키기 위한 창의적 재량 활동에 중점을
두는 것이 바람직하다. 중학교와 고등학교는 교과 보충·심화 학습에 중점을 두되, 창의적 재
량 활동도 고려하는 것이 바람직하다.

(2) 창의적 재량 활동

1) 범교과 학습

  범교과 학습은 교육과정 및 교과서에 반영되어야 할 국가·사회적 요구 사항 중에서 학교
와 교사, 학생의 필요와 요구에 따라 별도의 시간을 확보하여 지도하는 것을 말한다.

2) 자기 주도적 학습

  자기 주도적 학습이란 학생들로 하여금 자신의 학습 과정에 적극적으로 참여할 수 있게 하
고, 학생들이 스스로 계획하고 목표를 세우며 자신의 학습 과정을 스스로 조정하고 평가해 나
가는 학습을 의미한다. 또 교사와 교과서 중심의 획일화된 주입식 교수·학습 방법에 탈피하
고, 학생이 중심이 되는, 다양한 학습 방법과 관련된 기술이나 태도 등의 습득을 통해 스스로
학습하는 능력을 기르기 위한 학습 방법을 일컫는다.
  여기에는 주제 탐구 활동, 소집단 공동 연구 활동, 학습하는 방법의 학습, 자연 체험 활동
등이 포함된다. 초·중등학교에 해당하는 재량 활동의 영역 및 내용은 <표 3>과 같다.

<표 3> 교육과정 재량 활동 영역 및 내용

영 역	하위 영역	주요유형	
교과 재량 활동	기본 교과 보충·심화 학습	국민 공통 기본 교과 10개 교과 보충·심화 학습	
창의적 재량 활동	범교과 학습	○ 환경 교육 ○ 민주 시민 교육 ○ 에너지 교육 ○ 성 교육 ○ 안전 교육 ○ 진로 교육 ○ 국제 이해 교육 ○ 해양 교육 양성 평등 교육 ○ 세계 시민 교육	○ 인성 교육 ○ 경제 교육 ○ 근로정신 함양 교육 ○ 성 교육 ○ 소비자 교육 ○ 통일 교육 ○ 한국 문화 정체성 교육 ○ 정보화 ICT 교육 ○ 다문화 이해 교육 등
	자기 주도적 학습	○ 학습하는 방법의 학습 ○ 자유 연구 활동 ○ 프로젝트 학습 ○ 학교 행사 활동 ○ 과학 체험 활동 ○ 갯벌 탐사 활동	○ 주제 탐구 활동 ○ 소집단 학습 ○ 현장 체험 학습 ○ 지역 행사 관련 활동 ○ 사물놀이 활동 ○ 기타 활동 등

마. 편성·운영 관련 변인

　재량 활동은 지역 및 학교의 특성이나 학교 급별에 따라 편성·운영 방식이 다르게 나타난다. 단위 학교의 재량 활동 또한 학년에 따라 다를 수 있고, 하위 영역의 어디에 중점을 두느냐에 따라 각기 다른 형태로 편성하고 운영할 수 있다.

　즉 재량 활동 교육과정은 학습자의 활동을 결정하는 다양한 변인들의 연속적인 결합에 의해서 나타나게 되며, 이들 주요 변인으로는 지역 및 학교의 여건과 실정, 학생의 요구, 재량 활동 및 내용, 지도 시기, 집단 조직, 교수 조직, 학습 장소, 학습 방법 등이 있다. 재량 활동의 편성·운영을 결정하게 되는 하위 요소들을 도표화하여 제시하면 <표 4>와 같다.

〈표 4〉 재량 활동 관련 변인

변　인		하위 변인
상황 변인	여　건	지역 사회 및 학교의 실정과 여건
	요　구	학부모, 학생 교사 등의 요구
내용 변인	교과 재량 활동	국민 공통 기본 교과의 심화·보충
	창의적 재량 활동	범교과 학습, 자기 주도적 학습
방법 변인	시간 배당	균분 배당, 비균분 배당
	학습 방법	토의, 실험, 관찰, 조사, 수집, 노작, 현장 학습, 체험 학습, 신문 학습, 자유 탐구 등
	집단 편성	개인, 소집단, 학급, 학년, 학년 통합
	시간 운영	정일, 전일, 격주, 주말, 월 집중, 계절 집중 등
	장소 설정	교내, 교외
	사용 교재	학교 자체 제작, 교육과학기술부·시·도 교육청 주관 개발 교재, 지역 교육청의 장학 자료, 기존의 교육 프로그램, 교육 방송 등
	지도 교사	담임, 교과 담당, 외부강사, 명예 교사 등
	학생 선택권	완전 선택, 부분 선택, 비선택

　학교 재량 활동 교육과정을 편성·운영할 때에는 변인과 관련하여 특히 다음과 같은 점을 고려하여야 한다.

　첫째, 재량 활동 편성·운영은 지역, 학생, 학부모의 실태 파악을 위한 기초 조사를 하고 학생의 요구를 반영하되, 지속적으로 실행할 수 있는 학습 내용을 선정하며 학생 스스로 활동할 수 있도록 하여야 한다.

　둘째, 재량 활동 운영에서의 저해 요인을 고려하여 편성한다. 학교의 새로운 프로그램 개설 능력, 시설과 설비, 교사의 수업 부담 적정화, 시간표 운영의 융통성 등을 충족시켜야 한다.

셋째, 학교 교육과정 편성·운영에서의 재량 활동은 특별 활동의 행사 활동, 계발 활동 등과 연계해서 전개함으로써 보다 높은 효과를 거양할 수 있다.

넷째, 학생의 선택 기회를 실질적으로 부여하며, 학교 또는 교사 선택이 아닌 모름지기 학생 선택이 이루어지도록 해야 한다.

다섯째, 재량 활동을 위한 조직 단위는 학생의 수준이나 발달 단계 및 규모를 고려할 수도 있으며 능력별 활동, 활동 내용별로 대·중·소규모 집단별로 편성·운영할 수도 있다.

여섯째, 운영 방향과 활동 목표에 알맞은 내용을 영역별로 선정하고 적합한 지도 방법과 프로그램을 개발하여 운영한다. 또한 종래의 획일적인 교육과정 운영 방식을 벗어나 학교별, 학년별, 학급별로 특색 있는 교육 활동을 전개할 수 있도록 학교, 교사, 학생은 교육과정을 편성·운영하는 데 재량권과 자율성을 적극 확보하여야 할 것이다.

일곱째, 지도 교사는 담임, 교과 담당 교사와 함께 학부모나 지역 사회의 자원 인사, 방과후 학교 강사, 특기·적성 강사 등의 교사 자원을 활용하여 활동의 질을 높이도록 한다.

끝으로, 활동의 내용이나 조직 규모, 활동 시간 등을 고려하여 지역 사회의 장소, 시설을 적절히 효율적으로 활용할 수 있도록 한다.

바. 재량 활동 편성·운영의 유형

재량 활동은 원칙적으로 교육과정에 제시된 편성·운영 지침의 범위 내에서 학교의 실정에 따라 자유롭게 편성·운영할 수 있기 때문에 일정한 정형(틀)을 갖고 있지 않으며 학교마다 모두 다를 수밖에 없다. 이는 재량 활동의 하위 영역과 시간 배당, 활동 주제의 선택, 활동 집단의 구성 등 재량 활동을 편성·운영할 때 고려해야 할 변인들이 다양하기 때문이다.

(1) 영역별 시간 배당

재량 활동은 학교의 실정에 따라 융통성 있게 배정할 수 있으나, 교과의 보충·심화 학습보다는 학생의 자기 주도적 학습 능력을 촉진시키기 위한 창의적 재량 활동에 중점을 두도록 되어 있다. 따라서 초등학교의 재량 활동은 교과 재량보다는 창의적 재량 활동에 중점을 두어 편성·운영하는 것이 바람직하다. 중등학교의 재량 활동은 교과 재량 활동에 중점을 둔다.

창의적 재량 활동을 운영하기 위해서는 학생들의 창의성과 자기 주도적 학습 능력을 신장시킬 수 있는 다양한 프로그램을 개발하거나 기존의 프로그램을 활용하여야 하며 재량 활동 영역별 시간 배당안은 다음과 같다.

(2) 교과 재량 활동의 운영

〈표 5〉 재량 활동의 영역

영 역	하위 영역	시간 배당(제1안)	시간 배당(제2안)
교과 재량 활동	국민 공통 기본 교과의 보충 · 심화 학습	0	0~34
창의적 재량 활동	범교과 학습	68	34~68
	자기 주도적 학습		

교과 재량 활동은 주로 기본 교과의 보충 · 심화 학습을 중심으로 이루어지며, 선택 과목의 학습으로는 한자, 컴퓨터 등을 적용할 수 있다. 국민 공통 기본 교과의 보충 · 심화 학습을 편성 · 운영하는 경우는 국민 공통 기본 교과의 시간이 부족할 경우에 재량 활동 시간을 할애하거나 국민 공통 기본 교과 학습의 학습 내용이 장기간 학습이 필요할 경우에 강조해서 지도할 필요가 있다. 이러한 국민 공통 기본 교과의 보충 · 심화는 교육의 공통성과 평등성을 확보하여 기초 학습 능력을 어느 정도 수준으로 유지하는 동시에 개별 학습자의 교육적 수월성을 추구하는 데 중점을 둔다.

(3) 창의적 재량 활동 유형

창의적 재량 활동은 범교과 학습과 자기 주도적 학습을 하도록 하고 있으나, 학교가 자율적으로 실시하고자 하는 활동을 다양하게 전개할 수 있다.

창의적 재량 활동의 범교과 학습과 자기 주도적 학습을 중심으로 시간 배당 방식을 고려해 보면 일대일 균분형과 비균분형으로서 범교과 학습 중심형과 자기 주도적 학습 중심형, 그리고 양자를 아울러 함께 운영하는 통합형을 고려할 수 있다.

〈표 6〉 창의적 재량 활동 유형

영 역	유 형	특 성
창의적 재량 활동	범교과 학습 중심형	● 학생 희망별 범교과 학습 프로그램 개설
	자기 주도적 학습 중심형	● 학생의 희망을 고려한 주제 탐구반 개설
	범교과 · 자기 주도적 학습 통합형	● 범교과 학습과 자기 주도적 학습을 통합하여 운영

1) 범교과 학습 중심형

〈표 7〉 범교과 학습 유형

프로그램 개설	학생의 선택	필수 여부	선택 방법
환경 교육, 인성 교육 등 범교과 학습의 내용을 학교에서 개설	완전 선택	비필수	• 학년별 선택 • 학년군(저·중·고)별 선택 • 12개 범교과는 필수, 나머지는 개인, 학급, 학년, 학년군별로 선택
	부분 선택	부분 필수	
	비선택	완전 필수	

재량 활동의 범교과 학습 영역에는 16개의 주요 내용을 제시하고 있지만 학교 실정과 학생의 요구에 따라 다른 학교와는 차별화된 교육 내용으로 다양하고 특색 있게 편성·운영할 수 있다. 범교과 학습에 배당된 시간을 학생에게 부여하는 선택권에 따라 구분하면 <표 7>과 같다.

2) 자기 주도적 학습 중심형

창의적 재량 활동 중 자기 주도적 학습은 주제 탐구 학습, 소집단 공동 연구, 자연 혹은 현장 체험 학습 등 다양한 프로그램을 학교와 교사, 학생의 요구와 필요에 따라 적절히 운영할 수 있다.

자기 주도적 학습은 어떤 주제를 어떻게 다루느냐에 따라 매우 다양한 형태로 편성할 수 있으며, 성격상 학생에게 주제 선택권을 주는 것이 바람직하다. 학년, 학급 혹은 편성 집단별로 큰 주제는 지정하여 주고 구체적인 소주제를 학생 스스로 설정하도록 하는 방안도 고려해 볼 수 있다.

① 주제별 편성형

수요 조사를 통해 학생 집단을 재편성하여 활동반을 구성하는 방법으로 활동 주제가 교과에 얽매이는 단점을 보완할 수 있는 형태이다. 활동 주제가 교과의 범위에 국한되지 않아서 교과 수업에서 다루기 어려운 학생의 다양한 요구를 수용할 수 있는 것이 장점이다. 학생 집단 편성은 특별 활동의 계발 활동을 위한 집단 편성 방식과 유사하게 요구 조사를 통하여 활동 계획안을 작성하여 운영한다.

〈표 8〉 재량 활동의 주제별 편성

배당 시간	주제 개설 방법	편성 형식	지도 교사
34~68	탐구 주제별 수요 조사 탐구반 개설, 탐구 반별 지도 교사 배치	학급별, 학년별	담당 교사

② 학급별 편성형

학급을 편성 집단으로 하는 형태로써, 활동의 주체를 재편성할 필요 없이 이미 편성된 학급을 중심으로 활동하고자 할 때 효율적인 방안이다. 지도 교사는 담임교사나 외부 강사 혹은 주제와 관련이 있는 교과 교사가 반을 순환하며 지도할 수도 있다. 또한 학급별로 소집단을 편성하여 주제 탐구 활동을 달리하여 운영하는 방안과 특별 활동에서의 계발 활동 또는 행사 활동과 번갈아 가며 블록 타임(block time)으로 하여 격주로 운영하는 방안도 고려할 수 있다.

〈표 9〉 재량 활동 학급별 편성

배당 시간	주제 개설 방법	편성 형식	지도 교사
34～68	토요일을 '창의적 재량 활동'으로 지정하고 학급별로 주제를 선택, 소집단별로 활동을 진행하고 담임 교사가 점검 지도	학급 단위	담임교사 및 주제 담당 교사

3) 범교과 학습과 자기 주도적 학습의 통합형

범교과 학습의 환경 교육을 소집단 주제 탐구 형식으로 학습하는 경우와 같이 범교과 학습 내용을 자기 주도적인 학습 방법으로 전개할 때에는 범교과 학습과 자기 주도적 학습을 별도로 구분하여 운영하지 않고 통합하여 운영하는 것이 가장 바람직한 방법이다. 범교과 학습과 자기 주도적 학습을 통합하여 편성·운영하는 방법으로는 완전 통합형, 부분 통합형, 병렬형 등을 고려해 볼 수 있다.

〈표 10〉 재량 활동의 통합형

배당 시간	개설 형태	편성·운영 방법
34～68	완전 통합형	• 범교과 학습과 자기 주도적 학습이 동시에 이루어지도록 양자에 동일한 비중을 두어 운영
	부분 통합형	• 범교과 학습 주제를 자기 주도적 학습 방법으로 접근 • 자기 주도적 학습에 중점을 두고 그 내용은 범교과 학습 주제에서 찾음
	병렬형	• 범교과 학습과 자기 주도적 학습을 병렬적으로 또는 관련지어 개설

2007년 개정 교육과정은 제7차 교육과정에 이어서 과거의 교육과정과 달리 체제와 교육 내용의 변화를 시도함으로써 개성 있고 창의적인 인간 육성을 이상으로 삼고 있다. 이의 구현 방안으로 2007년 개정 교육과정은 현장 중심, 학습자 중심의 교육과정을 지향하고 있다.

이는 지금까지 교육 공급자 중심의 교육과정 관행을 교육 수요자 중심으로 교육과정 운영으로 전환시키기 위한 초석으로서의 그 의미를 갖는다고 볼 수 있다.

제3장 | 재량 활동 교육과정의 목표와 내용

1. 재량 활동의 목적

재량 활동 운영의 목적은 지역 사회의 특성, 학교의 여건, 학생 및 학부모의 필요와 요구를 반영하여 학교의 독특한 교육적인 문화 풍토에 알맞게 창의적인 교육 활동을 함으로써, 21세기의 세계화, 정보화, 다양화 시대를 주도적으로 이끌어 갈 수 있는 자기 주도적인 능력과 창의성을 신장시키는 인간 교육을 실현하는 데 있다.

한편, 재량 활동은 과거 교과서 중심 교육 체제에서 탈피하여 교육과정 중심 체제로 전환하기 위한 시도이다. 과거 우리 교육의 병폐인 입시 위주 교육, 강의식 교수, 암기식 학습을 배격하고 바람직한 학생 중심 인간 교육을 지향하고자 하는 것이다.

이를 구체적으로 살펴보면 다음과 같다.

첫째, 학생들의 다양한 요구, 흥미, 적성을 반영한 새로운 영역을 설정하고 직접적인 체험 활동 및 다양한 창의적 활동을 통하여 학생의 자기 주도적 학습 능력을 신장한다.

둘째, 지식 정보화 시대에 따른 폭발적인 지식 정보와 사회적 요구는 기존의 분과로 되어 있는 교과에는 모두 담을 수 없으므로, 재량 활동에서 범교과적인 학습 프로그램을 마련하여 지도한다.

셋째, 학교 자체에서 교사의 교육적 신념과 관심, 특기, 소질 등을 발휘하여 개발한 재량 활동을 편성, 운영함으로써 학교의 독특한 문화 풍토에 따른 특색 있는 학교 교육의 기회와 장을 마련한다.

넷째, 교사가 평소 관심 있는 교과나 자기의 특기를 살려서 학습 내용을 선정하고 프로그램화하여 학생을 대상으로 어릴 때부터 집중적으로 지도함으로써 전문성을 신장시켜 준다.

다섯째, 학습자가 자기의 수준과 능력에 따라서 국민 공통 기본 교과의 보충·심화 내용을 선택해서 학습할 수 있도록 기회를 제공한다.

여섯째, 재량 활동은 교과와의 상호 보완을 통하여 학습하는 방법의 학습(learning of learning method), 주제 탐구 학습, 소집단 공동 학습, 체험 학습 등을 통합적으로 폭넓게 경험하게 하여 자기 주도적 학습 능력을 신장시켜 준다.

결국 초·중·고교 교육과정에서의 재량 활동의 근본적 목적은 세계화 시대, 지식 기반 사회를 살아가는 학생들에게 획일적·일률적 교육을 배제하고 보다 다양하고 탄력적인 교육 활동을 제공하는 데 있다.

특히 미래 사회의 주역이 될 학생들에게 교과와 특별 활동 영역에서 배제된 다양한 측면의 교육적 경험, 학생 중심 교육 활동을 부여하는 데 초점을 맞추고 있다.

2. 재량 활동의 목표

가. 목표의 추구

재량 활동은 학교 교육과정을 통해서 추구하고자 하는 목표를 교육 과정의 체제, 구조 차원에서 체계적으로 반영하고, 실현하는 기회를 제공하기 위한 것으로서 다음과 같은 목표를 구현하고자 노력하여야 한다.

(1) 목표

1) 국민 공통 기본 교과인 10개 교과를 비롯한 교과와 특별 활동을 병행하는 동시에 이를 보충·심화함으로써 기본 교과의 학습을 확충할 기회를 제공한다. 이와 함께 범교과 활동은 일단 교육과정에 반영된 내용이지만 재량 활동을 통해 심화, 확충할 기회를 제공한다.
2) 단위 학교에서 창의적인 재량 활동을 전개할 여건을 마련해 준다. 이것은 곧 학교 교육에 대한 교육적 요구를 합리적으로 수용하고, 기존 교육과정과 교과의 틀에서 다루지 못하는 중요한 교육 경험을 가질 수 있도록 한다.
3) 교육과정에 대한 학교와 교사의 자율성과 교육과정 전문성을 확보한다. 교육과정 편성·운영에 관한 교장과 교사의 자율 재량권을 부여하고, 교육적 신념과 관심, 특기, 소질을 발휘할 기회를 줌으로써 교육과정 전문성을 신장하는 계기를 마련한다.
4) 교육 경험에 관한 학교와 교사의 결정과 더불어 학습자의 의사 결정 기회를 부여함으로써 자기 주도적 학습 능력을 기르는 발판을 제공한다. 이를 위해 수업을 비롯한 제반 교육 활동에서 학습자에 주안점을 두고, 새로운 교육 경험 영역과 내용을 소개함으로써 풍부하고 다양한 학습 경험의 기회를 제공한다.

한편, 재량 활동에서 전개할 수 있는 활동으로는 다음과 같은 것들을 고려해 볼 수 있다.
○ 10개 공통 기본 교과의 보충·심화 학습

○ 특정 교과(목)에 국한하지 않고 가르칠 필요가 있는 범교과 활동

○ 학교가 필요하다고 판단하여 필요한 절차를 거쳐 설치한 교과(목)

○ 동 학년 또는 인접 학년의 교사 협의회가 교장의 허가를 받아 설치하는 학교 자체 프로그램

○ 담임 교사 또는 교과 담당 교사가 학교장의 승인을 받아 전개하는 활동

○ 학습자의 관심과 적성 및 필요에 기초하여 전개하는 자기 주도적 활동

○ 지역의 실정에 따라 시·도 교육청 및 지역 교육청이 권장하는 학습 활동

3. 재량 활동의 내용

2007년 개정 교육과정에서의 재량 활동 시간 배당은 각 학년에 68시간(주당 평균 2시간)씩 편성되어 있다.

배당된 시간을 이용하여 이루어지는 재량 활동은 단위 학교의 교육이 무엇에 주안점을 두는 가에 따라, 그리고 그것을 주도하는 주체가 누구인가에 따라 매우 다양한 활동들이 포함될 수 있다. 특히 창의적 재량 활동의 편성·운영 방식은 학교 교육의 주안점과 활동 주체에 따라 다 양한 활동들을 전개할 수 있으며 거의 무정형에 가깝다고 볼 수 있다. 그러나 한편으로는 재량 활동을 정착시키기 위해 그것을 이해하는 데 필요한 개념 틀을 제시하면 <표 11>과 같다.

<표 11> 재량 활동의 영역과 활동

대영역	하위 영역	활동 내용(예시)
교과 재량 활동	국민 공통 기본 교과의 보충·심화 학습	○ 수준별 교육과정 운영, 교과의 보충·심화 학습 ○ 그 외 교과의 보충·심화 학습
창의적 재량 활동	범교과 학습	○ 범교과 활동(환경 교육, 인성 교육, 민주 시민 교육, 경제 교육, 에너지 교육, 근로정신 함양 교육, 성 교육, 보건 교육, 안전 교육, 소비자 교육, 진로 교육, 통일 교육, 한국 문화 정체성 교육, 해양 교육, 양성 평등 교육, ICT 교육) ○ 학교, 지역, 학생, 학부모의 요구를 반영한 범교과 학습

	자기 주도적 학습	○ 학습하는 방법의 학습(learning of learning method)
		  ● 탐구 활동 결과 정리, 학습 정보 활용 능력
		○ 주제 탐구 활동
		  ● 교과와 연계한 탐구 주제, 생활과 연계된 주제
		○ 자유 연구　　　　　　○ 소집단 학습
		○ 프로젝트 학습　　　　○ 현장 체험 학습
		○ 학교 행사 활동　　　　○ 지역 행사 관련 활동
		○ 과학 체험 활동　　　　○ 사물놀이 활동
		○ 갯벌 탐사 활동　　　　○ 기타 자율적 교육 활동

물론 여기에 제시된 틀은 일선 학교의 이해를 위해 도식화한 것에 불과하다. 실제 운영에 있어서는 하위 재량 활동의 영역들이 상호 분리되어 운영되기보다는 부분적으로 통합되거나 전체적으로 융합되는 식으로 운영될 가능성이 더 크다. 이것은 교육과정 편제에서 재량 활동과 교과, 특별 활동 삼자가 취하는 관계 양상과 또한 그것들이 가질 수 있는 상승 효과를 감안할 때 바람직할 것이다. 따라서 교과 재량 활동과 창의적 재량 활동이 유기적으로 연계된 가운데, 그 하위 영역들이 서로 독립된 것이 아니라 상호 얽혀진 방식으로 이루어져야 할 것이다.

가. 교과 재량 활동

(1) 국민 공통 기본 교과의 보충·심화 학습

교육과정 양의 과다라는 지적으로 제6차 교육과정에 비해 제7차 교육과정의 교과 시업 시수는 전반적으로 감축되었다. 또한 2007년 개정 교육과정은 제7차 교육과정에 비해서 교과 수업 시수가 전반적으로 감축되었다. 이를 세부적으로 분석하여 보면, 초등학교 제1-2학년은 2007년 개정 교육과정과 제7차 교육과정의 연간 수업 시수가 같고, 고등학교 제1학년은 2007년 개정 교육과정이 제7차 교육과정보다 수업 시수가 102시간 증가하였다. 나머지 학년인 초등학교 제3-6학년과 중학교 제1-3학년의 연간 수업 시수는 각각 34시간씩 감축되었다. 이는 교육과정 내용량의 과다 문제 해결, 주5일 수업제 정착화 등과 밀접하게 관련이 있는 것이다.

이는 지금까지의 학교 교육이 교과 교육의 틀 안에서만 이루어져 온 데서 탈피하여 교과 이외의 학습 영역에 대한 학습자의 요구를 별도로 수용하기 위해서이다. 그러나 재량 활동 시간은 수업 시수가 줄어든 교과의 보충·심화 학습에 대한 요구를 교육과정 운영에서 탄력적으로 수용하기 위한 장치이기도 하다.

이와 관련하여 재량 활동과 '교육과정 심화 발전 시간'의 연계를 생각해 보면 연간 법정 수업 일수 220일과 교육과정 시간 배당 기준 34주(204일)의 차에 해당하는 16일 지역 사회와 학교의 실정을 고려하여 학교장 재량으로 융통성 있게 운영할 수 있는 시간이다. 이와 같이 연간 수업 일수와 교육과정 시간 운영에 융통성을 부여한 것은 교재의 재구성과 함께 지역 및 학교의 실정에 따라 교육과정을 탄력적으로 운영한다는 것을 의미하며, 보다 적극적으로는 국가 수준 교육과정의 심화 발전 시간으로 연결될 수도 있다. 이를 위해 교육과학기술부 고시와 시·도 교육청의 교육과정 편성·운영의 기본 지침을 고려하되, 학교와 학급의 상황, 교장과 교사의 교육적 신념과 경영 의지에 따라 다양한 학습 경험을 창출, 학생들에게 제공함으로써 국가 수준 교육과정을 심화하고 확대할 기회를 제공한다.

(2) 선택 교과(목) 학습

교과 재량 활동에서의 선택 교과(목) 학습은 10개 필수 학습에서 한 걸음 더 나아가 교과 학습 활동의 폭을 확대하며, 학생들의 학습권에서 한 걸음 더 나아가 교과 학습 활동의 폭을 확대하며, 학생들의 학습권에서 가능한 한 스스로 행사할 수 있는 기회를 주기 위한 것이다. 이를 통해 단위 학교에서는 선택 교과(목) 개설 시 가능한 2개 이상의 교과(목)를 개설하여, 학습자가 실질적으로 선택할 수 있도록 배려해 줌으로써 학습에 대한 학습자의 주도권을 보다 적극적으로 발휘할 수 있도록 해야 한다.

나. 창의적 재량 활동

(1) 범교과 활동

현재 범교과 활동으로 예시된 것은 초·중·고등학교의 교과 교육과정과 교과서에 반영되어야 할 국가·사회적 요구 사항으로서, 이러한 내용은 일차적으로 교과 교육과정에서 다루어지는 것들이다. 그러나 그 중요성에 비추어 보아 교과 학습 시간 외에 별도의 시간을 확보해서 가르칠 필요가 있을 것으로 판단될 경우, 교과에서 충분히 다루어지고 있는 것과 그렇지 않은 것을 가려서 편성·운영해야 한다. 아울러 범교과 활동 영역과 하위 교육 내용의 선택에서는 학교와 교사, 그리고 학생의 선택권도 부여해야 한다. 따라서 재량 활동 각 영역의 성격을 파악하고, 학습자의 발달 수준과 요구 및 교사의 판단에 의하여 중점적으로 전개해야 할 영역과 구체적인 활동 내용을 설정해야 한다.

범교과 활동을 실천하는 데 있어서 무엇보다 중요한 것은 학습 영역별로 활용 가능한 기존 프로그램에 관한 정보를 수집하여 제공해 주는 것이다. 시·도 교육청 및 시·도 교육연구원, 시·도 교육정보원, 시·도 과학직업교육원 등 직속 기관 발행 교육 자료와 프로그램을 비롯하여 각 영역과 유관한 전문 연구 기관이나 부처에서 연구·개발한 자료들은 일선 학교가 학교의 실정에 맞는 프로그램을 선택하거나 교수·학습 자료를 직접 개발하고자 할 경우 유익한 정보원이 될 수 있을 것이다.

(2) 자기 주도적 학습 활동

자기 주도적 학습은 제7차 교육과정에서부터 전반적으로 강조되다가 2007년 개정 교육과정에서 더욱 중시되고 있다. 일반적으로 자기 주도적 학습의 요체는 학습하는 방법과 관련된 기술, 지식, 태도 등의 습득이며, 학교는 개별적 학습 활동을 촉진하고 조성하기 위한 환경과 자원을 마련해 주어야 한다.

자기 주도적 학습 능력을 구현하기 위한 접근 방식은 학년이나 학교 급에 따라 다르다. 초등학교 저학년 수준에서는 자기 스스로의 학습 능력의 기반을 다지기 위해 기초 기능, 즉 의사 전달 기능, 독해 기능, 셈하기 등을 중심으로 하는 학습 방법적 접근을 위하는 것이 바람직할 것이며, 초등학교 고학년, 중·고등학교 등으로 학년과 학교급이 높아지면서 교과 활동과 선택 교과(목)에 관한 학습자의 자기 주도적 활동을 체계적으로 운영하여 학습자의 자기 주도성을 기르기 위해서는 주제 탐구 활동과 학교장, 교사, 학생 등이 주도적으로 전개하는 자율적 활동이 필요하다.

1) 주제 탐구 활동

주제 탐구의 내용은 매우 다양하다. 우선 10개 교과와 관련된 것으로서 교과 교육과정에 포함되어 있는 내용 가운데서 보다 깊이 탐구해야 할 필요가 있는 내용을 주제 탐구 학습의 방식으로 다룸으로써 해당 내용에 대한 심화가 학습의 기회를 학생 스스로 가질 수 있다. 또한 범교과 활동 내용에서 선택하여 주제 탐구 학습을 전개할 수도 있고, 나아가 학생의 개인적 관심 영역에 기반을 둔 주제에 대한 자기 주도적 탐구 활동을 전개할 수도 있다.

그러나 초등학생들의 경우에 주제 탐구 활동을 보다 적극적으로 전개하기 위해서는 일단 교사의 주도하에 다양한 주제와 다양한 수준의 탐구를 단기 과정으로 개발하되, 학년 간의 연계를 살려서 운영하는 방안이 바람직할 것이다. 탐구 주제를 설정하는 수준은 학년별, 학급별, 교과별, 개별 학습자 또는 소집단 등 다양하다. 물론 중·고등학교에서도 탐구 활동은 크게 강조되어야 한다.

2) 자유 연구 활동

자유 연구 활동이란 학생들 스스로 탐구하고 싶은 주제를 정하고, 그에 관한 정보를 수집, 분석, 종합하여 자신이 공부한 내용을 하나의 정리된 작품으로 제출하는 것을 의미한다. 이러한 자유 연구 활동은 ① 학생의 적성에 맞는 학습을 지향하고, ② 학생의 흥미와 관심을 최대한 높여 주며, ③ 학습에 대한 계획과 실천 능력을 기르고, ④ 자기 학습에 대한 성취감과 만족감을 만끽하게 하며, ⑤ 교과, 시간, 장소의 벽을 넘어 자유로운 형태의 학습 활동이 가능하다는 데 의의가 있다.

자유 연구 활동은 학기별로 몇 차례로 나누어 운영할 수 있으며, 교사는 다음과 같은 역할을 수행해야 한다. ① 주제를 예시해 주고 학생들의 주제가 적절한지를 검토한다. ② 주제는 학생이 관심을 갖는 모든 분야(취미, 특기, 교과 심화, 자아실현 등)에서 찾도록 한다. ③ 조사할 내용과 자료를 찾는 방법을 지도한다. ④ 학생과 접촉할 수 있는 시간을 많이 만든다. ⑤

끊임없이 문제의식을 일깨우고 목표를 정확히 하도록 지도한다. ⑥ 조사 결과를 보고서, 비디오, 연극, 전시 등 여러 형태로 발표하게 한다. 또한 자유 연구에서는 학생의 희망에 따라 자원 인사를 활용할 수 있으며, 그에 대한 평가 보고서는 자기 평가표의 반성을 기초로 이루어지되, 학생의 변화 내용을 찾아내는 데 주목하고 평가가 발전적인 학습재를 찾는 계기가 되도록 한다.

3) 현장 체험 활동

현장 체험 활동은 교육과정의 목표를 도달하기 위해서 상황적 지식과 함께 체험을 통한 내면화 등이 필요하지만 학교 여건상 이루어지지 못하고 있는 실정이다. 현장 체험 학습은 교육과정의 지역화를 구현하는 가장 좋은 방법이며, 집단 활동의 과정을 통하여 경험을 재구성하는 다양한 계기를 마련해 줄 수 있는 학습 방법이다. 따라서 지역 사회의 다양한 자원을 활용함으로써 학생들의 흥미와 관심을 충족시켜 주어야 한다.

4) 학교장 및 교사, 학생 주도의 특별 프로그램

학교장 및 교사, 학생 주도의 특별 프로그램 영역에서는 많은 학교가 과거 교육과정의 '책가방 없는 날'과 같은 형식으로 운영하게 될 것이다. 학교는 이를 이용하여 공동체 의식 함양을 위한 집단 활동과 현장 체험 학습, 학교장 주도의 학교 특성화 프로그램, 교사 특기 중심의 프로그램들을 다양한 방식으로 운영할 수 있다. 집단 활동의 경우 학생들의 자발적인 참여와 자율적인 활동을 위해 교사는 리더에게 권한을 많이 넘겨주어야 한다.

교사의 지나친 통제는 집단 활동의 본래 취지와 목적을 변질시킬 수 있다. 또한 교사는 실행 중간 단계에서 한두 차례 학생들로 하여금 자체 평가를 실시하도록 하여 목표에서 크게 이탈하지 않게 한다. 그리고 집단 활동에서 이탈, 소외되는 소수의 학생들을 배려하여야 한다. 이러한 집단 활동으로는 교육 문화 활동, 각종 답사 활동, 동아리 활동, 봉사 활동 등을 수행할 수 있다.

5) 기타 활동 및 프로그램

재량 활동은 말 그대로 단위 학교에서의 자율적, 탄력적이고도 다양성, 재량성 있는 교육 활동이다. 따라서 초·중·고교 각급 학교의 여건과 환경 등을 고려한 다양한 활동과 프로그램이 설계되고 실행되어야 한다.

특히 주제 탐구 활동, 자유 연구 활동, 현장 체험 활동, 학교장 및 교사, 학생 특별 프로그램 외에도 다양한 활동과 프로그램이 구안되고 내실 있게 적용되어야 한다.

제4장 | 재량 활동 교육과정 운영의 유의점 및 평가

1. 재량 활동 운영의 유의점

가. 재량 활동 운영의 강조점

(1) 재량 활동 운영의 관심 사항

학교 교육과정을 편성할 때 재량 활동 영역에서 특히 관심을 가져야 할 사항을 정리하여 예시적으로 제시하면 다음과 같다.

1) 상위 교육과정의 재량 활동 지침 분석
2) 학교 교육 목표, 교육 중점 분석
3) 재량 활동 편성·운영을 위한 기초 조사와 시사점 추출
　　① 해당 학교 및 다른 학교의 재량 시간 운영에 대한 분석, 평가
　　② 학교 및 지역 사회의 교육 여건, 학생과 학부모의 실태, 지역 사회의 특성 조사
　　③ 교원, 학생, 학부모, 지역 사회의 요구 조사
　　④ 교원의 지도 능력 및 연수 계획 파악 등
4) 선행 연구학교의 일반화 자료, 교육과학기술부·시·도 교육청의 예시 자료, 지역 교육청의 장학 자료, 연구 기관의 연구 자료의 분석 및 시사점 추출
5) 편성·운영(안) 작성
　　① 재량 활동 편성·운영 지침 결정 및 모형 개발
　　② 활동 내용 선정 및 지도 체계표 작성
　　③ 연간 프로그램, 시간 운영 계획 작성
　　④ 교육 자료, 장소, 지도 교사 확보, 지도 방법의 구체화
　　⑤ 평가 계획 수립
6) 시안의 검토 및 심의 수정·보완

재량 활동은 지역의 특성, 학교의 여건, 학습자의 특성을 고려하여 융통성 있게 운영하여야 하며, 또 학습자들의 집단으로 탐구하고 사고하는 협력 학습과 학습자가 몸소 체험해 보는 활동, 학습자의 요구와 수준에 따라 학습할 수 있는 선택 학습을 확대해 나가는 데 역점을 두어야 하는 데 특히 다음과 같은 점에 관심을 가져야 한다. 즉, 재량 활동 교육과정을 운영함에

있어서 특별히 강조할 내용을 요약해 보면 다음과 같다.

첫째, 직접적인 체험 활동과 소집단 활동이 많이 이루어지도록 다양한 프로그램을 편성·운영한다.

지금까지 교사가 교과 지도를 함에 있어서 시·공간의 제약, 지식 교육 편중 지향 등으로 인하여 학습자의 구체적 활동 및 직접적인 체험 활동, 소집단 탐구 활동 지도가 소홀히 이루어져 왔다. 이와 같은 문제점을 해결해 주는 차원에서 재량 활동은 그 운영에 있어서 교과에 대한 부담을 떨어버리는 대신에 학생들의 다양성, 흥미, 적성을 고려하여 실천 중심의 체험 활동 및 토론 학습이 많이 이루어지도록 해야 한다.

직접적인 체험 활동으로는 실험, 관찰 활동, 현장 견학, 답사 활동, 조사·수집 활동, 자유 탐구 활동, 노작 활동, 토론 활동 등이 있다.

소집단 활동은 학생들에게 공동 학습 과제를 제시하여 소집단 활동을 통해 공동으로 문제를 해결하는 경험을 많이 가지게 하며, 창의적인 활동을 부여해 줄 수 있다. 이러한 활동들은 교사가 임의대로 그때그때 지도할 것이 아니라 합리적 과정을 통해 계획적, 의도적으로 편성한 재량 활동 시간을 통해서 지도할 수 있게 된다. 한편 열린 교실 운영 체제를 도입하여 능력별 수업도 진행할 수 있고, 소집단 활동도 다양하게 전개할 수 있다.

둘째, 학생들의 자율적이고 협동적인 참여에 의해 계획되고, 주도하는 학습 활동을 강화한다.

재량 활동의 중요한 특징 중의 하나는 학생들의 자율성, 협동성, 자주적인 활동을 중시하는 것이다. 재량 활동은 자율적이고 협조적이고 자주적인 참여의 과정을 거쳐 민주 시민으로서의 자질과 건전한 인성, 그리고 자기 주도적인 학습 태도를 길러 주고자 하는데도 큰 비중을 두고 있다. 이러한 재량 활동의 목표는 교사의 일방적인 전달에 의한 방법으로 효과를 거두기 어려우며, 학생들이 스스로 자기 문제를 처리해 나갈 수 있도록 기회를 제공해 줌으로써 가능하다.

재량 활동은 학습자 중심 교육으로 학생들이 학습하는 방법을 익혀, 자율적으로 학습하는 능력을 길러주고, 주어진 공동 학습 과제를 소집단별로 협동하여 해결하게 함으로써 자주적 문제 해결의 경험을 가지도록 지도하는 데 역점을 두어야 한다.

셋째, 학교와 지역 사회 실정에 따라 융통성 있게 운영한다.

재량 활동은 전국의 모든 학생에게 공통적인 내용을 부과하는 활동이 아니라, 단위 학교별로 학생의 요구, 학교의 여건, 지역 실정 등에 알맞게 계획을 수립하고, 학년별, 학급별, 소집단별, 개인별 등 여러 형태로 교사와 학생에 의해 자신들에게 가장 적합한 내용과 형태로 계획되고 운영되는 활동이다. 또한 재량 활동은 주제의 선정과 계획, 시간 운영, 집단 편성, 활동 장소에 이르기까지 모든 면에서 자율성과 융통성이 강조되는 교육 활동이다.

그래서 재량 활동의 내용과 방법이 교육과정에 명시적으로 규정되어 있지 않다. 이는 일률적인 교육과정 구성과 운영 및 관리를 지양하고, 학생들의 개인적 또는 집단적 특성에 가장 알맞으며 학교와 지역 실정에 적합한 내용과 활동을 선택하도록 요구하는 것이다. 또한 자유롭고 융통성 있는 선택과 실행의 과정 자체가 중요한 교육임을 알 수 있는 단면이다.

(2) 재량 활동 운영의 유의점

① 일반적 유의점

재량 활동의 운영에 있어서 그 방법은 특별 활동과 교과 활동의 운영을 참고할 필요가 있다. 그것은 재량 활동의 성격이 학생들에게 양적으로 새로운 학습내용을 부과하기보다는 재량 활동을 통하여 교과 활동이나 특별 활동에서의 교육경험을 질적으로 보강하고 심화·확충하려는 의도를 가지고 있기 때문이다. 이뿐 아니라 재량 활동의 경우 특별 활동, 교과 활동과 그 내용의 중복된 부분이 많이 있다. 따라서 교과의 양을 줄이려는 제7차 교육과정에 있어 교육내용의 적정화에 부응하려면 그러한 중복된 내용들을 재량 활동과 잘 연계하여 가르칠 필요가 절실한 것이다. 예를 들면 재량 활동에 있어 '환경을 깨끗이 하기'라는 주제의 수업은 초등학교 과학과의 '환경오염' 단원과 연관이 깊고, 특별 활동에서 '봉사 활동'을 통하여 '쓰레기 줍기, 주변 청소하기' 등의 활동과 관련이 매우 깊다. 이러한 경우 각각 따로 시간을 운영할 것이 아니라 하나의 수업단위로 운영하여 그 연계성을 높이고 학습량을 줄이는 운영의 융통성이 필요한 것이다. 이처럼 재량 활동의 운영 시에는 교사가 유의하여 고려하여야 할 사항들이 많다. 이를 종합적으로 고찰해 보면 다음과 같다.

첫째, 재량 활동 교육과정에 배정된 최소 시수 이상을 먼저 확보할 수 있도록 유의하여야 한다. 2007년 개정 교육과정에서는 제1학년의 첫 3월 한 달을 제외하고 주당 2시간의 재량 활동 시간을 운영할 수 있도록 하고 있는데, 이외에 초·중등교육법 시행령에 제시된 수업 일수 220일에서 교육과정의 수업시간 배당 기준 일수 204일을 제외한 16일을 특별 활동 및 재량 활동에 이용할 수 있도록 하고 있다. 따라서 이 16일의 일수 중에서 일정 부분 재량 활동으로 사용할 수 있으므로 재량 활동의 연간 시수는 기준 시수보다 많아야 하는 것이다.

둘째, 재량 활동 교육과정의 편성·운영의 전 과정에 교사, 학부모, 학생들의 참여가 최대한 보장되어야 한다. 이는 대체로 회의, 설문지, 면담 등을 통하여 이루어질 수 있는데 이러한 교육 관련자들의 참여 가운데서도 특히 교사의 참여가 적극적으로 이루어져야 한다. 재량 활동에서는 학생들의 자기 주도적 학습을 강조하고 있는데 이 자기 주도적 학습에서도 보조자, 협력자로서의 교사 역할이 더욱 강조되어야 한다. 이것은 저학년일수록 교사 주도성을 강조하고, 고학년일수록 학습자 주도성을 강조해 나가도록 해야 한다.

셋째, 재량 활동은 특별 활동과 마찬가지로 학교의 상황, 학생들의 수준과 실태 등에 따라서 재량 활동 시간의 운영과 수업장소, 교사 조직, 주제 설정, 학습 집단의 편성 등에 있어 학교의 자율성과 융통성을 최대한 살려 탄력적으로 운영할 수 있어야 한다.

비판적으로 보면 아직도 학교 현장에서는 '국가 중심의 교육'이라는 관료적 틀에 얽매여 시간 운영이나 수업 장소의 운영에 있어 융통성을 발휘하지 못하고 있는 경우를 많이 볼 수 있다. 즉 교육과정은 자율성, 융통성, 개방성을 지향하고 있는데 학교 현장의 관리자들이나 교육청의 관료들은 여전히 학교 밖을 나가서 수업을 할 경우 복잡한 결제 절차를 거치게 한다든지, 외부 강사를 초빙해서 올 경우 별로 탐탁치 않게 생각하는 경우를 흔히 볼 수 있다. 이는 교육과정의 세계화에 발맞추어 재량 활동의 질적 향상을 위해 하루빨리 시정되어야 할 부분이다.

넷째, 재량 활동에서 가장 중요한 것은 학생들이 자기 주도적으로 참여하는 직접적인 체험활동이 많이 이루어지도록 하는 것이다. 재량 활동에서 특히 강조하는 바는 탐구학습, 프로젝트학습, 협동학습, 소집단학습 등 다양한 학습방법을 통해 학습자의 자기 주도성을 향상시키고 이를 교과학습과 특별 활동에 전이시키는 일이다. 교과학습이나 특별 활동에 전이시킨다는 의미는 재량 활동과 이들 활동을 분리하지 말고 연계하여 운영함으로써 재량 활동을 통해 오히려 교과 활동과 특별 활동의 깊이가 더 깊어질 수 있도록 연계하여 운영하여야 한다는 의미이다.

이와 같은 재량 활동 운영의 일반적인 유의점을 개조식으로 요약 제시하면 다음과 같다.

1) 초등학교에서는 교과의 보충·심화 학습보다는 학생의 자기 주도적 학습 능력 신장을 위한 창의적인 재량 활동에 중점을 둔다. 중등학교에서는 창의적 재량 활동보다는 교과의 보충·학습에 중점을 두어야 한다.

2) 초·중등교육법 시행령에 제시된 수업 일수(220일)에서 교육과정의 수업 시간 배당 기준 일 수(204일)를 제외한 일 수(16일)는 2007년 개정 교육과정의 재량 활동 영역과는 별개의 시간임을 유의한다. 다만, 편성된 교육과정에 의한 특별 활동 및 재량 활동의 증배에 융통성 있게 운영할 수 있다.

3) 필요에 따라 특별 활동의 보충·심화에 활용하는 등 다른 영역과 연계하여 운영할 수 있으나, 단순히 시간을 연장하여 운영하기보다는 학교 교육과정에 편성된 재량 활동의 목표 내용, 방법, 운영에 관한 사항에 부합되는 활동을 구체적으로 실천해야 한다.

4) 재량 활동 편성·운영의 모든 과정에서 교사의 참여가 극대화되어야 하며, 학생들의 자기 주도적 학습을 위한 교사의 역할이 증대되어야 한다. 즉 교사는 재량 활동의 연구·개발자, 결정자, 실천가의 역할과 더불어 학습 활동의 안내자, 촉진자, 상담자, 환경 조성자, 지도자 등의 기능을 충실히 수행해야 한다.

5) 교육의 질을 위주로 한 최적의 프로그램을 구안하고, 교육과정의 편성·운영·평가에 따른 학생의 학습 부담이 가중되지 않도록 유의한다.

6) 시간 운영, 장소 활용, 교사 조직, 주제 설정, 집단 편성, 교재 선정, 다른 영역과의 연계성을 종합적으로 검토하여 학교의 자율성과 융통성을 최대한 발휘하여 탄력적으로 운영

한다.

7) 교과의 성격이 강한 활동에서는 지도 기간을 1년 단위로 하고, 학교 또는 학년 단위로 운영하는 것이 바람직하다.
8) 학년별, 부서별 연간 지도 계획에 의거 주간 학습 계획을 수립하여 활용한다.
9) 학습의 효과를 높이기 위하여 방송 매체, 시청각 교재, 인터넷 등의 자료와 지역 사회의 인적·물적 자원을 계획적으로 활용한다.

결국, 재량 활동은 단위 학교의 주안점과 활동 주체에 따라 매우 다양한 방식으로 변용 가능하다는 점에서 무정형적, 비법령성의 성격을 갖고 있으나, 이로 인해 학교 현장에서 상당한 혼란과 부담을 가져올 수 있다. 그러나 학교에서의 자율성과 융통성을 충분히 발휘하고, 다른 영역과의 상호 통합되게 운영하는 등의 재량 활동 전개를 통하여 소기의 목적을 달성할 수 있을 것이다.

② 융통적 운영 유의점

재량 활동의 운영에 있어 융통성은 매우 크다고 할 것이다. 여기에는 시간 운영의 융통성, 장소 활용의 융통성, 교사 조직의 융통성, 집단 편성의 융통성, 주제 및 교재 선정의 융통성 등 그 실제 운영에 있어서 여러 측면에서 융통성을 부여하고 있다. 이는 특별 활동의 탄력성, 융통성과도 연계되는 부분이라고 할 수 있다.

우선, 시간 운영의 융통성에 있어 고정 운영(정일제)과 연속 운영(전일제)을 생각할 수 있다. 고정 운영은 매주 특정 요일, 특정 시간에 재량 활동을 고정적으로 배정하여 운영하는 것을 의미한다. 연속 운영은 학습 현장이나 체험학습의 경우처럼 시간을 많이 요하는 경우 하루나 며칠 동안 계속하여 재량 활동을 운영하는 경우를 의미한다.

장소 활용의 융통성은 재량 활동이 이루어지는 장소가 교실을 포함하여 교내·외의 다양한 곳이 될 수 있어야 함을 의미한다. 특히 지역사회의 여러 장소를 최대한 활용하여 창의적이고 특색 있는 활동이 이루어지도록 하여야 한다. 가령, 자연 관찰을 위해서 학교의 교재원, 화단, 사육장, 학교 뜰은 물론이고 조사 학습을 위해 은행, 우체국, 방송국, 박물관, 산업 시설 등이 포함되며 고적답사활동으로서 명승지, 유적지, 사찰 그리고 체험활동을 할 수 있는 곳으로서 농장, 과수원 등이 재량 활동의 장소로 선택될 수 있다.

교사 조직의 융통성이란 재량 활동을 지도하는 교사가 담임을 비롯하여 다른 반 혹은 다른 학년 교사들에 의해서도 재량 활동이 지도될 수 있음을 의미한다. 이는 필요한 경우 교내 교사뿐 아니라 학부모나 학원 강사 등 적절한 외부 인사들도 재량 활동에 참여하여 수업에 도움을 주도록 운영되어야 한다.

집단 편성의 융통성이란 재량 활동 수업을 진행하는 집단을 학급, 학급군, 학년, 학년군, 전교 단위 등으로 다양하게 조직할 수 있음을 의미한다. 이러한 집단의 편성은 어떤 것이든지 그 학교의 사정에 가장 알맞도록 이루어져야 함이 타당하다. 일반적으로 재량 활동을 운영하는 데 있어 학년별로 다른 내용을 중심적으로 지도할 경우에는 심도 있는 지도가 가능하고 교재의 선택과 사용이 용이한 반면, 학년별로 체계적인 지도나 연계성을 가지기가 어렵다는 단점이 있다. 이와 달리, 동일한 내용들을 전 학년에 걸쳐 분산 지도하되, 학년별로 지도 중점만 달리하여 지도할 경우에는, 학년별로 체계적이고 연계적인 지도가 가능하며, 다양한 활동을 통한 흥미 유발이 가능할 수 있으나 교재를 선택하거나 개발하는 데 어려움이 따를 수 있다. 주제 및 교재 선정의 융통성도 집단의 구성과 학습자 및 학부모의 요구와 기대에 따라서 적절하게 고려되어야 할 것이다.

나. 재량 활동 운영 단위 및 교사 배치

(1) 활동 집단 운영 단위

활동 집단을 구성함에 있어서는 학급, 학급군, 학년, 학년군, 전교 단위 등을 고려해 볼 수 있으나, 어느 것이든지 그 학교의 실정에 가장 알맞은 융통성 있는 집단 편성이 이루어져야 한다.

일반적으로 학년마다 다른 내용을 중점적으로 지도할 경우 심도 있는 지도가 가능하고 교재 선택이나 사용이 용이한 반면, 학년별로 체계적인 지도나 연계 지도는 어렵다. 이와 달리 동일한 내용을 전 학년에 걸쳐 분산 지도하되, 학년별로 지도 중점만 달리하여 지도할 경우는 학년별로 체계적이고 연계적인 지도가 가능하며, 다양한 활동을 통한 흥미 유발이 가능할 수 있으나, 교재를 선택하거나 개발하는 데 어려움이 있다.

(2) 교사 배치 계획

재량 활동을 위한 교사는 학교의 형편에 따라 융통성 있게 배치되어야 한다. 대개의 경우 재량 활동을 담당하는 교사로 학급 담임이 배치될 수 있을 것이나 활동 영역의 성격 및 활용할 수 있는 인적 자원 확보 여부에 따라 교과 담임이나 외부 자원 인사의 도움을 받을 수도 있다.

1) 담임 지도

일반적으로 초등학교는 담임제이기 때문에 모든 수업이 담임교사에 의해서 용이하게 이루어진다고 볼 수 있다. 특히 재량 활동 시간에 동일한 영역을 전 학년에 걸쳐 지도 중점만 달리하여 운영하는 경우에는 각 학급 담임이 그 시간을 담당할 수밖에 없다. 중등학교는 교과 담당 교사제로 재량 활동을 운영하는 것이 바람직하다.

2) 담당 교사 별도 배치

〈표 12〉 학교급별 재량 활동 내용 및 시수(예)

영역	초등학교											
영역	제1학년	시수	제2학년	시수	제3학년	시수	제4학년	시수	제5학년	시수	제6학년	시수
탐구활동 (28)	재활용품 이용하여 만들기	16	재활용품 이용하여 만들기	16	맑은 물	12	물의 오염과 환경 보전	12	금강과 우리 생활	12	에너지와 우리 생활	12
	우리 고장의 산	12	삽교천을 바라보며	12	조상의 얼을 찾아서	14	우리 고장의 자랑	16	백제의 유적 탐구	16	백제의 유적 탐구	16
학예활동 (40)	개미와 비둘기 욕심꾸러기 사자 인형들의 이야기	40	청개구리의 슬픔 강아지 똥	40	개미와 베짱이 장난감들의 합창	42	숲속의 대장간 브레멘의 악사들	40	월광곡 아기 참새와 허수아비	40	크리스마스 송가 무지개는 보일는지	40
	손인형 만들기 이야기 그림 동화 잔치		가면 만들기 그림 그리기 동화 구연		베짱이 노래 의상과 소품 만들기 인형들의 춤		독창, 합창, 연주 옷과 가면 만들기		합창, 무용 분장 꾸미기		효과 음악, 음향 무대 장치 의상 만들기	

영역	중학교						고등학교					
영역	제1학년	시수	제2학년	시수	제3학년	시수	제1학년	시수	제2학년	시수	제3학년	시수
교과 보충 심화 활동 (48)	국어과 보충·심화 활동	12	국어과 보충·심화 활동	12	국어과 보충·심화 활동	12	국어과 보충·심화 활동	12				
	사회과 보충·심화활동	8	사회과 보충·심화활동	8	사회과 보충·심화활동	8	사회과 보충·심화활동	8				
	수학과 보충·심화활동	12	수학과 보충·심화활동	12	수학과 보충·심화활동	12	수학과 보충·심화활동	12				
	과학과 보충·심화활동	8	과학과 보충·심화활동	8	과학과 보충·심화활동	8	과학과 보충·심화활동	8				
	영어과 보충·심화활동	8	영어과 보충·심화활동	8	영어과 보충·심화활동	8	영어과 보충·심화활동	8				
학교별 재량활동 (20)	학교 특색 활동	20	학교 특색 활동	20	학교 특색 활동	20	학교 특색 활동	20				
	집단 및 동아리 활동		집단 및 동아리 활동		집단 및 동아리 활동		집단 및 동아리 활동					

　　재량 활동 시간에 학년별로 다른 활동이 행해지는 경우라면, 각 활동에 특기가 있거나 특별한 관심이 있는 교사가 그 활동을 담당할 수 있다. 이 경우에는 재량 활동 시간을 전 학년에 걸쳐 특정 요일, 특정 시간에 고정시켜 놓아야 학년 간, 학급 간, 교사 교체 수업이 가능할 것

이다. 학급 담임 교사 이외에도 교과 담임 교사, 학년 부장, 교장, 교감, 클럽 담당 교사, 상담 교사, 보건 교사 등이 재량 활동의 특정 영역을 위한 담당 교사로서 배치될 수 있다.

3) 자원 인사 활용

특정한 활동의 경우는 외부 자원 인사의 활용이 더욱 효과적일 수도 있다. 명예 교사, 상담 자원 봉사자, 지역 사회 인사, 영역별 전문가, 학부모 등이 적절하게 활용될 수 있다.

이상의 재량 활동을 위한 교사 배치는 어디까지나 학교 형편에 따라 융통성 있게 이루어져야 할 것이다.

(3) 시간 운영 및 장소 활용 계획

1) 시간 운영

재량 활동은 활동 영역의 성격에 따라 융통성 있는 시간 운영이 요구된다. 시간 운영 방식으로는 다양한 형태가 가능할 것이나 굳이 분류해 보자면, 크게 고정 운영 방식과 연속 운영 방식을 들 수 있다. 전자는 정일제의 형식을 띠며, 후자는 전일제의 형식을 띤다고 할 수 있다.

① 고정 운영(정일제)

매주 특정 요일, 특정 시간에 재량 활동을 고정적으로 배정해서 운영하는 방안으로 주당 2시간의 재량 활동 시간을 1시간씩 특정 요일, 특정 시간에 분산시킬 수도 있으며, 2시간을 블록 타임(block time) 형태로 연속 배정해서 하루에 집중시킬 수도 있다.

② 연속 운영(전일제)

재량 활동 시간을 격주 토요일 전체에 할애해서 전일제로 운영할 수 있다. 특히 학교 외부에서 실시되는 현장 학습이나 체험 학습의 경우는 이동 시간이 많이 필요하므로 토요일 전일을 재량 활동 시간으로 운영하는 방안이 검토될 필요가 있다.

초·중·고등학교의 교육과정 편성·운영에서의 시간 배정은 활동 주제의 성격에 따라 결정되어야 한다. 활동 주제의 성격에 따라서 시간 운영 단위가 매주 달라질 수도 있기 때문이다. 따라서 시간 운영을 재량 활동의 주제에 따라 각 1~4시간 단위의 융통성 있는 운영이 가능하도록 한다.

2) 장소 활용

재량 활동을 위한 장소는 교실을 포함해서 교내 외의 모든 시설이 활용될 수 있도록 융통성이 부여되어야 하며, 특히 지역 사회의 여러 장소를 최대한 활용하여 창의적이고 특색 있는 활동이 이루어질 수 있도록 계획되고 운영되어야 한다. 경우에 따라서는 현장 체험 등 학교 밖의 다양한 교외 시설을 활용할 수 있다.

2. 재량 활동의 평가

가. 재량 활동 평가의 방향

　교육 평가의 기능을 교육과정과 학습 과정에 최대한으로 도움을 주고, 그렇게 함으로써 학생의 학습 효과를 극대화시키는 역할을 갖도록 하려는 것이 새로운 교육 평가가 지향하는 방향이다. 이 같은 시각에서 보면 교육 평가란 '교수 프로그램에 관한 의사 결정을 하기 위해서 학습자의 행동 변화 및 학습 과정에 대한 정보를 수집하고 이용하여 교육적 의사 결정을 내리는 데 도움을 주거나 혹은 의사 결정을 하는 과정 바로 그 자체'라고 볼 수 있다. 교육 목표 달성을 위한 목적에 알맞은 평가를 통하여 학생의 자기 주도적이고 창의성 있는 활동을 조장하고, 학교 재량 활동 교육과정의 개선점을 추출하는 등의 수단으로 활용해야 한다. 재량 활동에 대한 평가는 학교 재량 활동 교육의 질 관리 수단으로 활용해야 하며, 평가 그 자체가 목적이 되어서는 안 된다.

　재량 활동의 평가는 교과에서 비교적 많이 사용하고 있는 지필 평가 등으로는 소기의 목적을 달성할 수 없다. 교사는 평가의 기본 원리와 관점을 충분히 이해하고, 재량 활동이 추구하고 있는 기본 취지를 살리기 위한 평가 도구와 방법을 사용해야 한다. 재량 활동의 평가는 개별 학생들이 자신의 성취 수준을 가늠해 보고, 부족한 부분을 스스로 보충하는 데 주안점을 두어야 하므로, 최근에 전통적인 평가의 대안으로 제시되고 있는 '수행 평가' 방법을 활용하는 것도 바람직하다. 수행 평가는 "학생들의 작품이나 활동을 직접 관찰하고, 관찰된 결과를 전문적(주관적)으로 판단함으로써 이루어지는 평가"라고 할 수 있다.

　재량 활동의 평가에서 유념해야 할 사항으로는 ① 활동의 결과보다는 활동의 과정에서의 참여, 의욕, 상호 관계, 진보의 정도 등을 중심으로 한 평가, ② 평소 활동의 누가 기록, 발표, 자기표현 등의 요소가 종합적으로 반영된 평가, ③ 학생들의 능력차를 가려내어 서열화를 시키는 것보다는 서로 다른 개인차를 발견하여 각자의 개성을 살리기 위한 평가, ④ 교사의 주도적인 평가보다는 자기 스스로의 평가, 학생 상호 간의 평가, 학부모의 평가 등을 종합적으로 수렴한 평가, ⑤ 학생에 대한 평가와 함께 학교 재량 활동 편성·운영의 평가도 포함되어 후속 계획 수립과 운영의 개선에 활용하기 위한 평가이다.

재량 활동의 평가에서 교사들은 평가에 관점, 방법 등을 이해하고, 평가가 효율적이고 유목적적으로 실시될 수 있도록 노력해야 한다.

일반적으로 초·중·고등학교 교육과정에서의 재량 활동의 평가는 전인적 평가, 과정적 수행평가, 관찰 및 면접 중심평가, 문장 기술적 평가, 활동 및 참여 개선의 평가 등의 방향으로 실행되어야 할 것이다.

나. 재량 활동 평가의 관점

재량 활동은 영역 명칭 그대로 학교와 교사 재량으로 행하는 활동이다. 따라서 탄력성, 자율성, 다양성, 재량성, 비고정성 등을 특성으로 한다. 아울러 재량 활동은 자기 주도적 학습력과 창의력 신장을 목표로 한다.

이와 같은 재량활동의 평가 역시 학교 여건과 학생 수준, 그리고 교사의 교육과정 실행능력과 노력에 따라 아주 탄력적이고도 다양하게 이루어져야 한다. 특히 재량 활동은 학생들의 다양한 활동 중심으로 이루어지는 학습이 대부분이기 때문에 평가 역시 활동 과정과 참여를 초점으로 진행되어야 한다. 그러므로 초·중·고교 교육과정에서의 재량 활동 평가는 다음과 같은 관점을 고려하여 실행되는 것이 바람직할 것이다.

첫째, 재량 활동의 평가는 교사 주도로 이루어지기보다는 학생들의 자기 평가, 학생 상호간의 상호 평가 등이 바탕이 되어야 한다. 물론 미성숙한 학생들의 자기 평가, 상호 평가 등에 대한 신뢰도에 의문이 있을 우려가 있긴 하지만, 교사들이 보지 못하는 다양한 부분에 대한 학생들의 자기 평가, 상호 평가는 매우 의미 있는 평가인 것이다.

둘째, 재량 활동의 평가는 학생 활동 위주의 수행 평가의 다양한 방법이 활용되어야 한다. 즉 관찰 기록, 질문지 사용, 포트폴리오(portfolio) 분석, 면접 상담 등의 다양한 방법이 적용되어야 한다. 특히 수행 평가에서는 다양한 방법이 누적적으로 적용되는 것이 중요하다.

셋째, 재량 활동의 평가에서는 단위 교수·학습의 목표 달성도와 함께 학생들의 과정 활동 참여도, 열성도, 협력도, 수행도, 실적도 등을 관찰, 체크리스트 등을 통해서 기록되어야 한다. 이를 위하여 학생들의 자기 표현 기회, 발표 기회 제공 등이 선행되어야 한다.

넷째, 재량 활동의 평가를 문장으로 기술할 경우는 활동 실적, 진보와 향상의 정도, 행동의 변화 정도, 특기 사항 등을 종합하여 기록하여야 한다. 이는 학생 개개인의 발달, 성장, 변화, 성취도 등을 계속적이고도 누적적으로 기록하여야 한다. 즉 재량 활동의 평가는 일시적, 간헐적인 아니라 장기간에 걸쳐서 계속적으로 이루어져야 하는 것이다.

<표 13> 재량 활동 평가의 관점(예)

구 분	세부 영역	평가 요소(관점)	비고(점수)
학습 활동 능력	문제 해결력, 과제 달성도	• 과제 파악력: 학습 문제 속에서 모순점을 발견하여 학습 관제를 찾을 수 있는가?	
		• 기획력: 지식과 경험을 통하여 스스로 학습 계획을 수립할 수 있는가?	
		• 문제 추구력: 학습 자료의 수집과 해석, 정리, 재구성 등의 능력이 있는가?	
		• 문제 응용력: 학습 후 얻은 인식을 새로운 장면이나 생활 속에서 활용할 수 있는가?	
	자기 학습력	• 과제 결정력: 학생 자신에게 필요한 과제를 정할 수 있는가?	
		• 변화 대응력: 자기가 선정한 과제를 다양하게 바꾸어가며 해결할 수 있는가?	
		• 자기평가력: 자신이 추구한 문제를 정리하여 보고할 수 있는가?	
학습 활동 태도	협동적 태도	• 사회적 기능: 동료와 같이 문제를 해결하는 역할을 할 수 있는가?	
		• 사회적 태도: 학습 활동의 목표 성취를 위해 다른 사람과 협동적으로 활동하고 있는가?	
	실천적 태도	• 인내력: 주어진 학습 활동에서 처음부터 끝까지 최선을 다해서 노력하는가?	
		• 자기 향상력: 자기 자신의 적성과 능력을 알고 그것을 신장시키기 위해서 노력하고 있는가?	
	참여적 태도	• 적극성: 주어진 관제에 대하여 능동적으로 참여하는가?	
		• 준비성: 과제 해결에 필요한 자료와 준비물을 잘 준비해 오는가?	
		• 흥미도: 과제에 지속적으로 흥미를 갖고 열심히 참여하는가?	

다. 재량 활동 평가의 방법

재량 활동의 평가는 매우 다양한 방법이 적용되어야 한다. 즉 관찰법으로서의 일화 기록법, 체크리스트, 평정 척도법 등이 있고, 질문지를 사용한 조사 방법으로는 의식·태도 조사법, 자기 평가법, 상호 평가법 등이 있고, 학생들의 기록물과 작품 분석을 중심으로 한 평가방법에는 활동 기록법, 개인 기록물법, 교사의 협의를 중심으로 한 평가 방법에는 동 학년, 타 학년, 동 교과, 전교 단위 평가법 등이 있다.

<표 14> 재량 활동의 평가 방법 및 요령

구 분	평가 방법	평가 요령
활동 상황 관찰	일화 기록	• 학생의 활동 상황을 기록
	체크리스트	• 활동에의 참가 태도, 실천 상황을 미리 준비된 리스트에 의거 체크
	평정 척도	• 활동 상황, 발언 내용 등을 일정한 척도에 비추어 기록
질문지 활용 조사	의식, 태도 조사	• 활동에의 생각, 흥미, 관심, 태도 등을 설문식으로 조사
	자기 평가	• 집단 활동의 참가 태도, 행동의 정착도를 반성 평가
	상호 평가	• 집단 활동의 참가 태도, 실천 활동에서 두드러지게 나타나는지의 선택 평가
학생의 기록, 작품	활동 기록	• 활동 계획이나 활동의 실제 기록
	개인 기록, 보고서, 리포트	• 활동 상황 기록, 결과물, 작품, 사진, 포트폴리오 등의 자료 분석
	작문, 일기	• 활동 계획, 실시에 대한 의견, 참가, 활동 후의 감상 등
교사의 협의, 의견 교환	동 학년 협의, 타 학년 또는 전교 단위의 협의	• 재량 활동 운영에 관한 정보 교환, 반성, 평가

라. 재량 활동 평가의 과정

재량 활동의 평가는 학생들의 교수·학습 활동 과정 전반에 걸쳐서 이루어져야 한다. 즉 일정한 시간과 시기, 기일을 지정하여 평가하는 것이 아니라, 장기적이고도 계속적, 누적적인 평가가 이루어져야 한다. 아울러, 초등학교 단계에서는 참여도, 협동성 등에 중점을 두는 것이 바람직하고 중등학교에서는 문제 해결력과 탐구 학습력, 진로 지향 등에 중점을 두어야 한다. 아울러 재량 활동의 평가 과정에서는 단편적이고도 간헐적인 평가를 지양(止揚)하고 여러 측면을 두루 고려한 통합적이고도 종합적인 평가를 지향(指向)하여야 할 것이다

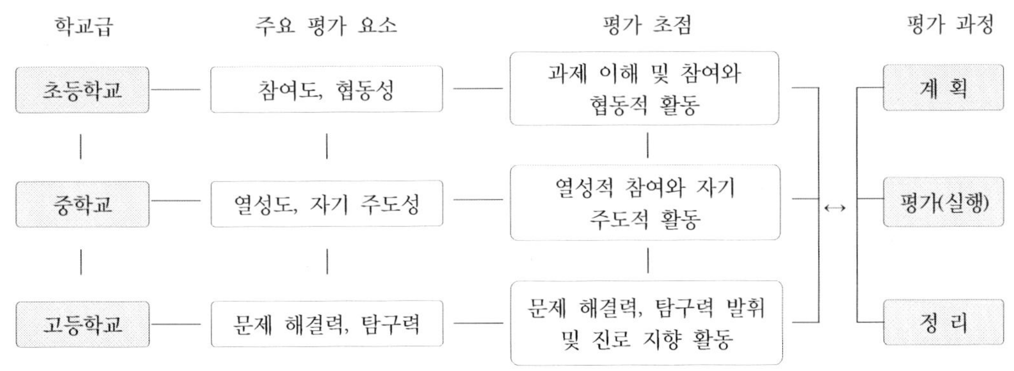

[그림 2] 재량 활동 평가의 모형

제2부

재량 활동 교육과정 편성 및 운영의 실제

제1장 범교과 학습

제2장 자기 주도적 학습

제1장 l 범교과 학습

1. 환경 교육: 지구를 맑고 푸르고 깨끗하게

가. 주제 개관

재량 활동 교육과정의 환경 교육에서는 우리의 생활과 자연의 관계를 살펴보는 데 중점을 두어야 한다.

우리의 삶의 터전인 지구를 살리는 데 지구촌 모든 사람들이 마음을 모아야 한다. 깨끗하기만 했던 하천, 강, 바다 등이 각종 공장 폐수나 가정의 폐수로 인해 날로 오염되고 있는 실정이다. 땅과 물, 그리고 하늘이 심각한 오염 몸살을 앓고 있는 것이다.

실제 우리가 살고 있는 환경은 인류의 삶과 아주 밀접한 관련이 있다. 환경을 되살리는 일은 인류의 생존을 위해 무엇보다도 먼저 해결해야 할 과제이다. 또한 이러한 환경 문제는 몇몇 환경 단체나 기관 주도로 해결할 수 있는 정책적인 문제도 아니다. 오늘의 지구에서 사는 온 인류가 함께 나서야 한다. 모두가 나서서 노력할 때 비로소 환경을 깨끗하게 보전할 수 있고, 아름다운 환경을 후손에게 물려줄 수도 있다. 우리는 지구촌 사회(Global Society) 구성원으로서의 역할에 충실하여야 한다.

따라서 자라나는 학생들에게 환경 보호의 중요성을 일깨우고 내 가정, 학교, 고장으로부터 스스로 환경을 보호하는 태도를 형성시켜야 한다. 지구를 맑고 푸르고 깨끗하게 하는 환경 지킴이들에게 환경의 중요성을 인식화, 내면화, 행동화시키는 데 초점을 맞추어야 한다.

나. 지도 목표

우리 주변의 여러 곳을 살펴봄으로써 환경 보호의 중요성을 이해하고, 환경 보호를 위해 실천하는 태도를 기른다.

(1) 수질 오염, 대기 오염, 토양 오염의 원인을 조사하고 이해한다.

(2) 환경의 오염 실태를 알아보기 위하여 계획을 수립하고 조사하여 발표할 수 있다.

(3) 환경오염을 줄이기 위하여 우리가 할 수 있는 일을 찾아 실천하는 태도를 갖는다.

다. 지도 중점

(1) 환경 보전과 자연 보호의 중요성 이해

(2) 생활 주변의 환경 문제를 중심으로 점진적 접근

(3) 현실을 바탕으로 하여 다양한 방법으로 지도

(4) 환경 보전에 대한 내면화, 행동화 강조

(5) 자연 환경을 보전하는 방법과 실천 방안 강조

라. 활동 내용(예시)

<표 15> 범교과 학습 활동 내용

소주제	주 요 내 용	준비물	학습 형태	시 간
	○ 학교 주변의 산 관찰 계획 세우기 • 일시, 장소 등 • 모둠 편성하기 • 이동 방법 • 준비물 • 공부할 내용 사전 조사 - 우리 고장의 모습, 오염이 된 곳, 오염이 되는 원인 등	메모지 PPT 자료	토의 학습	
자연을 찾아	○ 학교 주변의 산 관찰하기 • 출석 확인 • 목적지 이동하기 - 교통안전, 질서 지키기　　- 농작물 피해 입히지 않기 • 뒷동산 모습 관찰하기 - 우리 고장의 모습 파악하기 - 뒷동산 환경 모습 살펴보기 - 환경오염 실태 조사 • 교사로부터 설명 듣기(메모하기) - 고장의 특징을 중심으로 설명하기 - 환경의 중요성 설명 듣기　- 학습 내용 정리하기 • 학습장 청소하기 - 자연 보호 의미 알기　　- 주변 정리 정돈하기 • 돌아오기(주변 정리하기) - 질서 지키기　　　　　- 교통안전	사진기, 수첩, 연필, 도시락 등	체험 학습	

소주제	주 요 내 용	준비물	학습 형태	시 간
맑고 푸른 물	○ 물의 이용 • 물이 부족할 경우 가정해 보기 • 물이 이용되는 경우 알기 - 식수, 공장, 농사를 지을 때, 가축의 먹이, 수력 발전 등 • 물의 이용을 마인드맵으로 나타내기	학습지	토의 학습	
	○ 수질 오염으로 인한 피해 알아보기 • 미나마타병 - 유기 수은이 축적된 어패류 등을 먹은 사람에게 나타나는 병, 경련과 마비를 보이다가 죽어간다. • 이타이이타이병 - 유독성 물질인 카드뮴에 오염되어 생기는 병으로 키가 줄고 뼈가 으스러지는 고통에 시달린다. • 광산 폐수에 의한 비소 중독 - 피부가 흑갈색으로 변하고 구역질이 나며 적혈구가 감소하여 전신 경련을 일으키다 죽어간다. • 수인성 전염병 - 오염된 물에서 전염됨.(장티푸스, 콜레라, 세균성 이질 등)	조사한 자료, OHP, 실물 화상기 등	프로젝트 학습	
	○ 병에 걸린 물고기 • 출석 확인하기 • 목적지 이동하기 - 안전, 질서 지키기 - 농작물 피해 입히지 않기 • 하천의 모습 관찰하기 - 물의 오염 정도 파악하기 - 생태계 조사하기 - 환경 지표 생물 조사하기 - 물이 오염되는 원인 조사하기 - 오염된 물을 담아서 가지고 오기 • 보충 설명 듣기 - 물의 오염을 중심으로 설명하기 - 환경의 중요성 설명하기 - 학습 내용 정리하기 • 학습장 청소하기	수첩, 연필, 사진기, 돋보기, 뜰채, 수조, 장화 등	소집단 공동 연구	
맑고 푸른 물	• 돌아오기 ○ 물의 오염 원인과 조사 결과 발표하기 • 담아 가지고 온 물에 물고기 기르고 관찰하기 • 조사 결과 정리하기 • 모둠별로 발표하기 • 학습 내용 정리하기 ○ 깨끗한 물이 되기까지 • 상수도 사업소 견학하기 - 물이 걸러지는 과정 알기 - 물의 공급 과정 알기	OHP, 실물 화상기, 인터넷, 괘도, PPT 자료 등	소집단 공동 연구	

소주제	주요 내용	준비물	학습 형태	시 간
맑고 푸른 물	− 물이 공급되는 지역 알기 − 상수도 사업소의 중요성 알기 ● 학습 내용 정리하기 ● 학습장 청소하기 ● 돌아오기	사진기, 메모지, 연필, 도시락, 비닐봉지 등	체험 학습	
맑은 공기	○ 공기의 오염 ● 공기가 오염된 것을 알 수 있는 까닭 − 목이나 눈이 따갑다. 산성비, 오존층의 파괴 등 ● 공기가 오염되고 있는 사례 조사하기 − 공장의 굴뚝 − 자동차의 배기가스 − 가정의 굴뚝 − 가스의 사용 등 ● 공기 오염이 특히 심한 지역 조사하기 ● 공기 오염이 인체에 미치는 영향 − 눈이 쓰리고 아파서 눈병의 원인이 된다. − 속이 메스껍고 구역질과 기침이 난다. − 두통과 현기증이 난다. − 콧물이 나고 악취로 고통을 받는다. − 호흡이 곤란해져 만성 기관지염을 일으킨다. − 가슴이 답답하고 해소, 천식, 폐암 등의 원인이 된다. ● 공기 오염을 줄이기 위한 방법 ● 조사한 내용 정리하여 발표하기	사진기, 메모지, 연필, 실물 화상기 등	체험 학습	

마. 환경 교육 활동(예시)

(1) 예시안

주 제	상수도 사업소 견학		시 간	4	수업 형태	현장 학습
수업 목표	• 상수도 사업소 견학을 통해 깨끗한 물이 공급되기까지의 과정을 알 수 있다.					
자료 및 준비물	교 사			학 생		
	간단한 복장, 호루라기, 학습지			간단한 복장, 음료, 도시락, 사진기		

단 계	활동 과정	시간(분)	시 량	활동 내용	활동 장소
준비 활동	○ 견학 계획 세우기	전날		• 상수도 사업소 견학 계획을 세운다. • 학습지 작성 요령을 알아본다.	교실
중심 활동	○ 상수도 사업소 살피기 ○ 비디오 감상하기 ○ 사업소 시설물 둘러보기	9:30 ~ 12:20	2시간 50분	• 상수도 사업소에 도착하여 주위 경관을 살펴본다. • 깨끗한 물이 공급되기까지의 과정을 비디오로 감상한다. • 사업소의 시설물을 둘러보며 물이 정화되는 과정을 확인한다. • 물이 가정에까지 공급되는 과정을 조사한다.	상수도 사업소
정리 활동	○ 정리 활동	13:20 ~ 14:00	40분	• 물을 정화하는 데 드는 시간과 비용에 대해 알아본다. • 물 오염 방지를 위한 실천 의지를 다짐한다.	교실
유의점	• 현장 견학 시 안전, 질서 지도에 유념한다. • 학생들도 견학 및 활동 수칙 준수에 유의하고, 지도 교사의 지도에 잘 따른다.				

바. 평가 자료(예시)

주 제	물의 중요성						
목 표	• 물의 중요성을 말할 수 있다.						

평가 관점	평가 유형	영 역			시 기		
		인지	기능	정의	도입	전개	정리
• 물의 중요성을 이해하고 있는가? • 바른 자세로 친구들이 알아들을 수 있도록 발표를 잘하는가?	관찰		○			○	

평가 방법	준비물	평가 시의 유의점
• 발표하는 모습을 보고, 평정척에 의하여 평가한다.	평정척	• 평가를 의식하지 않도록 유의한다.

평가 기준	잘 함	• 물의 중요성을 3가지 이상 말하고 바른 자세로 발표한다.
	보 통	• 물의 중요성을 1, 2가지 말하거나 자세가 약간 부자연스럽다.
	못 함	• 물의 중요성을 제대로 발표하지 못하거나 자세가 바르지 못하여 친구들이 잘 알아들을 수 없다.

수행 평가 기록 방법

번 호	이 름	평가 결과		
		잘 함	보 통	못 함
1	○ ○ ○	○		
2	○ ○ ○		○	
3	○ ○ ○			○
4	○ ○ ○		○	
5	○ ○ ○	○		
6	○ ○ ○		○	

사. 참고 자료

(1) 미나마타 병

일본 구마모토현 미나마타시에서 발생한 것으로 증세는 중추 신경이 침범하여 손발이 저리는 정도에서 시작하여 언어 장애와 시야 협착이 나타나다가 정신 이상 증세를 일으키고 사망에 이르는 사람도 적지 않다. 죽음을 면한다 하더라도 중증자는 일생을 폐인과 같은 생활을 보내게 된다.

(2) 수인성 전염병

물(특히 음료수)에 의해 발생되는 전염병이며 감염 경로는 환자나 보균자의 배설물이나 오염된 음식이나 물로 전염, 신체적 접촉에 의해서도 감염될 수 있으며 식수, 우유, 바퀴벌레에 의해 균이 퍼지는 경우도 있다. 특히, 세균성 이질은 잠복기가 12시간~7일이며 고열과 복통을 동반하며 혈액이나 점액이 섞인 설사를 한다. 아주 적은 양으로도 전염되며, 특히 집단 발생이 많아 주의가 요구된다. 그 외 수인성 전염병으로는 장티푸스, 콜레라 등이 있다. 예방 요령으로는 외출 후, 식사 전, 용변 후손을 깨끗이 씻고 음식물은 반드시 끓여서 먹어야 한다.

(3) 대기 오염

산업, 교통 등 인간의 활동에 의하여 만들어지는 유독 물질이 지역 사회를 둘러싸고 있는 공기를 오염시키는 일이다. 대도시나 공장지대에 많은 대기 오염은 자동차, 공장, 발전소 및 가정 등에서 나오는 매연이나 가스 때문에 생긴다. 이들은 자연을 더럽힐 뿐 아니라 인간의 건강과 생활에도 많은 피해를 준다. 산업화와 공업화가 진행된 결과 나타난 환경오염 중에서 가장 심각한 것이 공기의 오염일 것이다. 인간을 비롯한 모든 생명체는 항상 공기 속에서 공기를 마시면서 살아가고 있으므로 어떤 생물도 대기 오염에서 벗어날 수 없다.

1) 대기 오염 물질이 인간에 미치는 영향

〈표 16〉 대기 오염의 영향

오염 물질		직접 피해		간접 피해	발생원
1차 생성물	2차 생성물	급성 피해	만성 피해		
일산화탄소 이산화탄소 이산화질소 이황산가스 탄화수소류 부유분진	오존 알데히드 PAN 황산미스트	시력 감퇴, 두통, 폐기능 장애, 정신적 피로감, 급성 기관지염	생체 발육 장애, 만성 기관지염, 천식, 폐기종, 진폐증, 심근경색, 폐암 등	온실 효과, 오존층 파괴, 생태계 파괴, 산성비, 안개, 스모그, 복합 오염 효과	자동차, 연소 가스, 공장 매연, 작업장, 연탄가스

2) 황사 현상

봄철(주로 4월)에 중국 북부의 고비 사막, 타클라마칸 사막 및 황하 상류 황토 지대의 미세한 흙먼지가 강한 상승 기류에 의해 3000m~5000m 상공으로 올라간 뒤 편서풍을 타고 한반도로 날아오는 현상을 황사 현상이라고 한다. 이때 하늘은 황갈색으로 변하고 세탁물이 더러워진다.

3) 지구 온난화

지구 온난화는 1972년 로마 클럽의 보고서에서 공식적으로 지적된 이후 1985년 세계 기상 기구(WMO)와 국제 연합 환경 회의 (UNEP)가 이산화탄소가 온난화의 주범임을 공식 선언하였다. 지구의 기온이 상승하면 바닷물이 따뜻해져 팽창하고, 남극 및 북극의 빙하와 고산 지대의 만년설이 녹아 해수면이 높아지게 된다. 또 육상 및 해양 생태계가 파괴되고, 농작물의 수확량이 감소하는 등 지구 전역에 광범위한 피해가 예상된다. 얼음이 녹을수록 지구 표면이 태양 에너지를 많이 흡수하여 지구 온난화가 촉진되는 악순환이 계속되고 있다. 지구 온난화 현상을 방지하기 위해서는 대체 에너지 개발과 이산화탄소 고정화 기술 개발이 이루어져야 한다. 그러나 무엇보다 개개인의 에너지 절약을 위한 노력과 세계 및 국제 여러 나라 간의 협력이 중요하다.

4) 소음 공해

우리는 주위로부터 끊임없이 들려오는 소리를 들으면서 생활하고 있다. 새들의 지저귀는 소리나 관현악기에 의한 아름다운 음악 소리와 같이 듣기 좋은 소리도 있고, 자동차가 내는 소리나 공장에서의 기계 소리, 굴착기의 소리와 같이 듣기 싫은 소리도 있다. 소음의 정도는 듣는 사람의 상태에 따라 달라질 수 있다. 인체에 대한 영향은 심장의 박동을 빠르게 하고, 혈압 상승, 호흡 수 증가, 위장의 일시적 수축을 일으킨다. 오래 계속되면 위장의 소화 및 흡수 능력 감퇴, 두통, 불면, 불쾌, 기억력 감퇴와 작업 능률의 저하 및 정신 질환을 일으키기도 한다.

〈표 17〉 도시에서의 도로 소음

주택지의 거리	일방통행 도로	신호등이 있는 교차로	매우 혼잡한 교차로
60 dB	70 dB	80 dB	90 dB

(4) 수질 오염

깨끗한 물에 폐기 물질이 유입되어 여러 분야에 해를 끼친다. 우리나라에서는 1960년대 초 산업화부터 추진된 국가 경제 개발 계획에 따라 많은 공장이 건설되어 산업 활동이 증가되고 인구의 도시 집중으로 공장 폐수와 도시 폐수의 배출량이 급속히 증가되어 1960년대 말부터 주요 하천과 연안의 수질 오염이 사회 문제화되기 시작하였다. 그리하여 정부에서는 환경 보전 업무를 전담할 환경부를 두게 되었다. 2008년 정부 조직 개편에 따라 과거 과학기술부 산하기관이던 기상청이 환경부 산하 기관으로 체제 변경이 되었다.

〈표 18〉 물속에 함유되어 있는 중금속류에 의한 인체 영향

중금속의 종류	급성 독성	만성 독성
카드뮴(Cd)	오심, 구토, 복통	폐, 신장 질환, 암 유발
비소(As)	설사, 혈압 강화, 혼수	중추 신경계 장애, 암 유발
시안(CN)	호흡 급박, 구토, 두통	신경 질환, 갑상선 부전증, 신장 장애
유기수은(Hg)	신경 질환, 난청	신장 장애, 심장 기능 저하, 환각 증상
납(Pb)	황달, 근육통	환각, 시력 장애, 사지 말단 장애
크롬(Cr)	복통, 심한 갈증	비중역천공, 피부암

2. 인성 교육: 더불어 사는 삶의 지혜

가. 주제 개관

그동안 우리의 교육이 지식 편중 교육에서 벗어나지 못하고 있어 2세 교육에 대한 비판의 소리가 높다. 아는 것은 많은데 사람 됨됨이가 잘못 되었다는 지적이다.

근래 학생들의 탈선이 큰 사회 문제가 되고 있다. 학생들의 비행이나 범죄는 음주, 흡연, 폭행, 집단 따돌림 등을 비롯하여 각종 풍속 범죄나 강력 범죄에 이르기까지 다양하며 그 빈도가 해마다 증가하고 있다. 게다가 이러한 일탈적 사회 현상이 초등학생에게까지 파급되면서 그 문제의 심각성은 더해지고 있다. 청소년들의 비뚤어진 언행에 대한 비판도 많은 것이 사실이다.

이러한 사회적인 현상의 한 원인으로는 현대 사회의 여러 가지 속성, 즉 전통적인 가족 관계의 붕괴에서 오는 현상과 가정 파괴, 급속한 경제 발전에 따른 도시화와 물질 만능주의 가치관 등을 들 수 있다. 그러나 무엇보다도 중요한 것은 윤리 의식의 부재와 자아 정체감의 결여에서 오는 가치관의 혼란이 학생 범죄의 가장 커다란 원인으로 지목될 수 있는 것이다.

미래의 기둥인 자라나는 학생들에게 나와 너, 그리고 우리가 함께 살아가는 더불어 사는 삶의 중요성을 내면화시키고 건전한 시민 생활을 영위할 수 있는 지도를 해야 한다.

나. 지도 목표

미래 사회의 주인공으로서 건전한 윤리 의식의 내면화를 통해 예의 바른 민주 시민을 기른다.
(1) 예절 바른 생활을 실천함으로써 즐겁게 학교생활을 할 수 있다.

(2) 자아를 이해하고 정체감을 형성하도록 노력한다.

(3) 때와 장소, 그리고 상대에 알맞은 예절을 알고 실천할 수 있다.

(4) 가정의 소중함을 알고 공경과 효를 실천하는 태도를 갖는다.

다. 지도 중점

(1) 지속적인 지도를 통한 기본 생활 습관 정착

(2) 애국정신과 충효 실천 운동의 연계 지도

(3) 체험 중심의 예절 생활 실천

(4) 가정과의 연계 지도로 바람직한 생활 습관 형성

(5) 가정, 학교, 사회에서 발생되는 생활 체험 중심으로 지도

라. 활동 내용(예)

소주제	주 요 내 용	준비물	학습 형태	시 간
참 나를 바로 알자.	○ 진정한 나는 누구인가 • 이름, 태어난 곳, 가족, 우리 집 자랑, 나의 특징, 별명(이유), 친구, 취미, 좋아하는 음식, 싫어하는 음식, 좌우명, 소원 등 적기 • 자신의 성격과 특징 쓰기 - 키가 크다. 의리가 있다 등 • 자신의 특징 중에서 한 가지만 골라 말하기 - 자신 있는 부분을 말하기 • 자신을 소개하는 글쓰기 - 진솔하게 적는다.	학습지	토픽 학습	
	○ 나의 가장 소중한 것 • 자신이 소중하게 생각하는 것 20가지 적기 - 물질적, 정신적 • 20가지 중 10가지만 취하기 • 10가지 중에서 중요한 것부터 순서 정하기 - 이유를 제시한다. • 10가지 중에서 3가지만 선택하기 • 한 가지만 선택하여 발표하기	학습지	토픽 학습	
	○ 나의 고민 • 자신의 몸에서 감추고 싶거나 부끄러운 것 찾기(이유) • 몸의 각 부분과 대화하는 글쓰기 • 몸에 대한 열등감이 다른 사람과의 관계에 미칠 영향 생각하기 • 몸의 각 부분에 대하여 위로의 말과 감사의 말하기	학습지	토픽 학습	

소주제	주 요 내 용	준비물	학습 형태	시 간
참 나를 바로 알자	○ 내가 존경하는 사람 • 내가 존경하는 사람을 10명 조사하기(역사적인 인물, 살아 있는 인물, 이웃 아저씨 등) • 존경하는 이유 생각해 보기 • 존경하는 인물과 자신의 행동을 비교해 보기 • 앞으로의 다짐 쓰기 • 친구들 앞에서 발표하기	· 학습지 PPT 자료	토픽 학습	
나에 대해 바로 알기	○ 나의 미래 • 내가 꼭 이루고자 하는 소원 세 가지 적기(이유) • 소중한 것 중에서 한 가지만 선택하기 • 소원이 이루어진다면 나의 장래는 어떻게 변할지 생각하기 • 이 소원은 나와 남에게 어떤 가치가 있을 것인지 생각해 보기 • 소원과 관련지어 나의 미래 모습을 발표하기	학습지	토픽 학습	
	○ 나의 친구 • 친구에게 도움을 받았던 경험 말하기 • 친한 친구의 이름을 3명 쓰기(이유) • 친구에게 고마운 마음이나 하고 싶은 말 쓰고 전달하기	학습지	토의 학습	
나에 대해 바로 알기	○ 나의 생각 • 친구로부터 따돌림 당한 경험 말하기 • 예화 자료 들려주기 - 학급에 친구들로부터 따돌림을 당하는 친구가 있다. 집이 가난하고 공부를 못할 뿐만 아니라 운동도 잘 못하여 친구가 별로 없다. 어느 날 이러한 사실을 우연히 알게 되었다. • 서로 의견을 발표하고 해결책 찾기	학습지	토의 학습	
바르게 행동하는 어린이	○ 바른 말 고운 말 쓰기 • 친구와 대화할 때 - 표준어 사용하기 - 부드럽고 밝은 표정으로 말하기 - 유행어 사용하지 않기 - 별명 부르지 않기 - 다른 사람을 흉보는 말하지 않기 • 웃어른과 대화할 때 - 상대방에 맞는 높임말 쓰기 - 바르고 공손한 몸가짐하기 • 전화로 대화할 때 - 자신을 알리기 - 상대에 맞는 인사말하기 - 공손한 말씨 사용하기	전화기 모형	토의 학습	
말과 행동을 바르게	○ 여러 가지 기본자세 • 의자에 앉을 때 - 윗몸을 펴고 가슴을 약간 숙인 듯한 자세로 앉는다. 발을 나란히 모으고 무릎을 약간 옆으로 비스듬히 벌린다.			

소주제	주 요 내 용	준비물	학습 형태	시 간
말과 행동을 바르게	• 방석에 앉을 때 - 방석을 밟지 말고 두 무릎을 먼저 방석 위에 대면서 꿇는 자세로 앉는다. • 계단을 오르내릴 때 - 좌측통행을 하며 조용히 오르내린다. 여자의 경우 치마가 밟히지 않도록 한다. • 물건을 주고받을 때 - 두 손으로 드리고 상대방이 잡기 편하도록 한다. • 자리에 앉을 때 - 어른이 앉은 후에 앉으며, 집안 구조에 따라 어른이 아랫목에 앉도록 한다. • 방에 드나들 때 - 어른과 함께 방을 드나들 때는 문을 열어드리고, 어른이 먼저 나간 뒤에 뒤따라 나서야 하며, 어른 앞에서 방을 나올 때에는 어른이 앉아 있는 방에서 뒷걸음으로 문까지 그대로 나온다. 방 안에 있는 어른에게 자기의 뒷모습을 보여드리는 것은 좋지 않다.	비디오 테이프	토의 학습	
	○ 학교에서 차례 지키기 • 놀이터에서 차례와 관련한 경험 말하기 • 차례를 지킬 때의 좋은 점 • 차례를 지키지 않을 때의 나쁜 점 • 실습하기(복도, 미끄럼틀, 수돗가 등)	호루 라기	체험 학습	
	○ 교통 규칙 • 교통 규칙이 지켜지지 않는 경우 말하기 • 교통 규칙이 지켜졌을 때의 좋은 점 • 교통 신호 알기 • 횡단보도 건너는 방법 알기 • 차를 타고 내릴 때의 차례 지키기 • 교통안전 실습하기	교통 신호 표지	체험 학습	

마. 인성 교육 활동(예시)

(1) 예시안

소 주 제	놀이터에서 차례 지키기	시 간	1	수업 형태	현장 학습
수업 목표	• 놀이터에서 차례를 지키는 일의 중요성을 알고 차례를 지키며 이용할 수 있다.				
자료 및 준비물	교 사			학 생	
	호루라기			체육복	

과 정	활동 과정	자료 및 유의점
도덕적 측면 인지하기 모범적 행동의 좋은 점 알기 모범적 행동의 적용 일반화	○ 놀이터에서 자기의 경험 이야기하기 • 차례를 지키지 않아 겪었던 불편한 점 • 차례를 지켰을 때 좋았던 점 ○ 공부할 내용 알기 • 놀이터에서 차례 지키며 편리하게 이용하기 ○ 차례를 지키는 행동의 좋은 점 알기 • 여러 사람이 모이는 곳에서 차례를 지키면 어떤 점이 좋을까요? - 사이좋게 서로서로 탈 수 있다. - 서로 싸우지 않아도 된다. - 즐겁게 놀이를 할 수 있다. • 차례를 지키지 않았을 때의 나쁜 점은 무엇일까요? - 다칠 위험이 있다. - 서로 다투다 보면 서로 탈 수 없게 된다. - 놀이 기구를 망가뜨릴 수 있다. ○ 차례 지키기 시범 보기 • 미끄럼틀에서 차례를 지킬 때와 그렇지 않을 때의 상황을 실제로 보여 준다. • 다른 놀이터의 기구도 실제로 시범을 보여 준다. ○ 차례를 지키며 미끄럼틀 타기 ○ 차례를 지켜야 하는 경우 말하기 • 수돗가, 화장실, 급식실, 복도 등	○ 놀이터 차례 지키기 자료(PPT 자료, VTR 자료 등) ○ 학교의 형편에 따라 놀이 기구를 적절히 선택할 수 있다.

바. 평가 자료(예시)

소 주 제	놀이터에서 차례 지키기							
목 표	● 놀이터에서 차례를 지키는 일의 중요성을 알고 차례를 지키며 기구를 이용할 수 있다.							

평가 관점		평가 유형	영 역			시 기		
● 차례 지키기의 중요성을 알고 있는가? ● 차례를 지키며 놀이 기구를 이용하고 있는가?		관찰	인지	기능	정의	도입	전개	정리
				○			○	

평가 방법	준비물	평가 시의 유의점
● 놀이 기구를 이용하는 모습을 보고 체크리스트에 의하여 평가한다.	● 체크리스트	● 평가를 의식하지 않도록 유의한다.

수행 평가 기록 방법				
번 호	이 름	평가 결과		
		차례를 지키며 잘 이용함	보 통	그렇지 못함
1		○		
2				○
3			○	
4		○		
5				○
6			○	
7		○		
8		○		

사. 참고 자료

(1) 문헌 자료

제 목	출판사(펴낸 곳)	비 고
전통 문화 예절 지도 자료	교육과학기술부	
꼭 필요한 어린이 예절 교실	도서출판 꿈	
체험 학습을 통한 바른 인성 지도	충청남도금산교육청	
어울려 사는 지혜	충청남도교육청	
실천적 인성 교육 프로그램	한국교원단체총연합회	

(2) 비디오 자료

제 목	제 작	비 고
바르고 굳센 어린이	현암사	
수민이의 예절 친구	LG 복지 재단	
보고 실천하는 바른 삶의 길잡이	충남교육연구원	
거듭나다. 오달통(개인 생활)	한국어린이문화예술원	
내 마음의 태극무늬(국가 생활)	한국어린이문화예술원	
돌아온 휴지통(청결 생활)	한국어린이문화예술원	
도깨비 방망이(학교생활)	한국어린이문화예술원	

(3) 인터넷 사이트

☞ 식사 예절 http://sugok.chongju ⁻e.ac.kr/ ˜love999/교육용/예절.htm(예절)

만화로 배우는 식사 예절에 대하여 만화로 나타내 식사 예절을 거부감 없이 배울 수 있는 곳

☞ 장애인에 대한 예절 http://www.gomduri.or.kr/edu/edu1.html(예절)

장애인을 대하는 태도 및 예절에 대해 간략하게 소개

☞ 효사랑 운동 본부 http://www.hyo.or.kr/main.htm(효도)

효사랑에 대한 소개와 후원 현황 및 보도 자료 사례 수기 등을 소개하고 있으며 건전하고 합리적인 시민들의 후원 참여를 목적으로 노인 복지 서비스를 제공하는 사이트

☞ 어린이 안전 학교 http://www.go119.org/(교통안전)

어린이 사고의 70～80% 이상을 차지하는 교통사고 예방법은 물론 학교, 가정, 화재, 전기, 가스, 놀이, 건강 등 각종 안전 교실을 운영하고 있어 여러 가지 안전사고 유형과 예방법 등을 소개

☞ 어린이 교통 나라 http://www.carmily.org/traffic/safe_u10_list.asp(교통안전)

어린이들이 당하기 쉬운 교통사고를 횡단보도를 건널 때, 자전거나 롤러브레이드를 탈 때, 승용차에 탈 때, 버스에서 내릴 때, 밖에서 놀 때로 구분하여 소개하고 있으며, 세계의 명차, 운송 수단의 역사를 수록

☞ 우리 함께 지켜요 http://myhome.hananet.net/ ˜sim5n0001/(교통안전)

길 건너기, 교통 신호등, 교통 표지판, 교통안전 수칙, 동영상 제공

☞ 뿌리 찾기 교실 http://poori.net(나의 뿌리)

족보, 촌수, 친척 간의 호칭, 차례, 제사, 효도 시조, 태극기, 애국가, 무궁화, 기념일, 명절, 24절기, 단군 등 소개

☞ 뿌리를 찾아서 http://www.rootsclick.com/index.html(나의 뿌리)

성씨의 종류와 유래 족보 이야기와 촌수 따지는 법에 대하여 소개

☞ 나의 뿌리 찾기 http://www.inticity.com/educa/myroot.htm(나의 뿌리)

본관, 시조, 족보, 촌수 알기, 효도 10훈, 효도 편지 쓰는 방법, 효에 관한 시조에 대하여

☞ 가족회의 http://www.joykids.net/rainbow/main4 ⁻1.htm(가정)

가족회의는 어떻게 시작할까? 가족 회의록의 예 소개

(4) 참고 자료

1) 생활 예절

① 식사할 때

- 식사하기 전에는 반드시 손을 씻는다.
- 감사하는 마음으로 먹는다.
- 자세를 바르게 하여 앉는다.
- 젓가락이나 숟가락을 함께 쥐고 먹지 않는다.
- 식사 중에 너무 큰 소리로 떠들지 않는다.

② 전화할 때

- 정확한 말로 한다.
- 간단명료한 말로 한다.
- 정중한 말로 한다.

③ 컴퓨터 통신 예절(정보 통신 윤리)

- 건전한 자료를 올린다.
- 다른 사람을 비방하거나 모욕적인 내용은 금지한다.
- 불량한 자료는 활용하지 않도록 한다.
- 자신의 성장 발달을 위한 방법으로만 활용한다.

④ 전화받을 때

- 전화벨이 울리면 빨리 받는다(3번 울리기 전에 받는다).
- 받는 사람을 밝혀야 한다.
- 반드시 경어를 사용한다.
- 메모지와 연필을 늘 준비한다.

⑤ 방문 시 실내에 들어갈 때

• 실내에 들어갈 때 인기척을 한 후 들어가도 되는지 확인한 다음 앞을 보고 들어간다.
• 문 쪽에 앉지 말고 안쪽에 앉는다.

⑥ 교통질서 지킬 때

• 보도는 좌측으로 통행해야 한다.
• 길을 건널 때는 횡단보도나 육교, 지하도를 이용해야 한다.

⑦ 승하차 질서 지킬 때

• 승차 시에는 줄을 서서 차례로 탄다.
• 차 안에서는 노약자에게 자리를 양보한다.
• 차 안에서는 큰 소리로 떠들거나 노래를 불러서는 안 된다.

⑧ 응접실을 안내할 때

• 당기는 문일 경우, 문을 열고 서서 손님이 먼저 들어서게 하고, 여는 문일 경우에는 내가 먼저 들어가 문을 잡고 서서 손님이 들어오게 한다.
• 응접실 의자에 앉을 때에는 손님을 안쪽 2~3인용 의자에 앉게 한다.
• 시간이 오래 걸릴 경우에는 신문이나 마실 것을 갖다 드린다.

⑨ 엘리베이터를 탈 때

• 안내자가 먼저 타서 조작한다.
• 엘리베이터 안에서는 문을 향해 서고 조용히 한다.
• 내릴 때에는 손님이 먼저 내리게 한다.

⑩ 배웅할 때

• 손님이 빠뜨린 물건이 없는지 확인한다.
• 엘리베이터를 탈 때까지 배웅하고, 웃어른이 차를 타고 떠날 때까지 지켜본다.

2) 바르게 절하기

① 경례

• 바로 선 자세로 상대를 보고 상체를 45도로 굽혀 절한다.
• 두 팔과 손은 남자는 양 옆에 자연스럽게 드리우고, 여자는 앞으로 모으면서 몸을 굽히고 일어날 때는 제자리에 놓는다. 손끝은 가볍게 모은다.
• 몸을 일으키고 다시 상대방을 보고 경의를 표한다.

- 머리, 허리, 시선, 가슴이 같이 굽어 정중하고 자연스럽게 이루어져야 하며, 너무 가깝지 않은 곳에서 정성스럽게 한다.

② 큰절을 해야 할 때

- 혼례식 교배례, 폐백 드릴 때
- 조부모, 부모의 회갑, 세배 드릴 때
- 조부모, 부모의 조석 문안, 생신 때
- 부모나 웃어른을 오랜만에 뵈올 때
- 제례, 성묘 때
- 문상 때, 조객과 상주가 인사 할 때

③ 절하기(평절)

♠여자
- 왼쪽 발을 뒤로 약간 밀면서 조용히 앉아, 민 다리를 방바닥에 대고 다른 쪽 다리를 내세운다.
- 팔을 자연스럽게 따라 내려가 방바닥을 짚는다.
- 완전히 앉아 고개를 숙여 절한다.
- 절이 끝나면 일어나면서 두 발을 모으고 한 발 뒤로 물러난다.
- 한쪽 무릎을 세우고 제자리에 앉아, 두 손을 무릎 위에 놓고 인사말이나 상대방의 말을 듣는다.

♠남자
- 왼손을 위로 하여 허리에서 엄지로 깍지를 끼듯 손을 잡는다.
- 왼쪽 발을 약간 뒤로 밀고 다리를 구부려 무릎으로 방바닥을 짚는다.
- 머리를 바닥에서 한 뼘 정도 띄우고 절을 한다.

3. 민주 시민 교육: 우리 모두가 주인인 사회

가. 주제 개관

우리는 2008 베이징 올림픽 장면을 시청하면서 환희 속에서 열광하였다. 그러면서 우리나라에서 개최되었던 한·일 월드컵과 서울 올림픽을 회고해 보았다. 우리나라는 2002 월드컵·아시아드와 88 서울 올림픽을 성공리에 개최하였다. 하지만 제24회 서울 올림픽 개최지가 우리나라로 결정된 후, 외국 사람들은 한국이 과연 올림픽을 제대로 치러낼 수 있을지 의문을 갖게 되었다. 단시일 내에 경제적인 성장을 거둔 한국이 종합 예술이라고 하는 올림픽을 제대로 치러낼 수 있을지에 대하여 회의적인 반응을 보였던 것이다. 그들은 올림픽을 치러내는 기술적인 측면보다는 우리 국민들의 성숙된 시민 의식에 더 커다란 관심을 갖고 지켜보았던 것이다. 그러나 우리 국민은 보라는 듯이 올림픽을 멋지게 치렀고, 올림픽을 취재하기 위하여 한국에 들른 외신 기자들은 우리 국민의 성숙된 시민 의식을 보고 한국이 머지않아 선진국에 진입할 것이라는 확신을 갖게 되었던 것이다.

그 이후 우리나라는 올림픽을 개최하여 얻은 자신감을 바탕으로 경제협력개발기구(OECD)에 가입하였고, 2002년에는 월드컵과 아시안 게임까지 아주 성공적으로 치러냈다. 하지만 아직도 우리 사회 한구석에서는 부끄러운 행위가 많이 일어나고 있다. 기초 사회 질서가 무시되는 현상이 자주 목격되며 민주주의의 꽃이라고 할 수 있는 합리적인 의사 결정이 도외시되는 상황을 종종 보게 되는 것이다.

따라서 자라나는 학생들에게 한국인으로서의 올바른 정체감을 내면화하고, 기초 사회 질서 의식의 내면화를 통한 건전한 민주 시민 육성을 강조해야 한다.

나. 지도 목표

한국인으로서 자긍심을 가지고 합리적인 사고를 갖춘 건전한 민주 시민을 기른다.
(1) 우리나라에 대하여 바로 알고 자긍심을 갖게 한다.
(2) 기초 사회 질서의 중요성을 알고 바르게 실천할 수 있도록 한다.
(3) 공동의 문제에 대하여 민주적인 방법으로 대화하고 해결할 수 있는 능력을 기른다.

다. 지도 중점

(1) 국가의 정체성과 민족애 강조
(2) 체험 중심의 기초 사회 질서 지도
(3) 일상생활에서의 민주적인 생활 태도 갖기
(4) 국가의 중요성 지도
(5) 국가에 대한 충성과 의무 지도
(6) 바람직한 사회생활 태도 알기

라. 활동 내용(예시)

소주제	주 요 내 용	준비물	학습 형태	시 간
인간의 존엄성	○ 자신에 대해 바로 알기 • 내가 속해 있는 곳 알기 • 나의 위치와 역할은? - 가정, 학교 등 • 미래의 나의 모습은? - 위치, 역할 등	학습지	개별 학습	
	○ 인간의 존엄성과 인격 • 인간이 동물과 다른 점 • 인간이 존엄한 이유 • 인간의 존엄성이 상실되는 경우 • 인간의 존엄성을 위한 노력	학습지	개별 학습	
	○ 자유와 방종 • 자유를 구속당한 경험 말하기 • 자유를 위해 노력한 사례 알아보기 • 자유란(방종이란) 무엇인가? • 자신의 의지 내면화하기	학습 과제	토의 학습	
	○ 너와 내가 함께 소중한 이유 • 차별을 당해 본 경험 말하기 • 평등의 중요성과 평등이 적용되는 경우 • 평등이 적용되지 않는 경우	양성평등 사례집	토의 학습	
	○ 나도 삐삐용이 되어서 • 삐삐용이 누구인가? • 신체의 자유를 구속당한 경험 말하기 • 신체 부위를 사용하지 못하게 하고 불편함을 느껴보기(일정한 시간 동안) • 불편했던 경험을 말하기 • 자유의 소중함 말하기	예화집	역할 놀이	
자랑스런 우리나라	○ 우리나라 바로 알기 • 우리나라의 위치, 면적, 인구, 역사 등 • 우리나라의 자연 환경 • 세계 속의 우리나라 모습	한국지도 세계지도	주제 학습	
	○ 애국가 • 애국가를 부르는 경우 알아보기 • 애국가를 작곡한 사람 • 애국가 4절까지 부르기 • 애국가 가사를 4절까지 안 보고 쓰기	악보	주제 탐구 활동	

소주제	주 요 내 용	준비물	학습 형태	시 간
자랑스런 우리나라	○ 태극기 • 태극기를 게양하는 경우 말하기 • 태극기를 작곡한 사람과 원리 알기 • 태극기 게양 및 보관 방법 알고 그리기	태극기	주제 탐구 활동	
	○ 우리나라의 자랑 • 우리나라가 자랑스러웠던 경험 말하기 • 우리나라의 우수성 – 한글, 거북선 등 • 나라의 발전을 위해 해야 할 일	여러 가지 자료	주제 탐구 활동	
	○ 오! 필승 코리아 • 월드컵이란? • 한 · 일 공동 개최에 대한 의견과 평가 • 월드컵이 성공적으로 치러진 이유 토의하기	월드컵 관련 자료	주제 탐구 활동	
기초 질서와 공중 도덕	○ 현장 고발(1) • 기초 질서를 위반하고 있는 모습 찾기	사진기, 캠코더	체험 학습	
	○ 현장 고발(2) • 교통질서를 위반하고 있는 모습 찾기	사진기, 캠코더	체험 학습	
	○ 기초질서를 위반하면 • 기초 질서의 중요성과 위반 사례 말하기 • 기초 질서 위반 시 범칙금 알아보기 • 기초 질서를 지키려는 의지 갖기	사례 조사 내용	주제 탐구 활동	
	○ 경찰서를 찾아서 • 견학을 위한 사전 준비 및 견학하기 • 기초 질서 확립 의지를 갖고 보고서 쓰기	카메라, 수첩 등	체험 학습	
	○ 여럿이 이용하는 장소 • 여럿이 모이는 장소 알기 • 여럿이 모이는 장소에서 지켜야 할 예절 • 공공시설 이용 방법 실습하기 – 도서실	OHP	토의 학습	
	○ 선행과 봉사는 내가 먼저 • 봉사를 한 경험 발표하고 중요성 알기 • 봉사에 대한 사례 조사하여 발표하기 • 봉사를 하려는 의지 갖기	OHP	토의 학습	
	○ 서로 믿고 양보해요 • 다른 사람에게 양보한 경험 말하기 • 양보의 중요성 알고 여러 가지 경우 알아보기 • 양보에 대한 의지 내면화하기	관련 CD	토의 학습	

소주제	주요 내용	준비물	학습 형태	시 간
합리적인 의사 결정	○ 소수의 의견도 중요해요 ● 협의 활동의 중요성 ● 협의를 통해 의사 결정을 하는 경우 조사하기 ● 회의 절차 알아보기 발언권 요청 – 동의 제출 – 재청 – 동의 성립 – 제안 설명 – 질의응답 – 토론 – 표결 – 결과 발표 ● 회의와 관련된 용어 알기 개회, 개의, 폐회, 산회, 휴회, 정회 등	PPT 자료	토의 학습	
	○ 우리 반 학급 호의 ● 학급 문제를 중심으로 협의 활동하기 – 회의 진행 원칙 지키기 (발언 자유의 원칙, 회의 공개의 원칙, 정족수의 원칙, 일사부재 의의 원칙 등) – 회의를 통해 학급 문제 해결하기	의사봉	역할 놀이	
	○ 토론회 ● 토론의 기본 요령 알기 – 토론 주제 분석, 정보 수집, 농의의 구성 작업, 토론의 실시 ● 토론자의 자세 알기 – 논점을 명확히 하기, 상대방의 입장 존중하기, 서론을 길게 늘어 놓지 않기 등 ● 사회자의 역할 알기 – 회의 진행 방법이나 규칙 주지시키기, 효과적인 시간 배분 등 ● 토론의 주제 설정과 토론 실시하기	회의 규칙, 메모지	토의 학습	
	○ 지방 의회 견학 ● 견학 계획 수립하기 ● 의회 견학하기 – 의회의 구성 – 의회 의원의 선출 과정 – 의회에서 하는 일 – 회의의 진행 과정 ● 지방 자치 제도에 대하여 알아보기	메모지, 사진기, 녹음기	체험 학습	

마. 민주 시민 교육 활동 (예시)

(1) 예시안

소주제	태극기	차 시	10	시 간	1	수업 형태	체험 학습
수업 목표	• 태극기를 소중히 여겨야 하는 까닭을 알고 태극기에 대하여 바른 태도를 가진다.						

자료 및 준 비 물	교 사		학 생	
	국기(태극기)와 관련한 VTR		태극기, 국기봉, 크레파스(물감) 등	

관련 정보	http://www.korea.go.kr/

과 정	학습 요소	교수·학습 활동	자료 및 유의점
시작하기 활동하기 정리하기	동기유발 단계별 활동하기 학습 정리	○ 마음 열기 • 태극기 노래 부르기 • 국기를 달아본 경험 이야기하기 ○ 학습 활동 전개 <활동 1> 태극기의 원리 (원, 태극, 괘, 바탕의 의미) <활동 2> 태극기 다는 날 알기 (국경일, 각종 행사 등) <활동 3> 태극기 바르게 다는 법 알기 • 붉은 태극무늬가 위로 가도록 한다. • 건괘가 깃대 쪽에 오게 한다. • 깃봉과 기폭 사이를 띄우지 않는다. • 슬픈 일일 때는 기폭만큼 띄운다. • 대문에서 보아 왼쪽에 단다. <활동 4> 태극기 달기 및 보관 방법 실습 • 태극기의 위아래를 구분하여 깃대에 매어 보기 • 태극기 풀어 보고, 바르게 접기 • 태극기 보관함에 잘 넣기 <활동 5> 태극기 색칠하기 • 태극기 색칠하기 ○ 실천 동기 강화 및 정리 − 국기는 나라를 나타낸다. − 국기는 우리나라의 얼굴이다. • 의지의 내면화 − 앞으로의 다짐 말하기	• 실물 화상기 • 학습지 • 국기 • 깃대 • 국기, 깃대, 국기함 • 앞으로 국기에 다하여 예절을 바르게 갖도록 한다.

바. 평가 자료 (예시)

소 주 제	기초 질서를 위반하면
목 표	기초 질서를 지키는 일의 중요성을 알고 규칙을 지키며 행동할 수 있다.

평 가 관 점	평가 유형	영 역			시 기		
		인지	기능	정의	도입	전개	정리
● 규칙을 잘 지키는가?	자기 평가			○			○

평가방법	준비물	평가 시의 유의점
● 자기 평가표에 스스로 자신의 행동을 평가하도록 한다.	● 자기 평가표	● 자신의 행동을 정직하게 나타내도록 한다.

수행 평가 기록 방법

자 기 평 가 표

제(　　)학년 (　　)반 (　　)번　이름(　　　　　　　　)

번호	평가할 내용	평 가		
		아주 잘함	보 통	노력이 필요함
1	나는 평소 횡단보도를 이용한다.			
2	교통 신호를 반드시 지킨다.			
3	길에 껌이나 침을 뱉지 않는다.			
4	나뭇가지를 꺾지 않는다.			

사. 참고 자료

(1) 민주 시민 교육 자료

○ 토론은 즐거워 - 문공사(2008)

○ 간추린 회의 진행 규칙 - 한국청년회의소(JC)(2008)

○ 특별 활동 지도서 - 대한교과서주식회사(2008)

○ 대한민국 정부 대표 홈 페이지(국가 상징) http://www.korea.go.kr/

우리나라를 대표하는 홈 페이지로 우리나라를 상징하는 국기(태극기), 국가(애국가), 국화(무궁화)에 대한 전반적인 내용의 소개와 만화로 우리나라 상징물에 대한 자세한 소개가 나와 있다.

○ 문화체육관광부 http://www.mcst.go.kr

우리나라의 각종 문화 박물관과 홈 페이지로 링크되어 있으며, 관광지에 대한 자세한 소개가 나와 있다. 문화재 정보, 전자 박물관, 전자 미술관, 전자 도서관, 인터넷 길잡이 서비스를 제공한다.

○ 2002 월드컵 조직 위원회

http://www.2002worldcupkorea.org/hreahee/korean/htm

역대 각 나라에서 개최되었던 월드컵에 대한 역사 및 소개와 2002년 월드컵 경기가 개최된 도시 및 월드컵 마스코트를 소개하고, 월드컵 진출 역사를 소개하고 있다.

○ 대한민국 국회 http://assembly/go/kr/

국회의 역사, 현재 국회의원의 활동 상황 모습과 법이 통과되는 과정을 알 수 있으며 인터넷 민원 상담을 통해 국민의 의견을 국회에 전달할 수 있다.

○ 사이버 경찰청 홈 페이지 http://police.go.kr/

경찰청 공식 홈 페이지로 경찰에 대한 각종 소개와 경찰의 다양한 활동이 소개되어 있으며, 사이버 신고 센터가 있어 각종 사건에 대한 신고를 인터넷으로 할 수 있고, 각종 상담 활동도 할 수 있다.

○ 한국의 문화재 http://my.dreamwiz.com/chamjun/

시대별, 지역별 한국의 다양한 문화재가 소개되어 있다. 그림, 건축, 공예품 등 다양한 한국의 문화재가 소개되어 있는 개인 홈 페이지이다.

○ 호암 미술관 http://hoammuseum.org/notice/notice.cgi

선사 시대 유물과 청자, 분청사기, 백자 등의 도자기 명품에 대해 자세히 소개되어 있으며, 이 외에 각종 불상, 회화 등의 작품들에 대한 소개가 나와 있다.

○ 예절 마당 http://www.yt365.or.kr/

충남 건양대학교와 예학교육연구원이 공동 개설한 홈 페이지로 우리나라의 전통 예절, 가정 예절, 공공 장소에서의 예절에 대한 소개와 간단한 예절 게임이 나와 있다.

4. 경제 교육: 지혜로운 선택과 절약하는 생활

가. 주제 개관

인간 생활과 경제생활은 불가분의 관계에 놓여 있다. 경제는 인간의 의식주를 아우르기 때문이다. 근래 우리나라는 경제적으로 놀라운 발전을 거듭해 왔다. 그러나 최근 우리 경제는 대내외적으로 매우 어렵고 중요한 전환기에 처해 있다. 이러한 때에 우리나라를 경제적으로 안정·발전시키기 위해서는 학생들을 어렸을 때부터 생산, 분배, 소비의 모든 과정에서 요구되는 다양한 경제 윤리를 체계적으로 교육시키는 것이 필요하다.

또한 학교 교육과정에서의 경제 교육은 미래의 생산자 및 소비자로서 필요한 생활 태도를 갖춘 합리적인 경제인으로뿐만 아니라, 다른 사람과 더불어 살 줄 아는 민주 시민 정신을 지닌 올바른 인간으로 성장할 수 있도록 경제생활에 대한 관심과 건전한 경제생활 태도 형성에 역점을 두고 계획적으로 이루어져야 한다.

따라서 경제 교육을 통하여 학생들의 인식 능력 수준에 맞는 구체적 경험적 인식과 합리적 해결 능력을 터득하게 해야 한다. 특히 경제 교육은 우리 주변의 작은 소비 절약과 저축에서 출발함을 깨닫게 해야 한다. 물론 미래 사회의 주역인 학생들에게 미시 경제와 거시 경제의 기초를 이해하고 경제 윤리와 소비자 덕목 등을 실천하려는 가치와 태도를 함양하는 것이 매우 중요하다.

나. 지도 목표

학생들이 주변에서 경험하는 경제 현상을 이해하고, 경제 문제를 해결해 나가는 데 필요한 지식, 기능, 태도, 가치관 등을 계획적이고 체계적으로 알게 한다.
  (1) 경제의 기본 성격 이해를 위해 희소성과 기회비용 및 그에 따른 선택의 행위를 이해시킨다.
  (2) 자유 시장 경제의 기본적인 원리, 시장의 자원 배분 기능과 선택의 행위를 이해시킨다.
  (3) 우리나라 경제의 실체와 학생들의 실생활에 직결된 사례를 적절히 활용하여 경제 현상에 대한 지속적인 관심과 습관을 형성시킨다.

다. 지도 중점

  (1) 올바른 소비 습관과 절약 생활
  (2) 현명한 상품의 선택과 자원 문제
  (3) 우리나라와 세계의 경제생활 이해
  (4) 미래의 경제와 우리 생활의 변모
  (5) 보다 바람직한 경제생활의 설계
  (6) 경제 우선순위와 소비 지출 방법

라. 활동 내용 (예시)

소주제	주요 내용	준비물	학습 형태	시 간
재활용품 으로 경제를 살린다	○ 재활용 방법 구상하기 ○ 폐품을 이용하여 쓸모 있는 것 만들기 ○ 재활용과 환경오염과의 관계 알아보기 ○ 물려 쓰는 마음 갖기	각종 재활용품, 영상 자료	전체 학습	
절약 생활 발표회	○ 우리 집이나 친척 집에서 실천하는 절약 생활 발표하기 ○ 우리가 실천할 수 있는 절약 생활 찾아 절약 생활표 만들기	조사 학습지	전체 토의 모둠 활동 개별 학습	
광고 만들기	○ 상품 광고 살펴보기 ● 광고를 하는 이유 토의하기 ● 광고의 종류 알아보기 ● 신문, 잡지 등에서 광고물 오려오기 ○ 광고의 특징 알아보기 ● 광고에서 좋은 점과 고칠 점 토의하기 ● 광고 내용 재구성할 점 토의하기	상품 광고, 동영상, PPT 자료	전체 학습 토의 학습	
	○ 광고를 종류별로 분류하기 ● 종류별로 분류된 광고 중에서 관심 분야 선택하기 ○ 선택한 주제로 광고 만들기 ● 소집단별로 선택한 주제를 가지고 광고 만들어 보기	활동 학습지	토의 학습 소집단 학습	
우리 경제를 살립시다	○ 우리 경제에 관한 신문 기사 수집하기 ● 각자 신문에서 우리나라의 경제와 관련된 기사 오려 오기 ○ 신문 기사를 활용한 한 편의 논설문 쓰기 ○ 논설문 발표하기	경제 관련 신문 기사, 원고지	개별 학습	
티끌 모아 태산	○ 내 힘으로 용돈을 벌었던 경험 발표하기 ○ 우리 집에서 돈 벌고 쓰는 방법 알아보기 ○ 나의 소비 생활 반성하고 글짓기 ○ 글짓기한 작품을 발표하기 친구들의 생활과 비교, 반성하기	용돈 기입장, 원고지	개별 학습	

마. 경제 교육 활동 (예시)

(1) 예시안

활동 주제	절약 생활 발표회			
학습 지도의개관	• 급속한 경제 성장과 발전으로 인한 가정의 풍요로움은 자칫 자녀에 대한 가정에서의 절약 교육이 소홀히 될 경향이 있다. 이에 각 가정에서 실천한 절약 생활 발표회를 개최하여 검소하고 절약하는 생활의 습관화를 위하여 설정된 제재이다.			
학습 목표	• 절약과 저축의 중요성을 이야기하고 올바른 소비 생활을 습관화하려는 마음을 가질 수 있다.			
사전 지도 사항	• 학생들의 물자에 대한 인식 정도(학용품 분실, 소지품 분실 등)를 사전에 파악하여 학습 자료로 활용한다.			

활동 계획				
단 계	활동 주제	내용 및 방법	시간 (분)	자료 및 유의점
준비 활동	소비 생활 알기	○ 소비 생활 경험 발표하기 • 합리적 소비 절약 생활 수범의 예를 보여 준다. • 지나친 낭비가 경제에 미치는 영향을 알아본다. ○ 활동 내용 알기	15	• 소비 절약 관련 영상 자료
중심 활동	가정의 절약 생활발 표하기	○ 우리 집의 절약 생활 발표하기 • 에너지 절약을 위한 방법을 알아본다. • 소비를 줄이고 검소한 생활을 한 사례를 발표한다. • 국산품 애용의 좋은 점을 발표한다. ○ 폐품 재활용 실태 발표하기 • 학용품 절약 방법을 알아본다.	50	• 작자의 소비생활과 가정의 절약 생활 사례를 발표 하는 가운데 절약에 관한 이야기가 도입될 수 있도록 한다.
정리 및 사후 지도	정리 및 반성	○ 소비 절약을 위한 활동 내용 알기 • 자기 물건을 소중히 다룬다. • 과소비를 삼간다. • 국산품 애용의 필요성을 인식시킨다. • 재활용 쓰레기는 분리하여 모은다. • 용돈을 아껴 쓰며 저축하는 습관을 갖는다.	15	• 토론 및 정리 활동

◎ 모둠 학습지 (예시)

영 역	경제 탐구	일 시	20○○년 ( )월 ( )일 ( )요일
주 제	절약 생활		( )학년 ( )반 ( ), 모둠 이름 ( )

♣모둠별로 조사한 것이나 토의한 내용을 정리하여 봅시다.

1. 국산품 애용의 좋은 점	
2. 재활용품 분리수거 방법 및 사례	
3. 재활용의 좋은 점 알아보기	
4. 우리가 실천할 수 있는 소비 절약 방법	

바. 평가 자료

활동 주제	절약 생활			
목표	● 소비 생활을 반성하여 보고, 검소한 생활을 실천할 수 있는가?			
평가 관점	● 절약 생활과 검소한 생활을 바르게 알고 이를 얼마나 실천하고 있는가?			
평가 유형	● 관찰법과 개인 보고서			
평가 방법	● 토의 학습 상황 관찰 및 활동 결과 발표 내용 관찰			
준 비 물	● 평가지			
평가 시의 유 의 점	● 이론적인 것을 알고 있는 것보다는 아동 스스로 얼마나 실천하고 있는가에 초점을 둔다.			

평가 내용	자기 평가	친구 평가	교사 평가	비 고
개인 활동				
모둠 활동				
평가 기록 방법	매우 잘함 : ◎　　잘함 : ○　　노력 요함 : △			
활동 후의 소감				

사. 참고 자료

(1) 문헌 자료

제 목	출판사	연락처	출판 연도
생활 경제 학습 1 - 5	한국교육개발원	한국교육개발원	2001
생활 경제 학습 1 - 5(활용 지침서)	한국교육개발원	한국교육개발원	2001
생활 경제 학습 6 - 10	한국교육개발원	한국교육개발원	2003
생활 경제 학습(활용 지침서)	한국교육개발원	한국교육개발원	2001
청소년 경제 의식 조사보고서	한국개발연구원 국민경제교육연구소	한국교육개발원 국민경제교육연구소	2004
선진국의 교과 정책과 경제 교육과 편제	한국교육개발원 국민경제교육연구소	한국교육개발원 국민경제교육연구소	2004
소비자 정보	한국소비자보호원	한국소비자보호원	2007
창의적인 학교 재량 시간	(주)한국교육출판	(주)한국교육출판	2003
작은 실천이 경제를 살립니다.	서울특별시교육연구원	서울특별시교육연구원	2007
나도 경제를 알아요 (학생용)	서울특별시교육연구원	서울특별시교육연구원	2001
작은 경제 이야기	청솔	책만들기 지음	2005
이야기로 배우는 경제 공부	매일경제신문사	KEDI 경제 정보 센터	2002
작은 실천이 경제를 살립니다.	매일경제신문사	KEDI 경제 정보 센터	2007
경제 교육 프로그램 개발	한국교육개발원	한국교육개발원	2006
해외 경제 교육 실태 조사 보고서	한국교육개발원	한국교육개발원	2006

(2) 비디오 자료 및 관련 인터넷 사이트

제목 또는 사이트 명칭	연락처 또는 사이트 명
해피클래스 사이버 학습방	http://www.happyclass.com/
네이버 학습 자료방	한글 검색으로 검색 가능
서울대학교 경제교육연구실	한글 검색으로 검색 가능
NIE로 경제 교육을	http://netizen.att.co.kr/
올바른 경제 교육을	http://www.cfe.org/

(3) 품질 표시 제도

심벌을 사용해서 품질을 표시하게 되는 제도라 상품이 국가나 업계 또는 학계 단체 혹은 기타 단체가 정한 품질 규격 또는 안전 기준에 합치해서 만들어졌다는 것을 특정한 마크로 표현하고 있다.

이러한 품질 마크가 표시된 상품은 다른 어떤 상품보다도 품질 면에서 우수하다고 볼 수 있는데 소비자가 이러한 상품을 구매하게 되면 피해를 당할 우려가 다른 상품들에 비해 적다고 할 수 있다.

일반적으로 제품에는 여러 가지 품질 마크가 있으나 학생들이 참고할 만한 것만 소개하면 다음과 같다.

종 류	내 용
KS마크	공업 표준화법에 의한 국가 표준 규격인(KS)에 합격한 우량 제품에 부착하는 표시 ♠ 대상 품목 소비자의 생명과 재산상에 피해를 줄 우려가 있는 광공업품이나 공기술품(표시의무 품목)과 일반 공산품(공업 진흥청 심사)에 합격된 품목에 한해 사용
품마크	정부가 권장하는 공장 품질 관리 기준에 합격한 우량 공장의 생산 제품에 부여하는 표시 ♠ 대상 품목 학용품이나 어린이 용품같이 제조업체가 난립되어 있어 상품 선택이 어려운 품목, 소비자 보호를 위해 일정한 품질 수준을 유지시킬 필요가 있는 품목
환경 마크	환경 오염을 줄이고 저공해 식품 기술 개발을 촉진하기 위해 환경처, 소비자 단체, 생산 업체, 학계 대표 등 전문가 그룹이 주관이 되어 저공해 상품을 선별하고 이에 부착하는 마크 ♠ 대상 품목 재생 종이를 50% 이상 사용한 제품(공책, 서적 등) 재생 종이를 90% 이상 사용한 화장지류, 재생 플라스틱을 60% 이상 사용한 제품, 염화불화탄소를 사용하지 않은 분사 제품

5. 에너지 교육: 에너지, 우리 생활의 원동력

가. 주제 개관

에너지는 모든 물자를 생산하는 산업의 주요한 원동력이며 우리의 일상생활에서도 떼려야 뗄 수 없는 큰 비중을 차지한다. 자연에는 이러한 에너지가 수없이 존재하지만, 경제적으로 가치가 있고 기술적으로 개발이 가능한 것만 선택되어 사용되고 있다.

그러나 우리가 선택하여 사용하는 에너지도 무한정 공급이 가능한 것은 아니며 언젠가는 고갈의 위기를 맞게 된다. 또한 갈수록 고도의 경제 성장으로 에너지 소비는 계속 급증되어 또 다른 에너지 문제의 원인이 되고 있다.

우리나라에서는 거의 대부분 에너지 자원을 수입에 의존하고 있지만 무분별한 에너지의 과다한 소비 행태로 인해 국가 경제 및 가계에 큰 부담을 초래하고 있다. 이에 여러 가지 방법을 통한 계속적인 노력에도 불구하고 에너지 절약에 대한 국민들의 생활 습성 및 실천 성과는 매우 미미한 실정에 머물고 있다.

따라서 에너지·환경 시대에 대비하여 학생들이 물자 및 에너지 절약에 대한 지속적인 관심과 생활화 교육이 필요하다. 특히 2008년부터 우리나라에서 대대적으로 전개하고 있는 차량 2부제 운행, 수돗물 아껴쓰기, 종이 아껴쓰기 등에 전 국민이 솔선하여 참여하여야 할 것이다.

나. 활동 목표

다양한 체험 활동을 통해 에너지 절약 의식을 내면화시키고, 학부모 및 지역 사회로 확산하여 에너지 절약 습관을 생활화하도록 한다.
(1) 에너지 절약의 필요성과 방법을 이해시킨다.
(2) 에너지의 소비 실태와 절약할 수 있는 방법을 조사하여 발표할 수 있다.
(3) 에너지를 아끼고 소중히 하는 태도를 갖는다.

다. 지도 중점

(1) 에너지 자원의 중요성 알기
(2) 에너지를 아껴야 하는 이유와 절약 방법 이해
(3) 에너지 자원을 아끼는 생활 태도 함양
(4) 에너지 자원의 종류와 용도
(5) 에너지 생산과 소비 방법
(6) 에너지 자원의 효과적인 사용법
(7) 공공 기관에서의 에너지 절약 태도
(8) 생활에서의 에너지 절약 실천하기

라. 활동 내용 (예시)

소 주 제	주요 내용	준비물	학습 형태	시 간
에너지 자원의 종류	○ 화석 연료의 종류와 생성 과정 ○ 화석 연료의 이용 ○ 연료의 합리적 이용 자세 ● 에너지를 아껴야 하는 이유 토의 ○ 에너지 자원의 현황 ● 세계의 에너지 자원의 매장량	에너지 자원에 대한 조사 자료	조사 학습 소집단 학습	2
에너지 자원의 중요성	○ 미래 에너지와 우리의 생활 ● 태양 에너지 자원의 중요성과 이용 방법 조사 ● 에너지와 생활고의 관계 토의 ○ 대체 에너지의 이용과 개발 ● 지열, 풍력, 조력 발전 등 ○ 새로운 에너지 자원의 개발 현황	각종 에너지 관련 조사 사료, 에너지 사용 통계 자료	조사 학습 토의 학습	2
자원 절약과 환경오염	○ 일회용품의 종류 알기 ○ 일회용품의 사용에 대한 찬반 토론 ○ 일회용품을 사용하지 않게 된 예 찾아보기 ○ 일회용품을 줄일 수 있는 방법 토의	각종 일회용품	토의 학습	1
에너지 절약의 지혜	○ 늘어나는 에너지 소비 ○ 가정에서의 에너지 절약 ○ 학교에서의 에너지 절약 ○ 에너지를 아끼는 사회	각종 통계자료	조사 학습	2

마. 에너지 교육 활동 (예시)

(1) 예시안

소주제	자원 절약과 환경오염	시 간	40분	수업 형태	토의 학습
수업 목표	○ 일회용품 사용에 대한 사전 조사학습을 바탕으로 대립 토의함으로써 일회용품을 쓰지 말아야 하는 까닭을 안다. ○ 일회용품을 줄일 수 있는 방법을 찾아 실천하려는 마음을 갖는다.				
자료 준비물	○ 일회용품(기저귀, 종이컵, 나무젓가락, 은박지, 비닐봉지), 물티슈 등				

과 정	교수 · 학습 활동	자료 및 유의점
분위기 조성 동기 유발	○ 마음 열기 ● 반가 '얼굴 찌푸리지 말아요' 부르며 바르게 앉기 ○ 일회용품의 종류와 뜻 알기 ● 뜻: 한 번밖에 쓸 수 없는 것 ● 종류: 나무젓가락, 이쑤시개, 기저귀, 종이컵, 비닐봉지, 깡통, 면도기, 은박지, 물티슈, 비닐랩	○ 토의 학습 시 필요한 자료는 미리 가정 학습 과제로 부여함
토의 주제 확인	○ 일회용품 사용은 필요한가? 찬성: 필요하다. 반대: 쓰지 말아야 한다.	
토의 내용 발표하기	○ 문제 제시 ● 비닐봉지 - 사회자: 화면에서 본 것과 같이 백화점이나 슈퍼에서 비닐백이나 쇼핑백의 사용을 금하고 있으며 필요한 사람은 돈을 주고 쇼핑백을 쓰도록 하는 문제 ● 기저귀 (예문) - 찬성: 기저귀는 자주 빨아야 하고 마르는 데 시간이 오래 걸리며 일회용 기저귀를 쓰면 오줌을 여러 번 눠도 새지 않고 엄마의 수고를 줄여서 참 편리함. ● 종이컵, 은박지 ● 나무젓가락 ● 그 밖의 일회용품	○ 쇼핑백의 사용과 관련한 뉴스 한 장면 보여주며 문제 제시 ○ 토의 진행 과정에서 한 어린이에게 발언이 집중되지 않도록 자유로운 토론 분위기를 만들어야 함.
토의 결과 정리하기	○ 찬성: 일회용품이 필요한 까닭은 힘이 덜 들며 편리하기 때문이다. 반대: 일회용품을 쓰지 말아야 하는 까닭? ● 엄청난 자원의 낭비를 줄이기 위해 ● 엄청난 양의 쓰레기를 줄이기 위해 ● 자원이 바닥나는 것을 막기 위해	○ 토의 발표록
적용 발전	○ 주위에서 일회용품을 쓰지 않게 된 예를 찾아보고, 줄일 수 있는 방법에 대해 이야기해 보자. ● 음식점에서 나무젓가락 대신 수저를 씀 ● 슈퍼나 시장에 갈 때는 시장바구니를 들고 감 ● 물티슈 대신 물수건을 씀 ● 한 번 쓴 종이컵이나 병, 캔 따위를 잘 모았다가 재활용함 ● 일회용품은 쓰지 않음. ● 한 번 쓴 것을 다시 사용함/	○ PPT 자료

바. 평가 자료 (예시)

단 원	자원의 절약과 환경오염	주 제	일회용품 사용은 바람직한가?

목 표	• 일회용품의 사용에 대한 사전 조사 학습을 바탕으로 대립 토의함으로써 일회용품을 쓰지 말아야 하는 까닭은 안다. • 일회용품을 줄일 수 있는 방법을 찾아 실천하려는 마음을 갖는다.

평가 관점	평가 유형	영 역			시 기		
		인지	기능	정의	도입	전개	정리
• 1회용품 시용에 대한 자신의 주장을 적절한 근거를 들어가며 말하고 있는지 평가한다.	관찰법 보고서	○			○	○	

평가 방법	준비물	평가 시의 유의점
• 관찰법 및 조사학습 과제물을 통하여 평가한다.	• 조사 학습지	• 자신의 주장을 적절하게 나타내도록 한다.

평가 기준	잘 함	• 자신의 주장을 적절한 근거를 들어가며 잘 말하며 일회용품을 쓰지 말아야 하는 까닭은 안다.
	보 통	• 일회용품을 쓰지 말아야 하는 까닭을 알고 주장은 잘 말하나 근거가 분명하지 못하다.
	못 함	• 자신의 주장을 말하지 못하며 조사 학습 과제물도 제출하지 않는다.

사. 참고 자료

(1) 문헌 자료

제 목	출판사	저자 및 연락처	비 고
학생들에 대한 에너지, 전기 절약 교육 강화 방안 연구	한국교육개발원	한국교육개발원	2003
에너지 통계 연보	에너지경제연구원	에너지경제연구원	2007
중학생의 에너지 탐구 – 학생용 –	한국교육개발원	한국교육개발원	2004
에너지와 인간 생활 – 교사용 지도서 –	한국교육개발원	한국교육개발원	2002
에너지와 인간 생활 – 학생용 –	한국교육개발원	한국교육개발원	2002
원자력 에너지 그 후 100년	전파과학사	이곤라센 지음	2007
즐거운 에너지 절약	에너지관리공단	하백현 엮음	2003
에너지 자원과 이용	한국과학기술 진흥재단	전용원 저	2002
21세기 탐구 – 물, 에너지, 교통, 환경, 건설	구미서관	최영박 저	2002

(2) 참고 자료

1) 전기 제품 사용

① 가전제품의 사용 방법을 바로 알고 쓰자
- 에너지 소비 효율이 높은 제품을 선택 사용하자.
- 사무실에서는 복사기의 복사 방향을 세로보다는 가로로 복사하는 것이 복사지의 움직이는 범위가 좁아지므로 전력이 적게 소모된다.

② 쓰지 않는 가전 기기는 플러그를 빼어 전력 손실을 방지하자.
- 리모컨을 사용하는 가전 기기인 TV, 오디오 등은 자체 스위치를 꺼도 플러그를 빼지 않는 한 전기가 소모된다. 원격 조정은 항상 전원이 들어와 있게 된다. 따라서 플러그를 빼두는 것이 좋으나 그렇지 않을 경우 별도 멀티탭을 중간에 연결해 사용하면 편리하다.
- TV는 자주 껐다 켰다 하는 동작을 반복하지 않는다.

③ 출근할 시간을 알기 위해서 TV를 켜지 말자.

④ 텔레비전을 볼 프로그램을 미리 정해서 보고 채널을 자주 바꾸지 않는다.

⑤ 텔레비전을 켜 놓고 잠을 자지 않는다.

⑥ 텔레비전 화면을 너무 밝게 하거나 소리를 크게 하지 않는다.

⑦ 냉장고는 가족 수에 맞는 용량을 선택해 구입하자.
- 문의 패킹 상태를 점검 정비한다.
- 열원으로부터 멀리한다.
- 냉동실 성에를 자주 제거한다.

⑧ 냉장고는 통풍이 잘되는 곳에 두고 사용하자.

⑨ 냉장고에 음식을 넣을 때에는 반드시 식혀서 넣자.

⑩ 세탁기 사용할 때 세탁 시간(탈수 시간 제외)은 10분 이내로 하자.

⑪ 세탁물은 모아서 세탁하자.

⑫ 전력 소비가 많은 시간을 피해서 다림질하자.

⑬ 다림질은 한 번에 모아서 하자.

(3) 에너지 상식

세계의 에너지 자원 매장량과 채굴 가능 연수
① 석유: 석유 1조 배럴 (약 46년 정도 채굴 가능)
② 천연 가스: 113조㎥ (약 53년 정도 사용 가능)

③ 석탄: 1조 톤 (약 174년 정도 사용 가능)

④ 우라늄 230만 톤 (약 63년 정도 사용 가능)

※ 우라늄 2351g은 석유 9드럼, 석탄 3톤의 에너지양과 같다.

6. 근로정신 함양 교육: 근로의 소중함과 참된 보람

가. 주제 개관

변화하는 시대에 학생들은 새롭게 변화하는 이 시대를 이해하고, 장차 어떤 직업을 가지고 자신의 꿈을 실현하고 사회에 이바지할 것인지에 대하여 어려서부터 끊임없이 관심을 가져야 한다. 근로 교육에서는 학생들로 하여금 자신의 잠재 가능성을 토대로 진로를 합리적으로 탐색, 계획, 준비할 수 있도록 도와주어야 한다.

따라서 근로 교육은 생활의 향상을 위한 산업과 직업과의 관계를 알게 하여 직업 생활이 개인적인 보람을 줄 뿐만 아니라 산업과 경제 발전에도 이바지하게 된다는 것을 이해하게 해야 한다. 근로는 참으로 보람 있고 아름다운 것이다.

특히, 생활 주변의 사례, 통계와 도표, 사진 등을 이용하여 실제 생활과 구체적으로 관련시켜 지도함으로써, 나와 우리 가정 및 지역 사회의 경제생활 장면들을 분석적으로 볼 수 있게 하고, 장차 보람 있는 직업을 선택하려는 마음을 갖게 하는 데 중점을 둔다. 재량 활동의 근로정신 함양 교육은 근로가 회피하고픈 어려움이 아니라 보다 열심히 참여할 가치가 있는 즐거움을 스스로 느끼도록 해야 한다.

나. 지도 목표

일(근로)의 중요성을 알고, 자신의 잠재적 소질을 계발하여 자신의 미래를 설계하여 자신의 미래를 설계하며 일과 직업에 대한 올바른 태도를 갖도록 한다.

(1) 생산 활동의 중요성을 우리의 생활환경과 관련시켜 파악한다.

(2) 산업의 발달과 직업 생활과의 관계를 파악한다.

(3) 자신이 희망하는 직업에 필요한 기본 조건을 찾을 수 있다.

(4) 장차 적성에 맞는 직업을 선택하려는 마음을 가진다.

다. 지도 중점

(1) 일의 소중함을 알기

(2) 직업 선택과 자신의 적성 알기

(3) 일과 직업에 대한 올바른 태도 함양

라. 활동 내용 (예시)

소주제	주요 내용	준비물	학습 형태	시 간
직업과 사회 발전	○ 나의 하루를 돌아보고 관계된 직업 찾아보기 ○ 좋은 직업의 조건 기준을 세워 훌륭한 직업 찾기	직업에 관한 조사 자료	조사 활동, 소집단 활동	
살아 움직이는 직업의 세계	○ 다양한 직업의 세계를 분류하기 ○ 미래의 직업 예측하기 ○ 미래 사회의 직업 분류표 작성하기	직업에 관한 조사 자료	조사 활동, 소집단 활동	
일과 삶의 보람	○ 직업을 가진 어른들의 이야기를 녹음해서 듣고 일의 보람이 무엇인지 이해하기 ○ 직장에서 보람을 느끼기 위해 가져야 하는 자세를 생각해 보기	일과 삶의 보람에 대한 학습지	조사 학습	
미래에 하고 싶은 일	○ 장래에 갖고 싶은 자기 직업 발표하기 ○ 올바른 직업 생활은 개인과 사회에 도움을 준다는 사실을 확인하기	인터넷 활용	조사 학습	

마. 근로정신 함양 교육 활동 (예시)

(1) 예시안

활동 주제	일과 삶의 보람
학습 목표	• 일은 우리 사회를 발전시키는 요소임을 알 수 있다.
사전 지도 사항	• 일의 종류에 대한 조사 학습 과제 제시

활동 계획				
단 계	활동 주제	내용 및 방법	시간 (분)	자료 및 유의점
준비 활동	활동 내용	○ 학습 목표 제시 ○ 일과 관계되는 이야기하기 • 개미와 베짱이 이야기듣기	15	2~3명 발표
중심 활동	학습 자료 활용 상상 활동	○ (학습지 1)로 공부하기 • 글을 읽어 보고 토의하게 한다. • 아버지께서 화를 내신 이유는? • 정춘모 씨가 일을 택한 이유는? ○ 사람들이 모두 일을 하지 않으면 어떻게 될지 상상하게 하기 • 자유롭게 토의한다. • 일의 소중함을 안다. ○ (학습지 2)로 공부하기 • 우리나라 발전 모습의 사진을 보여 주며 학습 제재에 접근한다. • 학습지를 보면서 상호 토의 학습을 한다. • 부모님들이 열심히 일한 모습을 찾아본다. • 부모님들이 근검절약한 사례를 조사하여 본다.	50	• 학습지 1, 2 • 일의 소중함을 스스로 알도록 한다.
정리 및 사후 지도	정리 및 반성	○ 느낀 점과 나의 각오를 발표한다. ○ 일의 역할을 음미하며 일의 소중함을 안다. ○ 일에 대하여 긍정적 사고를 갖도록 한다. ○ 학습 내용을 정리한다.	15	• 학습지 3

1) 학습지 (예시)

영 역	근로정신 함양	일 시	20○○년 ( )월 ( )일
주 제	직업의 가치		( )학년 ( )반 이름( )

♣ 다음의 직업 가치 내용을 보고 자신이 생각하는 순서를 적어 봅시다.

● 1차는 나의 선택, 2차는 우리 집단에서 가장 가치 있다고 생각하는 순서대로 순위를 적은 다음, 나와 우리 집단 간의 생각의 차이를 비교해 봅시다.

직업 가치 내용	나의 선택 순위	집단의 선택 순위
● 남들로부터 존경과 인정을 받는 직업		
● 남을 도와주는 직업		
● 권력을 가지고 활동하는 직업		
● 성스러운 것을 추구하는 직업		
● 보수는 적더라도 안정적인 직업		
● 높은 수익을 보장받을 수 있는 직업		
● 학문이나 진리 탐구에 전념할 수 있는 직업		
● 내가 가장 원하는 직업		
● 자신의 능력을 충분히 발휘할 수 있는 직업		
● 요즘 가장 인기가 있는 직업		

♣ 어떤 직업이 가치 있는 직업이라고 생각하는지 적어 봅시다.

♣ 또 그렇게 생각하는 까닭을 적어 봅시다.

바. 평가 자료

활동 주제	미래에 하고 싶은 일	
목 표	• 합리적인 직업 선택 조건을 알아보고, 자신의 희망 직업을 선택한 수를 조사하여 미래를 위한 자신의 할 일을 계획할 수 있다.	
평가 관점	• 산업과 직업과의 관계를 잘 파악하는가? • 자신이 희망하는 직업의 기본 기능을 파악하고 적성에 맞는 직업을 선택하려는 마음을 갖는가?	
평가 유형	• 관찰법, 상호평가	
평가 방법	• 조사한 내용 발표 시 관찰 평가 • 조사한 자료 및 학습 결과물 평가	
준비물	• 인터넷 자료 등	
평가 시의 유의점	• 직업에 귀천이 없음을 알고 자기의 적성이나 취미에 맞는 직업을 선택하게 한다.	
평가 기준	지식	• 자신의 장래 직업을 선택할 때 사회 공헌을 생각하여 선택할 수 있는가?
	기능	• 인터넷을 활용하여 자신의 직업에 필요한 기본 조건을 바르게 찾았는가?
	가치 · 태도	• 자신의 적성과 흥미 등을 고려하여 장래 희망을 결정하고 앞으로 자신의 할 일을 적절하게 계획하였는가?

수행 평가 기록 방법

번 호	이 름	평가 결과 (평가 기준의 영역별로 특별한 사항 평가 기록)

사. 참고 자료

(1) 문헌 자료

제목	출판사	연락처	출판 연도
초등학교 교사용 진로 교육 지도서	서울특별시교육연구원	서울특별시교육연구원	2001
초등학교 학생용 읽기 자료 (꿈나무에 오르는 아이들)	서울특별시교육연구원	서울특별시교육연구원	2001
진로 교육 자료 (출발! 우리의 세계로)	서울특별시교육연구원	서울특별시교육연구원	2002
진로 교육 자료 (7) (직업 인식 지도 자료)	서울특별시교육연구원	서울특별시교육연구원	2001
진로 교육 자료 (18) (밝은 내일을 위하여)	서울특별시교육연구원	서울특별시교육연구원	2004
소비와 직업 생활	한국교육개발원	한국교육개발원	2001
미래를 위한 직업 선택과 개척	스몰 비즈니스	이성수 저	2000
유망 직업 100가지	길벗	정명인 엮음	2003
미래를 개척해 가는 사람들 (직업 성공 사례)	서울특별시 교육 연구원	서울특별시교육연구원	2004
적성 알기. 직업 찾기	오름 시스템 편집부	오름 시스템(주)	2004
초등학교 교사용 6학년 실과 지도서	교육과학기술부	교육과학기술부	2008

(2) 기타 도움 자료

1) 직업의 분류

① 직업의 분류는 크게 두 가지의 방법으로 이루어진다. 하나는 직업에 속한 종사자들이나 그 직업에서 수행하는 직무의 심리적 특성이나 유사성을 기준으로 한 분류이며, 또 다른 하나는 직업에서 수행하는 직무 그 자체를 중심으로 한 분류 체계이다.

② 직업의 심리적 특성을 기준으로 한 분류 체계는 로(Roe)와 홀란드(Holland)의 것이 가장 대표적이다. 직무의 특성에 기초한 가장 대표적인 직업 분류 체계는 미국 노동성에서 제작하는 직업 사전이다. 최근에 출판된 미국 직업 사전은 총 75,000개의 직무 분석으로부터 나온 자료를 기초로 제작된 것이다.

③ 직업 분류는 생산적인 경제 활동에 종사하는 근로자가 주로 수행하는 일의 유사성에 딸 체계적으로 유형화한 것이다.

7. 성 교육: 함께 풀어가는 아름다운 이야기

가. 주제 개관

성 교육의 목적은 남녀 양성으로 구성되어 있는 인간 사회에서 가치 있는 생활을 영위하기 위하여 남녀 각 성의 특성과 역할을 이해하고, 신뢰와 존경과 협력을 바탕으로 이루어 가는 인간관계, 그중에서도 특히 남녀 간의 인간관계를 원만히 유지하도록 하는 것이다. 동시에 올바른 성 의식과 분별 있는 성 습관을 갖게 하고, 건실한 생활을 하도록 이끌어 가려는 데 그 목적이 있다.

이러한 성 교육의 목적이 학교 성 교육에 성공적으로 반영되기 위해서는 각급 학년의 성 교육 도입 시 학교 성 교육의 필요성과 목적에 대한 지도가 우선적으로 이루어져야 할 필요가 있다. 또한 학생들이 성 관련 이야기를 자연스럽게 받아들이고 성에 관한 언어적 표현을 하는 것을 어색해하지 않도록 자연스러운 학급 분위기를 조성하는 것이 성 교육의 실시에 우선하여 이루어져야 한다.

또한 성 교육은 과학적인 성 지식을 바탕으로 하여야 한다. 따라서 본 주제에서는 생물학적 성(Sex) 및 행동 과학적(사회 문화적) 성(Gender), 인격적 성(Sexuality)에 대하여 체계적이고 학생의 발달 연령에 알맞은 교육을 제공함으로써 현대 사회의 성 문화에 무분별하게 노출되어 생활하고 있는 아동들의 단편적이고 왜곡된 성 지식을 바로 잡고, 초등학교 고학년 시기부터 점차로 생겨나는 성적 관심을 수용하여 바람직하고 건강한 성 의식을 갖게 하는 것을 목적으로 한다.

나. 지도 목표

남녀의 신체적·심리적 특성을 이해함으로써 긍정적인 자아 개념을 형성하고 남녀의 사회적 역할을 이해함으로써 원만한 사회생활을 영위하며 양성 평등한 성 역할을 이해함으로써 책임 있는 성 행동을 할 수 있도록 한다.

(1) 신체적·심리적 발달의 이해를 통해 자신의 신체적 변화와 그에 따른 심리적 변화를 올바르게 수용하고 관리하는 능력을 기른다(신체 및 심리 발달 영역).

(2) 인간관계에 대한 전반적인 이해를 통해 생명에 대한 존엄성과 책임 의식을 가지고 가족관계와 친구 관계(동성·이성)를 이루어 나가며, 올바른 의사 표현과 의사결정을 할 수 있는 능력을 기른다(인간관계 이해 영역).

(3) 양성 평등한 성 역할의 이해를 통해 바람직한 성 정체성과 성 윤리 의식을 형성하여 발
생 가능한 성 문제를 예방하고 대처할 수 있는 능력을 기른다(성 문화 및 성 윤리 영역).

다. 지도 중점

(1) 학습자의 성 관련 지식수준을 파악하여 수업을 진행한다.
(2) 문제 해결 중심의 수업을 진행한다.
(3) 학습자의 질문을 중시한다.
(4) 학습자의 관심과 흥미에 알맞은 교수 매체를 활용한다.
(5) 효과적인 성 교육을 위해서는 학습자 각 가정과의 연계가 필요하다.

라. 활동 내용 (예시)

다음에 제시된 활동 내용 예시는 본 주제의 지도 목표에 도달하기 위한 내용으로 4차시 분량
만 제시한 것이며, 실제 성 교육에서는 각 학교(급)별 실정에 맞게 재구성하여 활용해야 한다.

소주제	주요 내용	준비물	학습 형태	시간
신체 발달	○ 신체 발달의 개인차 ● 사춘기 남녀의 신체 발달 ● 남녀 간, 개인 간의 차이 ● 성 호르몬의 작용과 2차 성징	학습지, 제시 자료, 인체 모형, 프레젠테이션	토의 학습	
	○ 유전의 원리와 성 염색체 ● 유전의 원리 ● 유전 인자와 염색체 ● 성의 결정	가족사진, 그림 카드, 제시 자료	주제 학습	
어린이 성폭력 예방	○ 어린이 성폭력 예방 1 ● 다른 사람이 싫어하는 장난 ● 신체에 대한 별명 ● 남자와 여자의 성기의 중요성	학습지, 프레젠테이션	문제 해결 학습	
	○ 어린이 성폭력 예방 2 ● 어린이 성폭력의 의미 ● 문제 상황에서의 대처 방법 ● 성폭력의 예방	예화 자료, 비디오 자료, 그림 자료	문제 해결 학습	

마. 성 교육 활동 (예시)

(1) 예시안 ①

소주제	신체 발달의 개인차	시 간	40분	수업 형태	토의 학습

수업 목표	• 남녀 간 혹은 개인 간의 신체 발달의 개인차를 이해한다. • 타인을 존중하며 긍정적인 자아 개념을 형성한다.

자료 및 준비물	교 사	학 생
	인체 모형, 학습지, 제시 자료, 프레젠테이션	필기도구

관련 정보	http://woorisung.com

과 정	교수·학습 활동	자료 및 유의점
준비	○ 동기 유발 • 1학년과 5학년의 남·녀 학생의 그림 자료를 제시한다. – 1학년의 경우, 남아와 여아를 구별할 수 있는가? – 6학년의 경우, 남아와 여아를 구별할 수 있는가? – 왜 이런 차이가 생길까? ○ 학습 목표 제시	• 그림 자료
활동	• 사춘기의 신체 변화와 개인차에 대해 알아보자. ○ 신체 발달의 개인차에 대한 소집단 토론 • 성별에 따라 소집단을 나누고 남아 집단에게는 활동지 ①, 여아 집단에게는 활동지 ②의 제시된 문제에 대해 토론하게 한다. ○ 소집단별 토의 결과 발표 • 각 모둠별로 토론한 내용을 칠판에 목록화하여 적은 다음, 최근에 보이는 몸의 변화에 대해 같이 토의한다. – 몸의 변화에는 어떤 것이 있나? – 몸의 변화에 대해 어떤 생각과 고민을 하고 있었나? – 왜 이런 변화가 생길까? ○ 호르몬 작용에 대한 설명 • 몸의 변화를 일으키는 호르몬의 작용에 대해 설명한다. – 2차 성징이란? 성 호르몬의 영향으로 사춘기에 일어나는 몸의 변화 – 남자: 근육 발달, 변성, 발모, 성기 발달, 몽정 등 – 여자: 유방의 발달, 발모, 성기 발달, 월경 현상 등	• 활동지 ①, ② • 솔직하게 자신의 몸에 대한 대화를 나누는 분위기 조성이 중요하다.
정리	○ 학습 내용 정리 ○ 형성 평가 • 남녀의 2차 성징에 대해 이해하고 설명할 수 있는가? ○ 과제 제시 및 차시 예고 • 겉모습의 변화 외에 호르몬의 영향으로 일어나는 남녀의 생리 현상에 대해 알려 주고, 이에 대해 궁금한 점을 적어 내도록 한다.	• 제시 자료 • PPT 자료

1) 학습지 1 (예시)

민철이의 몸의 변화

(   )학년 (   )반 (   ) 모둠 이름(   )

◈ 민철이는 초등학교 고학년 남자 학생입니다. 민철이의 이야기를 잘 읽고 다음 물음에 대해서 친구들과 자유롭게 이야기해 봅시다.

"나는 초등학교 2, 3학년까지만 해도 키가 꽤 큰 편이었는데, 이제는 반에서 작은 편에 속한다. 나의 다리와 팔은 기다랗게 자랐다. 그러나 몸은 여전히 작은 편이다. 내 친구 성준이는 나와 반대이다. 성준이는 나보다 키가 더 작았는데, 이제는 나보다 훨씬 더 크다. 그리고 턱 밑에 수염도 나고 목소리도 굵어지고 근육도 꽤 단단해졌다. 우리는 지금껏 어깨동무를 하고 다니던 사이였지만, 이제는 같이 어깨동무도 할 수 없다. 성준이에 비해 나는 너무 꼬마 같다."

♣ 다음 물음에 대해서 자유롭게 이야기해 봅시다.
1. 민철이와 비슷한 생각을 한 적이 있나요?
2. 민철이와 비슷한 경험을 이야기해 봅시다.
3. 모둠원들 중에서 자신과 비슷한 몸의 변화를 나타내는 친구가 있나요?

---

2) 학습지 ② (예시)

동희의 몸의 변화

(   )학년 (   )반 (   ) 모둠 이름(   )

◈ 동희는 초등학교 고학년 남자 학생입니다. 동희의 이야기를 잘 읽고, 다음 물음에 대해서 친구들과 자유롭게 이야기해 봅시다.

"나는 손과 발이 몸에 비해 굉장히 큰 편이다. 어느 때부터인지 손과 발이 쑥쑥 커져 버렸다. 그런데 나는 요즘에 실수를 많이 한다. 예를 들어, 컵을 들다가도 떨어뜨리기도 하고, 계단을 헛디뎌 넘어지기도 한다. 엄마는 덜렁대지 말고 조심하라고 하시는데 나도 엄마 말씀처럼 그렇게 행동하고 싶지만 잘 안 된다. 마치 내 몸이 나의 말을 잘 안 듣는 것 같다. 왜 그럴까? 참 이상하다."

♣ 다음 물음에 대해서 자유롭게 이야기해 봅시다.
1. 동희와 비슷한 생각을 한 적이 있나요?
2. 동희와 비슷한 경험을 이야기해 봅시다.
3. 모둠원들 중에서 자신과 비슷한 몸의 변화를 나타내는 친구가 있나요?

---

1) 몸의 변화와 남녀차, 개인차

2차 성징을 겪게 되는 때의 아이들의 몸의 변화를 자세히 관찰해 보면 심한 개인차를 나타내고 있는 것을 알 수 있으며, 동성 간의 개인차뿐만 아니라 남녀의 차이도 아주 크다는 것을 알 수 있다.

① 개인차

학생들은 초등학교 제5~6학년인 10~11세 정도부터 갑자기 무럭무럭 자라나기 시작한다. 그리고 이처럼 급격히 자라나는 현상은 15~16세경까지 계속된다. 일반적으로 이 시기를 청소년기라고 부르는데 키와 몸무게가 함께 커지고 무거워지지만, 특히 키가 많이 자라나는 경향이 있기 때문에 늘씬한 모습이 된다.

그런데 빠른 성장을 보여 준다고 해서 신체의 각 부분이 비슷한 비율로 자라는 것은 아니다. 즉 팔과 다리 그리고 몸체의 성장 정도가 제각기 다른 수가 많다.

사춘기를 앞둔 청소년 전기는 팔과 다리가 길게 자라나는 반면에 몸체는 여전히 작은 경우가 많다. 그리고 팔과 다리가 서로 어울리지 않을 정도로 불균형하게 자라는 경우도 있다. 이처럼 이 시기는 일시적으로 대단히 불균형한 신체를 지니게 되는 수가 많은데, 이러한 형상은 신체의 작은 부분인 앞이마와 코 같은 데서도 찾아 볼 수 있다.

이러한 시기에 있는 청소년들은 거의 모두 급격하게 자라기 마련이지만 청소년들의 발육에는 심한 개인차 또한 존재하는 것이다. 지금껏 어깨동무를 하고 다니던 다정한 두 친구가 1년도 못되는 동안에 한쪽은 어른처럼 성숙했는데 다른 한쪽은 계속 꼬마로 남아 있는 것과 같은 경우도 흔히 있는 일이다. 이 같은 경우 두 친구의 우정도 문제이지만 개인적인 불안도 문제가 된다.

몸의 각 부분이 조화되게 자라나지 못하는 것이 특히 심하게 나타날 때도 청소년들은 대개 크게 걱정한다. 가령 차렷을 했는데 팔이 무릎 가까이 내려오는데 다리는 자라지 않는다든지 또는 그 반대의 경우라든지 그리고 목만 어색하게 기다랗게 자라는 경우에 청소년들은 남모르는 심각한 고민을 하는 경우가 많다.

이 시기의 청소년들은 갑작스런 신체 변화를 겪게 되지만, 그에 대한 지식과 준비의 부족으로 심리적 영향을 받게 되므로 여러 방법을 통하여 교육시켜야 한다.

② 남녀차

일반적으로 남자는 여자보다 약간 크고 무겁게 태어나서 계속 그 같은 상태를 유지하지만 10세 정도부터는 그 반대의 현상이 나타나게 된다. 이때부터는 여자들이 갑자기 자라나기 시작하여 키와 몸무게에서 남자들을 앞서게 되며, 이 같은 상태는 13~14세경까지 계속된다. 이러한 현상은 남녀 간의 신체 발달의 차이에서 비롯되는 것인데도 일상생활에서는 남녀의 대립 감정 같은 것을 일으키게 되기 쉽다. 그러므로 이들에게는 인간 성장의 단계를 잘 이해시키고 그들이 놓여 있는 위치를 알게 하여 이성의 입장과 행동을 좀 더 너그럽게 봐 줄 수 있도록 도와주어야 한다.

2) 뇌하수체 호르몬과 성선 호르몬의 작용

뇌하수체 전엽에서 분비되는 호르몬은 성장 호르몬, 갑상선 자극 호르몬, 부신피질 자극 호르몬, 성선 자극 호르몬 등이 있다. 이 호르몬은 각각 성장을 돕거나 갑상선에서 갑상선 호르몬을 분비하도록 하고 부신에서 스테로이드를 분비하게 하는 기능이 있다.

성선 자극 호르몬(FSH, LH)은 남성에서 테스토스테론을 분비시켜 남성의 2차 성징과 정자 생성을 유도하는 작용을 한다. 여성의 경우 이 FGH와 LH의 성선자극 호르몬은 난소에서 에스트로겐, 프로게스테론의 형성을 일으켜 여성의 2차 성징과 배란을 유도한다.

3) 남자의 2차 성징

① 변성

후두의 갑상 연골이 발달하면서 전후의 방향이 커져서 후두에 있는 성대도 길어진다. 10㎜ 정도였던 성대는 1년 동안 2배로 된다. 성인의 경우 13~24㎜에 달한 성대는 약 1옥타브 정도 낮은 음으로 변한다. 변성기에는 음성의 조절이 잘되지 않는데, 이것은 성대의 근육이 후두나 성대의 발달은 미처 따르지 못하기 때문이다.

변성기의 성대는 충혈되고 팽창되며 점액 분비도 증가되어 마치 염증 상태와 흡사하다. 이때 무리하게 발성하면 성인이 되어도 장애가 남게 된다. 특히 1년간은 무리하게 소리를 내지 말도록 한다. 변성기는 외형적으로는 목 앞쪽의 뼈가 돌기하는데 이를 갑상연골, 일명 'Adam's apple'이라 한다.

여자도 후두나 갑상연골이 발달하지만, 사방으로 발달하기 때문에 성인이 되어도 성대의 길이는 12~16㎜ 정도로 끝나면 음은 약 1/5옥타브 정도만 낮아진다.

② 체모

체모는 출생 시부터 남녀 모두에게 나타난다. 전신의 솜털, 코털, 눈썹, 두발 등이 있고 사춘기에는 음모나 겨드랑이에 털이 생긴다. 남자는 수염, 가슴의 털, 팔과 다리의 털이 더 생긴다. 음모는 11세에 나기 시작해서 16세경에 완성된다.

겨드랑이의 털은 음모와 같이 남자의 경우는 부신피질과 정소에서 분비되는 남성 호르몬의 작용으로 발생한다. 발모 시기는 음모보다 1~2년 정도 늦은 것이 보통이나 발모 순위 역시 개인에 따라 다르다. 발모 순위는 보통 음모→ 겨드랑이의 털→ 수염 등의 순서이다.

4) 여자의 2차 성징

사춘기는 여자의 경우 보통 11~13세, 남자의 경우 13~15세에 나타난다. 그러나 옛날에 비하여 영양, 위생 등의 생활환경이 개선되고 도시화 경향에 다른 문화적 자극이 강해지고 있기 때문에 날이 갈수록 신체적으로나 성적으로 성숙해지는 속도가 빨라지고 있다. 갓난아기 때에는 남자와 여자가 염색체의 구성이나 성기의 모양에서 서로 다를지라도 몸매에는 별 차이가 나타나지 않는다. 그러다가 사춘기가 가까워지면서 몸에 변화가 생긴다. 몸속에서 호르몬이 분비되기 시작하기 때문이다. 호르몬은 이처럼 남자와 여자의 몸을 서로 다르게 만드는 동시에 몸의 성장을 돕고 신진대사를 촉진시킨다.

① 유방

유방은 월경을 시작하기 2~3년 전부터 발육하기 시작하여 유두기에서 성숙기에 이르는 4단계를 거쳐 발달하게 된다. 초등학교 제4~5학년에 이르면 대체로 젖꼭지를 중심으로 달무리처럼 부드러운 곡선을 형성하게 되는 유운기가 된다. 유운기에는 종종 젖이 아픈 것을 느끼게 된다. 그리고 2차 성징이 나타나기 시작하면서 성기의 발육과 동시에 유방에 지방이 늘어나기 때문에 젖꽃판은 능형으로 커지면서 둥그렇게 부푼 유방 위에 둥그렇게 자리잡게 된다. 이때부터를 유방기라고 한다. 보통은 초등학교 고학년부터 급속하게 성장하여 중학교 제3학년이 되면 거의 성숙하게 된다. 성장 단계에 따라 좌우 유방 크기가 다를 수 있으니 고민하지 않도록 지도한다.

② 체모

여자의 체모에는 음모와 겨드랑이의 털이 있다. 음모는 9세경부터 생겨 14~15세에 완성된다. 처음에는 부드러운 털이 대음순 부근에서 생기다가 차차 짙어진다. 겨드랑이의 털은 음모보다 늦게 나오는데 음모와 같이 부신 피질의 남성 호르몬의 작용에 의해 생기는 것이다. 체모가 많은 경우에 고민하는 여자가 있는데 개인차가 있음을 지도해야 한다.

(2) 예시안 ②

소주제	유전의 원리와 성 염색체	시 간	40분	수업 형태	주제 학습
수업 목표	• 유전의 원리를 이해하고 성 염색체에 의한 남녀 성의 결정을 설명할 수 있다.				
자료 및 준비물	교사			학생	
	가족사진, 그림 카드, 실물 화상기, 제시 자료			가족 구성원의 독사진, 풀	
관련 정보	http://science.kongju.ac.kr/highschool/bio http://genetics.snu.ac.kr				

과 정	교수·학습 활동	자료 및 유의점
준비	○ 동기 유발 • 가족 찾기 게임하기 - 가족사진을 가져오는 숙제를 미리 내 준다. - 누구의 가족사진인지 알아맞히기 게임을 한다. - 가족을 찾은 후 아동은 가족을 소개하고 서로 닮은 점, 성격 등을 소개하며 발표한다.	• 가족사진 • 실물 화상기
활동	○ 학습 목표 제시 • 유전의 원리와 남녀 성의 결정에 대해 알아보자. ○ 유전의 원리와 성 염색체 알아보기 • 남자와 여자의 염색체와 유전의 원리 <유전의 원리> - 사람의 염색체는 23쌍 46개로 각각의 염색체는 유전자를 갖고 있다. - 유전자는 엄마, 아빠의 특성을 나타내는 인자이다. - 난자와 정자는 각각 23개의 염색체를 갖고 있다. <염색체> - 사람은 10만 개의 유전자를 가지고 있다. - 유전자는 DNA 속에 암호로 적혀 있다. - 이런 DNA의 덩어리를 염색체라고 한다. - 게놈 프로젝트: 유전자의 정보를 해독하는 연구 <성의 결정> - 난자: 성 염색체 X만을 가지고 있음. - 정자: 성 염색체 X와 Y를 가지고 있음. - 수정 시 XX가 만나면 여자, Xy가 만나면 남자로 결정된다. ○ 성의 결정에 대한 개념 익히기 • 그림 카드로 성을 알아맞히는 게임하기 <활동 방법> ① 남자는 X~, Y~ 카드와 여자는 X, X 카드를 제시한다. ② 마주보고 앉아 카드를 등 뒤에서 동시에 내 놓는다. ③ 결정된 성을 활동지에 적는다.	• 프레젠테이션 자료 • 제시 자료 • 그림 카드 • 활동지 ① • 부모님에 대해 감사하는 마음을 갖도록 지도한다.
정리	○ 학습 내용 정리 ○ 형성 평가 • 성의 결정과 부모님과 닮은 점을 유전의 원리와 관련지어 설명할 수 있는가? ○ 과제 제시 및 차시 예고 • 부모님과 닮은 점을 찾아 적어 본다.	• 활동지 ②

1) 활동지 1 (예시)

♠ 남자와 여자는 어떻게 결정되나요?

> ※ 나는 (   )학년 (   )반 (   )입니다.
> 나는 (여자, 남자)입니다.
> 나의 성 염색체는 (   )모습입니다.

※ 짝꿍과 카드 게임을 해 보고, 다음 표를 완성하세요.

게임 횟수	내가 낸 카드	짝꿍이 낸 카드	아기는? (XX여자, XY남자)
1회			
2회			
3회			
4회			
5회			

> ※ 아기는 정자와 난자가 만나서 생기는데 남자인지 여자인지를 결정하는 것은
> (   )입니다.
> 난자는 X뿐이지만 (   )는 X와 Y의 두 종류가 있기 때문입니다.
> 그러므로 나는 정자의 (   )와 난자의 (   )가 만나서
> 내(남자, 여자)가 된 것입니다.

2) 활동지 ② (예시)

♠ 나는 부모님과 어떤 점이 닮았나요? ♠

(   )학년 (   )반 (   )번 이름(   )

※ 부모님과 어떤 점이 닮았는지 생각한 후, 적어 주세요.

	아 빠	엄 마
외 모		
성 격		
그 밖의 특징		

(3) 예시안 ③

소주제	어린이 성폭력1	시 간	40분	수업 형태	주제 학습
수업 목표	• 다른 사람이 싫어하는 놀이나 장난은 하지 않는다.				
자료 및 준비물	교사			학생	
	학습지, 프레젠테이션			필기도구	
관련 정보	각종 성폭력 예방 자료				

과 정	교수·학습 활동	자료 및 유의점
준비	○ 동기 유발 • 노래와 율동으로 수업 분위기 조성하기 • 우리가 많이 하는 놀이나 장난은 무엇인가? • 친구들의 어떤 놀이와 장난이 기분을 상하게 했는가? ○ 학습 목표 제시 • 다른 사람이 싫어하는 장난이나 놀이의 종류를 알아보고 이런 것은 하면 안 되는 이유를 알아보자.	• 활동 1, 2, 3, 4에서 제시되지 않은 유사한 다른 놀이는 주제로 하여도 좋다. • 성기는 중요하고 보호해야 한다는 것을 알려준다. • 상대 친구의 입장에서 생각해 보는 태도를 갖도록 지도한다.
활동	○ 학습 활동 안내 <활동 1> 다른 사람의 신체에 대해 놀리는 놀이 • 친구의 별명 중 신체에 대한 별명 알아보기 • 나와 입장 바꾸어 생각해 보기 <활동 2> 아이스케키 놀이 (여자 어린이 치마 들추기> • 내가 만일 여자(남자)라면? <활동 3> 오줌 누는 것 훔쳐보기 • 누가 멀리 오줌 누는가 시합하기 • 왜 이런 놀이를 하면 안 될까? • 입장을 바꾸어 생각해 보기 <활동 4>: 남자 어린이 고추차기 / 똥침하기 • 성기의 중요성 – 모둠별 주제로 학습하기	
정리	○ 학습 활동 정리 • 노래와 율동으로 수업 분위기 유도하기 • <학습지 19> '이런 놀이는 이제 그만' 정리하기	• 활동지 ①

1) 학습지 1 (예시)

<활동지 ①> 이런 놀이는 이제 그만

이런 놀이는 이제 그만

_____학년 _____반 _____번 이름: ___________

① 입장 바꾸어 생각해 보기

☞ 여러분은 친구의 신체에 대한 별명을 불러 본 적이 있나요?

☞ 만일 친구들이 그런 별명을 나에게 부른다면 내 기분은 어떠했을까요?

② 여자 어린이 치마 들추기

☞ 여러분은 여자 친구들에게 아이스케키를 한 적이 있지요?

☞ 여자 친구에게 사과의 편지를 써 보세요(친구 이름은 쓰지 않아도 됨).

(4) 예시안 ④

소주제	어린이 성폭력 예방 2	시 간	40분	수업 형태	역할극

수업 목표	• 성폭력이 무엇을 말하는지에 대해 알 수 있다. • 상황에 따른 대처방법을 안다.

자료 및 준비물	교사	학생
	비디오자료(내 몸은 보물이에요) 그림 자료1, 2	

관련 정보	각종 성폭력 예방 자료

과 정	교수·학습 활동	자료 및 유의점
준비	○ 동기 유발 • 성폭력의 예화 들려주기 – 예화를 들으면서 공부할 내용 생각하기 – 좋은 느낌과 싫은 느낌을 구별하기 부모님과 안기 치마 들추기 낯선 사람이 몸을 만질 때 등 • 학습 목표 확인 성폭력이란 무엇이며 상황에 따른 생각을 말해 보자.	<예화 자료>
활동	○ 학습 활동 전개 <활동1> 성폭력 교육 비디오를 보고 이야기하기 • 「내 몸은 보물이에요 1」 「내 몸은 보물이에요 2」 중에서 선택하여 보여준다. • 문제 상황에 대한 자신의 대처 방법 적어 보기 <활동 2> 성폭력 역할극 하기 • 상황에 다른 각자의 대처 방법에 대한 이야기 • 좋은 방법 모둠별 역할극 하여 발표하기 – 낯선 사람, 잘 모르는 사람이 차에 태우려 할 때 – 낯선 사람, 잘 아는 사람이 내 몸을 만지려 할 때	• 성폭력의 의미를 명확하게 알려준다. • VCR 준비 • 역할극을 통해 체험 학습을 한다. • 그림 자료 ① • 그림 자료 ②
정리	○ 학습 내용 정리 • 성폭력의 대처와 예방 방법 정리하기 • "내 몸은 보물이지요" 노래 부르기 ○ 형성 평가 • 성폭력의 의미와 대처 방법을 알고 있는가? ○ 과제 제시 및 차시 예고 • 성폭력의 예방과 문제 상황 시 대처방법에 대해 알아본다.	• 문제 방생 후 반드시 어른의 도움을 청하도록 지도한다.

바. 평가 자료 (예시)

관 련	예시안 4	주 제	어린이 성폭력 2		
목 표			• 성폭력의 의미와 문제 상황에 따른 대처법을 알 수 있다.		

평가 관점	영 역			시 기		
	인지	기능	정의	도입	전개	정리
• 성폭력의 의미와 문제 상황에 따른 대처 방법을 알고 있는가?	○		○			○

평가 방법	준비물	평가시의 유의점
발표 및 관찰법	평정척	실천이 중요함을 인식

평가 기준	잘 함	• 성폭력의 의미를 명확하게 발표한다. • 성폭력 문제 상황 발생 시 대처하는 방법을 잘 발표한다.
	보 통	• 성폭력의 의미는 알고 있으나 문제 상황에 대한 대처 방법은 발표 내용이 명쾌하지 못하다.
	못 함	• 성폭력의 의미를 발표하지 못한다. • 문제 상황에 따른 대처 방법을 잘 발표하지 못한다.

수행평가 기록방법				
번 호	이 름	평가결과		
		잘 함	못 함	노력 바람
1	○○○			

사. 참고 자료

(1) 문헌 자료

제 목	출판사	저자 및 비고
함께 풀어가는 성 이야기	교육과학기술부	성 교육 교사용 지도 지침서
SOS 수호천사	새롬 주니어	권태현
성폭력 싫어요	푸른 숲	델핀느 쏠리에르
성 교육 학습 지도안	한국학교보건교육연구회	한국학교보건교육연구회
아직도 아기라고요?	한국교육개발원	김남선
결혼과 가정	도서출판 학지사	김시업
초등학교 성 교육	한국교육출판사	한국 교육 연구회
소중한 나의 몸	비룡소	정지영, 정혜영
어린이 아우성	석탑	구성애
쉿! 나도 어른이 되어 가고 있어요	웅진출판사	야마모토나오피테 등

제 목	출판사	저자 및 비고
엄마가 이야기해 주고 싶은 여자의 성	손수레	정혜원, 장족택
소중한 나의 몸	비룡소	정지원, 정혜원
우리 아이들의 성 교육 어떻게 할까?	도서 출판 돌베개	이화연
아기 때부터 사춘기까지	도서 출판 샘터	주정일, 박경심

(2) 비디오 자료

제 목	제작사	비 고
소중한 너와 나(성폭력 예방)	한국 산업 영상	초·중·고교용
이것이 '성희롱'이다	한국 산업 영상	1편 60분
생명의 기적	SBS 방송국	3편 각 55분
자자가 들려주는 성 이야기	LG 복지 재단	1편 40분 (우수 자료 선정)
내 몸은 보물이에요	시청각 자료 교육원	3편 각 30분 (어린이 성폭력 예방)
2학년 1반	대한 가족 보건 복지 협회	3편 (우수 자료 선정)
수정, 임신, 출산	에벤에셀 미디어	1편 20분
나는 어떻게 태어났어요?	에벤에셀 미디어	1편 15분
보건 교육 시리즈(성 교육)	한교 영상	10편 각 30분
만화 성 교육	한국 산업 영상	4편 각 20분
두 개의 반쪽 XX와 XY	한국 산업 영상	1편 25분
성과 법률	한국 산업 영상	중·고교용 45분

(3) CD 자료

제 목	제작사	비 고
내 몸은 보물이에요	한국 산업 영상	3편
성(性), 알아볼까요?	충청남도교육청	
함께 풀어가는 성 이야기	한국 학교 보건 교육 연구회 서울시 지회	
아름다운 성	에듀넷 전국 교육용 S / W 입상작	성 교육 학습 자료
성 교육 교실	한국 산업 영상	
성희롱 없는 세상 만들기	한국 산업 영상	3편, 각 25분

(4) 인터넷 사이트

사이트 이름	사이트 위치 및 소개
○ 함께 풀어가는 성 이야기 http://www.edugender.or.kr	
교육과학기술부. 여성 정책 담당관실에서 운영하는 홈 페이지로 성 교육을 담당하는 교사들이 서로 자료와 정보를 교류하는 장이며, 운영 위원들이 위촉되어 홈을 관리한다.	
○ 아우성 http://www.9sungae.com	
'성 교육' 하면 가장 먼저 떠오를 정도로 유명한 홈이다. 메뉴 중 교육에 보면 임신과 출산, 피임과 낙태, 그리고 성병에 대한 그래픽 자료를 많이 얻을 수 있다. 그리고 오른쪽 옆에 보면 동영상 자료 및 유아 인형극 성 교육과 출산 동영상이 있으며, 물론 성 상담실도 제공하고 있다.	
○ 청소년의 세계(YOUTH) 홈페이지 http://www.youth.co.kr	
청소년의 세계는 청소년의 종합 프로그램으로 상담 서비스 상담 사례, 알고 싶은 성, 청소년 정보 등의 메뉴를 제공하고 있다.	
○ 청소년을 위한 내일 여성 센터 http://www.youth − n.com	
사이버 성 교육 전시관, 성 상담, 강의와 성 교육 자료, 임신과 출산, 성 폭행 예방, 청소년 문화, 교육 개혁 및 클린인터넷 관련 활동 등이 있다.	
○ YLINE http://www.yline.re.kr	
대한 가족 보건 복지 협회 기금으로 운영되는 사이트로, 가족 보건 복지 협회 사이버 상담실을 운영하며 성 교육 자료실에는 영상 자료, 문고 자료 등이 자세히 안내되어 있다.	
○ 이채금의 건강한 세상 만들기 http://woorisung.com	
보건 교사 이채금 선생님의 홈페이지로, 초등 성 교육을 담당하는 교사에게 유익한 성교육 학습안이 제공되어 있다.	
○ 대한가족보건복지협회 http://www.ppfk.or.kr	
성 교육 성폭력에 관한 기사와 정보 공유 및 상담실, 성 교육 담당 교사에게 필요한 각종 성 교육 자료들이 안내되어 있고 협회를 통해 구입도 가능하다.	
○ 알쏭달쏭 성 이야기 http://dugundugun.pe.kr	
보건 교사 임미영 선생님의 홈페이지로, 초등학교 4, 5, 6학년의 성 교육에 필요한 자료가 풍부하며 아동 스스로 사이트에서 학습할 수 있도록 동화 홈처럼 예쁘게 짜여 있다.	
○ 초등학생 성 교육 http://kids − sexdu.geum − hee.pe.kr	
함께 풀어가는 성 이야기 초등 저학년 자료를 개발하신 정금희 선생님의 사이트로, 초등 1,2,3학년의 성 교육 지침서 및 학습안, 학습지, 그림, 동영상 자료 등이 있다.	
○ 늘 푸른 여성 지원 센터 http://1318.seoul.go.kr	
10대 청소년들이 겪을 수 있는 가족 해체, 학교 부적응, 약물 중독, 가출 문제, 성 문제 등을 에니메이션으로 제공하여 이해를 돕고 있다.	
○ 한국 성폭력 위기 센터 http://rape119.or.kr	
성폭력 상담과 의료, 법률, 심리 등 통합적인 지원과 서비스를 제공함으로써 성폭력 피해자들의 고통 치유와 인권 회복을 위해 도움을 주고 있다.	

(5) 도움 자료

청소년 성폭력 예방을 위한 대처법

1) 집 안에서 유의 사항
◦ 집에 혼자 있을 경우
● 도와줄 수 있는 이웃의 전화번호를 알아둔다.
● 현관, 창문 등을 반드시 잠근다.
● 방에는 여럿이 있는 것처럼 등을 모두 켜 둔다.
● 낯선 사람이나 이성 친구를 들어오게 하지 않는다.
● 초인종 소리가 들리면 집에 식구들이 있는 것처럼 한 후에 문을 열기 전에 반드시 신분부터 확인한다.
  ("예, 아빠! 제가 나가볼게요.")
◦ 이성 친구가 방문했을 때
● 이성 친구와 방안에 함께 있을 때는 반드시 방문을 열어 둔다.
● 이성 친구와는 방 안(침실)보다는 거실에서 대화하도록 한다.
● 가능한 한 야간에는 이성 친구의 방문을 허용하지 않는다.
● 노출된 옷과 성 충동을 유발하는 언동을 삼가고, 실내조명을 밝게 한다.
◦ 아파트나 연립 주택 거주 시 지하실, 차고에 혼자 들어가지 않는다.

2) 집 밖에서의 유의 사항
◦ 외출할 때 편한 신발과 복장을 착용한다.
◦ 이른 새벽이나 심야에는 외출하거나 배회하지 않는다.
◦ 인적이 드문 곳, 어두운 골목길을 피한다.
◦ 공중 화장실을 사용할 때는 친구나 어른과 함께 간다.
◦ 외지거나 인적이 드문 곳에서 버스를 기다리지 않는다.
◦ 낯선 사람이 차를 태워 준다거나 길을 물을 때, 차에 너무 가까이 가지 않는다.
◦ 위험에 처하게 되면 신속하게 사람들이 있는 곳으로 피한다.
◦ 도움이 필요할 때는 "불이야!"라고 외치거나 또는 호루라기를 사용한다.
◦ 야간에 위급한 경우 불 켜진 집의 창문을 힘껏 두드려 도움을 청한다.
◦ 낯선 사람이 교사를 사칭하며 심부름을 시킬 때 응하지 않는다.
◦ 아는 사람을 대고 데려가려 할 때 확인할 수 없으면 응하지 않는다.

3) 교통수단 이용 시 유의 사항

- ○ 버스, 택시, 지하철을 탈 때 졸지 말고 깨어 있어야 한다.
- ○ 남의 차에 함부로 타지 않는다.
- ○ 택시를 탈 때 차종, 번호, 기사 이름 등을 안다는 것을 암시한다.
- ○ 긴급 상황 시 소리칠 수 있게 차창을 조금 열어 둔다.
- ○ 승용차, 승합차 등에서 낯선 사람이 먹을 것을 주며 유인을 할 때 절대 사양한다.
- ○ 혼잡한 차내(지하철, 버스 등)에서 누군가 몸을 접촉하거나 치근덕거리면 발을 밟거나 핀 같은 도구를 사용하여 상대방을 찌르고 자리를 옮긴다.

8. 보건 교육: 약물 오·남용 예방

가. 주제 개관

발달 과정에 있는 청소년의 약물 오·남용은 신체 및 정신 건강에 지대한 악영향을 주고 더 나아가 비행과 범죄 행위를 자행할 수 있어 사회적 병폐를 낳게 하는 계기가 될 수 있다. 약물은 한 번 사용하게 되면 그 중독성에서 쉽게 헤어날 수 없고, 헤어난다고 해도 일생을 후회와 눈물로 보내야 되는 후유증에 시달리게 된다. 또한 약물 남용자의 가족이 겪어야 하는 희생은 이루 말할 수 없다.

한국 사회에서 청소년들이 약물 남용에 쉽게 접근하고 있는 것은 대중 매체를 통해 어려서부터 약 광고를 접한다든지, 사회 문화적으로 술 권하는 사회, 어른의 권위의 상징인 담배 등을 친근하게 생각하는 데서 시작된다고 볼 수 있다.

약물 오·남용 예방 교육은 자라나는 청소년들의 정신적, 육체적 건강을 지켜주는 것뿐만 아니라 나아가 가정과 국가의 장래를 책임지는 교육이므로, 교육 현장에서 체계적이고 과학적인 약물 오·남용 예방 교육이 교육과정 속에서 의도적으로 이루어져야 할 필요성이 절실하다.

나. 지도 목표

학생 스스로 자신의 몸에 대해 올바른 생각을 갖고 자신의 건강을 유지하는 데 필요한 기본적인 것들을 이해할 수 있도록 하며, 약물에 대한 올바른 생활 습관과 태도를 배워 약물의 오·남용에 빠져들지 않도록 예방한다.

다. 지도 중점

(1) 식품과 비식품, 약물 및 의약품에 대한 올바른 이해
(2) 약물의 올바른 사용과 오·남용 시 발생하는 피해, 예방에 대한 지도
(3) 건전한 여가 생활과 스트레스 대처법 프로그램과 병행 지도

라. 활동 내용 (예시)

단 원	주요 내용	준비물	학습 형태	시 간
약품과 의약품	○ 건강과 약 ● 약과 의약품의 뜻과 종류 ● 의약품의 바른 사용법	각종 약 실물 화상기, 프레젠테이션	토의 학습	
	○ 가정상비약의 준비와 사용법 ● 가정상비약의 종류 ● 올바른 상비약의 사용법	구급함, 상비약, 학습지	토의 학습	
약물의 피해	○ 흡연의 피해 ● 담배의 독성 ● 흡연의 영향과 금연	인체 모형, 비디오, 흡연 관련 사진	문제 해결 학습	

마. 보건 교육 활동 (예시)

(1) 예시안 ①

소주제	건강과 약	시 간	40분	수업 형태	토의 학습
수업 목표	● 의약품의 종류와 올바른 사용법을 알 수 있다.				
자료 및 준비물	교사			학생	
	각종 약, 실물 화상기, 프레젠테이션, 학습지			각종 약, 필기도구	
관련정보					
과 정	교수·학습 활동			자료 및 유의점	
준비	○ 마음 열기 ● '내 몸은 보물이에요'라는 노래를 부르며 시작한다. ● 집이나 학교에서 약을 사용하는 경우 발표해 본다. ● 아플 때 어떤 약을 사용하는지 이야기하고, 공부할 문제를 알아 본다.			● 자유롭게 발표할 수 있는 분위기를 조성한다. ● 프레젠테이션 자료	

과 정	교수 · 학습 활동	자료 및 유의점
활동	○ 학습 문제 제시 ● 의약품의 종류를 알고, 의약품을 바르게 사용하자. ○ 학습 활동 안내 ● 소집단별로 활동 주제에 대해 토론하기 <활동 1> 약의 종류 ● 알약, 연고, 바르거나 뿌리는 약, 물약, 주사약 등 <활동 2> 의약품은? ● 건강에 도움이 되는 약을 말한다. ● 우리 몸을 낫게 해 주고 상처를 치료 ● 몸에 이로운 약과 해로운 약물도 있다. <활동 3> 의약품의 바른 사용법 ● 반드시 어른에게 허락을 받고 사용한다. (부모님, 의사 선생님, 보건 선생님) ● 혼자서 약을 사용하지 않는다. ● 친구나 낯선 사람이 주는 약을 먹지 않는다. ● 나와 증상이 비슷하다고 다른 사람의 약을 함부로 먹지 않는다. <활동 4> 우리 주변에서 해로운 약물 ● 소화제, 두통약, 커피, 음료수 ● 약을 사용 시 주의 사항 - 함부로 가정에 있는 약을 먹지 않는다. - 음료수나 드링크제를 많이 마시지 않는다. - 진료는(의사)에게, 약은 (약사)에게	● 활동지 ① ● 실물 화상기 ● 함부로 약을 사용하는 것은 매우 위험함을 인식시킨다.
정리	○ 정리 및 평가 ○ 차시 예고	● PPT 자료

(2) 예시안 ②

소주제	가정상비약의 준비와 사용법	시 간	40분	수업 형태	토의 학습
수업 목표	● 우리 가정에 맞는 가정상비약의 준비와 사용법을 알 수 있다.				

자료 및 준비물	교사	학생
	구급함, 가정상비약, 학습지	필기도구
관련 정보		

과 정	교수 · 학습 활동	자료 및 유의점
준비	○ 마음 열기 ● 집에 가정 구급함이 있는지 발표하기 - 어떤 상비약들이 있나? - 어디에 사용하는 약들인가? ○ 학습 문제 제시 ● 우리 가정에 알맞은 상비약을 알아보고 준비해 보자. ○ 학습 활동 안내 ● 소집단별로 활동 주제에 대해 토론하기	● 우리가 흔히 사용하는 가정상비약을 준비한다. ● 활동지 ①

과 정	교수·학습 활동	자료 및 유의점
활동	<활동 1> 가정상비약의 종류 <활동 2> 올바른 상비약 사용법 <활동 3> 약 사용 시 주의 사항, 부작용 ○ 모둠별 학습 발표 및 정리 <활동 1> 가정상비약의 종류 알아보기 • 해열제, 소화제, 지사제 등 • 일회용반창고, 소독약, 피부 연고 등 • 붕대, 가위 등 <활동 2> 가정상비약의 바른 사용법 알아보기 • 평소 사용하는 약의 사용법을 익혀 둔다. • 주의 사항을 잘 살펴본다. • 약은 서늘한 곳에 보관하고 유효 기간이 지난 약은 버린다. • 약의 설명서를 꼭 읽어 보고 사용한다. <활동 3> 약 사용 시 주의 사항 및 부작용 알아보기 • 바른 약, 대상자, 시간, 용량, 투여 경로를 지켜 사용한다. • 약의 부작용에 유의한다. – 얼굴의 홍조, 알레르기, 졸음, 현기증 등	• 인형을 준비하여 실습해도 좋다. • 활동지 ① • 각 가정마다 구급함과 가정 상비약을 구비하도록 지도한다.
정리	○ 정리 및 평가 • 우리 집의 구급상자에 꼭 필요한 약품을 알아보고, 구급함을 만들어 본다. ○ 차시 예고	

1) 학습지 1 (예시)

♣ 우리 집 구급함에 들어갈 상비약을 꾸며 봅시다.

* 상비약의 이름을 적어 보세요.

* 상비약의 사용법을 간단히 적어 보세요	약명 :　　　　　사용법 :
	약명 :　　　　　사용법 :
	약명 :　　　　　사용법 :
	약명 :　　　　　사용법 :
	약명 :　　　　　사용법 :
	약명 :　　　　　사용법 :

(3) 예시안 ③

소주제	흡연의 해	시 간	40분	수업 형태	문제 해결 학습
수업 목표	흡연의 해로움을 알고 예방하려는 태도를 가질 수 있다.				
자료 및 준비물	교사			학생	
	인체 모형, 흡연 예방 비디오, 사진			흡연 관련 사진 기사 자료, 필기도구	
관련 정보	http://nosmoking.hidoc.co.kr				

과 정	교수·학습 활동	자료 및 유의점
준비	○ 마음 열기 • 가족 중에 흡연을 하는 가족이 있는지 조사·발표하기 • 흡연으로 인한 질병 발생 및 담배의 해에 관한 비디오나 사진 감상하기 　- 어떤 느낌이 드는가? 　- 미래의 나는 담배를 피울까? ○ 학습 문제 제시 • 흡연의 피해에 대해 알아보고 금연하는 생활 태도를 갖자. ○ 학습 활동 안내 • 소집단별로 활동 주제에 대해 토론하기	• 흡연 비디오, 사진 준비
활동	<활동 1> 담배의 성분 <활동 2> 흡연이 우리 몸에 미치는 영향 <활동 3> 금연의 좋은 점 ○ 모둠별 학습 활동 발표 및 정리 <활동 1> 담배의 성분 • 니코틴: 마약과 같은 습관성 중독 • 타르: 암 유발 • 일산화탄소: 대기 오염 물질, 헤모글로빈의 산소 운반 저해 <활동2> 흡연이 우리 몸에 미치는 영향 • 호흡 기계 질환: 호흡 기계의 자정 작용인 섬모 활동을 약화시켜 감기나 기관지염을 일으키고, 재발이 쉽다. • 각종 암의 발생: 타르에 있는 발암 물질이 각종 암 유발 • 순환 기계: 손발 저림, 심장 마비 초래 • 구강 질환: 풍치, 치주 질환, 치아 변색, 구강암 유발 • 그 밖의 질환: 식욕 감퇴, 소화 불량, 위산 과다, 위궤양 유발 <활동 3> 금연의 좋은 점 • 담배로 인한 질병이 생기지 않는다. • 다른 사람에게 피해를 주지 않는다. • 공부를 잘할 수 있다.	• 활동지 ① • 담배의 독성 실험 CD, 비디오 • 흡연으로 인한 각종 암 사진 • 담배는 습관성이 있어 한번 피우면 끊기 어려움을 인식시킨다.
정리	○ 정리 및 평가 • 흡연 예방 및 금연에 관한 글짓기나 포스터 그려 오기 ○ 차시 예고	

바. 평가 자료 (예시)

관 련	예시안 3	주 제		흡연의 해		
목 표		• 흡연의 해로움을 알고 예방하려는 태도를 가질 수 있다.				
평가 관점			영 역		시 기	
• 담배의 성분과 우리 몸에 미치는 영향을 알고 예방하려는 실천 의지가 있는가?		인지	기능	정의	도입 / 전개 / 정리	
		○		○		○

평가 방법		준비물	평가 시의 유의점
발표 및 관찰법		평정척	실천이 중요함을 인식

평가 기준	잘 함	• 담배의 성분과 우리 몸에 미치는 영향을 잘 발표한다. • 담배를 피우지 않겠다는 강한 의지를 보여준다.
	보 통	• 담배의 성분을 알고 발표하나 발표 내용이 명쾌하지 못하다. • 우리 몸에 미치는 영향을 명확하게 발표하지 못한다.
	못 함	• 담배의 성분과 우리 몸에 미치는 영향을 발표하지 못한다. • 담배를 피우지 않겠다는 의지가 약하다.

수행평가 기록방법				
번 호	이 름	평가결과		
		잘 함	못 함	노력 바람
1	○○○			

사. 참고 자료

(1) 문헌 자료

제 목	출판사	비 고
약물 오남용 예방 자료	충청남도교육과학연구원	2001
청소년 약물 남용 예방 지도서	문화체육관광부	2008
학교 흡연 예방 교육	충청남도교육청	2002
약물 오·남용 예방 교사용 지도서	한국학교보건교육연구회	2000
초등학교 금연 교육 1	금연 길라잡이(사이트)	초등학교 교육용
흡연과 건강	의료보험관리공단	전 국민용
담배와 건강	한국금연운동협의회	2007
약물 오·남용 예방 교육 자료	서울특별시교육청	2006
약물 오·남용 예방 지도	서울특별시교육연구원	2007
청소년 약물 남용 실태와 예방 대책	한국청소년학회	2003
간접흡연의 건강 피해	보건복지가족부	

(2) 비디오 자료

제 목	제작사(자)	비 고
담배 연기 싫어요	보건복지가족부	
흡연, 음주, 약물의 해	한국 시청각	
죽음을 부르는 연기	SBS	
약과 건강	한국 산업 영상	
꾸러기들의 건강 세상	한국 산업 영상	6편
담배, 이제는 끊어야 합니다.	EBS	
미끄러운 언덕	한국마약퇴치운동본부	
담배를 끊어라	KBS	
푸른 하늘을 향해	한국 산업 영상	약물 오·남용 예방
최선의 선택	한국 산업 영상	흡연 예방

(3) CD 자료

제 목	제작사(자)	비 고
누런 이, 까만 폐	한국학보연 서울시지회	
건강을 위한 선택, 금연	충청남도교육청	
건강 생활	보건복지가족부·한국보건사회연구원	
금연 교실	한국 산업 영상	

(4) 인터넷 사이트

사이트 이름	사이트 위치 및 소개
• 한국 마약 퇴치 운동 본부 홈 페이지 http://www.drugfree.or.kr	

마약에 대한 정보, 상담실, 자료실뿐만 아니라 어린이(children) 코너에서는 약물에 대한 정보와 잘못 알고 있는 생각, 약물의 피해 등에 대한 정보가 쉽게 안내되어 있다.

• 우리네 약국 http://my.netian.com/~woorine/drug

서울특별시 구로구에 위치한 우리네 약국에서 운영하는 홈 페이지로 약에 대한 일반 상식 및 항생제 사용법, 올바른 약 사용법 등에 대한 정보가 있다.

• 한국 금연 운동 협의회 http://www.kash.or.kr

흡연과 건강, 금연에 대한 정보와 금연 뉴스, 금연 상담, 수기 등의 정보를 제공한다.

사이트 이름	사이트 위치 및 소개
● 금연 길라잡이 http://www.nosmokeguide.or.kr	
국가 차원의 올바른 금연 정보 제공을 위하여 보건 복지부, 한국 보건 사회 연구원, 범국민 금연 운동 본부에서 건강 증진 기금을 지원하여 운영하는 금연 홈 페이지로, 금연 정책, 도전 담배 탈출, 전문가 상담 등의 유용한 메뉴가 있고 특히 금연 배움터에서는 흡연 예방에 대한 교육과 정보를 제공한다.	
● 금연짱 http://www.nosmoke.or.kr	
보건복지가족부와 한국 건강관리 협회에서 운영하고 있는 청소년 대상의 금연 홈 페이지로서 담배와 흡연에 관한 일반적인 정보, 통계 정보, 의학 상식, Daily 금연법 등의 정보를 제공하고 있으며, 흡연 자가진단을 통해 자신의 니코틴 중독 상태를 알 수 있게 한다.	
● 건강 길라잡이 http://healthguide.kihasa.re.kr/health_life/smoking	
보건 복지부와 한국 보건 사회 연구원에서 운영하는 건강 증진 관련 홈 페이지로서 흡연 및 금연에 관한 일반적인 정보와 관련 통계, 학위 논문 등 전문적인 정보를 제공한다.	

(5) 도움 자료

♣담배는 왜 나쁠까?

◦ 담배 연기는 왜 생길까

담배가 불완전 연소하면서 발생한다. 원래 잘 타지 않는 담뱃잎 성분과 충분치 못한 산소 공급, 담배 내의 부분적인 온도 차이 등이 불완전 연소의 원인이다. 담배 연기는 기체에 액체와 미세한 입자가 섞여 있는 일종의 연무질(aerosol)로 질소(59%), 산소(13.4%), 이산화탄소(13.5%), 일산화탄소(3.2%) 등이 주성분이다. 타르와 같은 발암성 입자 물질은 약 8%, 즉 92%기체와 8%의 고체 및 액체 성분이 합쳐져 담배 연기를 만든다.

◦ 담배 연기 내 유해 물질

담배를 피울 때 입으로 빨아들이는 연기(주류연) 속에는 10만 종이 넘는 성분이 함유되어 있다. 그중 4천여 종이 95% 이상을 차지한다. 특히 발암 물질로는 44종의 단일 화학 물질 외에 12가지 화합물이 확인되었다.

◦ 담배와 다이옥신

다이옥신은 일단 몸에 들어오면 체지방에 축적되어 내분비계 장애 물질(환경 호르몬)로서 작용한다. 남성의 정자수를 감소시키고 생식기의 기능까지 약화시키는 것으로 알려져 있다. 여성에게는 임신과 출산 능력을 크게 낮추는 작용을 한다. 담배 1개비를 피울 때 흡연자가 들이마시는 다이옥신은 1pg(1조분의 1g)이며, 주위로 퍼지는 연기에는 2pg이 포함되어 있는 것으로 확인됐다. 즉 20개비들이 담배 한 갑을 피웠을 때 흡연자는 다이옥신 18pg을, 주위 사람은 39p을 들이마실 수 있다.

세계 보건 기구(WHO)가 정한 사람의 하루 다이옥신 섭취 허용량은 체중 1kg당 1~4pg, 체중 60kg인 사람이 하루 담배 한 갑을 피울 때 흡연으로만 허용치의 3분위 1 가까운 다이옥신을 섭취하게 된다. 다이옥신은 음식물과 대기를 통해서도 몸 안에 들어온다.

◦ 담배의 중독성

담배를 피울 때 좋은 느낌은 담배에 포함된 니코틴의 심리적 안정 효과 때문이다. 그러나 니코틴은 중독성이 있어 한번 담배를 피우기 시작하면 끊기 쉽지 않다. 니코틴은 안배 1개비에 10mg 정도 들어 있는데, 이 중 1~3mg이 체내로 흡수된다.

흡수된 니코틴은 혈류를 통해 심장을 거쳐 뇌로 이동되는데, 걸리는 시간은 7초이다. 담배를 피우자마자 효과가 나타나는 것이다.

9. 안전 교육: 안전하고 편안한 생활

가. 주제 개관

우리는 매스컴을 통해 매일 각종 사고 발생 소식을 접하고 있는데, 이것은 물질문명이 인간에게 가져다 준 재난이며 매우 심각한 근심거리로 떠오르고 있다.

생활의 안정과 경제적인 부를 누리고 있다 하여도 한 순간의 잘못이나 사소한 부주의로 막대한 손실과 아울러 행복을 잃어버리는 일이 흔히 발생하고 있다.

특히 우리나라는 교통 사고율이 세계 1위이며 안전사고도 많이 발생하여 사고 왕국이라는 불명예스러운 이름을 가지고 있다.

그 원인을 분석해 보면 침착성과 인내력 부족, 공중 도덕감의 결여, 각종 시설의 미흡 등으로 정리할 수 있는데, 이 모두는 평소 안전 교육과 인성 교육에 대한 관심 부족이 원인으로, 안전 교육에 대한 필요성이 절실하게 요구되고 있다.

따라서 여러 가지 안전사고 중 가장 심각하다고 판단되는 교통안전 교육을 주제로 선정하여 초·중·고교 학생들로 하여금 교통질서에 대한 경각심을 일깨우고, 교통 법규를 지켜 안전한 생활을 영위하도록 지도해야 한다.

나. 지도 목표

자타의 생명을 존중하고 일생 생활을 안전하게 영위하는 데 필요한 교통안전 규칙과 교통질서 의식을 인식시켜 안전하게 행동할 수 있는 태도를 육성하는 데 있다.

(1) 일상생활 속에 실제로 활용할 수 있는 교통안전 규칙을 이해시킨다.

(2) 일상생활 속에 교통사고 위험을 예측하고 안전을 확인하며 바르게 행동할 뿐만 아니라 타인의 안전에도 공헌한다.

(3) 학생들의 활동, 경험 및 실태에 따라 교통안전을 구체적으로 훈련시켜 교통안전 의식이 정착되도록 한다.

다. 지도 중점

(1) 교통 규칙을 지켜야 하는 이유

(2) 교통 표지판의 역할과 활용법 인식

(3) 안전하게 보행하는 방법을 알고 실천하기 지도

(4) 횡단보도를 안전하게 건너는 방법을 알고 실천하기 지도

라. 활동 내용 (예)

안전 교육과 관련된 내용은 여러 가지가 있을 수 있으나 여기에서는 본 주제와 관련된 내용 중 일부분만 제시하였으므로, 교사가 실제 수업에 적용할 때에는 그 지역의 여건과 학교의 실태를 고려하여 적절한 활동 내용을 선정해야 한다.

단 원	주요 내용	준비물	학습 형태	시 간
안전한 등굣길	○ 교통 규칙 지키기 • 하굣길에서 안전을 지키는 분들 알아보기 • 여러 가지 교통 표지의 뜻 알아보기 • 횡단보도를 건너는 방법 알아보기 • 교통 규칙을 지켜야 하는 까닭 알기	교통 표지판, 학습지	질의 응답	
	○ 안전한 보행 • 안전하게 보행하는 방법 알아보기 • 길을 건널 때 지킬 일 알아보기 • 횡단보도를 안전하게 건너는 방법 알아보기	학습지	조사 발표 학습	
	○ 등굣길 놀이 • 등굣길 놀이를 통한 안전 보행 방법 터득하기	교통 표지판, 줄긋기 기구, 백회, 빨강, 노랑, 초록 깃발	역할놀이	

<교통안전 교육 학습지>

소주제	우리 함께 지켜요	차 시	1 / 3

○○○○학교   학년   반   번   이름:

★ 교통 표지판 그림 그리고 의미 쓰기

마. 안전 교육 활동 (예시)

(1) 예시안 ①

소주제	교통 규칙 지키기	시 간	40분	수업 형태	토의 학습
수업 목표	• 교통 규칙을 지켰을 때의 좋은 점을 말할 수 있다. • 여러 가지 교통안전 표지를 보고 그 뜻을 말할 수 있다.				
자료 및 준비물	교사			학생	
	교통 표지판, 학습지			학습지	
관련 정보	http://www.kidmind.co.kr/s__program.htm				

과 정	교수·학습 활동	자료 및 유의점
준비	○ 오늘 집에서 학교까지 오면서 무엇을 보았나요? ● 많은 차와 사람들을 보았어요. ● 신호등을 보았어요. ● 위험한 일은 없었나요? ● 차가 갑자기 나와 부딪칠 뻔했어요. ○ 주위에 우리가 교통사고가 나지 않도록 도와주는 것에는 무엇이 있을까요? ● 신호등이 있어요. ● 교통 표지판이 있어요. ● 학습 문제 확인	• 자연스럽게 이야기한다.
활동	○ 교통안전 표지를 보고, 그 뜻을 말할 수 있다. <활동 1> 하굣길에서 우리를 지켜주는 분들 알아보기 <활동 2> 여러 가지 교통 표지의 뜻 알아보기 <활동 3> 횡단보도를 건너는 방법 알아보기 <활동 4> 교통 규칙을 지켜야 하는 까닭 알아보기 <활동 1> 하굣길에서 우리를 지켜주는 분들 알아보기 ○ 길거리에서 우리를 지켜주는 분들은 누구일까요? ● 교통경찰입니다. ● 선생님입니다. ● 모범 운전사 아저씨입니다. ○ 어떤 일을 하나요? ● 횡단보도를 바르게 건너게 합니다. ● 차가 잘 지나가게 합니다. ● 법을 어기는 사람을 찾아냅니다. ○ 우리는 그분들에게 어떤 마음을 가져야 할까요? ● 그분들의 지시에 꼭 따라야 합니다. ● 감사하는 마음을 가져야 합니다. ● 교통 규칙을 잘 지켜야 합니다.	• 다양한 교통 안전 표지판 • 우리의 안전을 위해서 고생하시는 분들께 감사하는 마음을 갖도록 지도한다.

과　정	교수·학습 활동	자료 및 유의점
	<활동 2> 여러 가지 교통 표지의 뜻 알아보기 ㅇ 교과서 34~35쪽의 그림을 보고 이야기하여 봅시다. ㅇ 교통 표지판이 있는 곳은 어디일까요? ● 길가나 도로에 있어요. ㅇ 교통 표지는 왜 필요할까요? ● 위험한 경우를 미리 막기 위해서요. ● 질서 있는 거리를 만들기 위해서요. ㅇ 이 표지판은 누가 보아야 합니까? ● 운전하는 사람이 보고 지켜야 한다. ● 길거리를 다니는 사람이 지켜야 한다. ● 누구나 표지의 뜻을 알아야 한다. ㅇ 교통 표지를 보고 어디에서 보았는지 생각해 보고, 뜻을 발표해 본다. ● 횡단보도 표지판은 길이나 도로의 건너는 곳에 있다. ● 어린이 보호 표지판은 학교 앞이나 어린이 보호가 필요한 곳에 있다. ● 자전거 전용 도로 표지판은 공원이나 길가의 자전거만 갈 수 있는 도로에 있다. ● 자전거 통행금지 표지판은 자전거가 지나가지 못한다. ● 공사 중 표지판은 공사 중임을 알린다. <활동 3> 횡단보도를 건너는 방법 알아보기 ● 신호등을 잘 보고 녹색 불일 때 건너야 한다. ● 좌우를 살피고 건넌다. ● 운전사 아저씨를 보고 건넌다. <활동 4> 교통 규칙을 지켜야 하는 까닭 알아보기 ㅇ 교통 규칙을 지키지 않으면 어떤 일이 일어날까요? ● 다치거나 목숨을 잃는 어린이가 생긴다. ● 질서 없는 거리가 된다. ● 즐겁게 오고 갈 수 없다. ㅇ 교통안전 표지와 그 뜻을 알아맞히기(학습지) ㅇ 횡단보도를 안전하게 건너는 방법 이야기해 보기 ㅇ 교통 규칙을 지키면 좋은 점 말해 보기 ㅇ 평소 교통 규칙을 잘 지켰는지 생각해 보고, 고칠 점을 이야기해 보도록 한다.	● 학교나 집근처에서 볼 수 있는 표지판을 중심으로 어린이들이 꼭 알아야 할 표지판을 강조하여 지도한다. ● 횡단보도를 건널 때는 '서자, 보자, 건너자'의 원칙을 잘 지키도록 한다. 특히 녹색 불이 켜지고 곧바로 건너가지 않고 좌우를 살피고 건널 수 있도록 한다. ● 학습지 ● 교통 표지판
정리		

(2) 예시안 ②

소주제	안전한 보행	시 간	40분	수업 형태	토의 학습
수업 목표	● 도로에서 안전하게 보행하는 방법을 알고 실천할 수 있다.				
자료 및 준비물	교사			학생	
	VTR 자료, 교통 표지판, 학습지, PPT 자료			학습지	
관련 정보	http://www.kidmind.co.kr/s__program.htm				

과 정	교수·학습 활동	자료 및 유의점
준비	○ 자동차의 이로운 점과 문제점 발표하기 ● 힘을 적게 들이고 빨리 이동하거나 운반할 수 있다. ● 교통사고, 공기 오염, 소음 공해 등. ○ 교통사고의 경험 발표하기 ● 사망, 불구로 가족이 불행해진다. ○ 학습 문제 확인 ● 도로에서 안전하게 보행하는 방법을 알아보자.	
활동	○ 도로 보행 시 사고 위험이 많은 곳 알아보기 ○ 도로에서 지켜야 할 일 조사하기 <활동 1> 안전하게 보행하는 방법 알아보기 <활동 2> 길을 건널 때 지킬 일 <활동 3> 횡단보도를 안전하게 건너는 방법 ○ 도로를 안전하게 보행하는 방법 알아보기 ○ 도로 보행 시 사고 위험이 많은 곳 발표하기 ● 신호등이 없는 골목길과 길모퉁이 ● 보도와 차도 구별이 없는 도로 ● 좁은 길에서 큰 길로 갑자기 나올 때 ● 교문 앞 ○ 도로에서 지켜야 할 일 조사하여 발표하기 <활동 1> 안전하게 보행하는 방법 <활동 2> 길을 건널 때 지킬 일 <활동 3> 횡단보도를 안전하게 건너는 방법 ○ 도로를 안전하게 보행하는 방법 이야기하기 ● 차도 왼쪽 가장자리로 건넌다. ● 육교, 지하도, 횡단보도로 건넌다. ● 좁은 길에서는 한 줄로 건넌다. ● 장난치거나 놀이(특히 공놀이)를 하며 걷지 않는다.	● 차량의 계속적인 증가로 사고 위험도 커지고 있음을 알게 한다. ● 교통사고 장면 VTR ● PPT 자료 ● 통학로를 중심으로 찾아보게 한다. ● 공놀이하며 걷는 것이 위험하다는 것을 강조한다. ● 통학로의 위험한 곳을 알고 안전한 길로 다니도록 지도한다.
정리	○ 도로를 안전하게 보행하는 방법에 대해 발표하기 ○ 통학로 중 특히 위험한 곳이 어디이며 그곳에서 지켜야 할 일 발표하기 ● 차 안에서 주의해야 할 점 알아오기	

(3) 예시안 ③

소주제	등굣길 놀이		시 간	40분	수업 형태	토의 학습
수업 목표	• 안전하게 등굣길 놀이를 할 수 있다. • 교통 표지, 교통 신호의 의미를 알고 지키는 습관을 기른다.					
자료 및 준비물	교사				학생	
	교통 표지판, 라인카, 깃발					
관련 정보	http://www.myhome.hanan.net/~sim5n0001/main.htm					
과 정	교수 · 학습 활동					자료 및 유의점
준비	○ 교통 노래 부르며 수업 준비하기 ○ 전시 학습의 내용을 상기하여 요약, 정리를 통해 학습의 흥미를 유발시킨다. • 도로 보행 시나 횡단 시 주의해야 할 점을 이야기하기 • 승 · 하차 시 안전한 행동에 대하여 발표하기 ○ 학습 문제 확인 • 등굣길 놀이를 통하여 안전하게 보행하는 방법을 알아보자. ○ 교통 표지판 확인하기					• 자연스런 분위기를 조성한다.
활동	○ 등굣길 놀이하기 • 정사각형을 그리고 양쪽 모서리에 사선을 그어 인도로 만들고 그 사이는 차도로 정한다. • 자동차 2개조, 보행 2개조, 신호등 5명으로 나누어 교차점을 중심으로 각자의 위치에 선다. • 중앙에 인도와 인도 사이의 횡단보도에 신호등 역할을 하는 아동이 적, 황, 녹의 깃발을 들고 서서 신호를 한다. • 각 모둠의 아동들은 신호등에 따라 교통 신호와 표지판을 지켜(표지판 정확히 해석하기) 움직인다. • 보행조의 아동들은 신호등과 횡단보도에서 안전하게 움직여 이동하고 차량조의 아동들은 신호등과 차선을 지키면서 이동한다. • 경찰관 역할의 아동을 정하여 안전한 등굣길 놀이에서 잘못된 것을 지적하고 바르게 고치도록 유도한다.					• 여러 가지 교통 표지판 • 줄긋기 기구, 백회, 빨강, 초록, 노랑 깃발 • 학습지
정리	○ 주변 정리하기 ○ 도로를 안전하게 건너는 방법을 확인 · 정리하기 • 교통 규칙을 잘 지킨다. • 보도, 지하도, 육교, 횡단보도가 안전하다. • 보도와 차도의 구별이 없는 길은 가장자리가 안전하다. ○ 과제물 설명해 주기 ○ 차시 예고					

소주제	교통 안전	차 시	2 / 3

○○○○학교 학년   반   번   이름 :

1) 학습지 1(예시)

☆★ 교통안전 체험 학습지 ★☆

▶ 날   짜 :
▶ 장   소 :
▶ 참여 가족 :
▶ 준 비 물 : 사진기, 메모지, 연필 등

1. 신호등 없는 횡단보도 안전하게 건너기
⇒ 신호등 없는 횡단보도를 건널 때는 운전자가 일단 정지를 하면 좌우를 살피고 안전을 확인한 후 걷는다(선다, 본다, 건넌다).

2. 횡단보도 안전하게 건너기
⇒ 신호등을 보며 확인 후 건너기, 좌우를 살핀 후 오른쪽으로 대각선을 그리면서 건너기

3. 교통 표지판 알아오기

※ 위와 같은 계획으로 학부모의 책임하에 가족과 함께하는 교통안전 현장 체험 학습을 실시하였습니다.

(   )의 학부모 (   ) ㉠

번 호	이 름	평가 문제	도로에서 안전하게 보행하는 방법을 알고 실천하는가?	
		사 례	행동 장면, 관찰 기록	종합 서술
1	○ ○ ○	우수 사례		
		문제 사례		
2	○ ○ ○	우수 사례		
		문제 사례		

바. 참고 자료

(1) 문헌 자료

제 목	출판사	비 고
청소년의 일탈 행동	대한가족계획협회	
청소년과 약물 남용	대한가족계획협회	
어린이 응급 처치	대한가족계획협회	
우리들의 건강 세상	보건복지가족부	
안전 보건 교육 지도안	한국산업안전공단	

(2) 비디오 자료

제 목	제작사	비 고
응급 처치	시청각자료교육원	
내 몸은 내가 지켜요	한국성폭력상담소	30분
보건 위생	한국시청각	
운동 재미있어요	한국생활체육협의회	
약물 오·남용 예방	대한가족보건복지협회	

(3) 인터넷 사이트

○ 사랑의 전화 카운슬링 센터 http://counsel.or.kr

온라인 상담, 상담 사례, 기관 및 상담원 소개 등의 정보를 제공하는 사랑의 전화 카운슬링 센터의 홈 페이지이다.
∴ 상담 사례 뱅크: 이성 교제 / 성 문제 / 부부 가족 / 친구 학업 진로 / 기타

○ 마음샘 프로그램 http://www.kidmind.co.kr/s__program.htm

○ 정신 건강 프로그램 및 상담 사례 소개

○ 청소년 세계(YOUTH) 홈 페이지 http://www.youth.co.kr/

청소년 세계(YOUTH)는 청소년 종합 프로그램으로 상담 서비스 상담 사례, 글쓰기 특강, 명작 및 명화 감상, 이시형 클리닉과 심신 구련 등 청소년 교육 정보를 제공하고 있다. PC통신, HITEL, UNITEL에도 제공하고 있다. (정보 제공사 (주) 아비소 통신)

(4) 도움 자료

차조심 길조심 －교통안전 교육 지도서 － (지학년용)	도로 교통 안전 협회 (2007)	제1부에서는 초등학교의 교통안전 교육의 필요성, 목적, 기본 방향, 목표, 영역별 지도 내용, 지도 내용 범위 설정 등을 다루고 있다. 제2부는 보행자로서의 올바른 행동의 습관화에 강조점을 두고, 이를 위한 기본적인 교통 환경과 그 위험성, 그리고 교통 규칙에 대한 이해 등의 내용으로 구성되어 있다. 제3부는 부록으로서 어린이 교통 행동 특성, 유형별 어린이 교통사고 사례, 교통 관계 법규, 교통사고 통계, 안전 운전 수칙, 전국 어린이 교통 공원 현황 등을 수록하고 있다.

어린이(청소년) 교통 행동의 특성

⊙ 시야가 좁고 소리의 방향을 정확히 파악하지 못한다.

어린이는 눈높이가 낮고 시야가 제한되어 있어 주·정차되어 있는 차의 주변 상황을 정확히 보지 못한다. 예를 들어 성인은 좌·우 눈이 각각 구직 방향 120도, 수평 방향 150도를 볼 수 있는 반면, 어린이는 수직 방향 70도, 수평 방향 90도밖에 되지 않는다. 또한 어린이는 소리가 들려오는 방향을 정확하게 알지 못한다.

⊙ 상황 파악이 어렵다.

어린이는 움직이는 자동차의 속도 감각과 거리 감각을 정확하게 판단하지 못한다. 자동차가 접근하기 전에 길을 건널 수 있다고 생각하지만, 판단 잘못으로 그 차에 의해 교통사고를 당하기도 하고 심지어 가까이 있는 작은 차가 멀리 있는 큰 차보다 더 멀리 있는 것으로 잘못 생각하기도 한다.

또한 자신이 주의해야 할 차가 눈앞에서 지나가면, 다른 차에 주의하지 않고 도로를 건너는 경향이 있으며, 차가 앞에서 달려오고 있을 때, 어린이는 그 차가 자신을 보고 피할 것이라고 생각하다가 그 차에 사고를 당하는 경우가 있다.

---

10. 소비자 교육: 아껴서 바르게 쓰는 생활

가. 주제 개관

고도 성정에 따른 사회 경제생활의 격변으로 학생들의 생활 의식 속에서 많은 변화를 보이고 있다. 학생들의 입는 것, 먹는 것, 그 외 여러 가지 것들이 사치스러워졌고, 자기 눈에 드는 것이 있으면 무엇이든지 가지려고 하는 충동적 구매 현상이 나타나고 있으며, 이러한 성향은 학생들에게 낭비 풍조를 갖게 하였다. 또한 TV, 인터넷 매체에 의한 유행에도 민감해서 학용품 같은 것도 친구가 가지고 있는 물건과 똑같은 것을 구입한다든지 또는 분실된 자기 물건을 아예 찾을 생각도 하지 않는 등 학생들의 소비 생활에 많은 문제점을 보이고 있다.

이와 같은 원인은 자제력의 결여, 자주적인 태도의 부족에서 비롯된 현상으로, 학생들에게 합리적인 소비 생활 능력과 태도를 길러주는 것이 보다 중요하다.

나. 지도 목표

주변에서 경험하게 되는 경제 현상을 이해하고 합리적인 소비와 근검절약하는 태도 및 습관을 갖게 한다.

(1) 경제 기본 성격과 자유 시장 경제의 기본 원리를 이해한다.
(2) 실생활과 관련된 소비 체험 학습을 통해 합리적인 소비 생활 태도를 형성한다.
(3) 아나바다고(아껴 쓰고, 나눠 쓰고, 바꿔 쓰고, 다시 쓰고, 고쳐 쓰고)의 생활을 통해 물건의 소중함을 알고 절약, 저축하는 습관을 기른다.

다. 지도 중점

(1) 경제에 대한 올바른 가치관 형성
(2) 절약, 저축하는 태도 육성
(3) 합리적인 소비 생활 태도 형성

라. 활동 내용

소주제	주요 내용	준비물	학습 형태	시 간
몽당연필 사랑	• 낭비에 따른 피해 • 올바른 절약 생활의 중요성 • 검소한 생활 사례 알아보기 • 절약하는 생활의 중요성	실물 화상기, 학습지	토의 학습	
티끌 모아 태산	• 우리 집의 수입과 지출 • 우리 집의 가계 지출 • 내 용돈과 우리 집 살림 • 나의 소비 생활 반성하기	VTR 자료 PPT 자료	문제 해결 학습	

마. 소비자 교육 활동 (예시)

(1) 예시안 ①

소주제	검소한 생활	시 간	40분	수업 형태	토의 학습
수업 목표	● 검소한 생활을 해야 하는 까닭을 알고 절약하는 태도를 기를 수 있다.				
자료 및 준비물	교사			학생	
	실물 화상기, 학습지			절약과 관계된 신문 기사	
관련 정보	http://www.cpb.or.kr/sobija/index3.html				

과 정	교수·학습 활동	자료 및 유의점
준비	○ 동기 유발 ● 절약과 관계된 신문 기사를 보고 느낌을 이야기하기 ○ 학습 목표 제시 ● 검소한 생활을 해야 하는 이유 알기 ○ 주제망 짜기 ● 절약하면 생각나는 것 자유롭게 말하기 ○ 모둠별 활동 소개와 학습 방법 안내 ● 각 마당에서 가장 중요한 내용과 유의점 설명 ○ 모둠별 학습 활동 계획 세우기 ● 마당별 학습을 위한 순서 및 역할 분담 정하기, 학습에 필요한 자료 찾기 ○ 학습 규칙 외치기 ● 조용히 공부하기, 열심히 공부하기, 사이좋게 공부하기	● 절약 관련 신문
활동	○ 활동 마당으로 이동하기 ○ 마당별 토의 활동(파견 학습 활동)하기 (1마당) 낭비에 따른 피해 (2마당) 올바른 절약 생활 (3마당) 절약하는 나라와 절약하지 않는 나라 ○ 모둠별 활동 ● 학습 내용 전달 및 발표하기 ● 모르는 점 질문하기 ● 보충하기 ○ 마무리 활동하기 ○ 모둠별 학습 결과 발표하기 ● 느낀 점, 잘된 점, 즐거웠던 점 발표하기	● 백과사전
정리	○ 학습 내용 정리, 설명 ○ 형성 평가 ○ 과제 제시 및 차시 예고	● 파워포인트

(2) 예시안 ②

소주제	우리 가정의 수입과 소비	시 간	40분	수업 형태	문제 해결 학습
수업 목표	• 우리 집의 소비 생활을 알아보고 올바른 소비 습관을 가질 수 있다.				
자 료 및 준 비 물	교사			학생	
	VTR 자료, 학습지			설문 분석 보고서, 용돈 기입장	
관련 정보	http://www.greenkorea.org/greenlove.htm				

과 정	교수·학습 활동	자료 및 유의점
준비	○ 동기 유발 • 내 힘으로 용돈을 벌었던 경험 이야기하기 - 집안 일 돕기, 재활용품 팔기, 잠깐 일하기 • 근검절약 저축과 관련된 자료 시청하기 ○ 학습 목표 제시 • 우리 집의 돈 버는 방법과 쓰임새를 알아보고 나의 소비 생활을 반성해 보자.	
활동	○ 과제로 제시된 활동 확인하기 (활동 1) 우리 가족의 용돈 사용 실태 조사표 (활동 2) 우리 가족의 수입원 조사표 만들기 (활동 3) 용돈 관련 설문지 조사한 뒤 통계내기 ○ 과제 정리하여 각자 발표하기 ○ 이야기하기 • 용돈은 아빠 월급, 엄마의 생활비와 어떤 점이 같고 다른지 이야기하기 • 내 용돈과 우리 집 살림, 나라 살림과는 어떤 관련이 있을지 이야기하기 ○ 나의 소비 생활을 살펴보고 반성하기 • IMF의 시대가 오면서 각자의 살림이나 용돈은 어떻게 변했는지 이야기하기 • 우리 집 씀씀이가 변함에 따라 내 용돈 씀씀이는 어떻게 변해야 할지 이야기하기	• VTR 자료 • 가족의 수고에 대한 감사하는 마음을 갖도록 한다. • 용돈 기입장, 각각의 조사표 • 용돈 기입장의 필요성과 절약 정신을 다시 한 번 일깨운다.
정리	○ 학습 내용 정리와 설명하기 ○ 형성 평가 ○ 과제 제시 및 파시 예고	

바. 평가 자료 (예시)

평가 문제	평가 유형	평가 영역			평가 대상			평가 시기		
		지식	기능	태도	개인	집단	전체	도입	전개	정리
• 현명한 소비가 사회에 미치는 영향을 알아보자	연구 보고	○		○		○				○

평가 내용
• 현명한 소비를 위한 방법을 토의해 보고, 현명한 소비가 사회에 미치는 영향을 조사해 보자.

● 현명한 소비를 위한 방법 ●

토의 주제	토 의 내 용
현명한 소비를 위한 방법	

평가 척도	평가 기준	준비물	평가 시 유의점
상(3)	• 보고서의 내용이 다양하게 제시되고, 주제에 부합되었다.		
중(2)	• 현명한 소비가 사회에 미치는 영향이 바르게 기술되었다.	VCR자료	• 현명한 소비를 위해 개인뿐만이 아니라 각 분야의 노력이 중요함을 인지시킨다.
하(1)	• 현명한 소비를 위한 방법의 제시는 적절하나 사회에 미치는 영향에 대한 설명이 미흡하다.		

수행 평가 기록 방법				
번 호	이 름	평 가 결 과		
		잘 함	보 통	노력 바람
1	○ ○ ○			

사. 참고 자료

(1) 문헌 자료

제 목	지은이	출판사	비고
유아를 위한 소비자 교육 프로그램	이기숙	양서원	
소비자 교육의 이론과 실제	이기춘	교문사	
소비자 시대	한국소비자보호원	한국소비자보호원	
패션 상품과 소비자 행동	홍병숙	수학사	
경제 교육 종합 과제	교육과학기술부	교육과학기술부	
가정에서의 경제 교육	저축추진중앙위원회	저축추진중앙위원회	
어린이를 위한 절약 저축 교육	저축추진중앙위원회	저축추진중앙위원회	
소비자와 시장	김이옥	학지사	

(2) 비디오 자료

제 목	제작사	시 간	비 고
새로운 경제 의식으로	한국개발연구원	30분	
오빠의 자전거	한국소비자보호원	30분	
합리적인 소비 생활	한국소비자보호원	19분	
혜진이의 선택	한국소비자보호원	25분	
소비자가 만족하는 새로운 농업 시대	농림수산식품부	20분	

(3) 인터넷 사이트

★ 한국소비자보호원 http://www.cpb.or.kr/

○ 건전한 소비 생활을 위한 조언, 최근 유행 상품에 대한 활용 사례나 보도 자료 링크, 각종 통계 정보와 소비자 상담을 제공하며 소비자 경제 교육에 관한 교사 연수 실시

○ 소비자종합정보망 http://econo.metro.seoul.kr.ci

○ 소비자 피해 구제 관련 법령 등을 조회할 수 있으며 소비자 피해 상담 상품 정보 등 소비 생활 관련 정보 이용

○ 한국능률협회 http://kma.or.kr

○ 고객 만족 정보, 인터넷 리서치를 통한 소비자 평가, 소비자 상담, 우수 상품 정보, 소비자 교육 및 히트 상품에 대한 시상 제도 제공 한국 능률 협회 컨설팅 서비스

○ 시민 중계실 http://consumerymca.or.kr
○ 시민 피해에 대한 해결책을 모색하는 곳, 소비자 고발, 각종 모니터 활동, 소송 구조 활동 등을 소개하고 소비   자 상담 게시판, 언론 기간 보도 자료, 교육 프로그램 안내, 토론 마당 등으로 구성
○ 한국소비자연맹 http://www.consumersunion.or.kr
○ 우리나라 최초의 민간 소비자 운동 단체로 소비자 상담, 각종 소비자 정보 상품 테스트 시장 조사, 각종 모니   터링 등 각 분야 소지자 운동 방법 개발 및 체계화, 소비자 대학 등의 정기적인 소비자 교육 프로그램
○ 그린훼밀리운동연합 http://www.greengamily.or.kr
○ 환경 운동 단체로 각동 종물 보호, 자연 보호 운동 전개
○ 인하 대학교 소비자 아동학과 http://www2.inga.ac.kr/~ccf
○ 소비자, 가족, 아동의 행태 및 가족과 근접 환경과의 상호 작용 현상을 체계적으로 연구하는 학과로 각종 소비   자 문제 연구 자료 관련 사이트 소개

11. 진로 교육: 보다 높고 큰 꿈을 향하여

가. 주제 개관

우리 사회는 산업화와 더불어 직업의 다양화, 전문화가 급속도로 이루어지고 있다. 이러한 미래 사회를 살아갈 학생들에게 자아를 인식시키며 인생을 즐겁고 보람 있게 살아가도록 적성과 소질을 길러 주는 것은 중요하다. 그러나 장래 직업 선택에 대비토록 하는 진로 교육이 체계적으로 이루어지기보다는 아직도 지식 위주의 교육을 벗어나지 못하고 있는 실정이다.

교육은 본질적으로 미래 지향적 활동이며 아동들의 장래 생활에 대한 대비 능력을 배양하는 것을 목적으로 한다.

따라서 자라나는 학생들에게 일과 직업 세계에 대한 올바른 가치관 및 태도를 형성하여 각자의 인생 목표를 설정하고 직업을 선택하는 데 유연성과 다양성을 지니도록 해 주는 일은 중요하다.

나. 지도 목표

학생들이 자신을 바르게 이해하고, 장래의 진로에 대해 올바른 진로 인식을 형성시키는 데 있다.

(1) 자신의 소질과 흥미를 발견한다.

(2) 지역 사회의 각 산업체 및 여러 기관, 단체들이 하는 일에 대한 이해를 통하여 직업의
   소중함을 안다.
(3) 직업의 중요성을 인식하고 장래 직업인으로서의 포부를 갖는다.

다. 지도 중점

(1) 다양한 직업의 세계 이해
(2) 다양하게 변화하는 직업과 변하는 직업관에 대한 바른 인식
(3) 합리적인 직업의 선택

라. 활동 내용(예시)

소 주 제	주 요 내 용	준 비 물	학습 형태	시 간
내 꿈을 찾아서	○ 직업의 필요성 알아보기 • 직업이 갖는 의미 • 직업의 소중함	• VTR자료 • 신문 자료, 학습자료	인터넷 학습 자료	
다양한 직업	○ 다양한 직업 알아보기 • 선호하는 직업	• 신문 자료 • PPT 자료	소집단 토의 학습	
나의 직업	○ 나에게 알맞은 직업 알아보기 • 나의 소질과 특기	• PPT 자료 • 학습지	NIE 학습	

마. 진로 교육 활동 (예시)

(1) 예시안 ①

소 주 제	내 꿈을 찾아서	시 간	40분	수업 형태	인터넷 활용 학습
수업 목표	• 직업의 종류가 다양함을 알고, 자신의 진로를 설계할 수 있다.				
자 료 및 준 비 물	교사			학생	
	직업 인터넷 사이트, VTR 자료, 신문 자료, 학습지				
관련 정보	http://edunet.kmec.net				

과 정	교수 · 학습 활동	자료 및 유의점
도입	○ 동기 유발 • 직업 VTR 자료 시청하기 • 시청한 느낌 발표하기 - 직업의 의미, 소질 개발, 생활과의 관계 ○ 학습할 내용 확인 직업의 종류가 다양함을 알고, 자신의 진로를 설계하기	• 자신의 일을 열심히 실천하는 VTR 자료
전개	○ 주변에서 흔히 볼 수 있는 직업 알아보기 • 우리 주변에서 자신이 알고 있는 직업 발표하기 ○ 직업의 종류를 다양하게 알아보기 • 소집단별로 직업의 종류를 다양하게 조사하기 - 인터넷 활용 모둠 - 신문 자료 활용 모둠 등 • 소집단별로 조사된 직업을 학습지에 표시하기 ○ 조사된 직업의 종류 발표하기 • 모둠별로 조사된 직업을 발표하기 • 직업이 잘 정리되어 있는 인터넷 사이트 추천하기	• 학습지 제공, 인터넷 직업 사이트 제공 • 소집단별로 이용자료를 선택하되, 되도록 인터넷을 이용한 직업 사이트를 제공하고, 소집단별로 중복되지 않은 상에서 탐색하도록 유도한다.
정리	○ 학습 활동 정리 및 평가하기 • 가장 많은 직업의 종류를 조사한 모둠 선정하기 • 본 학습을 하면서 새롭게 알게 된 직업 발표하기 • 직업을 찾는 활동에서 어려웠던 점 발표하기 • 학습 활동 모둠별 상호 평가하기 ○ 차시 학습 내용 확인 • 다양한 직업 세계와 선호하는 직업 알아보기 • 학습 자료 정리하기	

1) 학습지 1 (예시)

소 주 제	내 꿈을 찾아서	차 시	1차시
○○○○학교	학년 반 번 이름 :		

1. 직업은 왜 필요할까요? 개인이나 모둠의 의견을 적어 봅시다.

2. 모둠별로 찾은 직업의 종류와 하는 일을 적어 봅시다.

직업의 이름	구체적으로 하는 일	자료 출처 (찾은 곳)	나의 선호도 (○,△,X)

3. 새롭게 알게 된 직업이 있으면 적어 봅시다.

직업의 이름	구체적으로 하는 일	자료 출처 (찾은 곳)	나의 선호도 (○,△,X)

4. 본 활동을 하면서 내가 해 보고 싶은 직업이 있으면 적어 봅시다.

(2) 예시안 ②

소주제	다양한 직업	시 간	40분	수업 형태	소집단, 토의 학습
수업 목표	• 시대가 변하면서 직업이 다양해짐을 알고, 선호하는 직업을 조사하여 발표할 수 있다.				
자료 및 준비물	교사			학생	
	다양한 직업 사진, 시대에 따른 직업 분류표 학습지			사전 조사 학습지, 직업의 선호도 조사(부모님), 전지, 매직펜	
관련정보	http://edunet.kmec.net				

과 정	교수·학습 활동	자료 및 유의점
도입	○ 동기 유발 • 다양한 직업 사진을 보며 직업 이름 맞히기 ○ 학습할 내용 확인 • 시대가 변하면 직업도 다양해짐을 알고, 선호하는 직업을 조사하여 발표하기	• 다양한 직업 사진 자료 제시
전개	○ 직업의 종류를 다양한 방법으로 알아보기 • 직업 찾기 게임하기 − 모둠별로 편성하여 앉기 − 자기가 알고 있는 직업 이름 많이 쓰기 (개인 대항, 제한 시간 1분) − 모둠별로 알고 있는 직업 이름 많이 쓰기 (모둠 대항, 제한 시간 1분) ○ 발표된 직업 중에서 우리가 좋아하는 직업 찾기 • 쓰인 직업 이름 중에서 우리가 가장 많이 갖고 싶은 직업 조사하기 • 그 직업을 좋아하는 까닭 알아보기 • 그 직업을 가지려면 갖추어야 할 조건 알아보기 ○ 부모님이 좋아하는 직업 알아보기 • 사전 학습으로 조사한 내용을 모아 발표하기 • 부모님이 그 직업을 좋아하는 까닭 발표하기 ○ 시대가 변하면서 생기게 된 직업 종류를 알아보기 • 제시된 직업의 변천 자료를 보고, 새롭게 생겨나고 있는 직업 찾아 발표하기 • 그 직업이 생기게 된 원인 알아보기	• 학습지, 모둠별 매직펜, 전지 • 발표 형태는 도표나 그림으로 제시한다. • 교사가 미리 조사된 직업군, 분류표를 제공한다. • 평가표 제시 • 사전 조사 학습 활동지 제공
정리	○ 학습 활동 정리 및 평가하기 • 우리들이 선호하는 직업과 부모님이 선호하는 직업 • 시대에 따라 새롭게 나타나는 직업 • 본 학습을 하면서 새롭게 알게 된 점 발표하기 • 학습 활동에 대한 상호 평가하기 ○ 차시 학습 내용 확인 • 나에게 알맞은 직업 찾아보기	

1) 학습지 1 (예시)

소 주 제	다양한 직업	차 시	2차시

○○○○학교 학년 반 번 이름:

1. 내가 알고 있는 직업 이름을 되도록 많이 적어 봅시다.

2. 내가 좋아하는 직업과 친구들이 좋아하는 직업은 무엇입니까? 그 까닭은?

3. 우리 부모님이 좋아하는 직업은 무엇입니까?

직업의 이름	좋아하는 까닭	내가 그 직업을 갖기를 원하는가? (○, △, ×)

4. 우리 부모님들이 좋아하는 직업을 그래프나 그림으로 나타내어 봅시다.

5. 시대가 변하면서 나타나는 직업 중에서 내가 관심 있는 직업은 무엇입니까?

직업의 이름	필요한 까닭

바. 평가 자료 (예시)

관 련	예시안 1	소주제	내 꿈을 찾아서								
목 표			• 직업의 필요성과 다양성을 알고, 나에게 맞는 직업이 무엇인지 찾아낼 수 있다.								

평 가 관 점	평가 유형	영 역			시 기			기 록		
• 직업의 필요성을 알고 있는가? • 직업이 다양하다는 것을 알고 있는가? • 자신의 소질을 알고, 자신에게 알맞은 직업이 무엇인지 찾아낼 수 있는가?	관찰, 자기, 상호 평가	인지	기능	정의	도입	전개	정리	서술	체크	녹음
		○		○		○			○	

평 가 방 법	준 비 물	평가 시의 유의점
• 조사 준비하는 과정과 학습하는 과정을 토해 평정 척도에 의하여 평가한다.	• 평정 척도	• 평가를 의식하지 않도록 유의한다.

항 목	자기 평가	동료 평가	교사 평가	계		
				◎	○	△
• 직업이 필요한 이유를 알고 있다.	◎	○	△	1	1	1
• 직업의 종류를 여러 가지 다양한 방법을 활용하여 찾아낼 수 있다.	◎	◎	○	2	1	·
• 직업 찾기 게임에 열심히 참여하였다.						
• 친구나 부모님이 선호하는 직업이 무엇인지 알고 있다.						
• 사회가 발달하면서 새로운 직업이 생겨나는 이유를 알고 있다.						
• 나의 소질을 알고 나에게 맞는 직업이 무엇인지 찾아내었다.						
• 자기에게 맞는 직업에 대한 광고를 보기 좋게 만들어 발표하였다.						

수행 평가 방법(상◎: 3점, 중○: 2점, 하△: 1점)

사. 참고 자료

(1) 문헌 자료

제 목	지 은 이	출 판 사	출판 연도	비 고
2007년 개정 교육과정과 진로 지도	교육과학기술부	한솔사	2008	
충남 진로 교육	충남교육과학연구원			정기 간행물
진로 상담과 진로 교육	임두순	원미사	2008	
진로 교육과 진로 상담	김충기	동문사	2007	
자녀의 진로 부모가 선택한다	김농주	중앙 M&B	2007	
초등학교 교사용 진로 교육 지도서	서울특별시교육 연구원		2001	

(2) CD 자료

제 목	발 간 기 관	발간 연도	비 고
(진로 지도 프로그램) 아로	충남교육과학연구원	1998	
한국 직업 사전	충남교육과학연구원	1999	
한국 직업 전망서	임두순	2005	
이런 일이 나의 미래를	김충기	2007	
미래 직업 세계와 진로	김농주	2007	
진로 교육 총람 2	서울특별시교육 연구원	2005	
나의 꿈 나의 미래	장승중학교	1999	

(3) 인터넷 사이트

○ 서울교육과학연구원 진로정보센터 http://www.sesri.re.rk/jinro/

초등학교에서 고등학교까지 단계별로 진로 지도에 도움이 될 수 있는 정보 제공, 진로 정보, 진학 정보, 진로 상담, 진로 상담실 운영

○ 청소년 진로 상담실 http://www.myway.or.kr

청소년 진학 진로 상담실 소개, 사이버 상담실, 진로 진학 정보 센터, 청소년 쉼터 등 운영, 청소년들을 위한 상담 기관 소개

○ 준비하는 10대 http://joinet.or.kr/~youth

신문 기사나 참고 자료를 통한 진로 정보, 여러 직업 소개, 적성 검사 소개

각 직업의 특성, 전망, 채용 현황, 준비 방법 등에 대한 정보 제시, 학생, 성인 학부모, 여성 교사 등으로 구분하여 진로 교육에 관한 정보를 제공

직업 흥미 검사, 직업 적성 검사

초·중·고 진학 지도안 제시, 각종 진로 정보와 고교 전문대학의 학과 정보 제공

12. 통일 교육: 우리는 한 핏줄 한 민족

가. 주제 개관

21세기는 소위 '지구촌 시대'이다. 세계화 시대의 지구촌은 세계의 여러 나라가 경쟁만 하는 것이 아니라, 서로 존중하고 협력하면서 다 함께 다정하게 살아가자는 뜻이 포함되어 있다.

이러한 '지구촌' 시대에 남북으로 나뉘어 서로 겨루고 있는 우리나라의 분단 상황은 우리가 선진국으로 가는 가장 큰 걸림돌이 되고 있다. 우리나라가 세계 속의 으뜸 국가로 발돋움해 나아가기 위하여 분단 극복을 해결해야 할 과제이다. 분단으로 인하여 소비하지 않아도 될 많은 노력과 비용을 소비하고 있는 현실에서 우리나라가 통일된다면 그 저력으로 세계 강대국에 머지않아 합류할 수 있을 것이며, 더 중요한 이유는 우리가 한 민족이라는 사실과 한반도의 통일은 세계의 평화와 냉전을 마감한다는 아주 큰 의의가 있는 것이다. 더군다나 지난 두 차례의 남북 정상 회담과 이산가족 상봉, 그리고 시드니 올림픽에서의 남·북한 동시 입장 등으로 그 이후 남북화해 분위기가 고조되어 가는 이때 우리 아이들에게 분단의 현실을 바르게 인식하게 하고, 한 민족의 동질성 회복을 통하여 평화 통일의 의지를 함양시켜야 한다.

나. 지도 목표

남한과 북한의 분단 현실을 바르게 인식하고 한 민족으로서의 동질성 회복과 평화 통일의 의지를 갖게 한다.

(1) 남한과 북한의 분단 상황을 바르게 알게 한다.

(2) 남한과 북한은 다른 나라이지만 한 민족임을 깨닫고 문화의 동질성을 발견해야 한다.

(3) 남한과 북한이 통일되어야 하는 당위성과 통일이 되면 이로운 점을 알게 한다.

다. 지도 중점

(1) 남한과 북한의 분단 과정에 대한 바른 인식
(2) 민족 공동체 의식을 바탕으로 바람직한 통일과 정립
(3) 북한의 십상에 대한 정확한 이해를 통한 건전한 안보관 정립
(4) 통일의 당위성 인식 및 실천 의지 형성

라. 활동 내용(예시)

소주제	주 요 내 용	준비물	학습 형태	시 간
우리가 지켜요	○ 평화 통일을 실현하는 길 • 우리나라가 분단된 이유 알아보기 • 분단의 고통 알아보기 • 통일에 대한 우리의 현실 알아보기 • 자주 국방의 필요성 알아보기	테이프, 악보, 사진 자료	토의 학습	
한 민족 두 나라	○ 북한과 남한의 생활 모습 • 말의 비슷한 점과 차이점 알아보기 • 가정생활과 학교생활 모습 • 비디오 시청하기	VTR, 신문, 화보, 낱말 카드	조사 발표 학습	
독일을 본받아	○ 독일의 통일 과정 • 독일의 통일 과정 살펴보기 • 독일의 통일 과정에서 본받을 점 • 통일을 위한 노력	VTR, 신문, 화보, 세계 지도	조사 토의 학습	

마. 통일 교육 활동 (예시)

(1) 예시안 ①

소주제	우리가 지켜요	시 간	40분	수업 형태	토의 학습
수업 목표	• 분단의 현실을 이해하고, 우리 스스로 우리나라를 지키려는 마음을 가질 수 있다.				
자료 및 준비물	교사			학생	
	악보, 테이프, 사진 화보			사진 화보	
관련 정보	http://www.unie여.kr/main/main.htm				
과 정	교수 · 학습 활동			자료 및 유의점	
준비	○ 동기 유발 • '우리의 소원'노래 부르기 • 우리가 원하는 것은 무엇인가요? ○ 학습 목표 확인 • 우리나라가 분단된 이유를 알아보자			• 악보, 테이프	
활 동	○ 우리 민족의 분단 고통 알아보기 • 왕래를 할 수 없다. • 부모 형제의 생애를 모른다. ○ 통일에 대한 우리의 현실 알아보기 • 6월의 남북 정상 회담 • 시드니 올림픽 남북 동시 입장 • 이산가족 사봉 • 남북 관계가 개선될 전망이 보임 • 대립보다는 이해와 양보로 계속적인 노력이 필요함 ○ 소집단 토의하기 • 자주 국방을 위한 노력 • 신탁 통치 • 남 · 북한 군사력 비교 • I M F ○ 자주 국방의 필요성 발표하기 • 주한 미군이 주둔하는 이유 • 6 · 25전쟁의 참혹함 ○ 자주 국방의 힘을 기르는 방법 알아보기 • 경제력 강화 • 주변 정세에 대한 관심 가지기 등 • 교통 규칙을 잘 지켜야 합니다.			• 전쟁의 참혹함을 느낄 수 있는 사진이나 화보 • 소집단원이 모두 참여할 수 있도록 한다.	
정 리	○ 자주 국방의 힘을 기르기 위해 우리가 할 일 알아보기 ○ 국군 아저씨에 감사 편지 쓰기				

(2) 예시안 ②

소 주 제	한 민족 두 나라	시 간	40분	수업 형태	토의 학습
수업 목표	• 남한과 북한의 생활 모습을 비교해 보고, 비슷한 점과 차이점을 말할 수 있다.				
자 료 및 준 비 물	교사			학생	
	PPT, VTR, 낱말 카드, 사진 화보			과 제 물	
관련 정보	http://ipcp.edunet4u.net/~teacher16/				

과 정	교수·학습 활동	자료 및 유의점
준비	○ 각 지방의 말에 대해 알아보기 • 경상도, 충청도, 전라도, 강원도, 서울 등 • 억양, 사투리, 뜻이 다름 • 북한의 말도 우리나라 말의 일부임 ○ 학습 목표 확인하기 • 북한과 남한의 생활 모습을 비교해 보고, 비슷한 점과 차이점을 살펴보자.	• 말씨를 직접 연시해 보게 하며 재미있는 방법으로 수업을 시작한다.
활동	○ 모둠별 활동하기 • 모둠별로 조사해 온 과제물을 수집, 분리, 정리하여 발표한다. <활동 1> 학교생활 <활동 2> 언어생활 <활동 3> 가정생활 <활동 4> 문화생활 <활동 5> 북한 말을 우리말로 고치기 <활동 6> 국기, 국화, 국가 ○ 비디오 시청하기 • 북한 주민의 생활과 문화에 관련된 비디오 시청하기 • 유사점 알아보기 • 차이점 알아보기 ○ 퀴즈 대회하기 • 모둠별로 활동을 통하여 살펴본 남·북한의 생활 모습에 관련된 퀴즈	• VTR 자료 • PPT 자료
정리	○ 정리하기 • 오늘 활동에 대한 느낌 발표하기 • 내가 통일을 위해서 할 수 있는 일에는 어떤 것들이 있는가? • 같은 민족으로서의 동질성을 회복하기 위해서 할 수 있는 일 발표하기 • 우리가 북한에 대하여 가져야 할 바른 태도 발표하기	

바. 평가 자료(예시)

제 목	출 판 사	지 은 이	출판일	비 고
통일을 미래로	서울특별시교육과학 연구원		2000	
통일 교육 기본 지침서	(주)성림 문화	통일부 통일 정책실	2008	
통일 교육 지도 자료	전라남도교육연구원		2005	
통일 교육론	백의	박찬석 외	2000	
남과 북 하나가 되는 길	서울신문사	양영식 외	2007	
학교 통일 교육 자료 개발 연구	한국교육개발원		2007	

관 련	예시안 3	소 주 제	독일을 본받아								
목 표	• 독일의 통일 과정에서 우리가 본받을 점을 말할 수 있다.										

평 가 관 점	평가 유형	영 역			시 기			기 록		
• 독일의 통일 과정에서 우리가 본받을 점을 말할 수 있는가?	관 찰	인지	기능	정의	도입	전개	정리	서술	체크	녹음
		○		○		○	○		○	

평 가 방 법	준비물	평가 시의 유의점
• 조사 준비하는 과정과 학습하는 과정을 통해 평정 척도에 의하여 평가한다.	평정 척도	• 평가를 의식하지 않도록 유의한다.

평 가 기 준	잘 함	• 독일의 통일 과정에서 우리가 본받을 점을 3가지 이상 말하고 바른 자세로 발표한다.
	보 통	• 독일의 통일 과정에서 우리가 본받을 점을 1, 2가지 말하나 자세가 약간 부자연스럽다.
	못 함	• 독일의 통일 과정에서 우리가 본받을 점을 제대로 발표하지 못하거나 자세가 바르지 못하다.

수행 평가 기록 방법

번 호	이 름	평가 결과		
		잘 함	보 통	못 함
1	○ ○ ○			
2	○ ○ ○			
3	○ ○ ○			
4	○ ○ ○			
5	○ ○ ○			

사. 참고 자료

(1) 문헌 자료

제 목	출 판 사	저 자	출판 연도
통일 교육 지침서	애드원	통일부 통일교육원	2008
통일 교육 지도 자료	애드원	통일부 통일교육원	2008

(2) CD 자료

제 목	제작사	비 고
뉴스 현대 한국사	멀티데이터시스템	
멀티미디어 북한 백과	중앙일보 미디어	
광복 50년 500대 뉴스	큐닉스	

(3) 인터넷 사이트

○ 사이버 통일 교육 센터(통일교육원) http://www.uniedu.kr/main/main.htm

최근의 주요 통일과 북한 관련 소식을 제공하는 홈 페이지로, 평양으로의 여행, 북한 어린이의 학교생활, 통일 독일에 대한 이야기 등의 정보를 얻을 수 있다.

○ 북한의 생활과 통일 http://home.hanmir.com/~uri1004/

북한의 문화유산과 유적, 명산과 판문점 / 임진각, 통일 전망대, 철원 전적지, 전쟁 기념관 등 분단의 아픔과 통일을 생각할 수 있는 체험 학습 장소 등을 소개하고 있다.
북한 및 통일에 대한 질의응답, 통일 관련 주제에 대한 토론, 북한 친구에게 편지 쓰기도 이용할 수 있다.

○ 통일부 http://www.unikorea.go.kr/

대한민국 통일부 홈 페이지로 남북 정상 회담 소식, 남북 관계 현안, 알기 쉬운 북한, 통일부 안내, 남북 회담 자료, 이산가족 정보 통합 센터를 안내하고 있으며 통일 관련 기록 사진도 볼 수 있다.

○ 등 푸른 자유의 온누리 세상 http://my.dremwiz.com/iwantolk/unikorea.htm

북녘 어린이의 생활상, 북한의 교육, 북한 어린이 관련 기사를 제공한다.

○ 통일 관광지 http://www.paju.kyonggi.kr/trip/sub5ab.htm

판문점, 통일 전망대, 임진각, 통일 공원, 제3땅굴, 도라산 전망대, 전적 기념비, 평화의 종 위치, 규모 현황, 등 자세한 정보를 얻을 수 있다.

○ 남·북한 통일 안보 교육 http://ipcp.edunet4u.net/~teacher16/

북한 말 알기, 북한 유머, 북한 경치 사진, 남북 비교 글짓기, 모음, 북한 이탈 주민 글 등의 자료를 제공받을 수 있다.

○ 민주평화통일자문회의협의회 http://www.unikorea.go.kr/

이산가족 상봉, 상봉 뒷이야기 등 이산가족에 대한 자세한 자료를 얻을 수 있다.

(4) 도움 자료

1) 우리말과 북한 말의 비교

남 한	북 한	남 한	북 한
견인선	끌배	민속놀이	민간 오락
손자	두 벌 자식	벼락부자	갑작 부자
도시락	곽밥	볶음밥	기름밥
헬리콥터	직승 비행기	빨리	날래
볼펜	원주필	살금살금 걷다	발면발면 걷다
악착스럽게	이악하게	생활필수품	인민 소모품
미혼모	해방처녀	수력	물힘
괜찮다	일없다	수화	손가락말
가끔	가담가담	야간 경기	등불게임
기사, 살림	집안 거두매	우울증	슬픔증
간섭	간참	잔소리꾼	잔말쟁이
게시판	알림판	접영	나비헤엄
결과	후과	주차장	차마당
계단논	다락논	채소	남새
계모	후어머니	파마머리	뽁음머리
골기퍼	문지기	표준어	문화어
구설	엮음새	프리킥	발차기
초등학교	소학교	화장실	위생실
귀빈석	주석단	가위바위보	가위 주먹
그늘	능쪽	참견	간참
기우뚱하다	기울써하다	생떼	가아메
꾀병	건병	꽁보리밥	강 보리 밥
낙숫물	처마물	산책로	거님길
냉수육	찬물 미역	건널목	건늠길
냉차	찬단물	떠들어대다	고아대다
노려보다	지르보다	주스	과일 단물
녹색식물	풀색식물	웅덩이	구레
논문	론문	모퉁이	굽힌돌이
단비가 내리다	꿀비가 내리다	궁이	궁냥
돌풍	갑작바람	파스텔	그림 분필
드라이클리닝	화학세탁	허풍	쾅포
등장	나오기	출입문	나들문
디딤돌	구팡돌	들락날락	날면들면
떡고물	떡모숭이	건달	날총각
레코드	소리판	투수	넣은 사람
리본	댕기	징검돌	다리돌
마스크	얼굴가리개	영양갱	단묵
멸균	균깡그리 죽이기	빙수	단얼음
모자이크	쪽 무늬 그림	건망증	잊음증

13. 국제 이해 교육: 한국은 세계로, 세계는 한국으로
(세계 시민 교육)

가. 주제 개관

　흔히 오늘날의 사회를 설명할 때 '지구촌 시대', '세계화 시대'라고 표현하곤 한다. 옛날에는 여러 날이 걸리던 만리타국이 이제는 이웃 동네 가듯이 시간적인 거리가 가까워진 것이다. 세계 여러 나라와 가까워진 것은 거리의 개념만이 아니다. 정치, 경제, 사회면을 비롯하여 스포츠, 관광 등 생활과 문화 전반에 걸쳐 우리와 가까워지고 있다. 이제 그야말로 세계가 이웃이 되고 한 마을이 되어버린 것이다.

　그러나 이와 같이 시간적, 공간적으로 가까워져 유·무형으로 공동 생활권이 된 반면에 그들과 무한 경쟁의 상황으로 발전하고 있기도 하다. 국가 간의 치열한 경쟁을 극복하면서 국제 사회의 공동 이익을 추구하기 위해서는 국제 감각을 갖춘 인재를 육성하지 않으면 안 된다.

　따라서 이 주제에서는 국제 사회를 올바르게 이해하고, 국제적인 태도를 기르며, 국제 사회 활동에 필요한 능력을 기르고자 한다.

나. 지도 목표

세계인으로서 갖추어야 할 소양과 한국인으로서의 기본적 자질을 기르도록 한다.
(1) 세계적으로 일어나는 일에 관심을 갖고, 우리와의 관계를 알게 한다.
(2) 이질적인 문화를 이해하고 슬기롭게 적응하게 한다.
(3) 세계 속의 한국인으로서 갖추어야 할 기본 소양을 기르도록 한다.

다. 지도 중점

(1) 세계의 여러 문제에 대한 다양한 시각과 관심 제고
(2) 타인을 존중하고 상호 협동하는 공동체 의식 형성
(3) 세계인으로서 갖추어야 할 기본적인 자질 함양

라. 활동 내용

소주제	주요내용	준비물	학습형태	시 간
각 나라의 인사 방법	• 각 나라의 인사 방법 소개하기 • 간단한 인사말 익히기 • 각 나라의 인사 방법 실습하기	비디오테이프	토의 학습	
오늘의 세계 소식	• 외국인의 신기한 이야기 수집, 발표하기 • 시사와 관련한 각국의 소식 발표하기	신문 스크랩, 잡지 스크랩, 놀이 자료	주제 학습	
우리나라의 전통 놀이	• 민속놀이 조사, 관람, 발표하기 • 민속놀이 실습하기	비디오테이프, 사진 자료, 놀이 자료	조사 학습 탐구 학습	
외국의 놀이	• 외국의 놀이 조사, 관람, 발표하기 • 외국의 놀이 실습하기	비디오테이프, 사진 자료, 놀이 자료	조사 학습 탐구 학습	
차례 지키기	• 외국인 출입이 많은 관광지, 터미널 등에서 지켜 야 할 예절 알기	현장 견학	체험 학습	
외국인의 체험이야기 듣기	• 외국인이 우리나라에 거주하는 이유 알기 • 체험담 조사 발표하기	비디오테이프, 사진 자료	토의 학습	
국산품과 수입품	• 주변의 물건 중 국산품과 수입품 조사하기 • 국산품의 우수성 알기	실물 자료, 세계 자료	프로그램 학습	
우리나라 풍속과 외국 풍속	• 세계 각국의 설날 모습 알아보기 • 새해 행사, 인사 알기	비디오테이프, 사진 자료	조사 학습	
전통음악과 외국 음악	• 전통 음악과 외국 음악을 비교하며 들어보기 • 특색 찾기	음반, 녹음 자료, CD, 오디오 시스템	시청각 학습	

마. 국제 이해 교육 활동 (예시)

(1) 예시안 ①

소주제	웃으며 인사하기	시 간	40분	수업 형태	토의 학습	장 소	교실

수업 목표	• 외국 사람을 친절하게 대해야 하는 까닭을 말할 수 있다. • 외국인에게 친절하게 행동할 수 있다.

자료 및 준비물	교사	학생
	PPT 자료, 비디오테이프	

관련 정보	http://www.kofo.or.kr/Korean/index.html

과 정	교수·학습 활동	자료 및 유의점
문제 의식 갖기	○ 학생들의 일상생활 중에서 외국 사람을 만나 본 경험을 중심으로 외국인을 만났을 때, 어떻게 했는지에 대해 발표해 보게 한다. • 외국 사람을 만나 본 경험이 있으면 이야기해 볼까요? • 처음 외국 사람을 만났을 때 어떤 느낌을 받았는지 이야기해 봅시다. 또 어떻게 해 주었는지 이야기해 봅시다.	
문제 추구 및 해결	○ 낯선 곳에 여행을 갔을 때 겪었던 경험을 중심으로 친절을 베풀어 준 사람에게서 받은 느낀 점을 발표해 보도록 한다. • 어떤 경우에 누구에게서 어떤 친절을 받았습니까? ○ 우리나라를 찾아오는 외국 사람들이 우리나라에 와서 하는 일을 토의해 보게 한다. • 우리나라에 주로 찾아오는 사람들은 주로 어떤 사람들인가요? • 외국 사람들이 우리나라에 많이 찾아오는 이유는 무엇일까요?	• 시간적·공간적 확대법에 따라 개인 문제에서 사회 문제로, 안목을 넓혀가도록 한다. • PPT 자료
실천 의지 다지기	○ 우리나라를 찾아오는 외국 사람들에게 친절하려면 어떤 태도가 필요한가요? • 친절하게 대해 준 외국 사람들은 우리나라를 어떻게 생각할까요? • 친절한 시민(국민)이 되기 위해서는 우리가 어떻게 해야 할까요?	

(2) 예시안 ②

소주제	세계의 미래	시 간	120분	수업 형태	전시 학습	장 소	전시실
수업 목표	• 세계 여러 나라의 각종 자료를 수집, 전시하고 세계의 미래를 예측할 수 있다.						
자료 및 준비물	교사				학생		
	PPT 자료, 비디오 자료, 전시관				사진 자료, 백과사전		
관련 정보	http://www.kofo.or.kr/Korean/index.html, http://www.knto.or.kr/						

과 정	활동 내용	자료 및 유의점
준 비	• 전시 계획 세우기	조사 내용 및 각종 수집 자료

과 정	활동 내용	자료 및 유의점
실천 소개	○ 조사 내용 및 수집 자료 알아보기 • 조사 내용: 세계 여러 지역의 자연 환경, 인종, 민족, 산업, 자원, 생활 모습, 문화 등 • 수집 자료: 생활 용품, 엽서, 우표, 그림, 도서, 민속 자료, 영상 자료, 각종 사진 자료 등	
실천 전개	○ 조사 내용 및 수집 자료를 정리하기 • 유형별 구분, 특징별 분류, 꾸미기 • 전시 방법 협의하기 ○ 전시회 개최 • 준비할 일 점검하기, 준비물 점검하기 • 개회 일시, 기간, 전시 방법, 장소, 초대 대상, 초대 방법, 홍보, 안내 등에 관한 협의하기 • 전시 및 결과 처리, 뒷정리 ○ 세계의 미래에 대하여 토의하기 • 전시회를 관람하고 세계의 미래를 예상하여 자유롭게 이야기하기 • 예상한 이야기를 듣고 느낌 말하기, 토의하기 • 합리적인 예측을 할 수 있도록 논리적인 견해를 발표하기, 토의하기	• 전시회에 필요한 각종 자료 • PPT 자료 • 구체적인 자료와 근거를 바탕으로 합리적인 예측을 할 수 있게 한다 • 보관 상자
정리	○ 전시 결과 처리하기 • 전시물, 자료 등을 효과적으로 활용하고 보관할 수 있는 방법을 협의하기 ○ 앞으로 계획 협의하기	

바. 평가 자료(예시)

관 련	예시안	소주제	웃으며 인사하기					
목 표		• 외국 사람에게 친절하게 대해야 하는 까닭을 말할 수 있다. • 친절한 모습으로 바르게 행동할 수 있다.						

평가관점	평가 유형	영 역			시 기		
• 외국 사람에게 친절하게 대해야 하는 까닭을 말할 수 있는가? • 친절한 모습으로 바르게 행동하는가?	관찰	인지	기능	정의	도입	전개	정리
		○		○			

평가방법	준비물	평가 시의 유의점
• 발표하는 모습과 행동을 보고 평정 척도에 의하여 평가한다.	평정 척도	• 평가를 의식하지 않도록 유의한다.

평가기준		
	잘 함	• 친절하게 대해야 하는 까닭을 2가지 이상 말하고, 바르고 친절한 자세로 행동한다.
	보 통	• 친절하게 대해야 하는 까닭을 1가지 이상 말하나, 행동이 약간 부자연스럽다.
	못 함	• 친절하게 대해야 하는 까닭을 말하지 못하고, 행동이 바르지 못하다.

수행 평가 기록				
번 호	이 름	평가 결과		
		잘 함	보 통	못 함

사. 참고 자료

(1) 문헌 자료

제 목	출판사	비 고
국제화 시대의 한국의 진로	21세기 정책 자료	
국제 이해 교육의 길잡이	유네스코 한국위원회	
국제화 시대의 인간 형성	배영사	
국제 이해 교육 연구 사례집	유네스코 한국위원회	
국제 이해 교육 지침서	유네스코 한국위원회	
지구촌 클럽	한국유니세프위원회	
국제 이해 교육 연구 보고서	유네스코 한국위원회	

(2) 비디오 자료

제 목	제작사	시 간	비 고
휴먼 기행	충청남도교육과학연구원	50분	
시간 여행	충청남도교육과학연구원	50분	
태양의 제국 1.2.3	충청남도교육과학연구원	각 25분	

(3) CD자료

제 목	제작사	비 고
자신만만한 세계 여행	삼성출판사	
둘이의 배낭여행	삼성 영상 사업단	
세계 정보 2007	디지털 조선 일보	
세계의 역사	지식 공학	
지구 마을	제이슨 테크	
신나는 세계 탐험	신라 음반	

(4) 도움 자료

1) 국제 시민으로서의 기본예절

① 외국인을 대할 때의 예절

- 부드러운 표정과 말씨를 사용합니다.
- 외국인의 국적과 인종에 대해 편견을 갖지 맙시다.
- 민족 감정을 자극하는 말을 삼갑시다.
- 외국 손님들이 다시 찾아오도록 친절하게 대합시다.
- 외국인에게 우리 문화를 따르도록 강요하지 맙시다.
- 친절을 생활화합시다.
- 밝은 표정과 미소를 지읍시다.

14. 한국 문화 정체성 교육: 세계 속의 한국 문화

가. 주제 개관

속담에 '남의 떡이 더 커 보인다'라는 말이 있듯이 우리는 세계적인 우리 문화를 규모가 작거나 다양한 모습이 아니라고 멸시하거나 수준이 낮은 문화로 보고 외국의 문화를 그대로 모방하고 외국 문화를 우수한 문화로 보고 그대로 받아들이거나 우리 생활에 끌어들이는 관행이 우리 생활 깊숙이 자리잡아 가고 있다. 그러나 월드컵 4강의 신화를 보면 우리 민족은 세계인들이 놀랄 만한 단결력과 잠재된 저력이 있음이 2002년 월드컵 경기에서 증명이 되었다.

여기에 21세기 세계화·정보화 시대에 문명의 총아로 불리는 정보 통신 기술 발달로 이제 우리나라는 개발도상국 수준을 넘어 선진국으로 도약하였다. 나라마다 그 나라의 독특한 문화는 자연 환경에 맞게 변화하고 정착되어 가고 있다.

우리나라의 자연 환경은 인근의 중국이나 일본보다는 좋은 위치에 있어 우리나라의 문화는 대륙의 영향을 받았지만, 대륙의 문화를 그대로 받아들이거나 모방을 하지 않고 우리의 환경과 풍습, 역사에 맞게 재구성 또는 새로운 문화로 창조하여 우리만의 문화를 향유하는 자랑스러운 민족으로 세계적으로 훌륭한 문화유산을 간직하고 있다.

따라서 우리 문화의 정체성을 확립하기 위하여 학생들이 어릴 때부터 우리 문화를 접촉하

는 기회를 늘리는 체험 활동을 통하여 우리 문화가 체득되도록 하고, 우리 고유의 문화를 계
승 발전시켜서 외국 문화를 인식하고 수용하는 태도를 길러야 한다.

나. 지도 목표

우수한 우리 문화를 계승·발전시키기 위하여 다음과 같은 점을 강조한다.
(1) 다양한 문화 체험을 통하여 문화의 주체성을 갖게 한다.
(2) 외국 문화에 대한 인식과 수용 태도를 기른다.
(3) 우리 문화를 아끼고 보전하는 태도를 기른다.

다. 지도 중점

(1) 우리나라의 지리적 조건에 따른 전통 문화의 우수성 인식
(2) 외국 문화의 특색과 우리 문화에 대한 주체성 확립
(3) 우리 문화를 계승·발전시키려는 노력과 태도 육성

라. 활동 내용 (예시)

(1) 고적 탐사 견학 계획

소주제	주요내용	준비물	학습 형태	시 간
옛 무덤을 찾아	○ 견학 계획 세우기 ○ 견학의 목적과 방법 ○ 공주, 부여 왕릉 견학하기 ○ 수집 및 정리 결과 발표하기	사진 자료집, 안내 책자	협동 학습 체험 학습	
고려 인삼을 찾아서	○ 부여군 규암면 고려 인삼 창 ○ 우리 고장의 자랑거리 알기 ○ 인삼 제품 만드는 과정 알아보기 ○ 수집 및 정리 결과 발표하기	사진 자료집, 안내 책자	체험 학습	
백제토기 재현 및 염색공예	○ 계룡산 도예촌 ○ 조상들의 생활상 및 슬기로움 알기 ○ 백제 문화 이해 및 염색의 아름다움	흰 T셔츠	체험 학습	
산성을 찾아서	○ 견학 계획 세우기 ○ 견학의 목적과 방법 ○ 성흥산성 견학하기 ○ 수집 및 정리 결과 발표하기	사진 자료집, 안내 책자	협동 학습 체험 학습	
박물관 견학	○ 견학 계획 세우기 ○ 견학의 목적과 방법 ○ 국립 박물관 견학하기 ○ 수집 및 정리 결과 발표하기	사진 자료집, 안내 책자	협동 학습 체험 학습	
고찰을 찾아	○ 견학 계획 세우기 ○ 견학의 목적과 방법 ○ 무량사, 고란사 견학하기 ○ 수집 및 정리 결과 발표하기	사진 자료집, 안내 책자	협동 학습 체험 학습	
백제 문화제	○ 견학 프로그램 협의하기 ○ 백제 문화제에 대해서 협의하기 ○ 문화제 행사 참여하기 ○ 결과 보고 및 전시회	비디오 테이프, 안내 책자	프로그램 학습	

마. 한국 문화 정체성 교육 활동 (예시)

(1) 예시안

소주제	민속놀이	시 간	40분	수업 형태	체험 학습	장 소	운동장
수업 목표	● 우리 조상들의 생활 모습을 이해하고 슬기를 익힐 수 있다.						

자료 및 준비물	교사	학생
	윷, 널, 제기, 연, 팽이, 자치기	체육복, 모둠, 표시기, 모둠 활동지

관련 정보	http://shinsoo.kimc.net/

과 정	교수·학습 활동	자료 및 유의점
도입	○ 출석 확인 ○ 준비 운동 및 사전 준비하기 ● 준비 체조 및 간단한 스트레치를 한다. ○ 학습 목표를 제시한다.	● 발문에 유의 하고, 학습 준비물을 확인한다.
전개	○ 모둠1 : 윷놀이(방법 알기, 한 번 돌아가며 던지기) ○ 모둠2 : 제기차기(차는 방법, 시합하기) ○ 모둠3 : 연날리기(명칭, 유래, 연날리는 방법) ○ 모둠4 : 널뛰기(널뛰는 방법, 누구 높이 뛸까) ○ 모둠5 : 투호(던지는 요령, 시합하기) ○ 모둠6 : 팽이치기(팽이치는 방법, 오래 살아남기) ○ 모둠7 : 자치기(치는 요령, 경기 규칙을 지켜 시합하기)	● 경어 사용 ● 인사 지도

보충·심화	보충 학습	심화 학습	
	○ 팽이치기 ○ 윷놀이 ● 소 모둠 정하기 ● 모둠별 잘하는 경기 선정하기 ● 바르게 하는 방법 익히기 ● 서로 돌아가며 연습하기 ● 가장 잘하는 사람을 뽑아 시범 보이기 ● 놀이를 한 소감 발표하기	○ 연날리기 대회 ○ 널뛰기 대회 ● 소 모둠 정하기 ● 모둠별 잘하는 경기 선정하기 ● 바르게 하는 방법 익히기 ● 서로 돌아가며 연습하기 ● 가장 잘하는 사람을 뽑아 시범 보이기 ● 놀이를 한 소감 발표하기	※ 보충·심화 영역 설정 ● 보충과 심화 의 수준은 아동 자율로 선택하도록 하되, 교사가 보완하여 수준별 학습이 되도록 한다.

과 정	교수·학습 활동	자료 및 유의점
정리	○ 본시 학습 정리 ● 건전한 놀이, 발전적이고 즐거운 놀이는 어떤 것인가? ● 승부에 너무 집착하지는 않았는가? ● 위 경기 중에서 잘하기 위한 나만의 방법 설명하기 ○ 차시 예고	

바. 평가 자료 (예시)

관 련	지구	소주제		민속 놀이				
목 표		• 우리 조상들의 생활 모습을 이해하고 슬기를 익힐 수 있다.						
평가 관점		평가 유형	영 역			시 기		
우리 문화의 우수성 알기		평가지	인지 / 기능 / 정의			도입 / 전개 / 정리		
평가 방법		준비물	평가 시의 유의점					
• 2가지 이상 민속놀이를 설명할 수 있는가? • 2가지 이상 민속놀이를 할 수 있는가?		• 각 종목 준비물	• 배운 내용 중에서 발췌하여 평가한다.					
	활동 내용		자 기		친 구		교 사	
개인 기준	• 경기의 규칙을 잘 이해하는가?							
	• 하는 방법을 잘 알고 있는가?							
	• 열심히 경기에 임하는가?							
모둠 기준	• 협동하여 서로의 실력을 키우는가?							
	• 모둠 나름의 방법을 찾아보는가?							
기록 방법	잘함 : ○ 보통 : △ 노력 요함 : ▽							
활동 후 소감								

사. 참고 자료

(1) 문헌 자료

제 목	출판사	비 고
새 1000년 우리 문화유산	계림	
우리 풍속 이야기	대교	
사라져 가는 세시 풍속	두산동아	
떳떳한 한국인	한국독서지도회	
열두 달 풍속놀이	산하	
한국 인상의 탐구	한국교육개발원	
나는 누구인가?	한국교육개발원	
한국 문화의 세계화	한국정신문화 연구원	

(2) 비디오 자료

제 목	제작사(자)	시 간	비 고
전통 문화를 찾아서 1,2,3,4,5,6,7	충남교육과학연구원	30분	
한국의 춤	전남교육과학연구원	50분	
미래의 선(한국 유산)	경남교육과학연구원	50분	
태양의 제국 1,2,3	충남교육과학연구원	25분	
전통 문화의 신비	서울교육과학연구원	25분	
문화유산	경북교육과학연구원	50분	
전통의 재발견	강원교육과학연구원	60분	
해양 학습 자료	서울교육과학연구원	60분	

(3) CD자료

제 목	제작사(자)	비 고
한국의 석조물 예술	포토문화정보원	
국역 조선 왕조 실록	동방미디어	
한국 민속 대관	나모인터렉티브	
우리의 맥과 전통	삼성문화재단	
CD로 보는 세계사	다솜미디어	
한국 역사 상식 대 백과	글로리미디어	
생활 속의 우리 문화	포토문화정보원	
옛 옷과 장신구	포토문화정보원	

(4) 인터넷 사이트

○ 국사편찬위원회 http://kuksa.nhcc.go.kr/

한국사 관련 데이터베이스로 한국 통사, 한국사 연표, 고대, 중대, 근대, 현대로 나누어진 한국사 자교 제공 및 검색 서비스 제공

○ 국립중앙박물관 http://www.new‑museum.go.kr/index2.htm

대표적인 소장 유물에 대한 3차원 형상과 설명 자료 수록, 박물관 안내, 유물 정보, 박물관 신문, 국내외 관련 기관, 사회 문화 교육 안내 등으로 구성

○ 문화체육관광부 http://www.mcst.go.kr

우리 문화의 우수성을 알리기 위해 이 달의 인물 및 세시 풍속, 우리 말 우리글의 실력풀이 등 다양한 시책을 운영하는 모습을 한눈에 볼 수 있음

o 한국관광공사 http://www.knto.or.kr/korean/index.html

우리나라의 관광지와 문화를 소개하며 숙박 및 교통 등 종합적으로 알아볼 수 있으며, 지역의 전통 문화 체험을 추천하고 있어 아름다운 우리나라의 관광 여행 정보를 제공함

o 한국민속촌 http://www.koreanfolk.co.kr/folk/korean/index.htm

우리나라의 옛 모습을 그대로 재현한 전통 문화 보존 야외 박물관, 한국의 역사와 문화 자료 제공, 교통편 안내, 민속 사진 모음

o 한국 김치 http://www.kimchi.or.kr/

농수산물 유통 공사에서 다국어로 제공하는 김치 수출 홍보 페이지로서 역사 및 효능, 종류, 만드는 방법, 요리 방법 및 수출업체 소개 수록

o 한국의 도자기 http://www.koreafolkart.com/

전통공예, 청자, 백자, 분청사기, 옹기, 인간문화재 소개, 한국의 전통 도자기 전시

(5) 도움 자료

o 전통 계승 문화 체험 활동 계획

반만 년의 유구한 역사를 간직하고 있는 우리 문화의 우수성을 체험함으로써, 한국인으로서의 자긍심을 일깨우고 세계 속에 빛나는 문화를 더욱 발전시켜 나가도록 교육 프로그램을 운영한다.

영 역	교육 내용	비 고
김치 담그기	• 김치 재료 및 과정 활동 체험, 식생활 문화의 우수성 알기	학부모
도자기 공예	• 고려청자 및 백자의 아름다움을 알고 옛 모습 재현하기	지역 교육청 수련관
예쁜 한복	• 한복 입는 방법과 절하는 방법을 배우는 예절 교육	월 1회 실시
민속놀이	• 중간놀이 및 특기 적성 활동으로 우리 고유의 민속놀이 활동하기	상설 운영
우리 문화	• 풍물 및 탈춤반 운영을 통한 전통 문화 계승	사물놀이

15. 해양 교육: 가자, 우리 모두 바다로

가. 주제 개관

우리나라는 3면이 바다로 둘러싸여 있다. 그러나 바다를 이용하거나 바다를 이용한 무역이 성행한 편은 아니다. 17, 18세기 유럽의 문명국가들은 자국에서 머무르지 않고 대양을 통해 국가의 융성을 꾀하였다. 바다를 잘 이용한 나라는 일찍이 문명국가의 대열에 섰고, 그렇지

못한 나라는 남의 나라에 지배를 받거나 경제적으로 어려운 나라가 되었다.

지구의 육지는 인간이 정착하면서 현재까지 살아오면서 온갖 오염 물질을 배출하고, 인구의 증가가 폭발적으로 늘어 앞으로 육지에서는 살기가 어려운 날이 올 것이다.

그러면 미래의 생활 터전은 해양으로 옮겨지게 될 것이다. 이에 대비하여 바다가 인간에게 주는 혜택을 잘 이용하고, 좀 더 나은 생활을 하기 위하여 바다를 두려운 대상에서 친근한 대상으로 만들어 우리 생활에 이용하도록 해야 할 것이다.

나. 지도 목표

해양은 미래의 생활 터전이며 식량의 보고임을 알게 한다.
(1) 해양 체험으로 바다의 중요성과 관심을 갖도록 한다.
(2) 바다 생물과 자원의 개발방법을 알고 발전 방향을 모색하도록 한다.
(3) 바다에 대한 친밀감을 가지고 잘 보존하려는 태도를 기른다.

다. 지도 중점

(1) 바다의 중요성 인식을 위한 체험 활동
(2) 바다 생물과 자원의 개발과 이용방법
(3) 바다에 대한 친밀감과 자원의 보존 태도를 기른다.

라. 활동 내용 (예시)

소 주 제	주 요 내 용	준비물	학습 형태	시간(분)
바닷가 백사장을 찾아	• 견학 계획 세우기 • 견학의 목적과 방법 • 대천 해수욕장 견학 • 바닷가에 백사장이 형성되는 원인 • 수집 및 정리 결과 발표하기	사진 자료집 안내 책자	협동 학습 체험 학습	3
	• 견학 계획 세우기 • 견학의 목적과 방법 • 십리포 해수욕장 견학 • 바닷가에 백사장이 형성되는 원인 • 수집 및 정리 결과 발표하기	사진 자료집 안내 책자	체험 학습	3

소 주 제	주 요 내 용	준비물	학습 형태	시간(분)
갯벌 체험 (패류 중심)	• 패류가 사는 환경 • 패류의 채집 • 서천 지역 갯벌 견학 • 수집 및 정리 결과 발표하기	사진 자료집 안내 책자 망 호미	협동 학습 체험 학습	3
갯벌 체험 (서해안)	• 견학 계획 세우기 • 갯벌의 형성 • 갯벌의 기능 • 갯벌의 종류	사진 자료집 안내 책자	협동 학습 체험 학습	3
간척 사업과 갯벌	• 견학 계획 세우기 • 견학의 목적과 방법 • 서산 A, B 지구 • 간척과 갯벌과의 관계 및 영향 • 수집 및 정리 결과 발표하기	사진 자료집 안내 책자	협동 학습 체험 학습	3
우리 시·도의 섬	• 견학 계획 세우기 • 견학의 목적과 방법 • 섬 견학하기 • 수집 및 정리 결과 발표하기	사진 자료집 안내 책자	협동 학습 체험 학습	4
	• 견학 계획 세우기 • 견학의 목적과 방법 • 섬 견학하기 • 수집 및 정리 결과 발표하기	사진 자료집 안내 책자	협동 학습 체험 학습	4
어항을 찾아	• 견학 계획 세우기 • 견학의 목적과 방법 • 대천 어항 및 서해안 어항 견학 • 수집 및 정리 결과 발표하기	사진 자료집 안내 책자	체험 학습	3
바닷물	• 바닷물은 움직일까? • 바닷물은 왜 짤까? • 바닷물은 왜 마시지 못할까? • 바닷물을 마실 수 있는 물로 만들어 보자.	PT병 숯 모래 자갈 등	조사 학습 체험 학습	3
	• 밀물과 썰물은 왜 생길까? • 밀물과 썰물이 생태계에 미치는 영향 • 모세의 기적이란? • 고기잡이와 밀물, 썰물과의 관계	사진 자료집 안내 책자	체험 학습	2

마. 해양 교육활동 (예시)

(1) 예시안

소 주 제	해양 오염	시간	40분	수업 형태	체험 학습	장 소	과학실
수업 목표	• 바다의 오염 원인과 대책을 말할 수 있다.						
자 료 및 준 비 물	교사				학생		
	비커, 물고기				채집물		
관련정보	http://home.bcline.com/mys1230 – 과학 자료실						

과 정	교수, 학습 활동	자료 및 유의점
도 입	○ 동기 유발하기 • 우리나라의 바다에 가 본 경험 이야기하기(2~3명의 아동을 자유롭게 발표시킨다.) • 바다 주변은 환경이 어떠하였나요? ○ 공부할 문제 확인 • 바다의 오염 원인과 대책을 말해 보자.	• 발문에 유의 • 파워포인트
전 개	○ 바다의 오염 원인 알기 • 예습 과제로 제시된 내용을 오염 원인별로 발표한다. • 인터넷 조사를 시켜 미리 조사한 내용을 발표해도 좋다. ○ 실험 계획 세우기 • 모둠별로 바다의 오염 정도에 대하여 조사해 봅시다. 　① 우리나라 바다 주변의 환경을 조사하게 한다.(인터넷 활용하여 모둠 나름대로 조사한다.) 　② 조사한 내용을 돌아가며 서로 발표한다. 　③ 우리나라의 바다의 특징에 대하여 조사하고 환경오염 측면과 관련하여 발표한다. 　④ 발표된 내용 중에서 모둠 나름대로 보고서를 작성한다. 　⑤ 실험으로 알아볼 내용을 선정한다. ○ 실험 예상하기 • 각 모둠에서 실험하기로 한 내용에 대한 결과를 미리 예측하여 발표해 본다. ○ 실험하기 • 배설물의 정화에 걸리는 시간 실험하기 • 하이타이물의 정화에 걸리는 시간 실험하기 • 수채 물감, 석유의 정화 시간 알아보기 ○ 토의 및 결과	• 파워포인트 • OHP • 실물 화상기 • 프로젝션 TV
정 리	○ 정리 및 발전 • 토의한 내용을 모둠별로 발표한다. ○ 형성 평가 • 바다 오염의 주된 원인은 무엇인가 • 바다 오염을 줄이기 위한 방법에는 어떤 것이 있나요? ○ 차시 준비물: 온도계, 수조, 따뜻한 물, 찬물, 미지근한 물	• OHP

바. 평가 자료 (예시)

관 련	날씨	소주제	날씨 알아보기					
목 표			• 바다의 오염 원인과 대책을 말할 수 있다.					
평가관점			**평가유형**	**영 역**			**시 기**	
바다 오염의 원인과 해결 방법			평가지	인지	기능	정의	도입	전개	정리

평가관점	평가유형	인지	기능	정의	도입	전개	정리
바다 오염의 원인과 해결 방법	평가지		○			○	

평가방법	**준비물**	**평가 시의 유의점**
• 바다의 오염의 원인 알기 • 바다 오염의 해결 방법 알기	온도계, 기록장	• 실제 상항과 동떨어질 수 있기에 인터넷을 적절히 활용한다.

	활동 내용	**자기**	**친구**	**교사**
개인기준	• 인터넷으로 바르게 조사할 수 있나?			
	• 조사하는 내용을 잘 정리하여 발표하는가?			
	• 바다의 오염 원인을 잘 찾았는가?			
모둠기준	• 협동하여 실험하였는가?			
	• 모둠별로 실험한 내용을 바르게 결론지었는가?			
기록방법	잘함 : ○ 보통 : △ 노력 요함 : ▽			
활동후소감				

사. 참고 자료

(1) 비디오 자료

제 목	제작사(자)	시 간	비 고
바다 밑 산호초	충남교육과학연구원	50분	
바다 속의 생물	충남교육과학연구원	18분	
바다 속의 신비	충남교육과학연구원	20분	
바다의 멋진 사냥꾼	충남교육과학연구원	50분	
밀물과 썰물	충남교육과학연구원	30분	
바다 밑 세계 일주	충남교육과학연구원	50분	
해저 2만 리	충남교육과학연구원	30분	
해양학	충남교육과학연구원	25분	
수중의 신비	충남교육과학연구원	90분	
다도해 푸른 물결	충남교육과학연구원	90분	

(2) CD 자료

제 목	제작사	비 고
어류 도감	포토 CD 출판정보원	
도전 호기심 해결	스타소프트웨어	
계몽 우주 지구 학습 백과	계몽교육정보	
계몽 동·식물 학습 백과	계몽교육정보	
신대륙 탐험	대교	
천재들의 자연 백과	솔빛	

(3) 사이트 자료

○ 국토해양부 http://www.mltm.go.kr/
해양 자원의 개발, 해양 과학 기술 및 환경에 대한 연구 개발, 해운 산업의 진흥, 선원의복 지증진, 선박에 관한 업무, 항만의 건설 및 운영, 수산업의 진흥과 어촌 개발 등의 업무담당
○ 사이버 해양박물관 http://seaworld.pusan.kr/uw.dispatcher/gateway/gateway
해양, 수산 분야에 관한 도서, 그림, 음향 및 동영상 등의 다양한 자료를 수집하여 비치함으로써 인터넷을 통한 24시간 쌍방향 서비스를 제공
○ 해양 종합 정보망 http://www.momaf.go.kr/doc/oiis/docs/intro/frame.htm
해양 정책을 효율적으로 추진하고 해양 자원의 관리 및 이용성을 높이기 위하여 종합적이고 체계적인 정보화 추진
○ 한국해양수산개발원 http://www.kmi.re.kr/korea/k ̄index.html
해양 지식 산업의 육성, 해양 서비스 산업의 고부가 가치화 및 해양 산업의 세계화를 연구
○ 해양 도시를 찾아서 http://www.momaf.go.kr/doc/해양도시/index.htm
각 해양 도시를 사진과 설명으로 소개하고 있으며, 각 도시의 지도와 해양 관련 사진자료로 많은 볼거리 제공
○ 한국해양대학교 http://www.kmaritime.ac.kr/intro/index.html
해양 입국을 선도하는 교육, 연구 중심 대학, 훌륭한 인재를 양성함을 목적으로 함

(4) 도움 자료

1) 월별 해양 행사 일람표

월	행사명	행사 내용	비 고
4	글짓기	해양 도서 읽고 독후감 쓰기	
	그리기	미래의 수중 도시 상상화 그리기	
	현장견학	서천 해양 박물관 및 서산 A, B지구 견학	
5	사이버 체험	우리나라의 수력 발전 조사, 발표	
	해양 탐구 대회	해양 탐구 내용 발표	
	만들기	조개껍질, 고동 이용 벽걸이 만들기	
6	표어 · 포스터	해양 개발 및 바다 환경 보호	
	글짓기	바다에 대한 시, 산문, 설명문	
	만들기	모형 함선 만들기	
7	극기 활동	해양 래프팅을 통한 모험심 기르기	
	채집하기	해변 갯벌 탐사	
	극기 활동	스노클링 – 오리발, 숨대롱, 물안경만을 착용하고 수심 3m 안팎의 얕은 곳에서 잠영	
9	그리기	미래의 모형 함선	
	탐구 발표	해양 탐구 주제 발표 및 전시회	
	유적 답사	장보고 유적지 탐사	
10	경연 대회 참가	해군 참모 총장배 모형 함선 경연 대회 참가	
	탐사 활동	우리 고장 서해안 – 무창포 해수욕장	
	조사 활동	바다를 이용한 조상들의 생활 도구 조사하기	
11	만들기	거북선 모형 제작하기	
	탐사 활동	우리 고장 금강의 자연 환경 탐사	
	독후감 쓰기	해양 도서 읽고 독후감 쓰기	
12	조사 활동	바다를 이용하는 선진국 모습 조사하기	
	조사 활동	위협받는 해양 생물 조사, 발표	
	나의 꿈 발표	바다를 개척하는 나의 미래 모습	

2) 해양 자원 개발

① 해양 자원에는 어떤 것이 있나요?

해양 자원은 크게 해양 생물 자원, 해양 광물 자원, 해양 석유 · 천연가스, 해양 에너지 등으로 나눌 수 있다.

해양 생물 자원은 세계 동물성 단백질 공급량의 약 6분의 1을 차지할 정도로 식량 자원으로서 매우 중요한 부분을 차지하고 있으며, 앞으로 세계 인구 증가와 함께 수산자원의 섭취량이 더욱 늘어날 것으로 전망된다. 이제까지 해양 생물자원은 주로 식품으로 이용되어 왔다.

그러나 최근 수산물의 부가 가치를 높이거나 해양 생물이 갖고 있는 신비로운 기능을 개발하여 첨단 의약품이나 공업 제품의 원료로 이용하려는 연구가 전 세계적으로 활발히 진행되고 있다.

태평양, 인도양 등의 깊은 바다 속에는 망간 75, 코발트 212, 니켈 51 등의 해양 광물 자원이 다량으로 묻혀 있다. 이들은 첨단 기술 산업의 원자재로서 사회 경제 발전에 꼭 필요한 중요한 광물이다. 현재, 우리나라는 태평양 하와이에서 동남쪽으로 2,000㎞ 떨어진 곳에 망간단괴 53 광구 15만㎢를 UN으로부터 할당받아 정밀 탐사를 하고 있으며, 이 중 광물이 가장 많이 매장된 지역 7만 5천㎢를 2002년부터 최종 선정하여 자원을 개발하고 있다.

해양 석유·천연 가스는 요즈음 세계에서 발견된 주요 석유 120·가스전의 대부분을 차지하며, 세계 석유 생산량 가운데 해양이 차지하는 비중이 점차 늘고 있다. 우리 민간 기업은 인도네시아의 마두라 해역 및 북예맨의 해양에서 석유·천연 가스의 개발 사업을 하고 있으며 동시에 세계적으로 수준 높은 조선 기술, 철강 기술을 활용하여 석유 생산 기지를 건조하여 수출하고 있다.

해양 에너지로는 조력, 파력 및 온도차 등을 들 수 있으나, 화석 에너지에 비해 아직 비용이 많이 들기 때문에 선진국에서도 많이 이용하지 못하고 있다. 그러나 해양 에너지는 공해가 없고 무한히 재생된다는 특징 때문에 미래에는 지구 환경 보호를 위하여 세계적으로 많이 이용될 것으로 보인다.

우리나라의 경우 조석 간만의 차가 큰 서해안의 가로림만은 조력 발전의 유망한 후보지로 선정되어 현재 개발을 위한 연구가 진행 중이며, 파도의 힘을 이용한 파력 발전 연구도 활발히 진행되고 있다.

② 바다 속에 존재하는 귀중한 광물질은 어떤 것이 있나요?

수심 4,000~5,000m의 심해저에 직경 10㎝ 정도의 망간 덩어리가 있는데, 여기에는 망간 외에도 니켈, 코발트, 구리 등 여러 가지 광물질이 포함되어 있다.

바닷물은 그 자체가 일종의 광상(鑛床: 유용 광물의 집합체)이라고 할 수 있다. 왜냐하면 바닷물 속에는 염화나트륨 149(소금), 브로민 105(Bromine), 마그네슘 71 등 광물질이 다량으로 포함되어 있기 때문이다. 바닷물의 총량은 13억 7천만㎢나 되므로 이 안에 들어 있는 광물질의 양은 엄청나다. 만일 바닷물을 모두 증발시킬 경우 증발되지 않고 남는 염류(염화나트륨, 황산칼슘, 황산칼륨, 염화마그네슘 150 등)의 총량은 아프리카 대륙만 한 양이 된다고 한다.

그리고 바닷물 속에는 금도 포함되어 있다. 바닷물 속에 포함되어 있는 금을 전부 골라낸다면 약 85억kg이나 된다. 즉 세계 모든 사람들에게 1.5kg 이상을 나눠줄 수 있는 양이다.

최근에는 수심 4000~5000m의 심해저에 직경 10cm 정도의 망간덩어리가 무진장하게 널려 있는 것이 발견되었다. 이러한 망간 덩어리에는 망간 외에도 니켈 51, 코발트 212, 구리 28 등 여러 가지 광물질이 포함되어 있다.

우리나라에서도 하와이 동남방 2,000km 지점에 있는 태평양의 클리퍼턴 해역(일명 C-C해역)에 15만km²를 할당받아, 2002년까지 7.5만km²에 달하는 해역을 최종 광구로 선정할 계획이다. 이 C-C해역에 부존하는 망간단괴 개발을 통하여 망간, 니켈, 코발트, 구리 등 품질이 뛰어난 전략적 광물 자원을 안정적으로 공급받을 수 있을 것으로 기대된다. 그리고 이러한 망간단괴를 상업적으로 활용한다면 연간 21억 달러의 이득을 얻을 수 있다.

그리고 우리나라는 현재 남서 태평양 도서 국가인 마샬 공화국 및 마이크로네사아의 EEZ 내에 망간각 및 해저 열수 광상을 탐사하고 있다. 망간각에는 코발트, 망간이 다량 함유되어 있고 해저 열수 광구(깊은 바다 속의 뜨거운 용액이 나오는 구멍) 주변의 해저 열수 광상에는 백금 93, 은 168, 구리 28 등이 다량 함유되어 있어 개발에 성공한다면 엄청난 이득을 얻을 수 있다.

③ 유엔 해양법 협약이란 무엇인가요?

1982년 제3차 유엔 해양법 회의에서 해양과 그 자원을 슬기롭게 이용·보전하기 위한 사항을 규정한 유엔 해양법 협약이 채택되고 94년 11월 발효되었다. 21세기 인류의 해양 활동과 문화를 규율하는 "바다의 헌장"이라고 할 수 있다.

옛날부터 바다는 경제적인 중요성이 크기 때문에 해양의 개발과 이익을 둘러싸고 여러 국가와 민족들 사이에 많은 갈등이 있었다. 현대에 이르러 해양과 그 자원의 중요성에 대한 인식이 높아짐에 따라 1982년 제3차 유엔 해양법 회의에서 해양과 그 자원의 이용과 보전에 관한 광범위한 사항을 규정한 유엔 해양법 협약이 채택되었다. 이 협약이 채택된 1982년에 119개 국가 대표가 가입·서명하였는데, 법적 효력이 발생하기 위해 필요한 67개국의 비준을 받는데 12년이 걸려 결국 1994년 11월 새로운 유엔 해양법 협약이 발효되었다.

16. 양성 평등 교육: 함께 아끼며 살아가는 사랑스런 삶

가. 주제 개관

양성 평등 교육의 목적은 양성 중 어느 특정한 성에 대하여 부정적인 감정이나 고정 관념, 차별적인 태도를 갖지 않게 하고, 생물학적인 차이를 사회 문화적 차별로 직결시키지 않아서 남녀 모두가 자신에게 잠재되어 있는 특성을 충분히 발휘하여 자신의 자유 의지로 계획하고, 세상을 볼 수 있게 한다. 따라서 양성 평등 교육은 미래 사회에 유연하게 대처할 수 있으며 양성이 공존하는 환경에 효과적으로 반응할 수 있는 사람을 양성하는 데 그 의의가 있다.

본 단원은 양성 평등의 주제를 성교육의 전 영역과 통합적으로 다루고 있다. 전체 단원 구성은 5차시로 나누어져 있으며, 먼저 남녀의 신체적·심리적 성 차이를 이해하고 다음은 성 차이와 성 고정 관념을 구분하고, 성 고정 관념이 절대 불변한 것이 아니라 사회 문화적으로 형성된 것임을 이해하게 하여 성 고정 관념에 근거한 불합리한 성차별 의식을 극복하고 평등한 성 의식을 확립하도록 한다.

특히 양성 평등 교육에서는 남녀의 생물학적 성(Sex), 사회 문화적·행동 과학적 성(Gender), 그리고 인격적 성(Sexuality) 등을 함께 고려하고 존중하여야 한다.

나. 지도 목표

(1) 남녀 간의 성 차의 본질을 바르게 이해함으로써 올바른 성 정체감을 확립할 수 있다.
(2) 성 차별과 성 차이의 차이점을 알고 성 차별 의식을 해소함으로써 평등한 성 의식과 인간 존중의 태도를 확립할 수 있다.

다. 지도 중점

(1) 남녀의 신체적, 심리적 성 차이의 이해 지도
(2) 성 고정 관념과 성 차별의 개념 정의와 성 고정 관념에 대한 비판적인 태도 갖기
(3) 학교생활 속에서 일어나는 성 차별 상황에서의 양성 평등 지도

라. 활동 내용 (예시)

본 주제는 총 5차시로 구성되어 있으며, 1차시는 제4~5학년, 2차시부터는 제5~6학년을 중심으로 지도할 수 있다.

단 원	주요내용	준비물	학습 형태	시 간
양성 평등	○ 남과 여 무엇이 다른가요? • 남녀 간의 신체적 성 차이 • 남녀 간의 심리적 성 차이 • 개성적 존재로서의 인간	그림 자료, 활동지, ICT 학습 자료	토의 학습	
	○ 누구든지 할 수 있어요 • 성 고정 관념의 의미 이해 • 성 차별의 의미 이해 • 성 차별과 성 차이 구분 • 성 고정 관념에 대한 비판적인 태도 형성	읽기 자료, 활동지, 프레젠테이션	토의 학습	
	○ 우리는 다 같이 소중한 사람 • 가정, 사회, 학교에서의 성 차별 의식 해소 • 양성 평등 의식의 확립 • 양성 평등 의식의 실천	역할극 자료, 읽기 자료. 활동지	토의 학습	

마. 양성 평등 교육 활동 (예시)

(1) 예시안 ①

소주제	남과 여, 무엇이 다른가요?	시 간	40분	수업 형태	토의 학습
수업 목표	• 남녀의 신체적, 심리적 성 차이를 이해하고 인간의 개성과 다양성을 이해할 수 있다.				
자료 및 준비물	교사			학생	
	그림 자료, 활동지, ICT 자료			활동지, 필기도구	
관련 정보	http://www.youth.co.kr http://www.edugender.or.kr				

과 정	교수·학습 활동	자료 및 유의점
준비	○ 마음 열기 • 친구와의 공통점, 차이점 등을 찾아본다. 　- 옆 친구는 여자인가요? 남자인가요? 　- 신체적, 심리적 특징(키가 크다. 얌전하다, 활달하다 등) ○ 학습 문제 제시 • 남자와 여자의 성 차이를 이해하고, 개성과 다양성을 존중하자.	• 자유롭게 발표할 수 있는 분위기를 조성한다.
활동	○ 남녀의 신체적 특징상의 공통점과 차이점 알아보기 • 활동지를 통해 남녀의 신체적 특징 중 공통점과 차이점을 찾는다. 　① 남녀 신체적 특징상의 차이점 　　　<여자>　　　　　　　　<남자> 　　　- 유방이 커진다.　　　- 턱수염이 난다. 　　　- 목소리가 가늘다.　　- 목소리가 굵어진다. 　　　- 월경이 나타난다.　　- 몽정 현상이 있다. 　② 남녀 신체적 특징상의 공통점 　　　- 발모 현상이 있다.　　- 키가 크고 몸무게가 늘어난다. 　　　- 여드름이 난다.	• 그림 자료 • 활동지 ①

과 정	교수·학습 활동	자료 및 유의점

정리	○ 남녀의 심리적 공통점과 차이점 알아보기
	• 남성성과 여성성을 나타내는 단어들 중에서 자기에게 해당되는 것을 각각 찾게 한다.
	  ① 소집단별로 남학생과 여학생의 활동지 결과를 비교한다.
	  ② 남학생과 여학생 사이에서 많이 나타나는 단어가 무엇인지 질문한다.
	  ③ 남학생에게서 많이 나타나는 단어들이 여학생에서는 있는지 알아본다.
	○ 남녀의 신체적, 심리적 차이 정리하기
	• 남녀의 신체적, 심리적 차이를 인정하며 서로의 개성을 존중하도록 한다.
	"키가 작든지, 크든지 성격이 꼼꼼하든, 털털하든, 여자이든, 남자이든 우리는 모두 소중한 생명입니다. 독특한 개성을 가졌으며 다 같이 중요한 사람입니다. 따라서 우리는 자신을 사랑해야 하며 나를 소중하게 여기는 만큼 다른 사람도 존중해 주어야 합니다."
	○ 형성 평가
	○ 차시 예고
		• 교사는 남녀 간의 기질적인 차이는 있지만 명확하지 않고, 개인차에 따라 다르게 나타남을 강조한다.
		
		• 활동지 ②
		
		• ICT학습 자료
		• 프레젠테이션

(2) 예시안 ②

소주제	누구든지 할 수 있어요.		시 간	80분	수업 형태	토의 학습
수업 목표	• 성고정 관념과 성차별의 개념을 정의할 수 있다. • 성고정 관념에 대하여 비판적인 태도를 가질 수 있다.					
자료 및 준비물	교사			학생		
	읽기 자료, 활동지, 프리젠테이션			활동지, 필기도구		
관련 정보	http://www.woorisung.com		http://210.106.101.3/gender			

과 정	교수·학습 활동	자료 및 유의점

준비
 	
활동
	○ 학습 문제 제시
	• 성 고정 관념, 성 차별, 성 역할에 대해 알아보자.
	○ 성 고정 관념의 의미 이해하기
	• 활동지를 읽고 각자 물음에 답한 다음 소집단별 토의하기
	  – 남자는 활동지 ① 여자는 활동지 ②를 제시한다.
	• 소집단별로 나온 의견들을 정리·발표한다.
	• 제시 자료를 보여주고, 성 고정 관념의 개념을 정리한다.
	  ☞ 성 고정 관념: '남자는 울면 안 된다. 여자는 집안일을 해야 한다'와 같이 남자 혹은 여자에 대한 고정적인 생각
	  – 학생들로 하여금 일상생활 속에서 겪는 성 고정 관념의 사례들을 생각해 보고 그런 일을 겪게 된 이유를 생각해 보게 함으로써 성 고정 관념의 개념을 이끌어 낸다.
	○ 성 고정 관념의 문화적 차이 이해하기
	• 읽기 자료로 문화적으로 다른 남녀의 특징과 역할을 이해하고 성 고정 관념의 의미를 안다.
		• 활동지
		
		• 읽기 자료

과　정	교수·학습 활동	자료 및 유의점
정리	• 성 고정 관념은 타고난 특징이 아니라 사회, 문화적으로 형성된 것임을 이해한다. ○ 성차별의 의미 이해하기 • 제시 자료를 보여주고 성 고정 관념과 비교하여 성 차별을 설명한다. 　☞ 성 차별: 남자 혹은 여자에 대한 고정적인 생각 때문에 여자 혹은 남자에게 불이익을 주는 행동 ○ 성 차이와 성 차별의 의미 구분하기 • 성 차이와 성 차별을 구별하는 문제를 제시하여 성 차이인지 성 차별인지 답하게 하고 그 이유를 발표하게 한다. 　– 여자만 아기를 낳는 것은 성 차이일까요? 성 차별일까요? • 성 차이와 성 차별을 구분하는 활동지 해결로 의미를 다진다. ○ 형성 평가 • 성 고정 관념과 성차별의 의미를 이해하는가? • 성 고정 관념에 대한 비판적인 태도를 표현하는가? ○ 차시 예고	• 제시 자료 • 남녀의 신체적 구조에서 생기는 차이는 차별이 아닌 성 차이임을 인식시킨다.

1) 학습지 1 (예시)

나는 이렇게 생각해요!

(　　)학년　(　　)반　(　　)번　이름(　　　　　　　　)

※ 다음 남·녀 어린이가 한 말 중에서 차이라고 생각하는 것은 '**차**'라고 쓰고, 남녀를 차별하는 말이라고 생각하는 것은 '별'이라고 쓰세요.

1. 철수(남): 나는 남자니까 '의사 선생님' 역은 내가 할 거야. ··(　)

2. 민희(여): 그 얘기를 연극으로 만든다면, '엄마' 역할은 연기력이 뛰어난 내가 맡을 거야. ·············(　)

3. 유리(여): 남자는 집안일을 해서는 안 돼. 왜냐하면 남자는 밖에 나가 돈을 벌어야 하기 때문이야. ·······(　)

4. 진수(남): 여자는 아기를 낳아야 하기 때문에 직장을 가지면 안 돼. ·····································(　)

5. 영희(여): 여자는 자궁이 있어 임신할 수 있지만, 남자는 임신할 수 없어. ····························(　)

6. 승준(남): 어른이 되면 대부분의 남자들은 여자보다 힘이 세. ··(　)

7. 미영(여): 남자들은 여자보다 항상 강해야 해. 남자는 아무리 슬퍼도 울면 안 돼. ·······················(　)

8. 재석(남): 체육 시간에 자유 시간이 주어지면 축구는 남자가 하고, 피구는 여자가 해야 해. ···············(　)

9. 영수(남): 여자는 남자보다 통솔력이 부족하니까 학급 회장은 남자가 하는 것이 더 나아. ················(　)

바. 평가 자료 (예시)

관 련	예시안 2	주 제	누구든지 할 수 있어요.					
목 표		• 성 고정 관념, 성 차별, 성 차이의 의미를 이해하고 비판적인 태도를 가질 수 있다.						
평가 관점				영 역			시 기	
• 성 고정 관념, 성 차별, 성 차이의 의미를 이해하고 성 고정 관념을 비판하는 태도를 표현하는가?			인지	기능	정의	도입	전개	정리
			○		○			○
평가 방법				준비물		평가 시의 유의점		
발표 및 관찰법				평정척		실천이 중요함을 인식		

평가 기준	잘 함	• 성 고정 관념의 개념을 알고 성 차이와 성 차별을 구분한다. • 성에 대한 고정 관념을 비판하는 태도를 잘 표현한다.
	보 통	• 성 고정 관념의 개념과 성 차이, 성 차별의 의미를 이해하나 잘 표현하지 못한다.
	못 함	• 성 고정 관념의 개념과 성 차이와 성 차별을 구분하지 못한다. • 성 고정 관념에 대한 비판적인 태도를 갖지 못한다.

수행 평가 기록 방법				
번 호	이 름	평가 결과		
		잘 함	못 함	노력 바람
1	○○○			

사. 참고 자료

양성 평등의 주요 용어 정리

○ 성 정체감(gender identity)
  자신을 소녀 또는 소년으로 나아가 여성 또는 남성으로 보는 관점
○ 양성성(androgyny)
  남성과 여성이 전통적인 남성과 여성의 특성을 함께 고유하고 있는 것
○ 성 역할(gender role)
  생물학적인 성 차에 의거하여 사회로부터 기대되는 일련의 성격 특성들
○ 성 역할 고정 관념(gender role – stereotype), 성 고정 관념
  남녀의 성격적 특성에 대한 구조화된 신념들의 집합으로서 어떤 동일 상황에서 성별에 따라 특정한 동일 행동을 기대하는 태도적, 행동적 편향(김시업, 1999)
○ 성 차별
• 좁은 의미의 성 차별: 남자 혹은 여자에 대한 고정적인 생각 때문에 여자 혹은 남자에게 불이익을 주는 행동
• 넓은 의미의 성 차별: 생각이나 행동에서 여자 혹은 남자에 대한 공평하지 못한 대우(교육부, 1999)

---

17. ICT 교육: 정보의 바다에서 노를

가. 주제개관

ICT 활용 교육은 각 교과 시간에 정보 통신 기기를 활용하여 교과의 목표를 가장 효과적으로 달성하기 위한 교육 활동, 즉 정보 통신 기술을 도구적으로 활용하여 학습자의 학습 동기를 유발하고 자기 주도적인 학습 능력을 신장시키려는 교육 활동을 의미한다. 예를 들면 교육용 CD_ROM 타이틀을 이용하여 수업을 하거나 혹은 인터넷 등을 통한 웹 자료를 활용하여 교수·학습을 하는 형태이다.

2007년 개정 교육과정에서는 특정 교과를 통해 정보 소양을 함양하기보다는 일상생활의 문제 해결 과정에서 모든 교과에서 자연스럽게 학생들의 정보 소양을 함양시키도록 국민 공통 기본 교과 수업 시 정보 통신 기술(Information & Communication Technology: ICT)을 10% 이상 활용하도록 하는 목표를 제시하고 있다. 이 같은 목표를 달성하기 위해서는 교사 스스로가 정보 통신 기술 활용 교육에 관하여 올바르게 이해하고 실천할 수 있는 방법을 습득하여 현장 교육을 보다 적극적으로 개선하여야 할 필요가 있다.

나. 지도목표

국민 공통 기본 10개 교과에 반영하여 다음과 같이 5개의 영역별로 5단계의 목표를 국가 수준 교육과정에서 제시하고 있다.

단계 영역	1단계	2단계	3단계	4단계	5단계
정보의 이해와 윤리	• 정보기기의 이해 • 정보와 생활	• 정보의 개념 • 정보의 윤리와 이해	• 정보 활용의 자세 와 태도 • 올바른 정보 선택 과 활용	• 정보윤리와 저 작권 • 정보화 사회의 개념이해	• 건전한 정보의 공유
컴퓨터 기초	• 컴퓨터의 구성 요소 • 컴퓨터의 기초적 인 작동 방법 • 컴퓨터와 건강 • 컴퓨터의 기본 관리	• 운영 체제의 기초 • 컴퓨터 바이러 스 이해	• 하드웨어와 소프 트웨어의 이해 • 운영체제 사용법 익히기 • 유틸리티 프로그 램 활용	• 소프트웨어와 업그레이드	• 운영 체제의 종 류 알기 • 프로그래밍의 기초

단계 영역	1단계	2단계	3단계	4단계	5단계
소프트 웨어의 활용	• 교육용 소프트 웨어 활용 학습	• 워드프로세스를 이용한 자료의 작성과 관리 • 멀티미디어의 기초 • 프레젠테이션의 기본기능	• 워드프로세서의 고급기능과 활용 • 다양한 교육용 소프트웨어의 관리 • 프레젠테이션 활용	• 스프레드시트 활용 • 데이터베이스 기본기능 • 멀티미디어 활용	• 다양한 형태의 자료 통합하기 • 데이터베이스 활용
컴퓨터 통신		• 인터넷 기본 사용법	• 전자우편과 정보 나누기	• 전자 우편 관리와 인터넷 환경 설정	• 사이버 공간 참여 및 활동 • 다양한 정보 검색과 활용
종합 활동		• 통신을 이용한 자료 수집과 활용	• 정보 검색 및 활용 • 협동 프로젝트 학습	• 자료 형태 변환하기 • 홈페이지 작성	• 인터넷 학습 신문 만들기 • 홈페이지 유지, 관리

다. 지도 중점

(1) 컴퓨터와 정보에 관심과 흥미를 갖도록 한다.

(2) 정보, 통신, 기술의 관련성과 중요성을 이해하도록 한다.

(3) 교수·학습에 적극 활용하고 프로그램을 창의적으로 활용한다.

라. 활동 내용(활동 유형)

ICT 활용 수업의 활동 형태는 정보 통신 기술의 특성 및 교육적 활용 가능성과 관련하여 다음과 같이 크게 8가지로 나눌 수 있다.

ICT 활용 수업 활동 유형

1) 정보 탐색하기   2) 정보 분석하기

3) 정보 안내하기   4) 웹 토론하기

5) 협력 연구하기   6) 전문가와 교류하기

7) 웹 펜팔하기   8) 정보 만들기

[ICT활용 수업 활동 유형]

  이들 활동 유형을 실제 수업에 적용함에 있어서는 각각의 유형별로 배타적이기보다는 상호 보완적, 복합적으로 적용되는지는 경우가 많다. 예를 들어, 정보 분석하기에 필요한 기본 자료를 정보 탐색 활동이나 전문가와의 교류를 통해 얻을 수 있으며, 정보 탐색하기나 정보 분석하기, 웹 토론하기 등의 많은 활동 결과는 이를 다른 사람들과 공유하기 위해 정보 만들기 활동을 거치게 된다.

  이와 같이 각 활동 유형은 수업 전개 시 한 가지 이상의 유형과 혼합하거나 또는 순차적으로 적용될 수 있으므로, 위에서 제시한 8가지 유형보다 훨씬 다양한 ICT활용 수업 형태가 나올 수 있다. 또한 어떤 기준을 적용하는지에 따라 조금씩 다르게 분류될 수 있다. 그럼에도 이렇게, 수업 유형을 분류하는 이유는 각 수업 유형 하나만 고집하여 교수 · 학습을 전개하는 것이 아니라, 각 유형이 갖는 특성 및 장점을 교수 · 학습에 적절히 선별하여 포함시키는 것을 돕기 위해서다. 그러므로 분류된 수업 유형은 독자적인 수업의 형태를 띨 수도 있지만, 대부분의 교수 · 학습 과정에서 복합된 형태로 나타나는 경우가 많다. 이 중 정보 탐색 모형은 다음과 같다.

개　념	과제 해결을 위한 첫 단계로서, 인터넷 검색 엔진을 비롯한 웹사이트, CD – ROM타이틀, 인쇄 자료 등을 활용하여 자료를 탐색하거나 정보를 갖고 있는 사람과의 직접적인 정보 교환 등을 통해 다양한 정보를 찾아보는 유형
절　차	「탐색 과제 선정과 수업준비」 → 「과제 안내」 → 「학습 계획 수립 및 정보 수집」 → 「탐색 결과 발표 및 공유」
특　징	다양한 자료를 필요로 하는 과목에서 기초적인 정보 검색 및 정리를 위해서 또는 문제 해결 능력의 배양이나 탐구 활동을 통한 적극적인 태도를 기르기 위한 목적으로 활용

마. ICT 교육 활동(예시)

(1) 도입

① 동기 유발

  ○ 주의 환기, 학생 경험과 학습 내용 간의 관련성 제고, 자신감 부여, 학업 수행에 대한 만족감 제시 등

  ○ 수업 내용과 관련된 다양한 그래픽, 애니메이션, 음성 및 비디오 자료 등 제시

② 수업 목표 확인 및 구체화

  ○ 수업 초기에 달성되어야 할 목표가 무엇인지를 명확하게 제시한다.

- 학생들이 교사가 강조하고자 하는 점들을 분명히 인식하고, 평가의 주안점에 대해 알 수 있도록 함.
- 학습 목표와 관련 없는 정보를 탐색, 분석하는 데 걸리는 시간 낭비를 예방한다.

(2) 전개

수업 준비 단계에서 결정한 ICT활용 수업 활동 유형에 따라 수업을 진행하되, 다음과 같은 내용이 수업 전개상에서 고려될 수 있도록 한다.

① ICT활용의 목적 상기

○ ICT를 이용한 정보의 효과적 활용 및 문제 해결 능력 함양에 중점을 둔다.

○ 학생의 능력, 수준, 흥미 등을 충분히 고려한다.

② ICT활용의 적절성 검토

○ 수업활동 유형에 따라 ICT를 다양하게 적용하되, 필요 이상의 ICT활용으로 인해 오히려 학습 효과가 저해되지 않도록 유의, 특히 멀티미디어실 등에서 수업이 이루어지는 경우, 수업 시간 전체를 ICT활용에 할애함으로써 주의 집중의 어려움, 눈의 피로 등으로 인해 학습효과를 저하시키는 수업 사태를 지양한다.

○ 정보 제시 방법이 지나치게 화려하여 컨텐트 자체의 의미만이 강조되지 않도록 유의한다.

③ ICT활용 수업을 위한 교사의 촉진적, 조언적 활동 강화

○ ICT를 이용한 개별, 모둠별, 분반별 작업을 진행하는 과정에서 모든 학생들이 동등하게 참여할 수 있도록 배려

○ 어느 수준에서 공동작업을 진행하고, 언제 어떤 방법으로 교사가 개입하며, 학생들의 의견은 어떻게 반영할지를 명확히 한다.

○ ICT활용 능력이 우수한 학생에 의해 수업 진행이 독점되지 않도록 지도하고, 필요한 경우 수업 진행 중이라도 ICT에 관련된 기술을 습득시키는 적극적인 개입이 이루어질 수 있도록 한다.

④ ICT활용 수업의 효율성 제고

○ 수업 과정에서 흥미, 보상, 벌 등의 수업 외적 요인에 관계없이 ICT활용 수업 자체만의 효율성을 제고할 수 있는 방법을 고려한다.

⑤ 체계화된 정보 및 자료 제시

○ 관련 웹 사이트 및 정보를 체계화하여 학생들에게 제시함으로써 인지적 과부화 및 방향

감상실, 비효율적 시간 관리 등을 방지한다.

⑥ ICT를 통해 획득한 정보의 출처 및 타당성, 적절성 검토

○ ICT를 통해 획득한 정보에 대해서는 그 출처 및 타당성, 정확성 등을 세심하게 고려한다.(예컨대, 인터넷에서 제공하는 통계 자료가 특정 회사의 이익을 위해 임의적으로 해석한 것인지, 국가의 공신력 있는 기관에서 제시하는 자료인지를 명확하게 검토)

⑦ 정보 윤리 측면 고려

○ 정보 윤리에 관한 다음과 같은 문제 사항들이 발생할 경우 수업 중간에 개입하여 올바른 방향으로 수업이 진행되도록 한다.
- 인터넷을 통한 불법 혹은 부적절한 정보에의 접근
- 불건전한 온라인 대화
- 개인 정보의 무단 활용

⑧ ICT활용 선수 능력을 반영한 발전 학습 내용 제시

○ 학습 목표를 빨리 달성한 학생들을 위해서는 발전 학습 내용을 제시한다.
○ 발전 학습의 내용은 본시 학습 내용과 연관성 있도록 하되, 준비된 ICT 종류 및 학생들의 ICT활용 선수 능력을 반영하여 제시하는 것이 중요하다.

(3) 정리

ICT활용 수업을 통해 달성한 학습 목표를 인지시키고 프레젠테이션, 실물 화상기 등 자료 작성 및 분석용 ICT를 활용하여 학습한 내용을 체계적으로 정리한다.

(4) 평가

평가 내용은 발표 방법이나 ICT의 기술적 활용 수준보다 해당 교과목과 관련된 학업 성취도를 반영할 수 있도록 한다. 예컨대, 전류와 전압의 관계를 학습할 때 데이터 분석 및 그래프 제작을 위해 스프레드시트가 필요할 경우 학생들의 성취도 평가는 스프레드시트 사용 역량이 아니라, 전류와 전압의 비례 관계에 대한 이해를 정확하게 하고 있는지와 그 내용을 이해하기 위해서 얼마나 적절하게 스프레드시트를 사용했는지를 평가해야 한다.

바. ICT 교육 교수 · 학습 과정안

(1) 예시안 ①

작성자	○ ○ ○	소 속	○○○○학교
		E‑mail	
단 원	1. 우리 고장의 모습		
수업 요약	이 단원은 그림 지도의 요소와 표현 방법을 이용하여 고장의 자연환경과 인문환경, 사람들의 생활 모습을 '학교 주변의 마을을 그림지도로 나타내기'를 통하여 학교 주변의 모습과 우리 고장의 모습을 그림 지도를 이용한 기초적인 작도 및 독도 기능을 습득시키고, 아울러 생활 모습과 자연 환경과의 밀접한 관계를 인식하도록 한다.		
학습 목표	• 나침반을 이용하여 4방위를 찾을 수 있다. • 그림 지도의 요소 중 4방위와 기호를 이해하고 읽을 수 있다. • 고장 사람들의 생활 모습은 자연환경과 밀접한 관계를 맺고 있음을 알 수 있다. • 고장 사람들의 생활 모습과 자연과의 관계를 통해 장소에 따라 생활이 달라짐을 알 수 있다.		
필요한 자 원	통신	인터넷 지원 가능, 네트워크 지원 가능, 전자 메일 가능	
	하드웨어	586컴퓨터 1대, 실물 화상기, 프로젝션TV	
	소프트웨어	인터넷 익스플로러5.5, 한글97, CD‑Title	
관 련 사이트	① http://http://210.99.226.1/cyber/webstudy/topia/3/sa/3sea010~5.htm ② http://www.tnara.com ③ http://www.freemap.co.kr ④ http://www.edunet4u.net ⑤ http://www.dig.co.kr		
학습 활동	1 / 19	• 사이트②를 활용하여 나침반으로 방위를 보는 방법을 미리 조사한다.	
	2 / 19	• 학습 사이트 ①, ②, ③을 활용하여 나침반을 보는 방법을 알고 운동장의 주요 시설물의 방위 및 우리 고장의 주요 건물의 위치를 카드에 표시하여 스케치북에 붙이는 활동을 통하여 우리 고장의 모습을 살펴본다.	
지도상의 유의점	• 학교 주변의 모습을 관심을 갖고 조사하며 그림 지도 그리기와 기호 만들기에 의욕을 가지고 참여한다. • 고장을 사랑하는 마음을 갖고 일상생활에서 고장의 문제 해결을 위해 노력한다.		
수행평가	• 나침반을 활용하여 운동장의 주요 시설의 방위를 정확하게 하는지 보고서를 통해 평가한다.		

수업 일시	20○○. . . ( )	대 상	남 ○명, 여 ○명	장 소	교실	지도교사	○ ○ ○
단 원	1. 우리 고장의 모습			차 시	2 / 19	범위(쪽수)	6
주 제	나침반으로 방향 알기						
학습 목표	● 방위를 정하여 학교 주변의 모습을 관찰하고, 그림 카드를 이용하여 나타낼 수 있다.						
예습적 과 제	교과서, 인터넷 사이트 탐색, 나침반 보는 법 조사해 오기						

교 수 자 료	투입 순서	①	②	③	④	⑤	⑥
	자료 종류	고장의 지도	인터넷 자료	사진 자료(디지 털카메라)	사진 자료	그림 자료	그림 지도

정보 통신 활용	동기 유발 시 인터넷 그림 자료 ②를 활용하여 흥미를 유발한다. 모둠별로 선택한 과제학습(③, ④)을 통하여 사전에 고장의 모습을 조사하고 사진으로 촬영한다. 모둠별 협의 과정(⑤)을 통하여 우리 고장의 모습을 그림으로 나타낸다. 모둠별로 그린 그림지도(⑥)를 실제 고장의 지도와 비교하여 발표한다.	장비· 시설	하드웨어	컴퓨터
정보 위치	① http://http://210.99.226.1/cyber/webstudy/topia/3/sa/3sa 010〜5.htm ② http://www.tnara.com ③ http://www.freemap.co.kr ④ http://www.edunet4u.net		소프트웨 어	파워포인트,위드프 로세서,익스플로러

과정(분)	학습 요소	교수·학습 활동	자료 및 유의점
문제 파악 (5')	동기유발	° 학습동기유발 ● 자신의 집의 방향을 중심으로 이야기해보기 ● 방향을 나타내는 말에는 어떤 것이 있는지 알아보기 ° 학습 목표 확인 ● 방위를 정하여 학교 주변의 모습을 관찰하고, 그림 카드를 이용하여 나타내 보자.	● 나침반 ● 파워포인트 ● 프로젝션 TV ● 정확한 학습문제 파악에 주력한다.
문제 탐색(5')	학습 순서 안내하기	° 학습 활동 및 방법 알아보기 1. 나는 나침반이다. 2. 나침반을 사용하여 방위 알아보기 3. 나침반 없이 방위를 알아보는 방법 4. 학교 주변의 모습을 카드를 이용해 나타내기 ° 학습 계획 세우기 ● 모둠별로 역할을 분담하고 학습 계획 살피기	● 인터넷 활용 1.자료 출처 http://www.tnara.com

과정(분)	학습 요소	교수·학습 활동	자료 및 유의점
문제 해결(35')	학습 문제 해결하기	° 학습 활동의 전개 <활동1> 나는 나침반이다. • 운동장에 나가 해를 등지고 서서 방위 알아보기 <활동2> • 나침반으로 방위 읽기 • 나침반을 활용하여 운동장 시설물의 방위 알아보기 • 나침반으로 고장의 방위 알아보기 <활동3>학교 주변의 모습 카드로 나타내기 • 학교 옥상에서 주변의 건물 방위 알아보기 • 주요 건물을 카드에 그리기 • 스케치북에 방위를 나타내고 카드를 붙이기	• 나침반 • 나침반을 이용하여 방위를 정확히 볼 수 있도록 지도한다. • 그림을 간략하게 그린다. • 멀리 있는 것은 작게, 가까이 있는 건물은 크게 그린다. • 카드, 스케치북, 풀 • 자료 출처 http://tnara.net/
적용 발전(5')	정리하기 차시 안내	° 모둠 활동 과정에서 느낀 점 이야기하기 ° 차시 예고 및 예습 과제 제시 • 우리 고장의 그림 지도 그리기	• 실물 화상기 • 프로젝션 TV

제2장 | 자기 주도적 학습

1. 학습하는 방법의 학습: 물고기 잡는 방법을 배우는 산 공부

가. 학습하는 방법의 학습(Learning of learning method) 개관

(1) 주제 개요

재량 활동은 교과 재량 활동과 창의적 재량 활동을 균형 있게 강조하여야 한다. 교과 재량 활동과 창의적 재량 활동은 배타적이 아니라 상보적이다. 이때 창의적 재량 활동의 근간이 자기 주도적 학습 능력 영역임을 강조하고 있다. 지식 정보화 사회의 한가운데 살아가고 있는 요즈음 제반 교육 여건을 고려해 볼 때 이미 무수히 쏟아져 나오는 지식과 정보들을 일일이 교재에 담아 지도한다는 것은 사실상 불가능해졌으며, 따라서 교육 방식은 교사가 특정한 정보를 학생에게 제시해 주는 것이 아니라, 학생으로 하여금 정보를 찾아 자기 지식화할 수 있는 '학습하는 방법의 학습' 방식을 요구하고 있다.

재량 활동에서 강조하는 '자기 주도적 학습'이란 가능한 한 학습자가 스스로 학습상황을 파악하고 판단하며 자료를 찾아 분류, 정리, 종합하는 일련의 학습과정을 일컫는다. 따라서 '자기주도적 학습 능력'신장은 '어떻게 학습을 계획하고 진행하고 마무리 질 것인가?'라는 '학습하는 방법의 학습' 지도를 통해 신장시켜야 한다.

'학습하는 방법의 학습(learning of learning method)'이란 결국, 학생에게 한 마리의 물고기를 던져 배고픔을 잊게 하는 방법이 아니라 물고기를 잡는 방법을 지도하여 근본적인 문제 해결력과 창의력 및 고등 사고력을 신장시켜 주는 데 초점을 맞추고 있다.

(2) 주요 내용

'학습하는 방법의 학습'의 내용을 들추어내기란 쉽지 않다. 또한 '학습하는 방법의 학습'을 지도한다 해도 그 학습 결과가 쉽게 겉으로 드러나지도 않는다. 근시적인 학습 계획으로는 '학습하는 방법의 학습'의 목표 달성이 나타나지 않는다. 하지만 '학습하는 방법의 학습'의 중요성을 고려한다면 '학습하는 방법의 학습'에 대한 정교한 내용 다듬기, 지도 방법, 학습 결과 파악 방식 등의 연구가 이루어져야 한다.

〈표 19〉 학습 방법의 학습 교과별 내용

교 과	지도내용
국어	내용 선정 조직, 정보 수집, 비교 표현, 사실, 의견 판단, 문장 조직 기능, 요약, 추론, 비교, 대조, 주제 파악, 종합 능력 신장
수학	관계 파악, 비교 분류, 측도, 기호화, 가설 설정, 관찰, 직관, 조작, 개념화, 추론, 일반화, 문제 파악, 예상, 검증, 증명, 적용, 방법 탐색, 검토, 문제 해결 능력 신장
사회	요약, 상기, 식별, 관찰, 분류, 대조, 비교, 토의, 예측, 유추, 가설 형성, 자료 수집, 확인, 분석, 조직, 설명, 종합, 개념형성, 추론, 문제 해결 능력 신장
과학	관찰, 측정, 추리, 예상, 비교 분류, 의사소통, 설명, 가설 설정, 조작적 정의, 실험 설계, 변인 통제, 자료 정리, 자료 해석, 일반화, 문제의식, 의사 결정, 가설 검증, 용어 이해, 대안 찾기 능력 신장

〈표 20〉 학습 방법의 학습 범교과적 내용

내 용	지도의 필요성
학습 계획 수립 능력	자기 주도적 학습 활동 전개를 위해 필수적 '학습하는 방법의 학습'지도 내용임.
학습 정보 활용 능력	2007년 개정 교육과정의 교과 특성을 고려할 경우, 특히 제3, 4학년 사회과에서 사진 자료, WEP 자료를 사전 준비해 해석 – 분류 – 정리 – 활용 등의 활동을 하게 되는데, 이러한 정보 활용 능력 없이는 사회 학습 자체가 어렵다는 측면에서 필요한 '학습하는 방법의 학습' 지도 내용임
고등 사고 능력	대개의 학습 상황이 '고등 사고 능력'을 요구함. 사고력 신장 없이는 학습 자체를 따라 오지 못할 뿐 아니라, 자기 주도적 학습 구현이 요원함. 따라서 중요한 '학습하는 방법의 학습' 지도 내용임.
문제 해결 능력	'주어진 학습 상황을 파악하고 어떤 방식으로 문제를 해결할 것인가?'라는 점은 중요한 '학습하는 방법의 학습' 지도 내용임
토의 학습 능력	집단 활동이 강조된 2007년 개정 교육과정 운영에 필연적으로 수반되는 소집단 학습은 대개가 토의를 통해 이루어지게 되는데, 자칫 이에 대한 사전 학습 없이는 집단 학습의 주변자가 될 수 있다는 살핌에서 필요한 '학습하는 방법의 학습' 지도 내용임
조사, 관찰, 탐구 능력	자기 주도적 학습에서 흔히 발생하기 쉬운 학습의 밀도 없음의 예방을 위한 '학습하는 방법의 학습' 지도 내용임
마인드맵, 브레인스토밍, NIE	마인드맵과 브레인스토밍은 생각을 잡는 유용한 기법이며 NIE 또한 검증된 교수 · 학습 전략임. 만약 교사가 이러한 교수, 학습 방법을 지속적으로 전개하려는 의지를 가졌다면 마인드맵, 브레인스토밍, NIE 기법은 '학습하는 방법의 학습'지도 내용임

(3) 지도 계획

우선 학기 초에 학급별로 '학습하는 방법의 학습' 내용 요소들을 통합해 지도 요소 항목을 단순화시킨다. 예컨대, 제3학년 학급 담임을 맡았다면, 올해는 '<학습 정보 활용 능력>과 <토의 학습 능력>을 신장시키겠다.' 또한 '<마인드맵> 학습 방법을 자주 활용하겠다'와 같은 계획을 세운다. 이런 지도 계획 잡기에서 중요한 것은 학년 수준, 학급 수준 및 학습 학생들의 수준 고려이다.

그런 다음 학기 초 재량 활동 시간을 이용하거나, 교과 시간과 재량 활동 시간을 통합한 시간을 이용해 집중 지도한다. 이때 유의점은 학기 초에 집중 지도한다는 점이다.

이러한 지도 계획 과정을 구조화하면 다음과 같다.

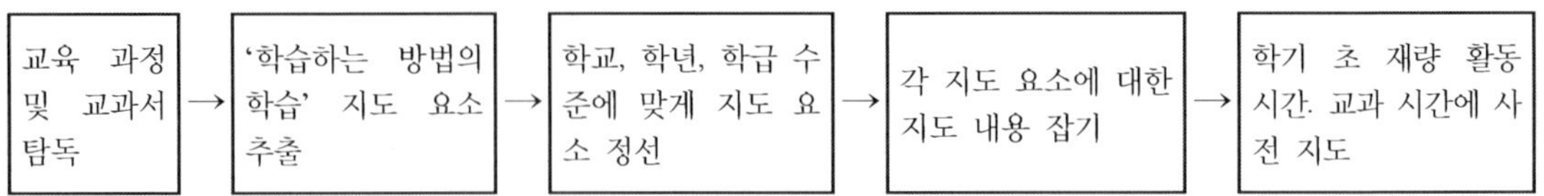

[그림 3] 학습 방법의 학습 지도 계획 과정

제1학년은 '우리들의 1학년'의 재량 활동 10시간을 활용해 '학습하는 방법의 학습' 내용을 지도할 수 있고 그 이외의 학년은 3월 한 달에 집중 지도해야 한다. 일선 현장에서 흔히 범하기 쉬운 오류는 대부분의 교과 교수·학습 상황에서 학생들이 이미 '학습하는 방법의 학습 능력'을 갖추었다는 전제로 학습 정보를 활용하는 활동 중심 수업을 하거나 조사·관찰·탐구 학습 활동을 하거나 마인드맵, 브레인스토밍, NIE 학습과 같은 기법을 활용하는 수업을 한다는 것이다. 그 결과 실제 교수·학습이 잘 진행되지 않게 된다.

따라서 '학습하는 방법의 학습' 지도는 미리 계획되어 학기 초에 반드시 이루어져야 하며, 각각의 내용들은 다시 하부 내용(전략)들을 추출해 지도의 부분적 접근을 시도해야 한다. 예컨대, '학습정보 활용 능력'을 지도하기 위해서는 학습 정보의 소재 파악 능력, 학습 정보 확보·해석·분류·정리·활용·재생산 능력 개발, 기타 ICT교육 과정에서 제시한 학습 요소들 각각에 대한 자세한 지도를 계획하고 실제 지도해야 한다.

(4) 평가

'학습하는 방법의 학습'의 내용 요소들은 구체적인 차시 단위 학습 목표 이상의 메타적 학습 방법을 의미한다. 따라서 '학습하는 방법의 학습'의 평가 역시 구체적인 평가 요소 제시보다는 메타 학습 메커니즘의 소유 유무를 확인하는 내용으로 구안되어야 하며, EH한 일회적 평가 방식보다는 지속적인 평가 방식으로 평가를 진행해야 한다.

본 자료에서는 '탐구 하습 능력' 소유 유무에 대한 체크리스트의 예를 제시하였다. 탐구 능력은 문제 해결력, 고등 사고력 및 창의력 신장의 열쇠이다.

<표 21> 학습 방법의 학습 탐구 능력 평가지

제( )학년 ( )반 ( )번 성명( )

문 항	평가항목	행동의 실제		
		거의 항시	대개 가끔	드물게
1	마음먹고 사물을 탐구하는 습관이 있다.			
2	탐구한 것을 기초로 하여 결론(추측)을 내릴 수 있다.			
3	탐구한 것을 종합하여 결론(일반화)을 내릴 수 있다.			
4	어떤 상황을 탐구하고 왜 그런지 등으로 설명할 수 있다.			
5	어떤 상황에 대하여 가설을 세울 수 있다.			
6	기준을 정하고 비교와 분류를 할 수 있다.			
7	어떤 상황에 대하여 가설을 세울 수 있다.			
8	관련 변인을 적절히 통제할 수 있다.			
9	탐구 과정에서 정확한 측정, 판단, 기능과 태도를 갖추고 있다.			
10	탐구 결과를 생활 속에 적용할 수 있다.			
계				

나. 적용의 실제

'학습하는 방법의 학습'은 위에서 제시한 '교과별 내용'보다는 '범교과적 내용'이 주가 되어야 한다. 또한 이러한 '학습하는 방법의 학습' 주제를 지도하기 위해서는 교사에게는 '가르칠 무엇', 학생에게는 '배울 무엇'이 제시되어야 한다.

예컨대, 담임교사가 'mind map'을 활용한 수업을 하길 원한다면 교과 지도에 앞서 '학습하는 방법의 학습' 곧 'mind mapping'의 원리를 지도해야 할 것이다. 또한 교사가 탐구·조사·관찰 중심으로 교수·학습을 전개하기를 원한다면 '토의 학습', '보고서 쓰기', '학습 정보 활용' 요소와 같은 '학습하는 방법의 학습'에 대한 사전 지도가 있어야 한다.

반면, 학생들이 주어진 학습 과제를 'mind map'으로 문제 해결하기 위해서 학생들이 밀도 높은 고등 사고 능력을 발휘하는 학습을 하길 원한다면, 사고력을 신장시킬 수 있는 다양한 사고 기법들, 예컨대, 귀납적 사고, 연역적 사고, 통합적 사고, 창의적 사고, 상상, 설계, 비교, 판단, 요약, 추론, 대조, 종합, 관계 파악, 기호화, 가설 설정, 개념화, 추론, 일반화, 예상, 증명 방법, 탐색, 검토, 문제 해결, 상기, 분류, 예측, 추측, 설명, 설계, 변인 통제, 대안 찾기, 구조 분석, 재구조화, 해석, 공간화, 정교화, 독창성, 정교성, 유창성, 민감성 등에 대한 사전 학습을 반드시 거쳐야 유의미한 사고력 학습이 가능할 것이다.

따라서 적용의 실제 편에서는 '학습하는 방법의 학습'의 주요 내용들을 각각 '목적, 지도내용, 지도방법, 지도의 실제'로 구분하여 제시하여 교과 학습 이전에 미리 '학습하는 방법의 학습'의 사전 지도가 가능하도록 하였다. 이를 바탕으로 일선 현장에서는 특히 '학습하는 방법의 학습'의 지도 내용들에 대한 진지한 보살핌과 실제 지도가 이루어져야 한다. 그 결과 학생들이 학교, 가정 어디에서나 이러한 '학습하는 방법의 학습'의 지도 내용들이 학교, 가정 어디에서나 이러한 '학습하는 방법의 학습' 능력을 바탕으로 자기 주도적 학습 능력을 맘껏 발휘할 수 있도록 해야 한다. 정보 활용력 신장, 고등 사고력 신장, 문제 해결력 신장, 토의 학습력 신장, 조사 탐구 학습력 신장, 마인드맵 '학습력 신장 방안' 등에 주안점을 두어야 한다.

(1) 정보 활용력 신장 학습 방안

1) 목적

주어진 학습 상황에 알맞은 학습 정보를 활용하는 정보 활용 능력을 갖게 한다.

2) 지도 내용

o 주어진 학습 상황에서 요구되는 학습 정보 요인 파악 능력 계발
o 학습 정보의 소재 파악 능력 계발
o 학습 정보 확보 능력 계발
o 학습 정보 해석 능력 계발
o 학습 정보 분류 능력 계발
o 학습 정보 활용 능력 계발
o 학습 정보 재생산 능력 계발
o 기타 ICT 관련 교육과정에서 제시한 학습 요소들

3) 지도의 실제

예 제	웹상에서 동시, 동화 등을 검색, 선택해서 듣고, 느낌을 이야기할 수 있다. <초·중등학교 정보 통신 기술 교육 운영 지침>
지도 내용	T. 웹 검색하는 방법을 사전 지도한다. S. 웹 검색하는 방법을 안다. ○ 웹 검색 엔진 종류: 야후코리아 / 심마니 / 알타비스타 / 네이버 / 라이코스 / 한미르 / 클럽리치 / 엠파스 등 ○ 웹 검색 방법을 안내하는 사이트: http://howto,yahoo.co.kr/
지도 내용	T. 웹에서 동시, 동화 등을 검색하여 듣고 느낌을 말하게 한다. S. 웹에서 동시, 동화 등을 검색하여 듣고 느낌을 말한다. ○ 여러 웹 사이트를 여행한 다음 자신에게 알맞은 사이트를 선정하고 학습한다. 　유용한 사이트를 소개하면 　－ http://www.lg.co.kt/kids/　　　　　　－ http://www.donhanara.com/ 　－ http://www.idream.co.kr/　　　　　　－ http://my.netian.com/solsi 　－ http://click.childweb.co.kr/
지도 내용	T. 모의 학습 예제를 추가로 제시해 정보 활용 신장을 꾀한다. S. 모의 학습 예제를 해결한다. <예제> ○ 계절에 따른 시·도의 기후를 컴퓨터 통신으로 알아봅시다(사회－4－1－23). ○ 우리 고장의 미술품을 알리는 자료집을 만들어 봅시다(미술－3－48). ○ 주변에서 재미있는 모양의 문자와 마크를 찾아 살펴보고, 창의적으로 꾸며봅시다(미술－3－34). ○ 체조 활동에서 내가 배운 내용과 관련이 있는 것들을 텔레비전이나 신문, 책 등을 통해서 알게 된 것을 적어봅시다(체－3－25). ○ 영국의 풍물에 대하여 더 알아봅시다(체－3－99).

4) 지도상의 유의점

○ 정보 활용 능력은 정보의 소재 파악·정보 확보·해석·분류·정리·활용·재생산 능력으로 분류된다. 따라서 각각의 세부 요소들에 대한 반복적인 학습 훈련이 이루어져야 한다.

○ 2007년 개정 교육과정은 대부분의 학습이 이러한 정보 활용 능력을 근간으로 이루어진다. 특히 해당 차시 수업은 거의 이루어지지 않을 정도로 자료 중심·활동 중심의 학습을 하게 된다. 따라서 교과 학습에 필요한 자료를 확보하는 능력이나 활용하는 능력 없이는 사실상 많은 수업이 교사, 학생 모두에게 부담이 되게 된다.

○ 2007년 개정 교육과정의 재량 활동은 단계적으로 정보 통신 기술 교육을 적용하게 된다. 이러한 재량 활동 운영안의 변화 계기는 정보의 바다라 일컬어지는 인터넷 등의 정보 탐색 학습의 중요성 때문이다. 따라서 정보 활용 교육의 근간은 컴퓨터 활용 학습 쪽으로 모아져야

한다. 교육과학기술부에서 제시한 정보 통신 기술 교육과정에 근거해 실현 가능한 학교·학습·학년·개별과 교육 계획을 수립해야 한다.

(2) 고등(고급) 사고력(high level thinking) 신장 학습 방안

1) 목적
○ 주어진 학습상황에서 고등 사고 능력을 발휘하는 학습 습관을 갖게 한다.
○ 고등 사고 능력의 계발과 활용을 통해 자기 주도적 학습 능력을 향상시킨다.

2) 지도 내용
○ 귀납적 사고 능력 계발
○ 연역적 사고 능력 계발
○ 통합적 사고 능력 계발
○ 창의적 사고 능력 계발
○ 기타

상상, 설계, 비교, 판단, 요약, 추론, 대조, 종합, 관계, 파악, 기호화, 가설 설정, 개념화, 추론, 일반화, 예상, 증명, 방법, 탐색, 검토, 문제 해결, 상기, 분류, 예측, 유추, 설명, 설계, 변인, 통제 대안 찾기, 구조 분석, 재구조화, 해석, 공간화, 정교화, 독창성, 정교성, 유창성, 민감성 등의 사고 능력 계발

3) 지도의 실제

일 시		학 년	4학년	지도 교사		차 시	6 / 9
단 원	1. 큰 수	본시 주제			큰 수의 뛰어 세기, 큰 수의 대소 비교		
학습 목표	● 큰 수의 계열을 알고 뛰어 세기를 할 수 있다 ● 큰 수의 대소를 비교할 수 있다.						

단 계	학습 내용	교 수·학 습 활 동	사고 요소	시간(분)	유의점
문제 파악	동기 유발	○ 학습 동기 유발 자료를 제시한다. ● 동기 유발 자료 발표하기	상기	5'	● 생활에서 알아 보기를 동기 유 발 자료로 활용 한다.
	공부할 문제 확인	○ 공부할 문제를 알아본다. ● 큰 수를 뛰어서 세어 보고 비교하기	개념화, 검토		
	문제 해결	○ 문제 해결 방법을 알아본다.			
탐색	방법 알아 보기	<활동 1> 큰 수를 세는 방법 알아보기 ● 호영이와 세희가 돈을 센 방법 알아보기 ● 큰 수 세는 방법에 따른 자릿수 알아보기	방법 탐색 관계 파악	20'	

단 계	학습 내용	교 수 · 학 습 활 동	사고 요소	시간(분)	유의점
및 문제 해결		• 또 다른 큰 수 세는 방법 알아보기 ○ 큰 수 세는 방법을 발표한다. <활동 2> 큰 수의 대소를 비교하기 • 남학생의 수와 여학생의 수를 알아보기	검토, 판단 비교, 판단 대조		• 수카드
연습 및 적용	기본 학습 확인 수준별 학습 개별 선택학	• 남학생의 수와 여학생의 수 중 어느 쪽이 큰지 알아보기 • 어떻게 비교를 하였는지 알아보기 • 두 수의 비교를 >,<로 나타내 보기 ○ 큰 수를 비교하는 방법을 발표한다. ○ 기본 학습 활동을 확인한다. • 12쪽, 13쪽의 익히기 문제를 다양하게 해결하기 ○ 학습 성취 도달도에 따라 수준별 학습을 한다. • 익히기를 해결하고 수준별 학습하기 • 가(심화)는 익힘책 13쪽 ★를 해결 • 나(보충)는 익힘책 12, 13쪽 해결(★는 제외) ○ 학습 속도에 따른 개별 선택 학습 활동을 한다.	관계 파악 대조 추론, 비교 개념화 대안찾기	10'	• 자릿수가 같은 경우의 비교 방법도 지도한다. • 수준별 학습을 위한 수준 나누기는 익히기 문제의 맞은 개수를 이용한다.
정리	학습 내용 정리 차시 예고	• 주사위 놀이: 두 주사위를 던져서 나온 수 비교 • 수카드 놀이: 수카드를 펴서 나온 수 읽고 비교 ○ 학습 내용을 정리한다. • 오늘 공부한 내용 발표하기 • 재미있었던 점과 어려웠던 점 발표하기 ○ 다음 시간 공부할 내용을 알아본다. • 다음 차시의 준비물을 확인하기	일반화 비교 종합 개념화, 일반화, 상기, 검토	5'	• 학습의 어려웠던 점은 재지도를 한다.

4) 지도상의 유의점

○ 위 수업안에서 학생들의 귀납적 사고 활동 중심으로 학습을 하게 된다. 교과에 따라 각각 연역적·창의적·종합적 사고 활동 등으로 달라짐에 유의한다.

○ 학생들은 각 세부 학습 내용에 따라 각기 다른 사고 요소들로, 사고 활동을 하게 된다. 이러한 세분화된 사고 요소들 중 특히 하건 발달 단계를 고려하여 학생들에게 취약한 내용을 추출해서 중점 지도한다.

2. 주제 탐구 활동: 공부거리를 찾아 요리조리 탐구하며

가. 주제 개관

(1) 주제 탐구 활동

재량 활동에서 자기 주도적 활동의 소영역 중 주제 탐구 활동은 프로젝트, 자유 연구, 소집단 공동 연구 등과 함께 자기 주도적 학습 능력을 신장시키는 데 유효한 활동 중 대표적인 활동이다. 주제 탐구 활동은 학년성에 따라 다소 그 적용의 수준을 달리해야 하지만 고학년으로 올라갈수록 그 적용의 폭과 빈도를 높일 필요가 있다.

주제 탐구 활동에서 주제는 보통 학습 주제를 뜻하는 것으로, 주제를 결정하는 방법은 크게 두 가지가 있다. 그 첫째는 학문의 기본 개념에 기초하여 결정하는 방법과 또 다른 하나는 학습자의 생활 주변에서 삶과 연계하여 설정하는 방법이 있다. 특히 초등학교에서의 주제 탐구 활동은 후자의 방법에 접근하여 적용해야 한다. 예를 든다면 교과와 연계한 탐구, 즉 4학년 1학기 '사회' 우리 고장의 특산물 단원과 관계되는 주제로 '우리 고장의 특산물 홍보 포스터 그리기 대회'나 2학년 2학기 '슬기로운 생활' 교과의 '열매와 씨' 단원과 관계되는 주제로 '과일의 씨를 관찰하여 특징 쓰기' 등의 경우이다. 이 외에도 생활과 연계한 주제를 선정하여 적용할 수 있다. 예를 든다면 '우리 마을 사람들의 직업 조사' '우리 마을을 오염시키는 생활 쓰레기 조사' 등 다양한 주제가 있다.

재량 활동에서 주제 탐구 활동이 요구하는 것은 학습하는 방법의 학습을 읽히는 것으로 '무엇에 대해서 탐구할 것인가?'도 중요하지만, '어떻게 탐구할 것인가?'도 중요한 초점이 된다.

(2) 주제 탐구 방법

학습자가 주도적으로 주어진 탐구 활동을 해결해 나가게 하려면, 먼저 탐구하는 방법을 단계적 그리고 체계적으로 지도하여야 한다. 재량 활동 시간에 활용할 수 있는 주제 탐구 방법에는 관찰법, 실험법, 설문 조사법, 현장 조사법, 인터뷰(방문 조사법), 문헌 조사법, 실태 조사법, 비교 조사법 등이 있다.

그리고 주제 탐구 활동은 학습의 기간이나 생각할 때 다음과 같은 관점에서 프로젝트 활동과 구별되어 적용해야 한다.

〈표 22〉 주제 탐구 활동과 프로젝트 활동의 비교

순	비교 관점	주제 탐구 활동	프로젝트 활동
1	학습 기간	비교적 짧은 기간	비교적 장기간(한 학기, 학년)
2	교과 내용	직접적으로 관련이 많음	직접적으로 관련이 없음
3	학습 방법	교과와 관련된 주제를 학습 자 개인 또는 공동으로 해결	학습자가 설정한 주제를 개인, 또는 공동으로 해결해 가는 활동
4	주안점	부여된 학습 주제 해결	학습자의 학습 활동 과정

(3) 프로그램 개발 과정

주제 탐구 활동이 성공적이고 효과적으로 운영하기 위해서는 다음과 같은 과정을 거쳐 이루어져야 한다.

우선 재량 활동에 대한 연간 프로그램을 계획하기 위한 기초 조사를 해야 하며, 그러한 자료를 기초로 구체적인 학교와 학년, 학급별 적용 프로그램을 개발해야 한다. 여기서 학교와 학년이라 한 것은 학교의 지역적 특성을 반영한 학년 통합 운영을 의미하며, 학년이라 한 것은 학년의 특수성이나 교과와 연계한 학년별 연간 운영 계획으로 시간표 운영이나 학급 통합 운영을 의미한다. 학급 군에서는 주제 탐구 활동 주제의 내용을 기준으로 모둠 또는 개인으로 구분하여 계획해야 하며 담임의 창의적인 운영 자세가 요구된다.

주제 탐구 활동 운영안이 포함되어야 할 과정을 살펴보면 다음과 같다.

(예시) 주제 탐구 활동 운영안의 내용

1. 주제 선정의 이유　　　2. 활동 목표　　　3. 탐구 활동 전개 계획
4. 평가 계획　　　5. 탐구 활동 전개안　　　6. 지도상의 유의점
7. 참고 자료　　　8. 평가 (학생, 교사)

이와 같은 내용은 재량 활동의 소영역별로 취할 수 있는 일반적인 내용이지만 범교과 활동과 자기 주도적 활동 영역의 특성에 따라 절차나 과정상의 차이가 있다. 다만 위의 과정이 체계적으로 작성되어 운영하기 위해서는 다음과 같이 연간 운영 계획을 수립하여 적용해야 한다.

〈표 23〉 자기주도적 활동 연간 활동 운영 계획

제 　학년 　반 　담임 (　　　　)

월	주	영 역	세부영역	주 제	활동 단위					활동장소	시 간	비 고
					학 교	학 년	학 급					
							모 둠	개 인				
3	1 - 2	프로젝트	인성	기본 생활 지도		○				교내	1차시	
4	1 - 2	주제탐구	효	효의 중요성과 실천				○		학급	2차시	예시참조
				생략								

(4) 주제 탐구 활동의 편성·운영 방안

초등학교에서 주제 탐구 활동의 편성·운영은 학년성을 반영하여 적용하도록 국가 수준의 지침에 제시되어 있다. 그러나 학교에 따라서는 저학년에서도 주제의 깊이를 달리하여 융통성 있게 적용할 수 있다.

예를 들면 다음과 같이 가족단위 주제 탐구 활동을 설정하여 공동으로 탐구하게 하는 방법을 적용하면 가능하다고 본다. 또한 학급에서는 담임교사의 도움을 받아 개인 주제 탐구보다는 모둠별 주제 탐구 활동을 설정하여 운영하는 방법도 가능하다고 본다.

〈표 24〉 주제 탐구활동 편성·운영안 (예시)

학 년 하위영역	저학년	중학년	고학년
주제 설정내용	가족 단위 공동 주제, 학습의 모둠별 공동 주제, 학년 통합의 경우 고학년과 함께 공동 주제 설정하여 학습 적응력 키우기 등	교과 내용과 관련된 탐구 주제를 교사가 선정하고, 학생은 소집단 혹은 개인별로 조사 탐구	학생 자신의 관심 분야에서 탐구 주제를 설정, 자유 연구 형태로 주제 탐구 학습 운영

(5) 주제 탐구 활동의 평가

주제 탐구 활동의 평가는 재량 활동의 일반적인 평가 지침에 비추어 볼 때 같은 맥락을 유지해야 한다. 다만 주제 탐구 활동의 특징이 학생들의 지적, 정의적 탐구 활동에 중심을 둔 주제 중심 학습 활동이라는 점을 생각할 때 이러한 학습 활동을 종합적으로 평가할 수 있어야 한다. 즉 학생 평가도 중요하지만 교사의 입장에서 주제 운영에 대한 전반적인 효과와 의미 등을 다각적으로 평가하여 재량 활동을 활성화시키는 시너지 효과를 올릴 수 있어야 한다.

첫째, 주제 탐구 활동 학습이 요구하는 학생의 수준이나 능력에 비추어 적절한가?

둘째, 주제 탐구 활동 학습에 대한 계획, 실천, 정리 과정이 체계적으로 잘 이루어지는가?

셋째, 주제 탐구 활동 유형에 맞는 개인별 활동이 유기적으로 잘 이루어지며 역할 분담은 적절한가?

넷째, 주제 탐구 활동에 대한 보고서와 자료들은 체계적으로 잘 정리하였는가?

참고로 주제 탐구 활동 보고서에 대한 자기 평가안을 제시하면 다음과 같다.

〈표 25〉 주제 탐구 활동 보고서에 대한 자기 평가안

번 호	평가 항목	평 점				
		1	2	3	4	5
1	주제는 새롭고 독창적인 것으로 정했나?					
2	가장 적절한 탐구 방법을 사용하였나?					
3	결과 처리에 도표나 그래프를 사용하였나?					
4	보고서 내용이 빠진 것이 없이 완전한가?					
5	각 항목마다 설명이 충분히 자세한가?					
6	보고서에 자기의 생각이나 느낌을 많이 썼나?					
7	나온 결과에 대해 이유를 곰곰이 생각했나?					
8	실험 계획부터 실행까지 정성을 기울였나?					
9	주제와 상관없는 내용을 다루지는 않았나?					
10	글씨를 깨끗이 썼나?					
합 계						
11	<아쉬운 점이나 더 알고 싶은 점?>					
12	<다른 사람과 비교해서 본받을 점>					

나. 적용의 실제

(1) 개인별 주제 탐구 활동

1) 지도 계획

차 시	학습 주제	주요 활동 내용 및 방법	연계활동			활동 단위				장소 및 준비물
			교 과	생 활	학 년	학 급	모 둠	개 인		
1~2	우리 나라의 효	• 진정한 효에 대하여 알아보기 • 전해지는 효 이야기 • 효의 의미	○	○		○		○		• 교실 • TP자료, 효에 관한 도서
3~4	우리 고장의 효 실천 사례 조사	• 우리 고장에 전해지는 효이야기 조사 • 우리 고장의 효 실천 사례 조사 • 우리 고장의 효 자료 조사		○				○		• 도서관, 박물관이나 시청 탐방 관련 책자
5~6	우리들이 실천할 수 있는 효	• 내가 생각하는 효 • 내가 실천한 효 • 친구들의 효		○		○		○		• 교실 • TP 자료
7~8	효 자료 발표 조사	• 효에 대한 실천 보고서 쓰기 • 효에 대한 보고 대회 • 적절한 시상이나 보상 활동	○			○		○		• 교실 • 탐구 계획서 양식
9~11	효 관련 실천 활동	• 다양한 효 실천 활동 • 동네 노인들게 봉사 활동 • 학구 노인회 방문 봉사활동 • 마을 경로장 방문 봉사활동								• 교실 • 학구 노인회(마을 경로장)
12	효 실천 사례 모음집 발간	• 효 실천 사례 정리 및 원고 모음 • 효 실천 사례 모음집 발간	○			○				• 예산 편성 운영

2) 활동안

주 제	우리나라의 효		시 간	40	유 형	통합
목 표	• 전해지는 효의 이야기를 조사할 수 있다. • 효와 관계되는 책을 읽고 그 느낌을 말할 수 있다. • 효의 중요성에 대하여 말할 수 있다.					
자료 및 준비물	교사		학생			
	효 관련 삽화		TP 자료(1~2)			
단 계	교수-학습 활동					
도 입	○ 효에 대한 자료 들려주기 　율곡이 네 살 때의 일입니다. 어느 날, 어머니 신사임당이 병석에 눕게 되었습니다. 집안 식구들은 모두 사임당의 병간호에 여념이 없었습니다. 이것을 지켜보던 어린 율곡이 어느 날 갑자기 어디론가 사라져 버렸습니다. 　그때, 온 식구들이 사방으로 찾았으나, 그의 모습은 보이지 않았습니다. 율곡의 외할머니는 가슴이 답답하여 남편의 혼백을 모셔놓은 뒷동산의 사당으로 올라갔습니다. 　그때, 사당 섬돌 앞에 엎드려 있는 율곡의 모습이 눈에 띄었습니다. 율곡의 외할머니는 놀라움과 반가움으로 얼른 율곡을 껴안았습니다. 어린 율곡은 어머니의 병환이 빨리 낫게 해달라고 기도를 드리고 있던 중이었습니다. ○ 학습 목표 제시 • 효와 관계되는 이야기를 듣고 그 느낌을 여러 가지 방법으로 표현할 수 있다. • 효와 관계되는 율곡의 이야기를 듣고 느낌을 말해 보자. • 이 이야기는 어떤 내용이 담겨 있나요? • 이 이야기를 듣고 어떤 점을 느꼈나요? • 이 이야기와 비슷한 경험이 있나요?					
전 개	○ 전해지는 효 이야기를 조사하여 발표하여 보자(자료 1: 활동지 참조). • 전해지는 효 이야기를 수집 조사하기 • 조사한 자료를 친구들 앞에서 발표하기 자신이 지금까지 부모님께 실천한 효에 대하여 말해 보자. • 말씀은 잘 들었나요? • 자식에 대한 부모님의 바람은 무엇인지 잘 알고 있나요? • 최근에 부모님을 기쁘게 해 드린 일은 무엇인가요?					
정 리	○ 자신이 생각하는 효란 무엇인지 말해 보자. ○ 자신이 조사한 효에 대하여 여러 방법으로 정리해 보자(자료 2~3참조). ○ 차시 예고 • 우리 고장에 전해지는 효 이야기 조사해 오기					

3) 개인별 주제 탐구 활동의 평가

　개인별 주제 탐구 활동 평가는 크게 두 가지로 구분하여 적용할 필요가 있다. 우선 선정한 주제에 대한 평가로 학생들이 개인별로 선정하여 해결한 주제에 대한 적절성을 평가하여 주제의 난이도나 개선점을 찾아 다음 학습에 적용하는 평가가 필요하다. 이러한 경우 개인별로 해결한 주제에 대한 적용 과정에서의 문제점을 보다 심도 있게 해결할 수 있다.

다음으로 학생들 개개인이 해결한 주제 탐구 활동에 대한 능력을 평가하는 방법이다. 그러나 이 방법은 학생들을 상대적으로 서열화하는 목적으로 잘못 평가하는 인식이 될 수 있는데, 그보다는 학생 개개인의 자기주도적 학습 능력을 진단하여 보다 적극적인 학습력을 키워주기 위한 해결책을 찾는 데 목적이 있다.

아무튼 두 방법 모두 과정 평가로 실시해야 하며, 또한 다양한 방법으로 누가 평가하는 자세가 필요하다. 특히 주제에 대한 평가는 설문지법으로 자기 평가를 하도록 하는 것이 효과적이며, 학생에 대한 평가는 관찰법이나 활동 실적, 주제 해결의 참신성이나 창의성 등을 중시하는 평가되어야 할 것이다.

일선 학교에서는 평가 업무에 대한 부담을 덜기 위해서는 자모들을 위촉하여 평가 도우미 활용하는 방법도 효과적일 수 있다.

(2) 모둠별 주제 탐구 활동

1) 지도 계획

모둠별 주제 탐구 활동은 개인별 주제 탐구 활동과 달리 우선 모둠별 협의를 통해 미리 주제를 선정하고 담임교사의 지도 조언을 듣는 방법을 따르는 것이 좋다. 그러므로 각 모둠별 주제가 달리 선정될 수 있는가 하면 같은 주제를 설정하여 각각 모둠별로 역할 분담을 달리하는 방법도 있을 수 있다.

특히 주제 설정은 모둠원의 의견과 필요에 의하여 결정하는 것으로 최소한 한 달 전에 미리 결정되어 예고해야 운영에 지장이 없다. 그리고 주제가 결정되면 각 모둠별로 역할 분담이 협의를 통해 결정되어 상호 협조적으로 잘 이루어질 수 있도록 해야 한다.

이러한 제반의 모든 내용들이 성공적으로 이루어지기 위해서는 특히 지도 교사의 지도가 적절히 잘 이루어져야 한다. 그러기 위해서는 각 모둠별 지도 시기를 정하여 요일별로 지도하는 업무의 조정이 뒤따라야 할 것이다. 그리고 주제 탐구 활동에 대한 발표회나 반성을 위한 각 모둠별 활동 시간을 미리 정하여 가급적이면 같은 시기에 모두 끝낼 수 있도록 한다.

모둠별 주제 탐구 활동에 대한 연간 운영 계획안을 살펴보면 다음과 같다.

2) 활동안

주 제	연구 보고서 작성법		시 간	40	유 형	고학년
목 표	• 탐구 활동으로 수집한 자료와 조사한 내용을 보고서로 작성하여 발표할 수 있다.					
자료 및 준비물	교 사			학 생		
	주제 탐구활동 보고서(작성 예)			수집한 자료, 연구한 자료, A4 용지		
단 계	교수·학습 활동					
도 입	○ 주제 탐구 활동 안내 "각 모둠별로 작성한 계획서대로 여러분은 그동안 군것질 실태에 대한 자료를 수집하고 조사하는 등 많은 것을 발견했을 것입니다. 그동안 느낀 점이나 깨달은 점을 보고서로 작성하여 발표해 보도록 합시다." "조사 시간대별로 나누어 발표하고 학교, 마을, 가정에서 이루어지는 군것질 실태를 나누어 발표해 봅시다." • 모둠별로 나누어 발표한다. ○ 학습 목표 확인 • 탐구 활동 보고서 작성을 위한 내용을 이해하고 그 순서에 맞게 보고서를 작성할 수 있다.					
전 개	○ 보고서 항목(자료 3: 주제 탐구 활동 보고서 참조) "보고서 항목에는 어떤 것들이 들어갑니까?" • 주제, 제목, 연구자, 연구하게 된 동기, 조사 기간 및 방법 • 연구 문제, 연구 내용 및 결과, 알게 된 사실 • 의문점 및 더 연구하고 싶은 점 ○ 보고서 작성 "보고서 항목에서 가장 중요한 것은 연구한 내용입니다. 조사한 것은 어떻게 정리해야 될까요" • 친구들이 관찰 조사한 내용과 설문 조사 자료를 정리한다. • 정리된 여러 자료를 비판적으로 비교하여 원인과 대책을 이끌어 낸다. "지금까지 학습한 내용을 염두에 두고 보고서를 작성합시다." • 도표, 그래프, 사진, 그림 등을 적절히 제시하며 글짓기 하듯 자세히 쓴다. • 사실과 의견을 구분하여 쓴다. ○ 발표 자료 작성 "모둠별로 어떤 내용을 어떤 방법으로 발표할 것인지 정하여 발표 자료를 제작하여 봅시다."					
정 리	• 어떤 내용을 발표할 것인지 자신의 연구 내용을 모둠원에게 설명한다. • 발표 내용에 따라 적합한 발표 자료, TP 자료, 화상기 자료, 도표, 괘도 제작 등을 정한다. ○ 차시 예고 • 다음 시간에는 보고 발표를 하겠습니다. 발표 자료를 제작한 후 발표할 내용 중 외울 것은 외워 미리 연습을 해 오도록 합시다.					

3) 지도상 유의점

모둠별 주제 탐구 활동은 모둠별 주제를 우선 1~2주 전에 협의 과정을 통해 정하도록 지도한다.

초등학교 저학년의 경우에는 생활과 밀접한 기본예절, 학습 태도, 학교생활 규칙 등의 내용을 주제로 선정하고 3주일 정도 활동 기간을 적용 기준으로 하는 것이 좋다. 초등학교 고학년·중등학교의 경우에는 2주에 1회, 초등학교 저학년의 경우에는 3중에 1회 정도 발표회를 갖도록 한다.

　모든 활동 자료는 학급별 괘도 걸이나 파일을 두어 정리하는 습관을 갖도록 지도하며 우수자는 적절한 시상을 하는 방법도 필요하다.

4) 모둠별 주제 탐구 활동 평가

　모둠별 주제 탐구 활동 평가는 계획, 활동 과정, 결과 처리, 발표, 상호 협조적 분담 활동 등 종합적인 평가가 되도록 한다. 그러기 위해서는 다음과 같은 종합 평가표를 제작하여 활용하는 것이 좋다. 물론 평가 방법은 상호 평가, 자기 평가, 모둠 평가 등 다양한 방법이 있다. 다음 제시한 내용은 평가의 주요 내용을 표로 나타낸 것이다.

평가 내용 / 평가 대상자	토끼 모둠	거북 모둠	기린 모둠	비둘기 모둠	까치 모둠	코끼리 모둠
토의 활동	적극적임	소극적임				
계획서 작성	미흡함	잘됨				
역할 분담 활동	협조적임	다소 미흡				
자료 수집	다양함	빈약함				
개인 보고서 작성	잘됨	잘됨				
자료 정리	잘됨	사진 자료 미흡				
보고서 발표	잘함	잘함				
보고회 듣기	진지함	진지함				

1. 우리 모둠에서 모범적으로 활동한 사람은?
2. 그 사람은 무엇을 잘했나요?
3. 잘한 점은?

3. 자유 연구 활동: 하고 싶은 공부를 체계 있게 꾸준히

가. 주제 개관

(1) 개요

　2007년 개정 교육과정에서는 재량 활동 영역의 신설·확대를 통해 학생 스스로가 학습의 주제로서 자유로운 탐색이나 정보 수집과 같은 활동을 통하여 학생 스스로 학습 활동을 진행시켜 나갈 수 있는 자기 주도적 학습 능력 신장을 강조하고 있다.

창의적 재량 활동에서 자유 연구는 자연 현상과 사회 현상에 호기심을 가지게 하고, 문제를 학생 스스로 발견하고 꾸준히 연구하여 합리적이고 창의적으로 문제를 해결하는 능력과 태도를 기르는 데 목적이 있다. 이러한 자유 연구 활동은 학생의 적성에 맞는 학습을 지향하고, 학생의 흥미와 관심을 최대한 높여 주며, 학습에 대한 계획과 실천 능력을 기르고, 자기 학습에 대한 성취감과 만족감을 만끽하게 하며, 교과·시간·장소의 벽을 넘어 자유로운 형태의 학습 활동이 가능하다는 데 의의가 있다.

따라서 교사는 학생들이 주위에서 보고 경험하게 된 의문이나 느낌 중에서 조사해 보고 싶은 일이나 더 자세히 알아보고 싶은 일을 골라서 직접 조사하여 관찰하고 연구하는 활동 기회를 제공해 주어야 한다.

(2) 필요성

학생들이 자기 주도적 활동을 제대로 이끌어 가기 위해서는 교사가 학생들의 학습에 대한 관심이나 능력의 정도를 정확하게 파악하는 것이 중요하다. 탐구 학습이나 개인 연구가 아무리 좋은 학습 방법이라고 하더라도 모든 학생들이 학습을 해 나갈 수 있는 것은 아니다. 초등학생의 경우 자기 주도 학습 활동에 필요한 학습기능, 즉 스스로 목표를 설정하거나, 학습 과정을 조절하거나 자기 평가를 할 능력을 모든 학생이 갖고 있기 어렵기 때문이다. 학생들의 학습 능력의 정도에 따라 알맞은 활동이 제시되었을 때 성공적인 학습이 일어날 수 있기 때문이다.

특히 자기 주도적 학습에서의 자유 연구는 초등학교 학생들의 발달 단계에서 볼 때 중·고학년에서 주로 실시될 수 있다. 학생들이 스스로 학습하는 태도와 학습 순서, 학습 방법 그리고 자기의 의견을 발표하고 집단에서 토의하는 방법, 과학의 기본적인 개념 및 사실, 원리 법칙(규칙성) 등 탐구적인 방법을 찾아내고 이해하며, 그 방법을 배워 스스로 문제를 해결할 수 있어야 하기 때문이다. 중·고등학생들에게는 비교적 높은 수준의 자유 연구 활동을 부여할 수 있다.

자유 연구 활동은 학생들이 주위에서 보고 경험하게 된 의문이나 느낌 중에서 조사해 보고 싶은 일이나 더 자세히 알아보고 싶은 일을 골라서 직접 조사해 보고 관찰하고 연구하는 활동이다. 그러나 이 자유 연구 활동에서는 반드시 어떤 틀(형식)에 의하여 정해진 방식에 맞춰서 해야 하는 것이 아니기 때문에 "어떻게 활동하고 어떻게 정리할까?" 하는 것은 학생 자신이 좋아하는 편리한 방식대로 하면 된다. 이러한 자유 연구 활동을 통해 학생들은 자연 현상과 사회 현상에 지속적인 관심과 호기심을 갖고 자료를 수집, 분석, 활용하는 태도를 기르고, 합리적이고 창의적인 능력, 인내심, 표현력 등을 기를 수 있다.

(3) 지도 과정

자유 연구는 자연 현상이나 사회 현상에 관한 학생들의 욕구와 흥미를 최대한 존중하는 흥미 중심, 문제 중심, 특정 제재 중심의 연구 주제를 선택하고 탐구 계획을 세워 비교적 단시간에 행해지는 활동이다.

이와 같은 취지에서 실천 방안을 제시해 보면 자유 연구는 학생들이 알고 싶고 탐구하고 싶은 주제를 선정하여 일정 기간 동안 개별적, 소·집단적으로 조사하고 연구하는 학습 방식으로 학생의 개성을 기르고 창의성과 자율성을 발휘하는 유용한 방법이다. 간략히 자유 지도 과정을 제시하면 다음과 같다.

1) 주제 선정

자유 연구 주제 선정은 교과 내용의 보충·심화할 필요성이 있는 내용이나 생활 주변의 자연 현상이나 사회 현상에서 학생들이 호기심을 갖는 내용으로 학생 스스로 학습 목표 설정하고, 정보를 수집하여 이용할 수 있는 내용으로 주제 탐구에 비해 비교적 단시간에 학습 문제를 해결할 수 있는 주제를 선정한다.

여기에서 연구 주제는 교사에 의해 일방적으로 결정, 고정되는 것이 아니라 학생들의 자연스러운 흥미 유발, 학생과 교사의 제안과 합의에 따라 융통성 있게 선정되어야 한다.

2) 자료 수집

주제의 선정과 그에 따른 구체적인 학습 활동이 조직되면, 그 주제와 관련된 자료를 수집한다. 자료의 수집은 ① 학생이 중심이 되어 선정한 주제를 해결하기 위해 참고서, 사진, 그림, 현장 조사, 인터뷰, 방문 관찰 등의 학습 자료를 이용한다. ② 자원 인사를 활용한다. ③ 필요시 현장 학습을 준비한다. ④ 주제를 학부모에게도 알려 도움을 받는다.

3) 학습 활동 전개

자유 연구 활동은 학생 개인별로 행하도록 하나 흥미 분야를 중심으로 몇 명이 모여서 모둠으로 할 때도 있다. 모둠으로 할 경우에는 학생의 능력이나 친숙도 등을 이유로 인위적으로 조정하기도 가급적 학생들 스스로 구성하게 함으로써 책임감을 갖고 연구 활동에 참여하도록 한다.

학습 형태는 스스로 선택하고, 추구하고 싶은 방법대로 자유롭게 활동한다. 활동 과정에서 학생들이 자유롭게 탐색하여 자기들이 흥미를 발견하고, 전 단계에서 찾아낸 여러 가지 흥미 있는 내용 중에서 연구하고 싶은 것을 선택하여 합의에 의해 계획을 세우며, 결정된 주제와 계획에 따라 연구 활동을 전개한다.

4) 학습 내용 발표

자유 연구 활동을 마치면 학급 학생과 필요시 학부모들을 초대하여 스스로 학습한 내용을 발표하도록 한다. 발표를 함으로써 학생들은 자신이 공부한 내용을 보여줄 수 있는 기회를 갖게 되고, 다른 학생에게는 새로운 흥미를 불러일으킬 수 있는 기회가 제공된다. 또 자유 연구 활동 중 수집한 자료나 직접 제작한 작품들은 일정 기간 전시하여 비교, 검토 및 분석하는 활동의 기회를 갖도록 한다.

5) 교사의 역할

교사는 학생들이 자유 연구 활동을 하는 동안 필요시 자문 및 자원 인사의 역할을 한다. 이때 활동 과정에 대한 직접적인 정보를 주어서는 안 된다. 왜냐하면 학생들 스스로 학습하는 방법을 터득해 나가는 과정이 중요하기 때문이다. 그리고 활동 중에 수시로 점검하여 필요한 경우 동기 유발을 시키거나 새로운 탐구 방법을 제시해 주며, 현장 학습 시 반드시 점검을 하고 기관의 협조가 필요하면 협조문을 작성해서 사전에 보내거나 지참하게 한다.

(4) 지도 내용

〈표 26〉 자유 연구 활동 학년별 지도 내용(초등학교)

학 년	시간수	학습주제	학습활동
3	2	그림자랑 놀아요	그림자 연극하기
	2	나의 친척을 찾아봐요	친척의 호칭과 나와의 관계 알기
	2	가족의 좋은 점과 고칠 점	가족의 자랑거리 찾기, 가족의 고칠 점 찾기
	2	나의 조사 탐구 보고서	개인 주제 학습 탐구 보고서 작성 발표
	2	내가 ○○라면 어떻게 할까?	자기가 원하는 사람의 활동 모습
	2	20년 후의 나의 모습은?	좋아하는 직업에 대한 조사
	2	정보와 신문	주제가 있는 신문 만들기
	2	이렇게 살아갈래요	우리 집 가훈의 뜻 알기
	2	재미있는 신문 나라	우리 집에 대하여 말하기
	2	옛말에 이런 말이 있어요	속담의 내용 알아보기
	1.5	내가 좋아하는 직업은?	자기의 장래 직업 상상해 보기
	1.5	이런 일을 하고 싶어요	미래에 하고 싶은 일을 상상해 보기
	2	내가 ○○라면 어떻게 할까?	상상력을 발휘해서 여러 가지로 발표하기

학 년	시간수	학습주제	학습활동
4	2	한국의 야생화	야생화의 종류와 보호
	2	재미있는 사물놀이	사물놀이의 기초 장단 익히기
	2	내가 좋아하는 직업은?	미래의 모습 상상하기
	2	애니메이션과 만화	만화 그리기의 기초
	2	무슨 소리일까?	음악을 듣고 움직임으로 나타내기
	2	미래 신문 만들기	미래 신문 만들기
	2	이야기 속의 효도	독서 토론
5	2	꿈 가꾸기	나의 미래 모습
	2	우리말의 아름다움	아름다운 우리말 조사
	2	나의 뿌리를 찾아서	우리 집 시조 및 단군 이야기
	2	작은 실천 큰 보람	알뜰 카드, 신문 제작
	2	재미있는 과학 나라	고리 비행기, 수레바퀴 제작
	2	안전 교육	각종 사고의 예방법 알기
	2	폐품을 활용하여 만들기와 꾸미기	폐품 활용
	2	행복의 조건	행복에 대한 자신의 생각
6	2	우리 동네 자동차	자동차의 종류, 주차 방법
	2	내가 좋아하는 스포츠	자기가 좋아하는 스포츠와 선수 알아보기
	2	내가 좋아하는 동물	자신이 좋아하는 동물을 탐구, 조사하기
	2	스포츠는 우리의 꿈	경기 방법, 운동선수, 스포츠 팀 알아보기
	2	음악 여행을 떠나요	음악의 종류, 악기

(5) 지도상 유의점

1) 생활 주변에서 소재를 찾고 그것과 관련된 여러 자료를 수집하게 한다.

2) 학생 중심의 연구 활동이 되게 하고, 활동 과정에서 학생들의 토의가 활발하게 이루어지 도록 하며, 다른 사람의 의견을 경청하고 자신의 의견이나 마음을 정확히 표현하려는 태 도를 가지게 한다.

3) 관찰, 실험, 조사 등의 활동은 가급적 적은 인원의 분단 학습으로 하고 분단 학습 시에 는 상호 협력하게 하여 자신의 역할을 잘 수행하여야 학습 활동이 성공할 수 있음을 인 식하게 한다.

4) 학생들의 호기심과 창의성을 자극할 수 있는 주제를 선정하며 개방적 발문을 하는 데에 도 유의한다.

5) 자신의 연구 결과를 다른 사람에게 의미 있게 전달할 수 있도록 보고서 작성법 및 발표 력을 향상시킨다.

(6) 평가 방안

1) 평가 목표

자유 연구 활동 영역의 다양한 주제들을 접하면서 먼저 교사의 고정된 평가 관점에서 벗어나 좀 더 자유롭고 창의적인 학습 분위기를 조성하여 평가 관점에 얽매이지 않고 학생 개개인의 능력에 따른 개별화 평가를 하는 데 있다.

2) 평가 방향

학습 활동 중에 학생들이 나타내는 행동 특성을 관찰, 기록하거나, 학생의 반응을 조사하기 위해 개별 또는 소집단별로 질문을 통해서 주제에 대한 관심과 참여도, 흥미, 수업 내용에 관한 것들을 교사 관찰 평가, 학생 자기·상호 평가 등을 통해 지속적으로 평가한다.

3) 평가 관점

스스로 과제를 해결해 나가는 자기 주도적 학습력 성취에 도달할 수 있는 관점에서 평가한다. 특히 관점을 다양화시켜 세부적인 평가가 가능하도록 해야 한다.
① 자료 수집: 필요한 자료를 찾아 재구성하여 적절히 학습 자료로 이용하는 능력
② 관찰 조사: 탐구 활동을 하는 중에 학습 목표에 따라 관찰하고, 필요한 내용을 조사 기록할 수 있는 능력
③ 보고서 작성: 학습 활동 후 자기 주도적으로 학습장, 보고서, 관찰 기록문 등을 스스로 작성할 수 있는 능력
④ 발표 능력: 학습 주제를 효과적으로 조리 있게, 또렷하게 발표하는 능력
⑤ 참여 태도: 전체 또는 모둠별로 협동적이고 적극적인 실천적인 태도로 참여하는 능력

나. 적용의 실제

〈자유 연구 활동안과 적용〉

(1) 활동안

주 제	우리말의 아름다움	시 간	80분	유 형	자유 연구
목 표					

주 제	우리말의 아름다움		시 간	80분	유 형	자유 연구
목 표	• 간판에서 재미있고 아름다운 우리말을 조사할 수 있다. • 외국어로 된 간판을 아름다운 우리말로 고칠 수 있다.					
자료 및 준비물	교 사			학 생		
	• 사라져 가는 우리말 조사 (인터넷 사이트 제공) • 보고서 양식 제공			◦ 메모지　　　◦ 연필 ◦ 국어사전　　◦ 모둠발표 학습지		
단계 (시간)	교수·학습 활동					자료 및 유의점
	교 사			학 생		
사전 과제 확인 및 동기 유발 (10분)	• 특이한 내용의 간판을 본 적이 있습니까? • 우리 주변에 있는 간판들 중에서 재미있는 간판을 찾아보고, 외국어 간판이 있다면 아름다운 우리말로 바꾸는 공부를 해 보았으면 합니다.			• 시내에 가 보면 거의 대부분이 내용을 잘 알 수도 없는 외국어 간판을 많이 볼 수 있었습니다. • '햇빛은 반짝 당구공은 반짝'이라는 간판의 내용이 너무 재미있었습니다.		• 예전에 본 것을 생각하며 답한다.
중심 활동 (40분)	◦ 학교 주변의 재미있는 간판 이름을 찾아보고, 외국어 간판은 아름다운 우리말로 바꾸어보자. <사전 조사 학습 주제> ① 재미있는 우리말 • 첫음절이나 끝음절이 같은 우리말 조사 • 빛깔을 나타내는 말 조사 • 흉내 내는 말 조사 ② 사라져 가는 우리말 • 사라져 가는 아름다운 우리말 조사 ③ 우리가 많이 쓰는 외국어 • 우리가 많이 쓰는 외국어를 조사한 후 우리말로 바꾸어 보기 ④ 외국어 간판 ◦ 집 근처의 외국어 간판을 조사한 후 우리말로 바꾸어 보기 ⑤ 외국어 간판을 조사하여 내용 알아보기 ◦ 가게 주인이나 점원에게 간판의 뜻을 알고 있는지 조사해 보기					(현장학습) • 조사해야 하는 장소로 가서 직접 조사한다. (7~8명) • 메모지 • 카메라 • 교실에서 보고서 작성
정리 및 차시 예고 (30분)	◦ 보고서를 중심으로 모둠별로 조사 학습을 실시한 내용을 발표한다. ◦ 아쉬웠던 점이나 새롭게 알게 된 점을 이야기해 본다.			◦ 모둠별로 전지에 제작된 조사 내용을 보고 발표한다. ◦ 발표를 듣고 느낀 점이나 의문점을 이야기한다. ◦ 다녀온 뒤의 보고서를 작성하여 발표한다.		

(2) 지도 시 고려할 점

(가) 학습이므로 계획이 정확하도록 한다.

(나) 현장에서 직접 조사하는 내용이 많으므로 예의를 바르게 지키고 메모하는 습관을 가지
도록 한다.

(다) 보고서 쓰는 양식을 미리 생각하고 현장 조사 학습에 임하도록 한다.

(3) 평가 관점

(가) 재미있고 아름다운 우리말을 찾을 수 있다.

(나) 외국어 간판을 아름다운 우리말로 고칠 수 있다.

4. 소집단 학습: 친구와 함께하는 학습 활동

가. 주제 개관

(1) 필요성

‘소집단 학습’은 자기 지주적 학습 능력을 신장시킬 수 있는 기초적인 학습 방법이다. 전통적으로 ‘소집단 학습’은 2인 이상이 팀을 이루어서 탐구 주제를 설정한 다음 역할 분담 및 협력 활동을 통하여 주제를 해결해 가는 협동 학습을 뜻한다. 이러한 소집단 학습은 학습 과정에서 모든 학생들이 고르게 학습 활동에 참가할 수 있고 학습자 상호간에 자주성의 존중과 협동 정신 그리고 사고 활동을 넓히는 계기를 마련할 수 있다. 또한 소집단 학습은 학생들에게 책임감, 자발적 참여 의지, 지도력 등의 인성 요인들을 계발시킨다.

이러한 소집단 학습의 중요성은 2007년 개정 교육과정 각 교과들이 모둠 학습을 강화했다는 점에서도 발견할 수 있다. 모둠별 학습이라 부르기도 하는 이 모둠 학습은 교수·학습의 실제에서 소집단 학습의 구체적 활동 형태이다.

실제로 활동 중심인 2007년 개정 수준별 교육과정은 가령, 제1학년 슬기로운 생활의 경우 1/2 정도, 즐거운 생활의 경우 1/3 정도, 말하기 듣기, 수학의 경우 1/4 정도에서 수준별 학습을 요구하고 있는데 이때의 수준별 학습을 위한 학습 집단 조직 방식은 대개가 소집단 학습의 형태를 띤다.

슬기로운 생활의 경우 ‘우리들은 1학년’이 끝난 4월 초부터 소집단 활동을 하게 된다. 하지

만 그 차시의 실제는 가르칠 학습 내용 지도보다는 '소집단 활동을 어떻게 할 것인가?'의 문제이다. 예컨대, '책상 배열부터 서로 토의하는 법' 등을 지도하다 한 시간을 보내게 된다. 이러한 현상은 사전에 소집단 활동, 곧 학습하는 방법에 대한 학습 시간을 확보하지 못하기 때문에 발생된다. 이는 각 교과들이 학습 내용만을 제시하고 학습 활동(소집단) 자체에 대한 지도 시간을 확보하지 않았기 때문이다. 수준별 학습 중 능력형 수준별 학습은 필연적으로 보충 심화 두 유형의 소집단 학습 활동을 요구함은 주지의 사실이다. 특히 학습 속도, 학습 집단 조직 속도가 늦은 저학년에서 능력형 수준별 학습을 하게 될 경우, 가르칠 내용의 지도보다도 소집단 학습 집단 조직을 하다 그 시간을 마치는 경우가 흔하다.

결국 소집단 학습 활동 훈련이 안 될 경우 원활한 교과 학습 활동이 어렵게 되는 것이다. 따라서 2007년 개정 교육과정에서는 특히 학생들의 소집단 학습 활동에 대한 사전 안내 및 안내자인 교사의 연수를 강화시킬 필요가 있다. 단위 학교 내의 현직 연수도 중요하다.

(2) 유형

소집단 학습은 크게 고정적으로 소집단을 조직하여 운영할 수 있는 유형과 유동적으로 소집단을 조직하여 운영할 수 있는 유형으로 구분된다.

고정적 소집단 학습 유형은 소집단 협력 학습, 과제 선택 협동 학습, 전문가 학습 등 오랫동안 연구되어 온 소집단 학습 이론에서 도출된 학습 활동 형태이다. 반면, 유동적 소집단 학습 유형은 2007년 개정 교육과정의 적용과 함께 대두된 보충·심화 수준별 학습에 적합한 학습 활동 형태이다.

고정적 소집단 학습 유형은 사전 훈련을 거치면 비교적 원활하게 소집단 학습을 전개할 수 있다. 하지만 유동적 소집단 학습 유형은 매우 상황 맥락적이어서 교사의 운영 능력이 매우 중요한 변인으로 작용한다. 이러한 고정적 유동적 소집단 학습 유형의 적용 시기를 살펴보면 다음과 같다.

고정적 소집단 학습 유형은 '전체 학습→ 개별 학습→ 소집단 학습→ 전체 학습'과 같은 교수·학습의 흐름 중 전개 단계에서 적용된다. 전개 단계는 교수·학습 과정 중 가장 중요한 단계이므로 소집단 학습에 대한 사전 지도가 충분할수록 차시 학습의 밀도는 더욱 높아진다.

학습 결과의 성패를 좌우하는 전개 단계 시 적용되는 소집단 학습의 유형은 다음과 같다.

〈표 27〉 소집단 학습의 유형

구 분	소집단 협동 학습	과제 선택 협동 학습	전문가 활동
문제 파악	• 학습 동기 유발 • 선수 학습 상기 • 공부할 문제 파악 • 학습 활동 방법 안내	• 학습 동기 유발 • 선수 학습 상기 • 공부할 문제 파악 • 학습 활동 방법 안내	• 학습 동기 유발 • 선수 학습 상기 • 공부할 문제 파악 • 학습 활동 방법 안내
해결 방법 탐색	• 학습 문제 해결 계획 세우기 • 소집단 협동 활동 • 선택 학습 • 다양한 보고 활동 • 집단 학습	• 학습 활동 방법 안내 – 소집단별 과제 분담 – 학습 문제 개인별 분담	• 학습 문제 해결 계획 세우기 – 모집단 학습 계획 – 세부 과제 개인별 분담
문제 해결	• 보충 심화 학습 • 현실 적용 • 내용 정리 • 차시 예고	• 다양한 방법으로 문제 해결하기 • 발표 준비 및 발표 – 전체 학습 – 보충 심화 학습 – 현실 적용 – 내용 정리 – 차시 예고	• 전문가 활동 – 전문가 집단 구성 – 리더에 의한 토의 – 학습 내용 정리 및 보고 준비 – 모집단 보고 정리 • 전체 학습 • 보충 심화 학습 • 현실 적용 • 내용 정리 • 차시 예고

그 밖의 고정적 소집단 학습 유형에는 특별 활동의 계발 활동 영역에서 클럽 활동 또는 학생 동아리 활동 등과 같은 유형들이 있다.

유동적 소집단 학습 유형은 '기본 학습-평가 (능력형 수준별 학습을 할 경우)-수준별 학습'이라는 수준별 학습 모형에 따라 교수 학습을 전개할 경우 수준별 학습 단계에서 필연적으로 적용된다.

선택형이나 통합형 수준별 학습의 경우 학습 집단 조직이 교수 학습의 흐름에 별 장애 없이 구성될 수 있다. 예컨대, 일제 학습 형태의 책상 배열을 통해 각자 하고 싶은 선택형 수준별 학습 활동을 할 수도 있고, 선택한 학습 제재가 유사한 학생끼리 집단을 형성하여 소집단 학습 활동을 할 수도 있다. 어떤 형태이든 소집단 학습이 주는 부담감이 교사, 학생에게 거의 없게 된다.

반면, 보충·심화 학습과 같은 능력형 수준별 학습 시 교사는 보충 유형 학생 집단과 심화 유형 학생 집단이 분리되어 그 운영이 쉽지 않다. 좀 더 구체적으로 살펴보면 예컨대, 국어과 능력형 수준별 학습 시 교사는 보충 유형 학생 집단을 중점 지도하게 된다. 이때 심화 유형의 소집단 학습들은 특히 자기 주도적 학습력을 바탕으로 자학 학습을 주로 하게 된다.

문제는 이와 같은 능력형 수준별 학습을 하게 될 경우 보충 유형과 심화 유형 학생의 수가 고정적이지 않고 늘 유동적이라는 점이다. 해당 차시 목표에 따라 보충, 심화 유형 학생의 비(비율)가 수시로 변한다. 자칫 교사의 수준별 학습 운영 능력, 곧 소집단 학습 조직 능력이 부족할 경우 학습 집단을 조직하다 가르칠 내용을 온전히 지도하지 못하는 문제점이 발생한다. 결국 소집단 학습 능력은 능력형 수준별 학습을 하기 위해 필연적으로 발생하는 두 집단 곧, 보충 유형 학생과 심화 유형 학생 모두에게 반드시 훈련될 학습하는 방법에 대한 학습 요소가 아닐 수 없다.

따라서 학기 초 소집단 학습 활동 훈련을 충분히 시켜야 한다. 초등학교 제1학년의 경우, 3월의 우리들은 1학년 재량 활동 시간이 10시간이나, 재량 활동 시간 등을 할애하여 지도해야 하고, 그 밖의 학년 역시 학기 초 재량 활동 시간과 각 교과 시간을 조금씩 할애하여 학습하는 방법을 익히도록 사전 지도를 해야 한다.

(3) 학습 계획

1) 소집단 학습 집단 조직 (고정적 유형을 중심으로)

〈표 28〉 소집단 학습 집단 조직

구 분	내용 및 방법
편성 기초 자료 마련	• 교우 관계 조사: 리더나 고립아를 발견하고 비공식 또래 집단을 파악하기 위해 설문지를 활용한다. • 취미 특기 조사: 취미나 특기가 비슷한 학생을 발견하기 위하여 설문지를 활용한다. • 기초 학력 조사: 학년 초나 학기 초의 진단 평가 결과를 활용한다. • 신체조건 조사: 좌고, 시력, 청력, 선천성 질병 등을 사전에 파악한다.
편성 기초 자료 활용	• 자료 조사 결과 학급 내 비공식 또래 집단을 파악하여 우선적으로 같은 소집단으로 편성한다. • 취미, 특기가 비슷한 학생을 같은 소집단으로 편성한다. • 기초 학력 조사 결과 성적 우수아와 부진아를 소집단별로 고르게 편성한다. • 기초 검사 결과 좌고, 시력 등을 소집단 배치 시 고려한다.
편성 인원 및 좌석 배열	• 편성 인원은 발전 단계에 맞게 논의 과제의 성격, 분량, 곤란도에 따라 수시로 편성 활용하되 대체로 4인 1조나 6인 1조로 편성한다. • 좌석 배열: 조직의 기초 자료를 활용하여 편성한다. 필요에 따라 재편성도 가능하나 구성원과 심리적 갈등이 적도록 한다.

2) 소집단 학습 과정 안내 (고정적 유형을 중심으로)

〈표 29〉 소집단 학습 과정

주제 결정	• 토의 목적 확인 • 토의 주제 (화제) 결정
안내	• 토의 방식 결정(토의 형태 결정) • 집단 편성 및 역할 분담 • 토의에 필요한 준비물 읽기 자료, 기록지 등 확인 • 토의의 구체적 절차 확인(교사의 설명)
토의 전개	• 집단별 구체적 토의 주제 및 내용 확인 • 집단별 구체적 토의 절차 확인 • 집단 내에서의 역할 분담 • 개인별 사고 • 집단 구성원 간의 토의
정리	• 집단별 토의 결과 정리, 발표 • 집단별 토의 결과 반성 및 평가 • 학급 토의 결과 종합 정리 • 학급 토의 과정에 대한 반성 및 평가

나. 적용의 실제

(1) 지도 방법

소집단 학습 활동이 원활하게 이루어지기 위해서는 사전에 소집단 학습에 대한 충분한 훈련을 거쳐야 한다. 소집단 학습 훈련의 시작은 소집단 학습이 개별 학습에서 공동 학습으로 확대된 개념임에 유의하여 짝과 공동 학습을 해 보는 활동을 거친 다음, 여러 명으로 소집단을 구성하여 발표 요령, 상호 의견 교환 요령, 역할 수행 능력 등을 점차적이고 단계적으로 지도해야 한다.

1) 소집단 훈련

<표 30> 소집단 학습 훈련 내용

지도 단계	지도 영역	지도 내용
초보 단계	개인의 언어 능력	• 똑똑한 발음으로 한다. • 다른 사람이 알아듣도록 한다.
	집단의 형성 능력	• 무엇을 말하는지 생각하면서 듣는다.
	집단의 과제 수행	• 상대를 보면서 말한다. • 상대를 보면서 듣는다.
심화 단계	개인의 언어 능력	• 듣고 모르는 것을 묻는다.
	집단의 형성 능력	• 상대의 말과 관계있는 화제를 골라 말한다. • 이야기의 중요한 점을 잘 듣는다. • 하나의 화제를 중심으로 하여 말한다. • 때와 장소에 맞는 말씨로 말한다.
	집단의 과제 수행	• 이야기를 끝까지 듣는다. • 혼자서 독차지하여 말하지 않고 번갈아가며 말한다. • 말씨에 주의하면서 말한다.
정착 단계	개인의 언어 능력	• 들으면서 자기의 생각을 정리한다. • 들을 때나 말할 때에 메모를 한다.
정착 단계	집단의 형성 능력	• 하나의 화제를 발전시키면서 말한다. • 이유나 근거를 들어 자기의 의견을 말한다. • 소집단의 화제나 의견을 마무리하여 말한다.
	집단의 과제 수행	• 상대의 의견을 존중하며 말한다.

2) 소집단 리더 훈련

○ 성원들이 그룹의 주인 의식을 느끼도록 고무시킨다.

○ 성원들이 일하는 절차와 차례를 제시한다.

○ 성원들의 생각을 충분히 듣는다.

○ 성원들이 소집단의 공동 목표 달성을 위하여 최상의 방법으로 완수하도록 돕는다.

○ 모든 성원이 맡은 일을 최상의 방법으로 완수하도록 돕는다.

○ 명령자가 아니고 지도하고 돕는 자가 된다.

○ 성원들 각자의 임무가 무엇인지 분명히 파악하도록 한다.

○ 토의 과정 중 성원들 간의 의견 갈등 조정 역할을 수행한다.

(2) 지도의 실제

소집단 학습의 지도는 학기 초에 집중되어야 한다. 그렇지 않을 경우 특히 모둠 학습을 강화한 '2007년 개정 교육과정'의 운영이 어렵기 때문이다. 교사는 교과 내용뿐 아니라 소집단 학습과 같은 학습하는 방법의 영역에 대한 충분한 이해와 지도 내용 자료를 바탕으로 지도 계획을 수립해야 하는데, 본 자료에서는 각기 다른 두 방식의 단계별 지도의 실제를 제시하면 다음과 같다.

1) 지도 실제 1

단 계	지도 내용
1	짝끼리 대화 훈련
2	소집단 편성 훈련
3	소집단 토의 훈련
4	집단 구성원(리더와 구성원)의 역할 지도 훈련
5	실제 수업 적용 훈련

2) 지도 실제 2

단 계	지도요소	지도 내용	비 고
1	조직, 인사	소집단 조직, 소집단이란	이질 집단 편성
2	토의의 이해	토의란, 토의의 형태, 리더 선정	
3	리더의 역할	리더란, 리더의 할 일	
4	토의 절차 안내	준비, 선언, 토의	
5	토의의 유형	원탁식 토의, 배심 토의, 공개 토의, 심포지엄, 대좌식 토의, 버스 학습법	사진이나 그림
6	토의 문제 잡기	주제 유형 안내, 소집단별 문제 도출	문제의식 갖기
7	토의 문제 잡기	토의 주제 잡기, 협력 학습 내용 확인	전체
8	토의 발표 방법	토의록 정리, 발표 순서	
9	토의 발표	주제 유형에 의한 토의와 발표	기타 협력 학습 결과
10	수업 적용	실제 수업에 적용	

3) 활동안

교수·학습 상황에서 소집단 학습은 상호 의견 교환을 중시하는 토의 중심 소집단 학습과 상호 활동을 중시하는 활동 중심 소집단 학습으로 진행되는데, 활동 중심 소집단 학습 활동 활동안을 제시하면 다음과 같다.

주 제	이야기 역할극으로 꾸미기	시 간	80분	유 형	소집단통합
목 표	• 소집단 학습 활동을 하면서 이야기를 역할극으로 꾸밀 수 있다.				
자료 및 준비물	교사		학생		
	들려줄 이야기 자료		역할극 소품		
단 계	교수·학습 활동				

도입

○ 이야기 들려주기

　아기 돼지 삼형제가 보물을 찾기 위해 집을 떠난다. 큰 형은 짚으로 집을 짓고, 둘째 형은 나무로 집을 짓고, 막내는 튼튼한 벽돌로 집을 짓는다. 늑대가 나타나 첫째와 둘째의 집을 날려 버리자 형들은 막내의 집으로 몸을 숨긴다. 늑대는 벽돌로 만든 집도 부수려고 했지만 뜻대로 되지 않고, 오히려 아기 돼지가 꾀를 내어 늑대를 혼내 준다는 이야기이다.

전개

○ 일인 무언극 하기 [개별 학습]

• 첫째 돼지는 짚으로 어떻게 집을 짓는가?

• 둘째 돼지는 나무로 어떻게 집을 짓는가?

• 막내 돼지는 벽돌로 어떻게 집을 짓는가?

○ 빠른 동작 무언극하기 [개별 학습]

　(너는 늑대가 너의 집을 날려 버린 첫째 돼지이다.)

• 얼마나 빨리 동생의 집으로 달려 갈 수 있는지 알아보자.

• 뒷문을 잠그고, 손잡이 아래에는 나무 의자를 받쳐 놓자.

• 그리고 늑대가 들여다보지 못하도록 커튼을 친다. 자, 어서 동생의 집으로 달려가자

○ 함께하는 무언극하기 [활동 중심 소집단 학습]

　(너희들은 세 마리의 돼지이다. 너희는 지금 물이 가득찬 커다란 가마솥을 벽난로가 있는 곳까지 옮기려고 한다.)

• 물이 쏟아지지 않도록 조심하면서 걸어 보아라. 무겁기 때문에 매우 조심해야 한다.

• 3명이 한 모둠이 되어 활동한다.

○ 토론하기[토의 중심 소집단 학습]

　(늑대는 악평이 나 있다. 빨간 모자 소녀, 양치는 소년, 아기 돼지 삼형제가 모두 늑대에 대하여 불평을 한다.)

• 늑대의 죄를 처벌해야 한다는 입장과 늑대를 너그럽게 평가하는 입장으로 나누어 이야기해 보자.

○ 대화하기 [토의 중심 소집단 학습]

　(엄마 돼지는 친구들과 차를 마시면서 자식들에 대해 자랑을 한다. 물론 늑대가 첫째와 둘째의 집을 날려 버린 것은 말하지 않는다.)

• 엄마 돼지와 그 친구들이 나누는 이야기는 어떠할까?

○ 거울 놀이하기 [짝과 협력 학습]

　(두 사람이 짝을 이루어 한 사람은 턱수염을 깎는 돼지가 된다. 비누 거품을 잘 칠한 후 날카로운 면도날을 조심해서 사용한다. 특히 코가 다치지 않도록 조심한다.)

• 짝이 한 동작을 마치 거울처럼 똑같이 흉내를 내 보자.

○ 리더 역할하기 [활동 중심 소집단 학습]

　("여러분, 저는 걱정이 많답니다. 제 아들은 침착하지도 못하고, 야망도 없고, 자기보다 약한 사람들 위협하면서 온갖 나쁜 짓을 일삼고 있어요. 나는 그 애를 어떻게 다루어야 할지 모르겠어요. 여러분이 제 아들을 위해 도움 말씀을 해 주시겠어요?")

• 돌아가면서 엄마 늑대의 역할을 해 보자.

단 계	교수 · 학습 활동
	○ 내용 재구성 활동하기 [토의와 활동 중심 소집단 학습] 　(아기 돼지 삼형제는 같이 살기로 했다. 하지만 함께 살기에는 집이 너무 좁기 때문에 튼튼한 벽돌집을 다시 지어야만 한다. 세 마리 돼지의 사생활이 보장되어야 하며, 가끔 방문하실 엄마와 손님의 방도 필요하다.) ● 어떤 구조의 집을 짓는 것이 좋을까? ○ 즉흥 장면 꾸미기 [활동 중심 소집단 학습] ● 여러 상황의 즉흥 장면을 꾸며 보자.
정리	○ 소집단 역할 놀이 학습 활동 정리하기 ● 협력 학습이 잘된 모둠을 골라 보자. ● 역할 분담이 잘되고 역할극이 훌륭한 모둠을 골라 보자.

5. 프로젝트 학습: 반 친구와 계획을 세워 꾸준히

가. 주제 개관

(1) 개요

교육과정 운영에서 프로젝트식 방법에는 여러 가지 용어가 사용된다. 즉 '주제', '단원', '주요 관심 분야', '토픽', '프로젝트' 등의 용어가 쓰이는데, 이 용어들을 때로는 구별하여 사용하기도 하지만 실제 수업 현장에서는 구별하기가 사실상 어렵다. 그렇기 때문에 열린 교육에서 행하는 일반적인 활동들을 총칭하는 것으로 '토픽'과 '프로젝트'란 용어를 쓴다. 토픽과 프로젝트를 굳이 구별한다면, 토픽은 아동 개개인 또는 소그룹 아동들이 탐구해 가는 학습 단원을 지칭하는 것으로 프로젝트보다 범위가 제한적이라 할 수 있다. 이에 반해 프로젝트는 보다 광범위한 학습 단원을 중심으로 대그룹 학생들, 또는 학급 전체 학생, 때로는 전교 학생이 참여하는 탐구 활동을 의미한다.

프로젝트 학습은 학생들이 장기간의 연구 주제를 선택하고 그것을 해결하기 위하여 모든 방법을 동원하되 수시로 교사가 상담을 해 주고, 각자의 진행 상황을 발표하거나 전시하며, 완성되었을 때에는 학습 보고서를 제출하도록 하는 방법이다.

(2) 필요성

학교 교육은 앞으로 다가오는 정보화 시대, 급속한 변화를 수반하는 유동적 사회와 다양한 가치관이 공존하는 다원적 사회에 살아갈 유능한 인간으로 키워야 한다. 그러기 위해서는 새로운 경험에 대한 열려 있는 마음, 변화에 대응하는 능력, 다양한 가치와 생활 방식을 선별할 수 있는 가치 판단력, 새로운 아이디어를 끊임없이 창출하는 창의성, 탐구성과 지적 호기심을 갖춘 인간을 키워야 한다.

그러기 위해서 학생들이 학습 주제를 선택하고 학습 계획을 세우고 학습 문제를 해결하는 프로젝트 학습이야말로 자주성과 창의성을 가진 어린이를 육성하기 위한 교육과정 운영 방법의 중심 활동이 되어야 한다. 또한 '학습하는 방법의 학습'으로서 각 교과에 따른 적용 방법이 연구되어야 한다.

어느 나라, 어느 학교를 막론하고 교실의 학생들은 다양한 개인차를 가진 청소년들로 구성되어 있다. 각자 가지고 있는 능력은 일반 수업에서 드러나는 능력보다 훨씬 광범위하다. 즉 상징 체제를 쉽게 습득하는 어린이가 있는가 하면 생각하기를 좋아하는 어린이도 있다. 이런 각자 다른 성향을 가진 어린이들에게 만족을 주고 학습 효과를 극대화시키기 위한 학습 방법의 혁신으로 통합 교육과정, 가정과 학교의 학습 연결, 복잡하고 개방적인 과제를 상호 협동적으로 해 보는 수업 방법 등이 장려되고 있으며 수업 현장에 광범위한 학습 기회를 제공할 수 있는 효과적인 한 방법이 프로젝트(project) 학습이다.

(3) 프로젝트 학습 방법

1) 프로젝트 학습의 유형

① 프로젝트 집단의 규모에 따라: 개인별 프로젝트, 모둠별 프로젝트, 학급 전체 프로젝트, 학년 프로젝트, 학교 프로젝트 학습 등이 운영된다.

② 학습 기간에 따라: 1일 프로젝트, 주간 프로젝트, 월간 프로젝트, 분기 프로젝트, 연간 프로젝트 등 학습에 소요되는 기간에 따라 다양하게 운영된다.

③ 학습 장소에 따라: 교실 내 프로젝트, 교실 바깥 학교 내 프로젝트, 학교 외 프로젝트 중 여러 장소에 따라 다양하게 운영할 수 있다.

④ 방법에 따라: 관찰 프로젝트, 조사 프로젝트, 견학 프로젝트 등으로 구별한다.

2) 프로젝트 학습의 방법

① 교사의 준비 활동

프로젝트 수업을 위해 예상되는 주제 선정 및 주제 선정에 대한 아동들의 선경험을 추정하고, 교육 과정과 관련된 영역을 예상하여 미리 주제망을 구성하여 본다. 교사가 주제에 대한 동기 유발을 위해 다양한 자료를 제공할 준비를 할 수도 있다.

처음에는 교과서의 주제나 관련된 주제들을 선택하여 주제에 대한 안내를 할 수도 있으나, 발전 단계에서는 학생의 관심 분야를 선택하여 학습하도록 하여 학습의 동기를 강화할 필요가 있다.

프로젝트 주제 선정 방법은 어린이들이 어느 정도 알고 있는 것에 기초한 주제로 현재의 것보다 더 많이 알고 경험할 수 있는 소재를 선택하는 것이 좋다. 지나치게 학문적이거나 아동들의 일상과 관계없는 주제는 학습에 가능성을 고려하여, 가정에서 부모님의 도움으로 학습할 수 있는 것, 학교 안에서 해결할 수 있는 문제 등이 프로젝트 학습 초기의 주제로 좋고, 발전 단계에 있어서는 탐구가 가능한 다양하고 폭넓은 주제를 선정해도 된다.

② 개인 활동 및 집단 토의

정해진 프로젝트 활동의 과정에서 교사는 학생들이 학습을 잘할 수 있도록 이끌어 줄 수 있고 학생들이 각자 개인적으로 하고 있는 서로 다른 종류의 활동에 대해 의견이나 활동 결과를 공유하도록 도와준다. 다양한 문젯거리와 아이디어에 대해 토의하기 위해서 학급 전체가 모이거나 몇 명의 소집단으로 모여 아래와 같이 활동하고 정리한다.

○ 주제에 대한 개인적인 회상(개인)
○ 개인적 경험 표현하기(개인 – 전체)
○ 공통적인 경험과 서로 다른 경험 토의하고 비교하기(소집단)
○ 현재의 지식과 아이디어 브레인스토밍(소집단)
○ 만든 목록을 분류하고 정리하여 주제망(web) 만들기

③ 현장 활동과 조사

학생들이 개인적인 경험을 바탕으로 하여 새로운 지식을 쌓아가며 학교 안에서 경험한 것을 학교 밖의 세계와 연결할 수 있도록 하기 위한 활동이다. 주제와 관련된 문헌을 조사 정리하고 사람, 물체, 사건을 직접 경험할 수 있도록 활동하는 것을 말한다. 실제 경험 상황에서 보고 들은 것을 책을 통해서 보다 심도 있게 연구하는 활동을 포함한다.

○ 현장 견학을 위한 준비
인터뷰 준비하기 – 공손한 말 쓰기 – 인터뷰의 목적 설명하기 – 간결한 질문 목록 만들기 – 질문하기 – 감사 표현하기
○ 현장 조사를 위한 준비
조사할 장소와 시간, 조사할 사람들, 사물, 생물, 사건의 원인과 결과, 부분과 전체 빈도 비율, 어휘 내용
○ 현장 작업
● 현장 스케치와 현장 노트 만들기

○ 보고서 쓰기

● 현장 견학과 도서관을 이용한 연구 및 전문가 면담을 종합하여 보고서 쓰기

④ 표현 및 전시

학생들이 주제와 관련된 활동과 조사를 통해 얻은 정보를 검색하고 조직적으로 정리하여 그림이나 글 또는 연극 등 다양한 기법을 사용하여 표현하도록 하는 과정이다. 자신의 활동한 내용을 친구들이나 선생님, 부모님에게 제시하고 설명하며, 표현할 수 있도록 하는 일을 얻어진 정보를 확실하게 이해하고 일반화하는 데 중요한 과정이다. 프로젝트 과정을 통해 어린이들이 활동한 여러 분야를 소집단으로 나누어 내용을 전시하는 활동을 한다. 이 과정에서 아동들은 경험을 공유할 뿐 아니라 프로젝트 학습에 대한 새로운 동기를 부여받게 된다.

이와 같은 프로젝트 학습의 절차를 표로 정리해 보면 <표 31>과 같다.

〈표 31〉 프로젝트 학습의 절차

단 계	단계별 소요 시간 비율			세부 활동 내용
	저	중	고	
예비 단계				0. 프로젝트 학습 범위 결정
계획 단계	25%	20%	15%	1. 프로젝트 주제 선정 2. 주제망 작성 3. 주제에 대한 경험, 지식 토의 및 소집단 구성 4. 소주제에 대한 질문 목록 작성
진행 단계	50%	60%	70%	5. 활동 결정 및 활동 순서 조절 6. 프로젝트 연구 계획서 작성 7. 연구 계획서 확인 후 장소 및 자료 준비 8. 아동 - 계획된 활동 수행 　　교사 - 진전 상황 체크 및 조언 9. 학급 전체 활동
정리 단계	25%	20%	15%	10. 활동 내용을 적은 기록장을 책으로 묶거나, 활동 결과를 전시 및 발표

(4) 지도상의 유의점

교사는 프로젝트화할 수 있는 소주제를 학생들에게 제시하며 학생들은 자율적 활동에 의하여 자신들의 관심 분야나 능력에 따라 주제를 분석해 나간다. 이때 활동의 계획, 실행의 주체자는 아동이어야 하며 교사는 학생들의 활동을 돕는 안내자, 보조자의 역할을 해야 한다.

특히 교사가 의도하는 방향으로 계획하지 않는다고 해서 학생들의 활동을 중단시키거나 지나친 관여를 하여 방해하는 것은 학생들의 창의적인 활동을 기대할 수 없기 때문에 유의해야 한다.

(5) 프로젝트 활동의 평가

프로젝트 학습의 평가는 학생들이 주제를 선택하고 학습 계획을 세우며 학습 문제를 해결하는 학습자의 자주성과 창의성이 종합적으로 평가되어야 한다.

먼저 학습자의 자세가 가장 중요한데, 학습 방법이 바르고 능동적으로 참여하는 자세, 활발한 토의 활동 및 발표력 등이 평가되어야 한다.

계획 단계에서는 올바른 주제 선정 및 주제망 작성, 소주제에 대한 질문 목록의 작성이 필요하다.

진행 단계에서는 프로젝트 연구 계획서가 바르게 작성되어야 한다.

평가 단계에서는 학생들의 활동이 잘 수행되는지 진전 상황을 점검, 평가한다.

정리 단계에서는 활동 결과물이 전시 및 발표를 평가한다.

나. 적용의 실제

(1) 프로젝트 학습 계획

주 제	직업의 세계	시 간	160'	유 형	통 합
학습 목표	• 변화하는 사회에 따라 새롭게 생겨나는 직업을 알고, 다양한 직업의 세계를 여러 가지 방법으로 나타낼 수 있다.				
자료 및 준비물	교 사			학 생	
	파워포인트 자료, 백과사전 직업 사전, 평가표, 비디오		신문, 보고서		
단 계	교수 · 학습 활동			자료 및 유의점	
시작하기 열어가기	○ 마음 열기 • 반가를 부르며 분위기 조성하기 • 직업의 다양성 알기 - 정해진 시간 내에 신문에서 직업 이름 찾기를 통해 우리 사회에 얼마나 많은 직업이 있는지 생각해 보게 한다. • 전시에 한 탐구 보고서를 보며 우리가 관심을 가지고 있는 직업 또한 다양함을 이야기한다.			• 직업의 다양성을 인식하게 한다.	

(2) 활동안

단 계	교수·학습 활동	자료 및 유의점
학습문제 확인하기	○ 활동 주제 확인 • 일과 직업의 세계 ○ 학습 문제 확인 • 변화하는 사회에 따라 새롭게 생겨나는 직업을 알고, 다양한 직업의 세계를 여러 가지 방법으로 나타내어 보자.	• 파워포인트 자료
탐구 과제 확인하기	○ 모둠별 탐구 과제 확인하기 1. 우리들이 좋아하는 직업 2. 없어진 직업을 찾아라 3. 이런 직업도 있어요 4. 2000년대 유망 직종은 바로 이것! 5. 유망 자격증 조사	
활동 계획 세우기	○ 모둠별 활동 계획 세우기 • 각 모둠별로 개인 역할 분담 및 구체적 활동에 대한 계획을 수립한다. ○ 모둠별 탐구 활동 및 발표 준비 • 모둠별 탐구 활동 1. 우리들이 좋아하는 직업 조사 　－ 우리 학교 학생들이 좋아하는 직업을 학년별로 조사하여 분류 분석한다. 2. 없어진 직업을 찾아라. 　－ 옛날에는 있었으니 지금은 없어진 직업을 찾아본다. 없어진 직업 차기, 할머니, 할아버지께 전해 듣기, 신문 찾기, 문헌 조사 등의 자료 정리하기 직업이 사라진 이유 이야기하기 3. 이런 직업도 있어요 　－ 현대 사회의 재미있고 기발한 직업을 찾아본다.	• 활동 계획서 • 관심 분야별로 정한 탐구 과제에 대해 조사한자료를 수집하고 정리한다.
활동하기 탐구 활동	전 세계의 직업의 종류 알아보기 전 세계의 재미있고 기발한 직업 찾기 우리가 생각해 낸 재미있는 직업 소개하기 4. 2000년대 유망 직종은 바로 이것! 　－ 미래 사회에 새로 등장하게 될 직업은? 　－ 미래 사회에 더욱 각광받게 될 직업은? 5. 유망 자격증 소개 　－ 자격증이 필요한 직업을 찾고, 여러 종류의 자격증을 수집하여 정리하고, 자격증에 대한 안내까지 준비한다.	• 준비된 여러 가지 자료
발표 계획 세우기	○ 모둠별 발표 계획 수립 • 모둠별 발표 방법을 협의하고 발표를 준비한다.	

단 계	교수·학습 활동	자료 및유의점
발표하기	○ 자유 활동 (발표 준비가 끝난 모둠의 학생들만 할 수 있다.) • 미래의 나의 직업에 대해 광고하기 ○ 모둠별 탐구 과제 발표 1. 우리 학교 학생들이 좋아하는 직업을 학년별로 조사 분석하여 도표와 그래프로 설명하기 2. 옛날에는 있었으나 지금은 없어진 직업 소개하기 3. 현대 사회의 기발한 직업을 다양한 방법으로 발표하기 4. 미래의 재미있는 직업, 새로운 직업에 대해 극화하기 5. 자격증이 필요한 작업의 자격증을 수집, 분류하여 게시하기	• 발표에 이용될 과제 결과물 • 탐구 내용이 다양한 방법으로 발표될 수 있도록 한다.
정리하기	○ 마무리하기 • 서로 의문점 질문하고 보충하기 • 새롭게 알게 된 점 이야기하기 • 모둠별 개인 평가 − 우리 모둠의 구성원은 서로 협동하여 활동했나? − 우리 모둠원은 각자의 역할 분담을 성실히 하였나? − 다양한 자료 수집으로 탐구 과제를 잘 해결하였나? − 발표 방법이 독창적인가? − 발표할 때 적극적으로 참여했나?	• 모둠별 평가표

6. 현장 체험 학습: 산으로 들로, 그리고 바다로

가. 주제 개관

21세기 현대 사회는 지식 기반 사회이다. 지식 기반 사회에서의 활성화된 지식은 책 속과 책상에서만 도출되지 않는다. 개혁과 변화의 시대에 주도적으로 대응하고 미래를 개척 창조해 나갈 수 있는 능력 있는 차세대를 육성하기 위해서는 학습 내용을 가르치는 교육에서 자기 주도적인 학습 능력을 기르는 교육으로 교육 방법의 개선이 절실하다.

그럼에도 불구하고 지식 위주의 편중된 교육과 경직된 교실 분위기 속에서 과감히 벗어나지 못하고, 스스로 창의적으로 즐겁게 학습하는 다양한 체험 학습 활동의 기회가 부족한 것이 우리 교육의 현실이다.

이러한 문제점을 해결하는 방법의 하나로 교과서 중심의 주입식 교육을 과감히 탈피하여 관찰, 조사, 수집, 토론, 현장 견학, 노작 등 직접적 체험 활동 위주의 교육으로 전환하고 학습의 장도 지역 사회로 확대하는 것이다. 이렇게 교육을 받은 학생들은 어린 시절부터 지역적으로 다른 생활 문화에 대한 이해를 하게 되고, 자신의 삶과 진로에 대한 폭넓은 관점을 갖게 되어 보다 자기 주도적이고 창의적인 사고력이 신장될 것이며, 일의 즐거움과 봉사, 성취의 기쁨을 체득하고, 기본 생활 습관의 정착은 물론 자아 확립을 통해 생활환경에 적응할 수 있는 아름다운 심성과 건전한 근로관, 그리고 인내력과 용기, 독립심, 공동체 의식의 사회적 능력을 지닌 어린이로 자라게 될 것이다.

초·중·고등학교 학생들은 시기적으로 자연 현상은 물론 사회 현상에도 관심을 가지게 된다. 따라서 역사적인 사회 현상인 우리 조상들의 삶의 자취를 더듬어 봄으로써 그 당시의 사회 현상을 이해하고 우리 문화에 대한 긍지를 함양하는 것은 매우 가치 있는 학습이 될 것이다.

특히 초등학교에서는 우리 고장이나 시·도의 내력, 혹은 우리 민족의 문화, 생활 영역에 대한 학습이 이루어진 기초적인 역사 공부를 바탕으로 하여 우리 고장의 뿌리와 생활 터전에 관심을 가지게 된다.

특히 삼국 시대의 한 나라인 백제(또는 신라)는 지금 우리가 살고 있는 충청도(또는 경상도) 지방을 포함한 서부 지방에 자리잡고 한때 발전을 해 왔다. 그 백제 역사의 흐름과 문화 발달에 대한 이해를 통하여 통합적 안목을 기르는 것은 매우 중요하다.

이 「향토 역사 탐구」의 체험 학습은 시대를 뛰어 넘어 조상들의 슬기와 재능이 담겨 있는 문화유산을 올바로 이해하고, 조상을 사랑하는 마음과 우리 역사와 문화에 대해 자부심을 가지게 하는 데 역점을 두었다. 또한 사실로서의 문화 공부뿐만 아니라 문화유산을 통한 창조적 역사 학습을 하고, 역사와 정치의 흐름, 문화, 유물, 유적 등에 걸친 전반적인 학습 기회가 되고자 하였다.

「향토 역사 탐구」를 크게 역사와 정치, 유물, 유적, 문화 등의 네 부분으로 나누어, 개별 또는 모둠별로 여러 자료를 수집, 비교, 분석, 정리하게 하여 학생들이 문화의 의미를 깨닫게 하고, 직접적인 현장 체험 학습을 통하여 보다 넓은 시야에서 인간과 사회 현상을 바라볼 수 있는 안목을 향상시키는 데 도움을 주고자 하였다.

나. 활동 목적

교과서 중심의 지식 편중 교육에서 벗어나 다양한 체험 학습의 기회를 제공한다.
(1) 학교 교육 내용을 보충·심화한다.
(2) 창의성, 자율성, 협동성을 길러 자주적 학습 능력을 신장시킨다.
(3) 전인적인 인간 교육의 내실을 기한다.

다. 활동 방침

(1) 운영 횟수는 주 1회로 하되 학급 여건에 따라 조정할 수 있다.

(2) 운영 일은 학급 자율적으로 정하여 운영할 수 있다.

(3) 운영 시간은 관련 교과 시간이나 교과의 보충 심화 학습 시간, 특별 활동 또는 학교 행사, 학교 재량 시간을 할애하여 운영한다.

(4) 활동 프로그램은 교실 수업에서나 교과 시간에서 소홀히 하기 쉬운 관찰, 조사, 수집, 노작, 견학, 자유 탐구, 현장 답사 등 직·간접적인 체험 활동을 중심으로 학급 실정에 맞게 창의적으로 구성한다.

(5) 활동 장소는 프로그램 내용과 학교와 지역 사회 실정을 고려하여 선정한다.

(6) 사제동행(師弟同行)으로 전인적인 인간 교육의 실현에 중점을 두고 실천한다.

라. 활동 방법

(1) 활동 방법

1) 교육과정과 지역 특성, 학교 실정, 학생, 학부모의 요구를 참작하여 연간 지도 계획 및 학습 지도안을 작성 활용한다.

2) 학생 스스로 생각하고 판단하여 새로운 것을 탐구하는 창의적인 사고력과 자율성을 신장시키는 학습 활동을 전개한다.

3) 학생들의 개성, 흥미, 능력을 존중하며 즐겁게 참가하도록 학습의 개별화에 노력한다.

4) 학생들에게 공동의 학습 과제를 제시하고 소집단 학습을 통하여 공동으로 문제를 해결하는 경험을 많이 가지게 한다.

5) 학습 현장에서 질서 교육과 환경 교육으로 민주 시민으로서 필요한 자질을 기르는 기회가 되도록 운영한다.

6) 사전, 사후 지도를 철저히 하며 특히 운영 후에는 감상문, 관찰 기록문, 참관 소감록, 그리기, 안내자에 대한 보은의 편지 쓰기 등을 작성하여 평가에 반영한다.

7) 효율적인 운영을 위하여 지역 인사 및 학부모를 명예 교사로 위촉한다.

마. 활동 전 학습 주제 그물(망)

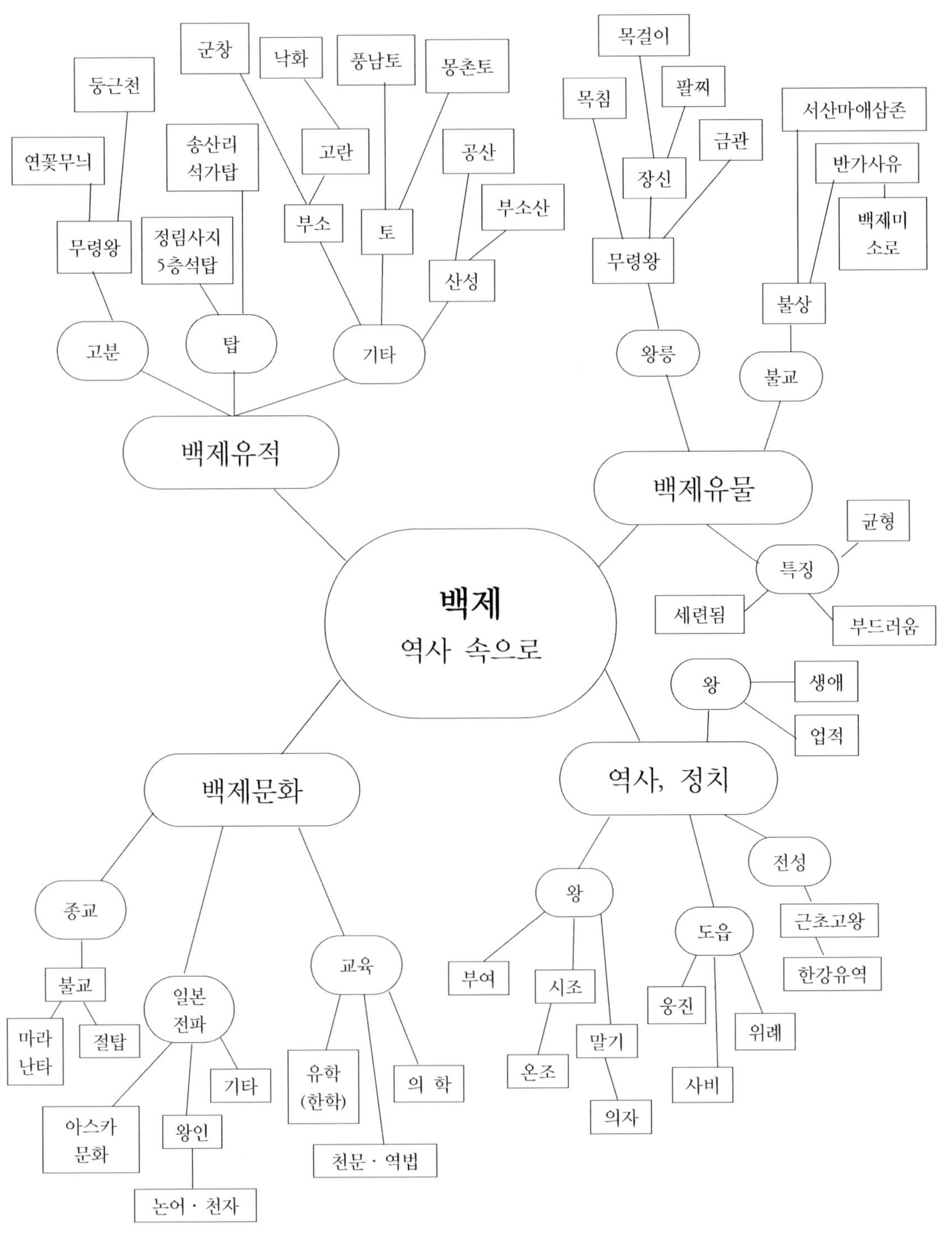

바. 활동 계획 (예시)

대주제	소주제	지도시기		학습 내용	시간 (분)	관련 교과	자료
		월	주				
향토 역사 탐구	역사와 정치	4	4	○ 학습 계획 세우기 ● 대주제 주제망 짜기	60	사회	학습지
		5	1	○ 백제의 역사정치 ● 소주제망 짜기 ● 인터넷에서 자료 찾기	40	사회 도덕	계획서, 학습지 등
			2	○ 백제의 왕과 귀족의 위인전 만들기 ● 삼충사 견학하기 ● 백제 시대의 지도자 조사하기 ● 시대별 위인전 만들기	80	사회 국어	사인펜, 채색 도구, 사진, 그림 자료 등
			3	○ 백제 연대표 만들기 ● 역사적 사건을 시대별로 모아보기 ● 역사 연대표 만들기	80	사회 국어	학습지, 8절 캔트지, 채색 도구, 그림 자료 등
			4	○ 역사 신문 만들기 ● 백제 시대별 주요 사건 정리하기 ● 역사 신문 만들기 ● 발표하기	80	사회 국어 미술	학습지, 채색 도구, 백제사 자료, 4절 캔트지 등
	유적	6	1	○ 담로 회의 역할극 하기 ● 담로 제도 조사 발표하기 ● 담로 회의 역할극 하기	80	사회 도덕 국어	백제사 자료 등
			2	○ 현대와 백제 시대 건축물 비교하기 ● 정림사지 탐방하기 ● 보고서 작성하기 ● 현대와 백제의 건축 비교하기 ● 탑 보고 그리기	120	사회 국어 미술	백제사 자료, 학습지, 채색 도구 등
			3	○ '무령왕릉' 알기 ● 무령왕릉, 고분군 탐사하기 ● 무령왕릉 탐구하기 ● 소개하는 글 쓰기 ● 현재 남아 있는 고분들의 공통점과 차이점 알기	120	사회 국어	무령왕릉 자료, 학습지, 편지지 등
			4	○ 백제 시대의 성 만들기 ● 성흥산성, 부소산성, 공산성 견학 ● 백제성의 장단점 토의하기 ● 성 쌓아 보기	180	사회 미술	VTR 테이프, 학습지, 삽 등
	유물	9	1	백제의 유물 소 주제망 짜기 유물 스크랩하기 인터넷에서 백제 유물 찾기 스크랩한 유물 설명하기	80	사회	사인펜, 채색 도구 그림 자료, 사진 등

대주제	소주제	지도시기		학습 내용	시간 (분)	관련 교과	자 료
		월	주				
향토 역사 탐구	유물		2	백제 문양으로 벽면 꾸미기 백제요 현장 견학하기 백제 문양의 특징 찾기 백제 문양으로 벽면 꾸미기 백제 문양 특징 발표하기	80	사회 미술	학습지, 스케치북, 채색 도구, 그림 자료 등
			3	일본 속의 백제 유물 찾기 일본 속의 백제 유물 찾기 '일본 속의 유물'이 되어 편지 쓰기, 동시 짓기, 광고문 쓰기	80	사회 국어	학습지, 채색 도구, 백제사 자료 등
			4	왕과 왕비 옷 디자인하기 부여 박물관 견학하기 백제왕과 왕비 옷의 특징 알기 옷 디자인하기 인터넷에서 백제 유물 찾기 내가 백제왕이 된다면	80	사회 미술 국어	백제사 자료, 채색 도구 등
			5	백제의 유적 학습 정리하기 학습 정리하기 친구들과 비교발표하기	80	사회 국어	프로젝트 학습 모음집, 학습지 등
	문화	10	1	민간 신앙과 불교의 전래 불교의 전래 과정 알기 불교의 전파와 국가 사회에 끼친 영향 알기	80	사회 도덕	백제사 자료, 학습지, 채색 도구 등
			2	백제 시대의 예술 백제 예술품 스크랩하기 백제 예술의 특징 알기 백제 예술가 조사, 발표하기	80	사회 미술	백제사 자료, 학습지, 채색 도구 등
			3	백제를 재현하는 행사 조사하기 백제 문화재 관람하기 지역별 재현 행사 조사하기 조사 내용 보고서 작성, 발표하기	80	사회 미술 도덕	VTR(테이프), 학습지, 지역별 홍보 자료 등
			4	일본에 전해진 백제의 자취 VTR 학습 일본에 전해진 백제 문화의 자취 알아보기 백제 문화의 자취를 지도로 그려보기	80	사회 미술	VTR(테이프), 학습지, 채색 도구 등
		11	1	백제 문화제 가장 행렬 백일장 서동과 선화공주 연극하기 전래 동요 부르기 민속놀이	120	사회 음악 체육	의상, 원고지, 민속놀이 자료 등

사. 활동안 (예시)

대 주 제		백제 역사 탐구				
소 주 제		백제의 유적(1 – 2 / 11)	**지도 시기**	○ 월 ○ 주	**지도 교사**	
관련 교과		사회, 국어, 미술				
학습 주제		● 현대와 백제 시대의 건축물을 비교할 수 있다.				
학습 효과	학습 형태	교수·학습 활동			자료 및 유의점	
문제 파악	전체 학습	○ 생각 열기 ● 백제의 유적과 관련된 낱말 말하기 게임하기 ○ 공부할 문제 확인 ● 백제 시대의 건축물을 알아보고 현대와 비교하여 보자. ○ 학습 활동 안내 <활동 1> 정림사지 석탑 보고 그리기 <활동 2> 백제 건축과 현대 건축 비교하여 설명하기 <활동 3> 백제 건축 보고서 작성하기 <활동 4> 백제 건축가 되어 가상 일기 쓰기 ○ 학습 활동 <활동 1> 정림사지 석탑 보고 그리기 <활동 2> 백제 건축과 현대 건축 비교하여 설명하기 ● 공통점 찾기 ● 차이점 찾기 <활동 3> 백제 건축 보고서 작성하기 ● 성, 불상, 탑을 중심으로 백제 건축에 관한 특징을 보고서로 작성하기 <활동 4> 백제 건축가 되어 가상 일기 쓰기 ○ 정리 ● 모둠별로 작성한 보고서 발표하기 ● 알게 된 사실, 느낀 점 발표하기 ○ 차시 예고 ● 무령왕릉에 대해 조사해 오기			● 눈높이 교육을 생각하며 부드러운 분위기를 조성한다. ● 소란스럽지 않고, 모둠원끼리 도우며 해결하게 한다. ● 학습지 ● 다양한 생각들을 분야별로 정리할 수 있도록 지도한다. ● 석탑을 그릴 때 백제 건축물의 아름다움을 표현할 수 있도록 채색 지도한다. ● 학습지 내용을 바탕으로 발표하게 한다.	
	개별 학습 모둠 학습					
	전체 학습					

아. 평가 방법 (예시)

대주제	백제 역사 탐구			
소주제	백제의 유적(1~2 / 11)			
학습주제	● 현재와 백제 시대의 건축물 비교하기			

평가관점	평가방법
● 성, 불상, 탑을 중심으로 백제 시대 건축물의 개략적인 특징을 알고 있는가?	● 개인 상호 평가 및 모둠 비교 평가

수행 평가 기록 방법					
번 호	이 름	평가결과			
		백제 시대 건축물의 특징을 현대와 비교하여 개략적으로 잘 알고 있음	백제 시대 건축물의 특징만 알고 있음.	현대 건축물의 특징을 알고 있음.	건축물의 특징을 비교하지 못함.
1	○ ○ ○				
2	○ ○ ○				

자. 관련 참고 자료

제 목	제작사	비 고
황간 현장 체험 학습	황간초등학교	
다양한 체험 학습을 위한 자율 학습의 날 운영	서울중원초등학교	
체험 학습 지도 자료	전라남도교육연구원	
책가방 없는 날의 효율적인 운영	대구금포초등학교	
체험 활동을 통하여 추억을 심어주는 이동 학교	진해제활초등학교	
신교육 체제 수립을 위한 교육 개혁 방안	교육개혁위원회	
프로젝트 학습 지도 내용	청수초등학교	

7. 학교 행사 활동: 전교생이 함께하는 교실 밖 활동

가. 주제 개관

(1) 학교 행사 활동

1) 학교 행사 의의

학교 행사 관련 활동은 학교 단위로 이루어지는 의식, 학예, 보건 체육, 수련, 안전 구호, 교류 활동 등과 같은 교육적인 활동에 적극적으로 참여하는 학교와 지역 사회의 구성원으로서 갖추어야 할 기본 자질과 태도를 함양하는 자발적인 활동이다.

학교에서는 다양한 행사가 연중 개최되고 있다. 이러한 학교 행사는 그 특성상 교과와도 연계되어 있으며 지도 방법에 따라서는 학생의 자기 창의력과 고등 정신 기능을 신장시킬 수 있는 좋은 기회가 될 수 있다. 특히, 초·중·고등학교에서의 행사 활동은 협의, 토론, 조사, 수집, 분석, 노작, 견학, 답사, 보고 등과 같은 학생의 직접적인 체험 활동이 많이 이루어지고 있어 자기 주도적 학습 능력을 촉진시킨다는 데 교육적인 의의가 있다. 이를 통하여 학교 집단의 구성원으로서의 자긍심과 책임감을 지니고 민주 시민의 기본 자질을 키우는 중요한 경험의 기회를 가지게 되는 것이다. 학교 행사 관련 활동은 이런 점에서 학생들의 창의력을 높일 수 있는 종합적인 교육 활동이라 말할 수 있다.

2) 목표

학교 행사 관련 활동의 목표는 다음과 같다.

(가) 교내·외에서 실시되는 여러 행사의 의의와 중요성을 이해하고, 자발적으로 참여하여 학교와 지역 사회의 발전을 위해 노력하는 태도를 가진다.

(나) 학예와 체육 등 행사 활동을 통하여 평소의 학습 성과를 창의적으로 발표하는 기회를 가짐으로써 협동 및 봉사의 정신과 연대 의식을 높인다.

(다) 학교 밖의 자연과 문화에 직접 접촉함으로써 견문을 넓히고, 풍부한 감성을 지닌다.

(라) 각종 수련 활동에 참여하여 심신의 조화로운 발달을 이루며, 극기의 정신과 진취적 기상을 기른다.

(마) 지역 간, 국제 간 다양한 인적 교류를 통하여 다른 문화의 가치를 이해하고 수용한다.

(2) 학교 행사 관련 활동 방법

1) 유형

학교 행사 관련 활동 유형은 아래 그림과 같이 나누어 볼 수 있다.

○ 의식 행사 활동: 경축일, 기념식, 조회, 입학식, 졸업식, 시업식, 종업식 등

○ 학예 행사 활동: 전시회, 발표회, 감상회, 학예회, 경연 대회, 실기 대회 등

○ 보건 체육 행사 활동: 신체검사, 건강 진단, 예방 접종, 체육 대회, 친선 경기 대회 등

○ 수련 활동: • 소풍, 수학여행, 문화재 명승지 답사, 학술 조사, 해외여행 등

             • 등산·등반, 야영, 하이킹, 국토 순례, 탐사 활동, 극기 훈련 등

○ 안전 구호 활동: 안전 생활 훈련, 대피 방호 훈련, 재해 구조 활동 등

○ 교류 활동: 자매·결연 활동, 도시 농촌 교류, 국제 교류 활동 등

○ 그 밖의 필요한 활동

2) 절차

① 계획 수립 단계

교사와 학생이 공동 사고를 통하여 함께 학교 행사 관련 활동 계획을 수립한다. 자기 주도적 학습력의 정도에 따라 저학년의 경우는 교사 중심으로, 고학년 및 중등학교의 경우는 학생 중심으로 계획을 세우도록 교사는 안내자와 정보 제공자의 역할을 수행한다.

② 실천 단계

학교 행사 관련 활동 프로그램에 따라 자기 주도적 학습력을 신장시킬 수 있는 방향으로 지도를 하고 활동하도록 유도한다. 이때, 동기 유발을 강화하여 형식적인 학교 행사 관련 활동이 되지 않도록 유의한다.

③ 평가 단계

학교 행사 관련 활동 중이나 활동 후에는 반드시 다양한 방법으로 평가를 실시하여 학생의 자기 주도적 학습력을 신장시키고, 앞으로의 활동에 지도 자료로 활용한다. 특히 형성 평가 방법을 적용하고 그 결과를 문장 기술식으로 표현하는 것이 바람직하다.

④ 보고회 개최 단계

학교 생사 관련 활동의 마무리 단계로서 여러 가지 형태로 보고회를 개최하여 정보를 공유하고 분위기를 확산시킨다. 예를 들면 작품 전시회, 사진 전시회, 사례 발표회 등을 갖되 내용에 따라 학교, 학년, 학급 개인 단위로 적절한 형태의 보고회를 갖도록 한다.

3) 평가

① 평가의 절차

학교 행사 관련 활동 평가의 절차도 교과 학습 평가 절차와 같다.

즉 목표의 설정, 평가 장면의 선정, 평가 도구의 제작, 평가 실시 및 결과 처리, 평가 결과의 해석 및 활용 과정을 거쳐 평가를 마무리한다.

② 평가의 방법

학교 행사 관련 활동 평가의 방법은 행사 관련 활동의 목표를 분석하여 얻어질 수 있다.

학교 행사 관련 활동의 평가는 주로 태도와 상황 그리고 행동의 변화가 대상이 되기 때문에 주관적인 방법, 양적 평가보다 질적 평가의 방법을 이용하게 된다.

주로 사용되는 방법은 활동 상황의 관찰, 질문지를 활용한 방안, 학생의 기록 등 수행 평가 방법을 적용하는 것이 바람직하다. 구체적으로 설명하면 다음 <표 32>와 같다.

〈표 32〉 학교 행사의 평가 방법

구 분	평가 방법	평가 요령
활동 상황의 관찰	일과 기록	학생의 활동 상황을 자유로 기록 (지도록, 카드노트 등)
	체크 리스트	활동 참가 태도, 실천 상황을 미리 준비된 리스트에 의거하여 체크
	평정 척도	활동 상황, 발언 내용 등을 일정한 척도에 비추어 기록
질문지를 활용한 조사	의식, 태도 조사	활동 생각, 흥미, 관심, 태도 등을 설문식으로 조사
	자기 평가	집단 활동의 참가 태도, 행동의 정착도를 각자 반성 평가
	상호 평가	집단 활동 참가 태도, 활동 실적 등을 상호 평가
학생의 기록, 작품	활동의 기록	활동의 계획이나 활동 실제 기록 (미리 준비한 자기 계획)
	개인 기록	행사 관련 활동 등의 상황 기록
	작문, 일기	활동 계획, 실시에 대한 의견, 참가 후, 활동 후의 감상 등
교사의 협의, 의견 교환	동 학년 협의, 타 학년 또는 전교단위의 협의	활동 영역별 지도에 관한 정보 교환, 반성, 평가, 역할 분담 활동과 학교생활에 관한 정보 교환, 반성, 평가

(3) 학교 행사 관련 활동의 편성 · 운영

1) 편성

학교 교육과정의 학교 행사 계획을 바탕으로 학교 교육과정상의 학년 행사 계획을 세우고, 학년 행사 계획을 바탕으로 학급 행사 계획을 수립한다(대규모 학교의 경우).

이때 유의해야 할 점은 학교에서 요구하는 내용과 학생의 흥미와 요구 사항을 균형 있게 반영하는 일이다. 특히, 학년 초에 정확한 실태 조사를 바탕으로 학교 행사 관련 활동 프로그램을 면밀하게 편성해야 한다. 또한 각 학교 행사 관련 활동에 대한 구체적인 실행 계획을 세울 때에는 학생의 관심, 흥미, 행사 추진에 따른 신체적 피로도 등을 고려해야 하며, 시간과, 경비, 노력을 투입한 만큼의 효과를 얻을 수 있는지를 예측, 판단하는 일도 필요하다.

그리고 행사명, 목적, 시기 장소, 대상, 행사 과정, 역할 분담, 유의점, 배치도, 상황 변동 시의 대책 등에 대한 요소도 고려하여 편성해야 한다.

2) 운영

운영은 1시간씩 분산 운영하는 1시간형 방식과 2~4시간 등으로 묶어서 운영하는 통합 시간형 방식, 그리고 배합 절충형 방식을 학교 행사 관련 활동에 따라 적의하게 운영한다.

예를 들면 개학식, 방학식, 시업식, 독서 지도, 방송 조회, 명상, 중간 체조, 대피 방호 훈련 등은 1시간형 방식으로 운영하고, 소풍, 체육 대회(운동회), 수련회, 견학, 수학여행, 위문, 민속 행사 등은 통합 시간형 방식으로 운영하는 것이 바람직하다.

그리고 교과와 특별 활동을 연계하여 운영하는 것이 효율적이다. 예를 들면 체질, 체격 검사는 체육 교과 지도와 연계하고, 과학 관련 행사는 과학 교과와 관련하여 지도한다.

또한 계획에 없던 예방 접종과 같은 돌발적인 행사는 각 학년 교육 과정에서 재량 활동 시간을 활용하여 운영한다.

그리고 학교 행사 관련 활동은 시간 운영, 집단 편성, 장소 활용, 활동 내용 선정, 지역 사회 자원 활용에 이르기까지 다양하게 운영될 수 있는 탄력적인 교육 활동이기 때문에 가정과 학교, 학교와 지역 사회와의 유기적 협력체가 구축되어야 효율적인 운영이 가능하다.

(4) 적용의 실제

1) 학교 행사 관련 활동 연간 계획(예시)

학년이 시작되기 전에 학교 교육과정 운영 계획을 수립하게 되는데, 이때 <표 33>과 같이 학교 행사 관련 활동 연간 계획을 정해서 실행한다.

〈표 33〉 학교 행사 연간 계획(예)

월	행사 내용	비 고
3	• 삼일절, 시업식, 입학식	
4	• 식목일, 봄소풍, 과학의 날 행사	
5	• 어린이 날, 석가탄신일,	
6	• 현충일, 6 · 25 전쟁	
7	• 제헌절, 방학식	
8	• 광복절, 개학식	• 방송 조회와 명상의 시간, 중간 체조는 연중 실시
9	• 추석, 학예발표회, 운동회	
10	• 개천절, 가을 소풍, 백일장, 수학여행	
11	• 작품 전시회	
12	• 성탄절, 방학식	
1	• 신정, 설날	
2	• 개학식, 졸업식, 종업식	

(5) 현장 체험 학습 행사 관련 활동 계획(예시)

1) 목적

한정된 학습 공간과 학습 방법에서 벗어나 간접적인 경험을 보다 심화시켜 체험 학습의 장을 넓히고 직접적인 경험을 할 수 있는 기회를 마련하고자 한다.

2) 방침

- 모든 학생이 참여한다.
- 사전 답사를 철저히 한다.
- 사전 준비와 사전 학습을 철저히 한다.
- 소풍 체험 학습 후의 학습을 철저히 한다.
- 공중도덕과 거리 질서를 잘 지킬 수 있도록 사전 지도를 철저히 한다.
- 비상 약품을 준비하고 인근 병원을 조사한다.
- 점심 도시락은 각자 준비하도록 한다.

3) 일시

- 20○○년 ○월 ○일

4) 장소

- 경기도 과천 서울랜드

5) 준비물

- 학생: 점심 도시락, 수첩, 필기도구, 화장지, 야외용 돗자리, 간편한 복장, 사진기, 식수 등
- 교사: 도시락, 메가폰, 호루라기, 사진기, 필름, 화장지, 비상 약품, 표시 깃발, 비닐봉지 등

6) 일정표

- 학교 출발(08:00) - 서울랜드 도착(09:40) - 오전 활동(09:40~12:30) - 점심 식사(12:30) - 오후 활동(13:40~15:00) - 서울랜드 출발(15:00) - 학교 도착(16:30)

7) 사전 준비

- ○월 ○일에 학습 활동 순서 및 학습할 내용을 안내한다.
- 준비물을 점검한다.
- 학부모 보조 교사의 임무에 대하여 협의한다.
- 현지의 상황을 전화로 확인하여 차질이 없도록 한다.
- 안내장을 발송하여 학생들과 학부모의 참가 희망서를 받도록 한다.
- 소풍 체험 학습 경비는 세입 세출 외 현금 출납의 규정에 따라 관리한다.

8) 사후 관리

- 소풍 체험 학습 보고서를 써서 제출하게 하고 발표회를 통하여 잘된 작품은 시상하도록 한다.
- 일기 쓰기를 통하여 반성하는 기회를 갖도록 한다.
- 그리기를 통하여 계절에 어울리는 색채 감각을 키울 수 있는 기회를 부여한다.

9) 예상 소요 경비 내역

- 1인당 9,000원(입장료: 1,500원, 놀이 기구 사용료: 4,500원, 차량 대절료: 3,000원)

10) 지도상의 유의점

- 실기 시기, 소요 시간, 집합 해산의 장소, 교통수단의 계획
- 인솔 교사의 수, 분담 조직, 현지답사 방법
- 건강, 안전에 대한 준비, 긴급 연락 및 안전사고 발생 시의 대처 방법

- 관계 기관과의 교섭, 실시 후의 보고
- 가정 통신의 방법
- 학생의 복장, 학생의 준비물, 용돈 관리
- 당일의 소요 경비 및 인솔자의 준비물
- 일정 변경 시의 연락 방법
- 불참 학생에 대한 지도
- 평가의 관점, 반성 기록의 보관
- 실천 계획 작성의 시기와 순서
- 학부모 동참 여부의 결정

11) 소집단 활동 조직

소집단 명	학생 이름	보조 교사
백두산		
한라산		
태백산		
지리산		
계룡산		

(6) 학예회 지도

1) 활동 목표

(1) 학습 내용을 기초로 학예회의 순서를 정하고, 발표하는 과정을 체험한다.

(2) 스스로 계속하고 참여하는 가운데 일의 기쁨을 맛본다.

(3) 예술적 활동을 통하여 명랑한 심성을 갖도록 하고 창의성과 심미성을 기른다.

2) 활동 내용

(1) 학예회 준비 모임 갖기

(2) 프로그램의 구성 및 작성

(3) 출연자 및 배역 선정

(4) 학예 종목 연습

(5) 학예회 준비 상황 점검

(6) 학예회 및 정리 반성

3) 활동 시기 및 장소

(1) 시기: 11월 중
(2) 장소: 교실 및 강당

4) 유의 사항

(1) 지역 특성이나 무대 효과를 고려하여 프로그램을 구성한다.
(2) 학생이 참여할 수 있도록 하고, 가급적이면 교과서나 특별 활동 과정에서 학습된 내용을 보완하여 학예 종목으로 출연할 수 있도록 한다.

〈준비물〉
- 교사: 녹음기, 음향 기구, 조명 기구, VCR (견본) 자료
- 학생: 프로그램, 극본, 소도구, 각종 의상, 각종 악보, 무대 꾸밀 자료

5) 활동의 실제

활동 과정	활동 내용	자료 및 유의점
준비 활동	○ 학예회 준비 모임 갖기 ● 학급 어린이회 및 학년 회의를 통하여 – 학예회 계획, 구상하기 – 개최 목적, 참여 대상, 역할 분담, 필요 경비 ● 교과 내용이나 특별 활동 내용 중 학예 프로와 관련된 것 찾아보기 – 국어과: 시 낭송, 동극, 인형극 등 – 체육(즐거운 생활): 무용, 리듬 체조 – 음악(즐거운 생활): 독창, 합창, 합주 – 미술(즐거운 생활): 인형, 탈, 소도구, 배경 등 – 특별 활동: 장기 자랑, 클럽 활동 내용 ○ 프로그램 정하기 ● 학년 회의: 각 반에서 의논된 프로그램을 가지고 반대표 모임을 갖는다. ● 공동 협의에 의해 프로그램을 확정한다. ○ 출연자 선정 조직 ● 각 반의 특기 있는 학생들이 한자리에 모여서 각 분야별로 출연자를 선정한다. ● 출연자 선정은 교사, 학생의 공동 협의에 의해 배역을 선정한다.	● 사전 모임 갖기 ● 학교 행사는 집단 활동이며, 학습 활동의 연속이므로 집단 활동 속에서 개인보다 전체를 위하는 마음과 서로 협력하려는 태도를 갖도록 한다. ● 학교 실정과 지역 사회의 형편을 고려하여 부담이 적으면서 즐거운 축제 분위기를 연출하도록 한다.
프로그램 작성 및 역할 담당 선정	○ 학예 발표회를 위한 역할 담당 구성하기 ● 진행: 발표회 사회 및 종목 해설, 시간 조정과 연락(4명) ● 발표장 관리: 발표장 배치, 출입 관계, 안전 점검, ● 학생 관리, 좌석 안내, 배치(4명) ● 무대 장치: 무대 정비 및 당일의 준비물 배치, 막의 개폐(10명) ● 방송: 녹음 및 소요 시간 측정(3명) ● 게시: 안내 게시, 프로그램 게시(4명) ● 기록: 사진 촬영, 반성 기록(4명) ● 조명: 무대의 조명 효과(5명) ● 음악: 음향, 효과음(3명) ● 입, 퇴장 관리: 대기 장소 및 입퇴장 위치 확인(3명) ● 안내: 제반 안내 및 접대(5명) ○ 학예회 연습 상황 점검하기 ● 종목별 인원 및 연습 상황 점검 ● 준비물의 준비 상태 점검 ● 배경 및 무대 준비 ● 초대장 꾸미기 및 발송	● 종목은 너무 많이 잡지 않도록 하되, 참가는 많은 학생이 할 수 있도록 한다. ● 필기도구, 초대장 꾸밀 재료 등

① 사전 계획 활동

활동 과정	활동 내용
학예 발표회 진행	진행 순서에 따라 학예회 진행하기 **○○○○학교 작은 발표회** <table><tr><td>1. 개회</td><td>사회자</td></tr><tr><td>2. 국민의례</td><td></td></tr><tr><td>3. 개회 인사: 학생 대표</td><td>박나리</td></tr><tr><td>4. 사물놀이: (사물놀이)</td><td>이민지 외 5인</td></tr><tr><td>5. 발레: (꽃의 왈츠)</td><td>이종화</td></tr><tr><td>6. 바이올린 중주: (알레그로 외 2곡)</td><td>유호정 외 3인</td></tr><tr><td>7. 태권도 시범: (태극 3장)</td><td>김민범 외 5인</td></tr><tr><td>8. 중창: (그림 그리고 싶은 날 외 2곡)</td><td>심현주 외 4명</td></tr><tr><td>9. 리코더 합주: (가을길 외 1곡)</td><td>박유경 외 8인</td></tr><tr><td>10. 탈춤: (봉산 탈춤)</td><td>최건용 외 3인</td></tr><tr><td>11. 연극: (아기 돼지 3형제)</td><td>이하나 외 4명</td></tr><tr><td>12. 합창 및 합주: (수와니 강 외 2곡)</td><td>김경모 외 28인</td></tr><tr><td>13. 교장 선생님 말씀</td><td></td></tr><tr><td>14. 끝인사: 학생 대표</td><td>윤영미</td></tr><tr><td>15. 폐회</td><td>사회자</td></tr></table> **사회: ○ ○ ○** ○ 학예 발표회를 위한 역할 분담 • 진행: 발표회 사회 및 종목 해설, 시간 조정과 연락 • 발표장 관리: 발표장 배치, 출입 관계, 안전 점검, 학생 관리, 좌석 안내, 배치 • 무대 장치: 무대 정비 및 당일의 준비물 배치, 막의 개폐 • 방송: 녹음 및 소요 시간 측정 • 게시: 안내 게시, 프로그램 게시 • 기록: 사진 촬영, 반성 기록 • 조명: 무대의 조명 효과 • 음악: 음향, 효과음 • 입, 퇴장 관리: 대기 장소 및 입 퇴장 위치 확인 • 안내: 제반 안내 및 접대

② 당일 활동

순	프로그램 명	출연	지도교사	비고

③ 사후 활동

활동 과정	활동 내용
정리 및 반성 학급별 반성 전체 반성	○ 발표 회장 정리 정돈하기 ○ 학급별로 모여서 반성회 갖기 • 잘된 점은 무엇인가?　• 잘못된 점은 무엇인가? • 잘못된 점의 이유는 무엇인가? ○ 학급 대표들이 모여서 전체 반성하기 • 학예회 전반적인 활동에서 잘된 점과 고쳐야 할 점은 무엇인가? 　(다음 학예회에 활용할 수 있도록 한다.) • 학예 발표 종목별로 준비 상황 및 진행은 잘되었는가? • 관람 시 질서를 잘 지켰는가? • 맡은 역할을 잘 이행하였는가? • 학예회를 하면서 가장 어려웠던 점은 무엇인가?

(7) 운동회(체육대회) 지도

1) 목적

(1) 학년, 학교 단위의 활동을 통하여 협동심과 질서 의식을 기른다.

(2) 경기에 임할 때 게임의 규칙을 잘 지키고 결과에 승복하는 태도를 기른다.

(3) 학교를 사랑하는 마음과 긍지를 기른다.

(4) 튼튼한 체력을 기른다.

(5) 학생, 학부모, 교사, 지역 사회가 한 데 어우러져서 어려운 상황을 함께 이겨내는 지혜
를 발휘하는 장이 되게 함으로써 상호 이해 및 신뢰를 제고하는 계기로 삼는다.

2) 활동 내용

(1) 운동회 실천 계획 세우기

(2) 각종 운동 경기의 규칙과 방법을 알고 익히기

(3) 운동회 프로그램 만들기

(4) 운동회에 필요한 각종 준비물 마련하기

(5) 운동회 초대장 만들고 발송하기

(6) 계획에 따라 운동회 진행하기

(7) 뒷정리와 반성회 갖기

3) 활동 시기 및 장소(각급 학교별 교육과정 운영 계획에 의함)

(1) 시기: 5월 중(봄 운동회), 9~10월 중(가을 운동회)

(2) 장소: 운동장, 각 교실, 체육관

4) 유의 사항

(1) 운동회의 계획은 학년 초에 학교 교육 계획에 포함시켜 차질이 없도록 준비한다.

(2) 별도의 시간을 할애하여 운동회 연습을 하는 것보다는 평소에 체육 시간, 특별 활동 시간 등을 통해 학습한 것을 정리해서 운동회를 추진하는 방향으로 나가는 것이 바람직하다.

(3) 운동회 계획을 수립하고 준비하는 과정에서 전통적인 방법에 따라 교사들이 전담하여 오던 관습에서 탈피하여 학생들이 함께 참여하여 계획하고 추진할 수 있도록 지도한다.

(4) 운동회 연습과 실시 과정에서 기본적인 질서 지키기, 공중도덕 지키기 등을 철저하게 지도해야 한다.

(5) 운동회 경기 종목은 학생 수준에 알맞은 새롭고 창의적인 것을 개발하도록 한다.

(6) 사후 지도를 철저히 하여 운동회로 하여금 평상시의 교육 활동에 지장을 주는 일이 없도록 한다.

(7) 명예 교사(학부모, 지역 인사)의 참여를 유도하여 프로그램 진행의 도움을 받는다.

(8) 학부모와 지역 주민이 즐겁게 참여할 수 있는 종목을 선정한다.

(9) 환경을 생각하는 운동회가 되도록 한다.

(10) 교육 공동체, 학교 공동체 구성원 모두가 함께 참여하는 지역 사회 축제로 개최한다.

5) 활동의 실제

① 사전 활동

활동 과정	활동 내용	자료 및 유의점
운동회 실시에 대한 심의	○ 운동회 실시에 대한 협의하기 ● 직원회 또는 부장 회의에서 운동회 개최 여부를 협의한다. ● 운동회 개최에 대한 심의 안건을 마련한다. ○ 학교운영위원회 심의하기 ● 운동회 개최에 대한 안건을 운영 위원회의 심의에 회부한다. ● 심의 과정에서 나온 의견을 충분히 반영한다.	● 기본적인 협의는 교사들을 중심으로 실시한다. ● 학교 운영 위원회의 심의를 반드시 거치도록 한다.
운동회 실시계획 세우기	○ 운동회 운영 위원회 조직하기 ● 운영 위원회를 조직한다(교장, 교감, 체육 부장, 학년 부장 등으로 조직). ● 운영 위원회에서 할 일을 협의한다. ○ 운동회 사전 업무 계획하기 ● 실행할 업무를 추출하고, 역할을 분담시킨다. ● 교사와 학생이 함께 협의하여 업무 추진 계획을 세운다. ○ 운동회 경기 종목 결정하기 ● 학생들에게 종목을 신청받게 한다(홈 페이지, 의견함 활용). ● 학년별로 개인 경기 및 단체 경기 종목을 신청 받는다. ● 운동회 운영 위원회에서 경기 종목을 검토하여 중복되지 않게 결정한다. ● 프로그램을 만든다. ○ 준비물 갖추기 ● 각 경기 담당자로부터 운동회 경기에 필요한 준비물을 신청 받는다. ● 운동회 경기에 필요한 준비물을 신청한다. ● 준비물을 제작 또는 구입한다. ○ 연습 계획 세우기 ● 학년별, 남녀별 또는 여러 학년 합동으로 연습할 계획을 세운다.	● 세부 계획 수립
운동회 실시 계획 세우기	● 운동장 사용 계획을 세운다. ○ 연습하기 ● 단체 경기를 연습한다. ● 개인 경기를 연습하자.	● 학년별 연습 프로그램 작성
초대장 만들기와 발송하기	○ 초대장 만들기 ● 초대장의 양식, 초대장에 넣을 내용을 협의하여 결정한다. ● 초대장을 만든다. ○ 초대장 발송하기 ● 발송할 곳을 정한다. ● 발송할 만큼의 초대장을 인쇄한다. ● 초대장을 발송한다.	

② 당일 활동

활동 과정	활동 내용	자료 및 유의점
운동회 준비	○ 일찍 등교하기 • 교사들은 운동회 당일 1시간 정도 일찍 출근하여 간단히 협의회를 갖는다. • 운동회 진행 보조를 담당한 학생은 30분 정도 일찍 등교하여 할 일을 점검한다. ○ 준비 사항 점검하기 • 본부석의 설치 상황을 점검하다. – 텐트, 책상, 의자, 구급약품, 상품의 진열 등 경기장의 준비 상황을 점검한다. – 100m 코스 줄긋기, 트랙 줄긋기, 단체 경기 출발선 긋기, 만국기 상태, 점수판 게시 등 • 준비물 상황을 점검한다. – 신호총, 신호기, 결승 테이프, 등위기, 단체 경기 준비물, 라인기, 백회, 응원기 등	• 당일 활동 계획을 세밀하게 수립한다.
개회식	○ 입장 • 방송으로 전교생이 운동장에 모이도록 알린다. • 내빈을 본부석으로 안내한다. • 교사는 학생들 앞에 정렬한다. • 구경 온 학부모들에게 관람할 자리를 방송으로 안내한다. ○ 개회식 실시 • 학생 대표가 개회를 실시한다. • 국민의례를 한다. – 국기에 대한 경례, 애국가 제창, 교기에 대한 경례 등 • 대회장의 인사말을 듣는다. • 내빈을 소개한다. • 우승기(컵)를 반환한다. – 전년도 우승팀 대표 • 선수 대표가 선서를 한다. • 준비 체조를 한다. • 응원석으로 퇴장한다.	• 엄숙하게 진행한다.
경기 진행	○ 진행자 배치 • 경기를 진행하는 교사와 보조하는 학생은 신속히 제 위치로 간다. • 경기에 필요한 준비물을 챙긴다. ○ 경기 진행 • 프로그램에 따라 경기를 진행한다. • 프로그램에 따라 경기 준비, 경기 진행 상태, 경기 내용 등을 방송으로 알린다. • 경기에 필요한 음악을 방송한다. • 응원석 학생들은 열심히 응원을 한다. • 오전 프로그램이 끝나면, 점심시간과 장소를 안내 방송해 주고, 부모와 함께 식사하게 한다. • 성적을 수시로 게시한다. • 오후 프로그램을 진행한다.	• 운동회(체육대회) 프로그램

활동 과정	활동 내용	자료 및 유의점
폐회식	○ 정리 체조 • 전체 학생이 응원석에서 운동장으로 입장한다. • 정리 체조를 실시한다. ○ 폐회식 실시 • 경기 성적을 발표한다. • 우승한 팀에 우승기를 수여한다. • 교장 선생님이 운동회 총평 말씀을 한다. • 교가를 제창한다. • 폐회를 선언한다.	• 질서정연하게 진행한다.
운동장 정리하기	○ 비품 챙기기 • 만국기를 걷는다. • 천막을 걷는다. • 본부석을 책걸상을 들여간다. • 경기에 사용했던 용구들을 모두 제자리로 옮긴다. ○ 청소하기 • 운동장에 떨어진 휴지, 쓰레기 등을 줍는다. • 주위에 떨어진 휴지, 쓰레기를 줍는다. • 주운 쓰레기를 버릴 것과 재활용할 것으로 분리한다.	• 전 교직원, 전교생들이 사제동행으로 뒷정리를 한다.
하교 지도	○ 상품 전달하기 • 개인 및 단체 경기의 상품을 나누어 준다. • 운동회 기념품이 있으면 나누어 준다. ○ 하교하기 • 주의 및 전달 사항을 이야기해 준다. • 곧바로 집으로 가서 목욕을 하도록 지도하고 하교시킨다.	• 개별 소지품 챙기기

③ 사후 활동

활동 과정	활동 내용	자료 및 유의점
운동회 반성하기	○ 운동회에 대한 반성회 하기 • 맡은 역할을 잘 하였나? • 경기에는 정정당당하게 참여하였는가? • 응원하는 태도나 구경하는 태도는 좋았는가? • 질서를 잘 지켰는가? • 주변을 어지럽히거나 쓰레기를 함부로 버리지 않았나? 불량식품을 사 먹지는 않았는가? ○ 운동회 관련 작품 만들기 • 재미있었던 일을 그린다. • 특별한 일을 글로 쓴다. 운동회에 대한 그림과 글을 모아 전시한다.	• 반성 및 평가 기록문

6) 평가

(1) 운동회(체육대회)를 계획하고 준비하고 실시하는 과정에서 전 교직원은 물론, 학생들의 참여가 활발하게 이루어졌나?
(2) 운동회를 위한 사전 계획이 치밀하게 수립되고, 계획에 따라 사전 준비가 잘 이루어졌나?
(3) 운동회 당일 행사에서 분담된 역할 수행이 원만하게 이루어지고, 프로그램 진행이 순조롭게 이루어졌나?
(4) 운동회 실시 후의 추후 지도가 잘 이루어졌나?
(5) 학생들에게 즐겁고 유익한 운동회가 되었나?

7) 운동회(체육대회) 계획 수립 시 유의 사항

(1) 사전 업무 분담 시에 전 교사가 모두 참여하도록 골고루 업무를 분담하여야 한다.
(2) 업무 분담, 경기 종목 선택 등에서 학생도 함께 참여하는 기회를 부여하도록 한다.
(3) 학생들을 동원하여 업무를 맡기거나 보조를 받아야 할 분야는 고학년 담임을 배정하도록 한다.
(4) 사전 업무 분담 시 운동회 당일 업무와 관련을 지어서 분담을 하는 것이 효과적으로 업무를 추진할 수 있다.
(5) 업무 분담은 교사와 학생의 소질과 능력을 고려하여 적절하게 분담을 하도록 한다.
(6) 업무를 담당한 사람은 정해진 기간 내에 업무를 완료하도록 한다.

8. 지역 행사 관련 활동: 교실은 사회, 사회는 교실

가. 주제 개관

(1) 개요

2007년 개정 교육과정에서는 재량 활동을 통해 교육과정의 재량권을 폭넓게 인정하고 있는데, 이러한 경우 지역 행사 관련 활동은 교육과정의 지역화를 구현하고, 집단 과정을 통해 경험을 재구성하는 다양한 계기를 마련해 줌으로써 학생들에게 흥미를 유발하고 학습 의욕을 길러주며 나아가 자기 주도적 학습력을 함양하여 창의성 신장에 도움을 주는 학습 활동이다.

지역 행사 관련 활동은 지역화 교육의 핵심적인 내용으로, 그 고장의 지역 문화제나 행사를 고장의 생활 모습과 문화, 사회 현상을 대상으로 하여 다양한 학습 경험을 제공함으로써 학생들이 활동 과정 속에서 그 지역 문화의 정취를 느낄 수 있고, 자기 스스로 향토 문화 의식을 내면화함으로써 올바른 문화적 정체감을 확립할 수 있는 바람직한 활동이라고 볼 수 있다. 특히 지역 행사 관련 활동은 현장 체험 학습으로 실시되기 때문에 지역 행사에 직접 참여하여 관찰하거나 조사하면서 전개하는 학습 방법으로 학생들의 흥미나 의욕을 불러일으킨다. 보다 생생한 현장 체험이 되기 위해서는 교사와 학생들 간에 당일 활동은 물론 사전 활동과 사후 활동에 대한 짜임새 있는 계획이 수립되어야 한다.

(2) 필요성

재량 활동에서의 지역 행사 관련 활동의 목적은 교육과정의 정상적인 운영 속에서 지역 행사에 대한 좀 더 체계적인 학습 활동을 통해 고장 사랑의 정신을 함양하고 얼을 기리게 하며 고장의 역사적 전통과 가치를 인식하는 데 있다.

지역 행사 관련 활동은 현장 체험을 통한 교육을 해 봄으로써 교육과정의 지역화를 구현하는 가장 좋은 방법이며 직접 체험하는 과정을 통하여 경험을 재구성하는 계기를 마련해 줄 수 있는 방법이다. 또한 고장의 지역 사회 및 역사 문화에 대한 기초적 지식과 원리의 특징을 이해하도록 하며 직접 찾아가 관찰하고 참여하면서 배우는 방법을 택함으로써 학습하는 가운데 자연스럽게 고장에 대한 관심과 애향심을 기르도록 한다.

이러한 지역 행사 관련 활동은 학생들에게 고장의 문화 행사에 찾아가 직접 참여하면서 학습하는 활동이기 때문에 다음과 같은 효과를 얻을 수 있다. 첫째, 학생들이 고장의 자연 환경과 인문 환경의 특징을 알고, 그것이 우리 생활과 어떤 관련이 있는지 이해할 수 있다. 둘째, 지역 문화재(제)에 대해 자세히 조사해 봄으로써 조상들의 생활 모습 속에서의 지혜를 배울 수 있다. 셋째, 고장의 자연 환경과 유물, 유적 등을 아끼고, 사랑하는 마음을 기르며 고장에 대한 자긍심을 기를 수 있다. 넷째, 고장 구성원의 일원으로서 고장 발전에 이바지하려는 태도를 기른다. 다섯째, 홍보 책자 등의 자료 이용 능력과 정보의 수집 활용 능력을 길러 당면한 문제를 합리적으로 해결하는 능력을 기를 수 있다.

(3) 활동 절차 및 방법

지역 행사 관련 활동은 재량 활동 교육과정에 맞게 학생들의 자기 주도적 학습력을 신장시키기 위한 방법이다. 그러므로 학교에서 이루어지는 일상적인 학습 과정에서 반드시 지역 행사 활동으로 해결해야 할 과제가 나올 경우 현장 체험 학습이 계획되고 추진되어야 한다. 교실 수업의 연장으로 이루어지는 지역 행사는 활동 일반적이 현장 체험 학습과 마찬가지로 대개 3단계의 과정을 거쳐 진행된다. 즉 가기 전의 준비 단계인 사전 활동, 당일 행사활동, 다녀

와서의 사후 활동이 그것이다.

1) 사전 활동

사전 활동에서는 학습 주제에 따른 학습 방법을 계획하고 준비하는 단계이다. 이때 학생들과 같이 지역 행사 활동 계획서를 작성한다. 지역 행사 활동의 내용(일정)이 결정되면 사전 답사를 다녀오는 것이 좋다. 또 행사의 내용과 성격에 따라 학습 과제 해결의 가능 여부와 학습 방법의 자세한 계획을 세우는 것이 필요하다.

2) 당일 행사 활동

당일 행사 활동은 문화제 행사가 열리는 현장에 가는 것으로 이때에는 학생들이 스스로 탐구하고 조사하며 과제를 자주적으로 해결하도록 교사나 부모가 도와주어야 하며 충분한 정보가 없을 경우에는 교사가 홍보 자료를 수집하거나 적절한 자료를 준비하여 사전 지도가 이루어져야 한다.

또한 지역 행사 활동 현장에서 학생들이 주어진 과제 해결과 함께 행사에 직접 참여할 수 있는 기회를 제공하는 것이 좋으며, 행사장에서 지켜야 할 사항이나 주의할 일, 예절과 질서에 대한 지도도 있어야 한다.

3) 사후 활동

사후 활동은 조사 결과를 정리하는 것으로 다양한 방법이 가능하다. 각 개인이나 모둠별로 학습한 과제에 대해 대자보 형식으로 정리할 수 있고 복사하여 나누어 줄 수 있는 방식으로 간단한 보고서를 작성할 수도 있다. 또한 녹음한 것이나 사진 등을 첨부할 수 있다. 이때 계획한 학습 주제가 어떻게 정리되었는지가 중요하다. 그리고 참가한 학생들 나름대로의 느낌도 같이 정리하도록 한다.

4) 지역 행사 활동 보고회 개최

지역 행사 활동 결과의 일반화와 학생 토론 문화 정착, 학생 축제 문화 형성을 위하여 다양한 보고회를 개최한다.

단일 활동을 마친 후에 활동 결과에 대한 보고회를 개최할 수도 있고, 학교에서 이루어진 다양한 학습 활동 결과를 모아 학습 발표 대회, 토론회, 전시회 등을 개최할 수 있다.

(4) 지도 내용(지방, 지역 문화제를 중심으로)

주요 활동 및 학습 내용은 각 학년의 지각 수준에 맞는 활동을 선택하여 학습 계획 단계에서 현장에 나가서 학습할 주제를 미리 정하고, 조사 내용을 미리 나누어 맡는 일, 일정, 내용, 행사장 위치, 활동 방법, 경비, 주의할 점 등을 자세하게 계획해야 한다. 여기에 제시된 내용은 각 지역의 문화제로 이 밖에도 다양한 행사들이 포함될 수 있다.

〈표 34〉 지역별 행사 내용(문화제) 〈예〉

지 역	행사명	
천안	천안 삼거리 문화제 아우내 봉화제	단오 민속절 민속 축제
공주	백제 문화제 탄천소라실 장승제	우금치거리 예술제
보령	만세 보령 문화제 오천항 풍어제	대천 해수욕장 해변제 청소년 풍년제
아산	온양 아산 문화제	
서산	굴부르기제 창리 영신제	서산 볏가릿대 놀이
논산	연산백중놀이	연무소룡리 장승제
금산	금산 인삼 축제 장동달맞이 축제	금산 문화제 총각대방 놀이
연기	대곡리 장승제	도원 문화재
부여	백마강 수박 축제 은산 별신제	백제 문화재
서천	모시 문화재 마량 풍어제	저산팔읍 길쌈놀이 남촌 풍어제
청양	신대 2구 산신제 산신제	정산 송학리제동화제 장승제
홍성	용대기놀이	결성농요
예산	매헌 문화재	능금 축제
태안	국제 꽃 박람회 관리 볏가리대 놀이	황도봉기 풍어제 누동 조개부르기제

(5) 지도상 유의점

1) 우리 고장의 자연 환경과 인문 환경에 대한 호기심과 학습 동기를 유발하고 지도 내용에 따라 관찰, 견학, 조사, 인물 학습, 자원 인사 초빙, 극화 놀이, 문답, 토의 등 다양한 학습 방법을 적용하여 기초적 탐구 능력이 신장되도록 지도한다.

2) 창의적인 사고력을 신장하고 활발한 탐구 활동이 이루어지도록 하기 위하여 고장 문화재
   에 직접 참여하여 조상들의 생활 모습을 알고 본받으며 우리 생활에 미친 영향에 대해
   알아보게 한다.

3) 고장의 지도, 사진, 문화재 및 문화제 홍보 책자, 참고 도서 등의 다양한 자료를 수집하
   여 이용함으로써 정보 수집 활용 능력을 기르게 한다.

4) 학생들의 반응을 수용하는 자유로운 학습 분위기를 조성하여 고장에 대한 자긍심을 가질
   수 있는 사례를 조사해 보게 하고, 고장 발전에 이바지할 수 있는 방법을 찾아보게 한다.

(6) 평가

1) 평가 목표

지역 행사 관련 활동은 지역 행사에 대한 인지적 영역뿐만 아니라 흥미와 관심, 가치에 태
도 등 정의적인 특성을 평가해야 하며, 이를 위해서는 교사뿐만 아니라 학생 자신과 학생 상
호간의 평가를 통해 고장에 대한 관심과 애향심 등도 평가한다.

2) 평가 방향

① 사회적 사실과 현상에 대한 기본 개념이나 원리의 이해와 적용 능력을 평가한다.
   - 자료의 수집과 활용 능력을 평가한다.
   - 장차 사회생활을 통해서 이루고자 하는 역할 및 성취에 대한 신념과 고장과 국가사회
     의 발전에 대한 관심 및 기여 태도를 평가한다.
② 기본적 지식을 적용하는 능력과 태도, 학습 과정을 평가한다.
③ 학습 과정에서 전개되는 관찰, 면접, 상호 평가, 자기 평가 등 다양한 방법에 의한 평가
   를 수시로 실시한다.

3) 평가 관점

① 고장의 여러 현상을 관계 지어 생각하는가?
② 면담과 조사를 통하여 자료를 수집하고 활용하는가?
③ 자율적인 시민 생활과 경제, 문화 등에 관련된 여러 생활 문제의 협의에 참여하고 수행
   하는가?
④ 여러 가지 역사적 사실의 기초적인 인과 관계를 파악하는가?

4) 평가의 유의점

평가는 교육의 한 과정임을 고려하여 개개인의 활동을 중심으로 학생들을 이해하는 차원에서 실시하도록 한다. 지역 행사 활동이 특성상 수행 평가 방법을 적용하여 평가를 실시하여야 한다.

나. 적용의 실제

(1) 활동안

1) 사전 활동

활동 과정	활동 내용	자료 및 유의점
사전 활동	○ 활동 계획을 협의하는 시간을 갖는다. ● 지역 행사 활동 학습 계획 수립 ○ 활동하기 용이한 모둠으로 편성한다. ● 방법: 10명 정도를 1개 모둠으로 편성한다. ● 모둠 이름을 정한다.	● 과제 학습지, VTR 자료 ● PPT 자료
사전 활동	○ 활동 계획을 협의하는 시간을 갖는다. ● 지역 행사 활동 학습 계획 수립 ○ 활동하기 용이한 모둠으로 편성한다. ● 방법: 10명 정도를 1개 모둠으로 편성한다. ● 모둠 이름을 정한다. ○ 현장 학습에 필요한 과제를 추출한다. ○ 모둠별로 과제를 부과한다. ○ 모둠별로 현장에서의 활동 계획을 세운다. ○ 모둠별 준비물 및 개인의 역할을 분담한다. ● 역할 분담: 모둠장, 서기, 자료 수집, 자료 정리, 발표 등	● 모둠 이름은 행사 내용과 관련지어 짓는 것이 좋다.

2) 행사 당일 활동

주 제	○○ 문화제 참관	시 간	1일	유 형	지역 행사
목 표	• 우리 고장의 지역 문화제를 알아봄으로써 고장에 대한 관심과 애향심을 기른다.				

자료 및 준비물	교 사	학 생
	• VTR 자료 • PPT 자료 • 모시 문화제에 관한 책자나 인터넷 자료	• 홍보 자료 • 학습지

단 계	교수·학습 활동	자료 및 유의점
준비활동	○ 집합 및 인원 파악 • 학생들은 모둠별로 집합한다. • 현장 학습에 대한 주의 사항을 알려준다. • 모둠장은 인원을 파악하여 담임에게 보고한다. • 모둠별로 질서 있게 승차한다. • 모둠별로 자율적인 질서 의식을 갖도록 한다.	• 호루라기 • 간편한 복장 • 필기도구 • 사진기 • 기록장
중심 활동	○ 과정활동 • 현장에 도착하면 현장 학습의 목적을 설명한다. – 모기 문화제에 대한 홍보 자료를 살펴보기 – 행사 내용과 시간 알아보기 • 모둠별 활동 및 탐구 과제에 따라 활동을 시작한다. – 조사 학습지의 항목에 맞추어 내용 기록하기 – 학생들이 참여할 수 있는 행사에 직접 참여해 보기 • 자유스럽게 다양한 행사를 관람한다. – 고학년일 경우 학생들이 자유롭게 관람하는 것이 좋다. • 점심시간 및 자유 시간을 갖고, 학생들이 휴식할 수 있는 시간을 주도록 한다. ○ 정리활동 • 모둠별로 탐구 활동 내용을 정리하도록 한다. ○ 학교 도착 및 해산 • 학교에 도착하면 인원을 파악한 후 해산한다.	• 공연 시간과 관람 순서를 알아보고, 활동 순서를 정한다. • 다양한 행사에 직접 참여하도록 권장한다. 시간 조절을 일정에 맞추어 탄력 있게 한다.

(2) 계획 수립 시 고려할 점

1) 실시의 시기, 학년별 소용 시간, 집합 및 해산의 장소, 교통 이용 관계 등

2) 인솔 교사의 수, 분담 조직, 현지답사의 인원과 방법

3) 건강 안전에 대한 준비, 긴급 연락 및 안전사고 발생 시의 대처 방법

4) 실시할 때의 관계 기관에 교섭, 실시 후의 보고

5) 가정 통신문의 방법

6) 소요 경비, 당일의 복장, 준비물, 용돈, 인솔자의 준비물

7) 예정 변경 시의 연락 방법

8) 불참자에 대한 지도

9) 평가의 관점, 반성 기록의 순서 등

10) 실천 계획 작성의 시기와 순서 등

11) 사전 답사를 반드시 실시하여 위험한 장소가 있을 때 사전 지도를 하고, 그 내용을 계획서에 남겨야 한다.

(3) 평가

1) 실천 계획과 실행이 올바른가?

2) 자료 수집 및 인터뷰 등이 바르게 되었는가?

3) 정리 정돈과 사후 평가가 잘되었는가?

9. 과학 체험 활동: 관찰, 실험, 탐구의 세계

가. 주제 개관

국가, 사회가 발전하는 것은 모든 개인의 잠재 능력이 최대로 실현되는 데에서 비롯되며 개인의 소질과 적성의 계발이 개인의 행복과 사회 발전의 기초가 된다.

그러나 오늘날 과학 기술 발전으로 인하여 우리의 생활은 편리해지고 풍요로워지고 있으나 우리의 생활은 물질 만능주의 사상으로 흐르고 있다. 이제는 좀 더 시야를 넓혀 인간다운 삶을 추구하고 보다 본질적인 방향으로 전환해 나아가야 한다.

그러기 위해서는 단순한 지식 전달의 교육보다는 교육 방법을 개선하여 실질적인 삶의 바탕이 되도록 다양하고 폭넓은 과학 체험 활동 교육을 통해 스스로 급변하는 사회 변화에 대처해 나가도록 하기 위해 본 주제를 설정하게 되었다.

나. 지도 목표

자연과 접할 수 있는 기회가 부족한 학생들에게 도시, 어촌, 산촌 등 지역 사회의 자연환경과 특성, 생활 모습 등 다양한 문화적 경험을 체험케 하는 기회를 제공한다.

(1) 교육의 장을 확대하여 관찰, 실험, 탐구 학습을 체험하도록 한다.

(2) 문제를 발견하고 해결하는 자기 주도적 학습력을 신장하도록 한다.

(3) 다양한 체험 활동을 통해 과학 기술 사회 문화 교육(STS)을 이해하도록 한다.

다. 지도 중점

(1) 과학 교과 운영과 함께하는 체험 학습

(2) 과학에 대한 학생들의 흥미와 동기 유발

(3) 과학, 문화, 교육을 발전시키려는 태도 육성

(4) 과학 행사 체험 활동

(5) 과학에 대한 관심 유도 및 행사 참여 권장

(6) 관찰, 실험, 탐구 학습 활동

라. 활동 내용(예시)

(1) 소주제별 주요 내용

소주제	주요 내용	준비물	학습 형태	시 간
옷감 물들이기	• 염색 계획세우기 • 쑥, 풀(자연에서 재료 구하기) • 염색해 보기	쑥, 냄비, 명반, 염색할 천 등	조사 학습 탐구 학습	4
마을 탐험대	• 마을 조사 계획 세우기 • 마을 관련 자료 조사하기 • 마을 답사하기 • 조사 결과 백지도에 그리기	카메라, 관찰 장소, 지도, 필기도구 등	조사 학습 탐구 학습	4
식물 채집	• 채집 계획 세우기 • 학교 수목원 관찰하기 • 채집하고 식물 이름 발표하기	식물도감, 풀, 도화지, 필기도구, 스테이플러 등	탐방 학습 관찰 학습	5
어항 꾸미기	• 꾸미기 재료 계획 세우기 • 어항 꾸미는 순서 알아보기 • 어항 꾸미고 관찰하기	어항, 모래자갈, 수초, 지하수, 공기 펌프, 금붕어 등	관찰 학습 체험 학습	4
우리 씨앗 모으기	• 주변 식물 알아보기 • 씨앗 채집 방법 알아보기	채집 병, 종이, 필기도구 등	체험 학습 관찰 학습	4
식물의 잎 관찰	• 관찰 식물 선정하기 • 식물의 잎맥, 줄기, 뿌리 관찰하기 • 관찰 보고서 작성하기	관찰 식물, 돋보기, 필기도구, 보고서 등	실험 학습 관찰 학습	4

소주제	주요 내용	준비물	학습 형태	시 간
예쁜 돌 모으기	• 관찰 계획 세우기 • 돌 관찰하고 이름 짓기 • 돌 생기는 과정 알아보기	돋보기, 필기도구, 전산 라벨지 등	탐구 학습 체험 학습	5
급식실 배수로 관 찰	• 관찰 계획 세우기 • 배수로 흙 관찰하기 • 운동장 흙과 비교하기 • 관찰 내용 발표하기	모종 삽, 돋보기, 필기도구 등	체험 학습 관찰 학습	2
신나는 갯벌 체험	• 갯벌 관찰 계획 세우기 • 관찰 장소 정하기 • 갯벌에 사는 생물 조사하기 • 조사 내용 발표하기	호미, 그릇, 돋보기, 필기도구 등	체험 학습 관찰 학습	6
가을 열매 모으기	• 체험 학습장 정하기 • 열매 채집 후 이름표 붙이기 • 가을 열매 이름 발표하기	사진기, 필기도구, 채집통 등	체험 학습 조사 학습	6
별 하나 나 하나	• 별자리 관찰 계획 세우기 • 북두칠성 관찰하기 • 관찰 내용 발표하기	망원경, 필기도구 등	관찰 학습 조사 학습	4
지층을 찾아서	• 지층 관찰 계획 세우기 • 지층을 이루고 있는 물질 조사하기 • 지층이 만들어지는 순서 알아보기	돋보기, 망원경, 필기도구 등	체험 학습 관찰 학습	6
작은 생물 관찰하기	• 관찰 계획 세우기 • 물에 사는 생물 채집하기 • 현미경으로 관찰하기	채집통, 망원경, 필기도구 등	체험 학습 관찰 학습	4
우리는 태양 가족	• 태양 관찰 계획 세우기 • 태양의 모습 관찰하기 • 태양의 특성 알아보기	망원경, 필기도구 등	관찰 학습	3
동물 가족	• 동물의 생김새 관찰하기 • 동물의 특징 조사하기 • 자기가 좋아하는 동물 그리기	크레파스, 스케치북, 필기도구 등	관찰 학습	3
촛불 잔치	• 관찰 계획 세우기 • 촛불 관찰하기 • 촛불의 밝기를 조사하여 그리기	초, 성냥, 필기도구 등	실험 학습 관찰 학습	2
손금 보기	• 자기의 손금 관찰하기 • 관찰한 내용 그려 보기 • 친구와 비교하여 보기	스케치북, 4B 연필 등	관찰 학습 체험 학습	2

(2) 실제 지도 과정(안)

소주제	변성암의 생성	시 간	120분	수업 형태	체험 학습	장 소	야외 및 실험실
수업목표	• 도자기 모양의 변화와 변성암의 생성 관계를 알 수 있다.						
자료및 준비물	교사				학생		
	컴퓨터, 도자기 제작 과정 사진				필기도구, 돋보기		
관련정보	http://user.chollian.net/∼napower/1학년/1 − 3 − 2right.html						

과 정	교수·학습 내용	자료 및 유의점
도입	○ 돌도 강하고 약한 것이 있을까? (2∼3명 발표) ○ 돌에도 나뭇결처럼 무늬나 층이 있을까? (2∼3명 발표) ○ 공부할 문제 확인 • 도자기 모양의 변화와 변성암의 생성 관계를 알아보자.	• 파일 자료 • 단순한 흥미에 중점을 둔다. • PPT 자료
전개 보충· 심화 활동	○ 활동 내용 • 도자기 제작 과정을 통해 도자기의 변성에 대해 알아봅시다. 변성암의 생성 과정에 대해 알아봅시다. ○ 활동 결과 • 도자기의 재료인 점토가 무엇에 의해 모양과 성질이 변하였습니까? • 변성암은 어떠한 과정을 통해 생성됩니까? 보충 활동 / 심화 활동 (아래 표 참조)	• PPT 자료 • 돌사진 자료 • 보충·심화 학습지 • 암석의 생성 과정에 따른 특징을 짐작할 수 있도록 유도한다.
정리	○ 학습 정리 • 도자기의 재료인 점토가 무엇에 의해 모양과 성질이 변하였습니까? • 변성암은 어떠한 과정을 통해 생성됩니까? ○ 차시 예고	• PPT 자료 • 파일 자료

보충 활동	심화 활동
○ 관찰하기(퇴적암, 화성암, 변성암) • 무늬, 색깔, 크기, 화학적인 반응 등 ○ 관찰 내용 친구들과 이야기하기 • 돌아가며 자신의 생각 친구에게 설명하기 ○ 친구들의 이야기를 생각하며 생각 정리하기 • 학습지 작성하기	○ 관찰하기(편마암) • 무늬, 색깔, 크기, 화학적인 반응 등 ○ 관찰 내용 친구들과 이야기하기 • 돌아가며 자신의 생각 친구에게 설명하기 ○ 친구들의 이야기를 생각하며 생각 정리하기 • 학습지 작성하기

마. 평가 자료(예시)

관 련	지구 과학		소주제	도자기 모양의 변화와 변성암의 생성 관계					
목 표	| ● 도자기 모양의 변화와 변성암의 생성 관계를 알 수 있다.								

평가관점	평가유형	영 역			시 기		
● 암석의 특징을 잘 설명하였는가? ● 색깔, 무늬, 크기, 화학적 반응이 잘 나타나 있는가?	평가지	인지	기능	정의	도입	전개	정리
		○					○

평가방법	준비물	평가 시의 유의점
평가지 사용	평가지 및 편마암	자연스러운 분위기에서 실시하도록 한다.

	활동 내용	자기	친구	교사
개인기준	● 다양한 활동으로 세심한 내용을 관찰하였는가?			
	● 친구들의 의견을 잘 반영하여 자신의 생각으로 만들었는가?			
	● 암석의 특성에 따른 변화 과정을 잘 예측하였는가?			
모둠기준	● 다양한 활동으로 역할 분담을 하였는가?			
	● 무늬, 색깔, 크기, 화학적 반응을 바르게 찾아 설명하였는가?			
기록방법	잘함 : ○ 보통 : △ 노력요함 : ▽			

활동 후 소감

바. 참고 자료

(1) 문헌 자료

제 목	출판사	비 고
앗! 이럴 수가 과학 특급 체험	두산동아	
쉿, 실험 중이에요	다섯수레	
놀이로 배우는 과학 실험 랜드	글동산	
뉴턴 과학 학생 백과 재미있는 과학 실험	삼신미디어	
도전 과학 마술	웅진닷컴	
물질의 실험과 관찰	편집부	
실험과 함께하는 발명놀이	바른사	
깜짝 과학 실험	바른사	
끊임없이 파고든 실험 관찰 이야기	산하	
실험과 관찰	지경사	

(2) 비디오 자료

제 목	제작사	시 간	비 고
신나는 과학 실험	한국 과학 문화 재단	40분	
인체 대탐험	BBC	60분	

(3) CD 자료

제 목	제작사	비 고
나도 과학자	메디아소프트	
과학 탐구 사이버 실험실	빌트인씨디	
리틀 에디슨 7.0	발트인씨디	
매직 스쿨버스	빌트인씨디	
사이버 과학 실험실	엑스트라클래스	
천체 관측 가이드	아이테크	
발명이 즐겁다	창의와 탐구	
오스카의 신기한 자연이야기	TIVOLA	

10. 사물놀이 활동: 우리 가락 얼씨구 절씨구

가. 주제 개관

풍물(사물놀이는 풍물 굿을 실내 연주용으로 변화시킨 것이다)은 우리 조상의 정신과 얼이 듬뿍 담겨 있는 찬란한 문화유산이다. 우리의 풍물 악기는 서양 악기와는 달리 한 악기를 혼자 연주하면 시끄럽고 듣기 싫은 소리가 되지만, 네 가지 악기 소리가 모아지면 흥겨움과 신명의 소리를 낸다. 사람을 모으게 하는 소리, 공동체의 소리가 되는 것이다. 우리 선조들의 삶의 모습을 전해주며 일과 놀이에서 사람을 모으는 공동체의 소리인 풍물의 흥겨움과 신명이야말로 진정 우리의 멋이요, 우리의 맛이라 할 수 있다.

그러나 우리는 이 소중한 선조들의 유산을 너무 소홀히 대해 왔다. 우리 민족이 오랜 기간에 쌓아올린 멋과 맛은 누구에게나 깊은 공감과 신명을 불러일으키고 그 공감 속에서 우리 민족 문화의 소중함을 일깨울 수 있는 생명력을 가졌으면서도 그동안 밀려든 서구 문화에 '우리 것'의 소중함을 미처 인식조차 못한 실정이었다.

요즈음 우리의 전통 문화에 대한 인식이 새로워지고 소중히 여기려는 움직임이 일고 있는 것은 다행이라 할 수 있다. 이러한 견지에서 '가장 한국적인 것이 가장 세계적'이라는 자긍심을 갖고 우리 전통(사물)을 지도함으로써. 우리 가락과 우리 멋을 익히도록 하는 것은 매우 중요한 일이다. 최근 소비 지향적이며 서구적인 문화 풍토에 노출되어 있는 사회적 현상에 효과적으로 대응할 수 있는 새로운 문화 풍토 조성의 일환으로 사물놀이를 들 수 있다.

사물놀이를 지도함으로써 전통 문화에 대한 이해를 증진시키고 이를 계승·발전시킬 뿐만 아니라 어린이들의 타고난 소질을 계발시킬 수 있다. 또한 더불어 연주해야 신명이 나는 사물놀이는 공동체 의식과 협동심을 길러 어린이들의 바른 인성을 기르는 데에도 효과가 크다. 사물을 통한 공동체적 신명은 바로 지금 우리 사회나 학교가 되찾아야 할 정서이다.

나. 지도 목표

(1) 더불어 사는 마음과 공동체적 신명 기르기
(2) 특기·적성 교육의 활성화 및 학생의 개성과 특기 신장
(3) 우리 것에 대한 관심과 애교심 갖기

다. 지도 중점

지도 중점 1. 사물놀이 지도를 위한 여건을 조성한다.
(1) 교육 수요자 중심의 사물놀이반 조직, 편성하기
(2) 사물놀이 지도를 위한 악기 확보하기
(3) 연습을 위한 장소 확보하기

지도 중점 2. 단계적인 사물놀이 지도 프로그램을 적용한다.
(1) 풍물 및 사물놀이 이해하기
(2) 단계적 지도 내용 구성 및 지도하기
(3) 사물놀이 가락 채음하여 악보화하기

지도 중점 3. 다양한 활동을 통하여 바른 인성을 함양시킨다.
(1) 각종 대회에 참여하여 공동체적 신명과 자신감 기르기
(2) 다양한 활동을 통한 협동심 기르기
(3) 경로 잔치에 참여하여 효행심 기르기
(4) 학교 행사에 적극적으로 참여하기

라. 활동 내용

〈과제 1〉의 실천

사물놀이 지도를 위한 여건을 조성하기

(1) 교육 수요자 중심의 사물놀이반 조직, 편성하기
(2) 운영을 위한 악기 확보하기

　　사물놀이 악기가 비싸고 또한 악기 수리비도 많이 필요하다. 장구는 잘 깨지고 장구 피는 수시로 찢어진다. 장구채, 쇠 등 소모품들의 교체나 구입을 위한 경제적 지원이 필요하다.

(3) 연습을 위한 장소 확보하기

　　사물놀이는 소리가 커서 다른 어린이들의 활동에 방해가 되어 연습이 어려울 때가 많

고 교사들끼리 갈등을 일으킬 수 있는데 본교의 여건을 고려해 가장 피해가 적은 장소가 필요하다.

〈과제 2〉의 실천

단계적인 사물놀이 지도 프로그램을 적용하기

(1) 풍물 및 사물놀이 이해하기

1) 사물놀이에 대한 비디오 시청

사물놀이의 이해를 돕기 위하여 김덕수 선생님이 제작한 사물놀이 테이프를 학년 초(3월)에 시청하게 된다. 사물놀이의 자세 및 호흡, 기본 타법, 그리고 가락의 연주에 대하여 자세하게 나와 있어 어린이들이 사물놀이를 이해하는 데 큰 도움이 된다.

2) 인터넷 사이트 검색을 통한 사물놀이 설명 자료 안내

사물놀이에 대한 인터넷 사이트를 안내하고 여러 필요한 자료를 검색해 볼 수 있게 한다.

(2) 단계적 지도 내용 구성 및 적용하기

사물놀이를 단계적으로 지도하기 위해서는 우선 악기의 기본자세를 익히고 다음으로 악기 잡는 법, 그리고 호흡을 하면서 악기를 다루는 방법을 익혀야 한다. 악기를 다루는 방법을 익힌 후에 기본 가락을 익히고 점차 변화 가락을 익히도록 해야 한다. 사물놀이를 단계적으로 지도하기 위하여 악기별, 단계별 지도 내용을 구성하고 아래와 같이 적용한다.

1) 악기별 단계적 지도 내용

① 꽹과리

○ 꽹과리의 기본자세 익히기

왼손에 꽹과리를 가슴 높이로 들고 오른손으로 채를 잡고 허리를 곧게 펴고 앉는데 앉은다리 상태에서 약간 편안하게 벌려 앉는다.

○ 꽹과리와 채 잡는 법

엄지손가락과 검지손가락을 곧게 펴서 꽹과리를 받쳐 들고 나머지 세 손가락은 모아 꽹과리에 접지한다. 채는 채 끝을 손 안쪽에 올려놓고 중지, 약지, 새끼손가락으로 잡고 엄지와 검지는 채가 흔들릴 수 있도록 살짝 잡는다.

○ 꽹과리의 타법 익히기

꽹과리는 접지가 모아지는 부분을 치는 데 꽹과리는 시계의 2시 방향쯤 되는 곳을 쳐야 맑은 소리가 난다.

단계별 지도 내용		연주 방법
타	갱	태극 모양을 그리며 채와 꽹과리가 90도를 이루게 하여 친다. 이때 몸은 허리를 굴려 하나에 한 원을 그려 준다. 손가락은 엄지와 검지를 받친 상태에서 나머지 손가락을 열어준다.
	개갱	'갱'을 치는 방법과 같으며 앞의 '개'는 살짝 치고 뒤의 '갱'은 강하게 친다.
	개개갱	'개갱'을 치는 방법과 같으며 앞의 '개개'를 약하게 친다.
	갯	갱과 치는 방법이 같으며 손가락을 막고 치는 소리이다.
법	객	엄지와 검지로 꽹과리를 잡고 다른 손가락으로도 꽹과리를 막고 꽹과리의 중앙을 눌러서 친다.
	그라 갱	채를 둥글려서 꽹과리의 2시 방향의 지점에서 살짝 두 번 맞고 떨어져 꽹과리의 중앙에서 갱을 열고 치는 소리이다.

○ 꽹과리의 기본 가락 익히기

구음에 따른 타법		기본 가락 익히기
단계별 가락 익히기	일 채	갱갱갱갱갱갱갱갱갱갱갱갱……. 처음에 작게 몸동작은 태극 모양을 그리며 크고 빨리 치다가 끝맺음을 한다.
	인사굿	갱갱 갱갱 개개갱갱갱 갯(인사) 가락을 치고 징 소리가 나면 깊고 정중하게 인사한다.
	휘모리	그라 갱 갱 갯 / 그라 갱갱 갯 / 갱 갱 갱 갱 / 갱갱갱 (허이) / 갱갱갱 (허이) 갱갱갱갱갱갱갱갱 / 그리그리그라그라 (계속 하다가 상쇠가 신호를 줌) 갱 개개 웃개갱 갱 / 갱 개개 웃개갱 갱 / 개개 개개 웃개갱 갱 / 개개 개개 웃개갱 갱 (계속 하다가 상쇠가 갱 하고 침) 갱 갱 갱 갱 (주고받음) 개갱 개갱 (다시 주고받음) 갱 개갱 갱갱 개갱 갱 개갱 갱갱 개갱 꿋당(주고받음) 개갱X4 (상쇠) 웃 개갱X4(부쇠) 개갱X2 (상쇠) 웃 개갱X2(부쇠) 개갱 (상쇠) 웃 개갱(부쇠)(8회) 개갱 개갱 (계속하다가) 객개객 (상쇠) 객개객(부쇠)(주고받는다) 그라그라그라그라(계속) 갱 개개갱 갱(끝맺음)
별달거리	가락	갱갱 갱개갱 갱개갱개갱개갱 갱개갱 갱개갱 갱갱개갱개갱(계속)
	추임새	어둠 속에 불빛이 우리 내를 비처 주네 (끌면서) 갯 갯 갯

구음에 따른 타법		기본 가락 익히기
단계별 가락 익히기	풍년굿	갱갱 개개개 갱 갱 지갠갱 갱갱 개개개 갱 그라갱갱 그라갱 개갱 갱갱 개개개 갱 그라갱갱 그라갱 개갱 갱갱 개개개개개개 갱그라갱갯 갱갯꾹
	삼채	개갱개갱 갱그라개갱 / 개개개 개개개 갱그라개갱 / 갱갱갱 갱그라개갱 갱그라갯갱 그라갱 개갱 / 개갱 그라갱 개갱 그라갱 / 갱그라갯갱 그라갱 개갱 개개개개 개개개개 / 개갱 그라갱 개갱 그라갱 / 개개개 개개개 개개개
	마당삼채	갱 갱 갱그라개갱 / 개갱 갯갱 갱 그라개갱 / 갱그라개갱 갱그라개갱 / (계속) 객객객객객객객객 (계속) 개개개개 X2 / 갱그라개갱 X2 / 개개개개 X2 개개개개 개개개개 개개개개 개개개개 개개개개개개개개개개 갱갱갱 개갱 개갱 읏갱 갱 허이 갱갱 갱갱갱 다그다그다그다그 갱갱갱 다그다그다그다그 개갱 개갱 읏 갱갱 허이
	좌질굿	갠지갠지 갠갱갱 개갠갠지 갠갱갱 갱개갱 갱개갱 갱갱 그라갱 개갱 X3
	우질굿	갠지갠지 갠갱갱 개갠갠지 갠갱갱 갱개갱 갱개갱 갱갱 그라갱 개갱 X4
	오채질굿	갱 갱 그라갱갱 그라갱갱 / 갱 지갠 지갠 지갠 지갠갱 지갠갱 개개갱 개개갱 갱갱 지갠갱 / 드르르 짝 드르르 찍 / 갱갱 개갱 갱지갠 갱갱갱 지갠 / 갱 갱 지갠갱 지갠갱

② 장구

○ 장구의 기본자세 익히기

왼손에 궁채를 들고 오른손으로 열채를 잡고 허리를 곧게 펴고 앉는데, 열편의 가족이 가슴의 중간쯤에 오도록 장구를 놓고 앉으며 두 발로 장구가 밀려나가지 않게 장구를 고정시킨다.

○ 장구채 잡는 법

궁채는 검지, 중지, 약지의 세 손가락으로 채 끝부분을 쥐고, 엄지손가락과 새끼손가락으로 채를 떨어지지 않도록 살짝 쥐어준다. 열채는 대나무 깎은 쪽이 앞으로 보이게 잡고 엄지를 제외한 네 손가락으로 열채를 쥐고 엄지손가락을 자연스럽게 검지 위에 올려놓는다.

○ 장구의 타법 익히기

구음에 따른 타법		연주 방법
타법	덩	열채와 궁채가 태극 모양이 나오도록 손을 높이 들면서 숨을 마시고 숨을 내쉬며 궁채와 장구의 궁편과 열편을 동시에 친다.
	궁	궁채로 장구의 궁편 중앙을 친다.
	구궁	궁과 같은 방법으로 치나 앞의 '구'는 살짝 대어주고 뒤의 '궁'을 강하게 친다.
	쿵	궁채가 채편으로 넘어와서 치는 방법으로 궁편에서 채편으로 넘어올 때는 장구를 감싸듯이 장구와 가장 가깝게 넘어와야 한다.
	따	열채를 45도 정도 기울여 장구의 열편을 치는데 채를 잡은 손쪽이 채끝보다 먼저 나가고 먼저 들어와야 한다.
	딱	따와 같은 방법으로 치나 장구의 변죽을 친다.
	기덕	'기'는 약하게 '덕'을 강하게 친다.
	더러러러	열채를 채편에 굴려 친다.

③ 북

○ 북의 기본자세 익히기

앉아서 다리를 앉은다리 상태보다 약간 벌어지도록 편안하게 벌리고 왼쪽 다리를 더 벌려서 다리 위에 북을 올려놓는다. 왼손으로 북을 오른손으로 채를 잡고 허리를 곧게 펴고 앉는데 왼손의 엄지와 검지로 북의 가죽 끝을 잡고 나머지 세 손가락으로 북의 가죽 위에 살짝 올려놓는다. 오른손으로 북채를 잡고 편안한 상태로 손을 뻗은 위치에 북채를 놓는다.

○ 북채 잡는 법

북채는 엄지를 제외한 네 손가락으로 채를 쥐고 엄지손가락을 자연스럽게 검지 손 위에 올려놓는다.

○ 북의 타법 익히기

구음에 따른 타법		연주 방법
타법	둥	태극 모양이 나오도록 채를 잡은 손을 높이 들면서 숨을 마시고 숨을 내쉬며 북의 중앙을 친다.
	두둥	'둥'과 같은 방법으로 치나 앞의 '두'는 살짝 대어주고 뒤의 '둥'을 강하게 친다.
	두두둥	'둥'과 같은 방법으로 치나 앞의 '두두'는 살짝 대어주고 뒤의 '둥'을 강하게 친다.
	둥두	'두둥'을 치는 방법과 반대로 앞의 '둥'을 강하게 뒤의 '두'를 약하게 소리 낸다.
	딱	가죽을 치지 않고 변죽의 테를 친다.

○ 북의 기본 가락 익히기

가락익히기	일채		둥 둥 둥 둥 둥 둥 둥 둥 둥 둥 둥…… (처음은 느리고 약하게 치다가 점점 **빠르고 크게** 친다.)
	인사굿		둥 둥 / 둥 둥 / 두두둥 둥 / 둥 딱(인사)
	휘모리		둥두 둥두 (계속 반복해서 친다)
	별달 거리	가락	둥 둥 둥두 / 둥 둥둥둥 / 둥두 둥두 / 둥 둥둥둥 (계속 반복해서 친다.)
		추임새	
	풍년굿		둥 둥 / 두두둥 / 둥 둥 (얼쑤) (계속 반복해서 친다)
	삼채		두둥두둥두둥두둥(계속 반복해서 친다) 두둥둥 / 두둥둥 / 두둥 두둥 / 두둥둥 / 둥둥둥둥둥둥 / 두둥두둥 / 둥둥둥 두두둥 / 두두둥 / 두둥두둥두둥두둥 / 두두둥두두둥두두둥 / 두둥두둥 둥둥둥 / 두둥 두둥 둥둥 / 둥 (허이) 둥둥
	마당삼채		둥 두둥두둥두둥두둥(계속 반복해서 친다)
	좌질굿		둥둥 두둥 / 둥두둥두둥두둥둥둥 / 두둥두 둥두둥둥둥 / 둥두둥 둥두둥 두둥두둥두둥두둥(계속 반복해서 친다.)
	우질굿		둥둥 두둥두둥(3번 반복) 둥두둥 둥두둥두둥두둥두둥두둥 (4번 반복해서 친다.)
	오채질굿		둥 둥 둥 둥 / 두둥 두둥 / 두둥두둥 둥둥 / 두둥 / 두루루(딱)두루루(딱)

④ 징

○ 징의 기본자세 익히기

다리를 앉은다리 상태보다 약간 벌어지도록 편안하게 앉는다. 왼손으로 징 걸이를 잡고 오른손으로 채를 잡고 허리를 곧게 펴고 앉는다. 오른손으로 채를 잡고 편안한 상태로 손을 뻗은 위치에 내려놓는다.

○ 징 채 잡는 법

징 채는 엄지를 제외한 네 손가락으로 채를 쥐고 엄지손가락을 자연스럽게 검기 손 위에 올려놓는다.

○ 징의 타법 익히기

구음에 따른 타법		연주방법
타법	징	태극 모양이 나오도록 채를 잡은 손을 높이 들면서 숨을 마시고 숨을 내쉬며 징의 중앙을 친다.
	채돌리기	가락에 맞추어 호흡과 동작을 하며 채 돌리기를 한다.

○ 징의 기본 가락 익히기

징을 치는 횟수에 따라 2채, 3채 등 가락의 이름이 정해졌다고 한다. 징의 기본 가락은 악기 중 기본 가락을 가장 잘 유지하는 북과의 리듬에 역상 모양으로 나타내었다.

가락익히기	일채		둥 둥 둥 둥 둥 둥 둥 둥 둥 둥 둥……(징)……. (처음은 느리고 약하게 치다가 점점 빠르고 크게 친다)
	인사굿		둥 둥 / 둥 둥 / 두두둥 둥 / 둥 딱 (징) (인사)
	휘모리		둥두 둥두 (계속 반복해서 친다)
	별달거리	가락	둥 둥 둥두 / 둥 둥둥둥 / 둥두 둥두 / 둥 둥둥둥(계속 반복해서 친다)
		추임새	
	풍년굿		둥 둥 / 두두둥 / 둥 둥 (얼쑤) (계속 반복해서 친다)
	삼채		두둥두둥두둥두둥(계속 반복해서 친다) 두둥둥 / 두둥둥 / 두둥 두둥 두둥둥 / 둥둥둥둥둥둥 / 두둥두둥 둥둥둥 /두두둥 두두둥 두두둥 /두둥두둥두둥두둥 /두두둥두두둥두두둥 / 두둥두둥둥둥둥 / 두둥 두둥 둥둥 / 둥 (허이) 둥둥
	마당삼채		둥 두둥두둥두둥두둥(계속 반복해서 친다)
	좌질굿		둥둥 두둥 / 둥두둥두둥두둥둥둥 / 두둥두 둥두둥둥둥 / 둥두둥 둥두둥 두둥두둥두둥두둥두둥(계속 반복해서 친다)
	우질굿		둥둥 두둥두둥(3번반복) / 둥두둥 둥두둥 / (4번 반복해서 친다)
	오채질굿		둥둥 둥 둥 / 두둥 두둥 / 두둥두둥 둥둥 / 두둥 /두루루(딱)두루루(딱) / 둥둥 두두둥두둥 / 둥둥 두둥두둥

<과제 3>의 실천

다양한 활동을 통하여 바른 인성을 함양하기

(1) 각종 대회에 참여하여 공동체적 신명과 자신감 기르기

　　어린이들에게 연주할 수 있는 기회가 많이 주어지는 것은 중요하다. 어린이들이 함께 몰입하여 연주하는 활동을 통하여 공동체의 신명이 점점 길러지며 협동심도 길러진다. 그리고 대회의 우수한 입상 실적은 어린이들에게 자신감을 키워 준다.

(2) 다양한 활동을 통한 공동체 의식 및 신명 기르기

　　지역의 다양한 문화 행사에 참여하여 우리 문화를 체험하고, 연주 활동을 통하여 공동체 의식과 신명을 기를 수 있도록 한다.

(3) 경로잔치에 참석하여 효행심 기르기

　　웃어른을 공경하는 마음으로 여러 경로잔치에 참가하여 어른들을 기쁘게 해 드리고

효행심을 기를 수 있도록 한다.
(4) 학교 행사에 참여하여 공동체 의식 기르기
　　 학교의 다양한 행사에 참가하여 학교의 주인으로서의 역할을 다할 수 있다는 애교심
과 공동체 의식을 기를 수 있도록 한다.

마. 평가

(1) 단계적 지도 프로그램을 적용하여 어린이들이 쉽게 우리 가락을 익히고 연주할 수 있는가?
(2) 사물놀이를 통하여 조상의 얼을 느끼고 공동체 의식을 갖게 되었는가?

11. 갯벌 탐사 활동: 바다 속에는 무엇이 있을까?

가. 주제 개관

(1) 갯벌

　갯벌이란 말 그대로 '조수가 드나드는 바닷가나 강가의 모래 또는 개펄로 된 넓고 평평하게 생긴 땅'을 말한다. 즉 바닷가에 펼쳐진 벌판으로 하루에 두 번씩 나타났다가 사라지는 현상이 있는 곳, 육지와 바다라는 환경이 전혀 다른 두 세계의 중간에 위치해 있으면서 완충 작용을 하는 곳을 일컬어 말하는 것이다. 예로부터 갯벌은 우리에게 김이나 백합·바지락 등 온갖 먹을거리를 제공해 주는 바닷가의 농토 역할을 해 왔다. 생물의 보고로 익히 알려진 갯벌이 최근에는 주변 연안 해역을 청소하는 '정화조' 기능을 한다는 사실이 새로 밝혀졌다. 삼림과 더불어 갯벌을 비롯한 습지들이 지구의 허파 기능을 한다는 것이다. 이렇게 해서 갯벌에 대한 세계인들의 관심은 더욱 늘어가고 있고 보존을 위해서 힘쓰고 있다. 그러나 갯벌은 어느 바닷가에나 있는 벌판은 아니다. 외국의 경우 해변으로 이름난 해안은 많이 있으나, 우리처럼 생산력이 뛰어나고 바다 생물의 산란 장소이면서 휴식 장소가 되는 '갯벌'은 별로 없다. 특히 우리나라 서해안의 갯벌은 그 면적으로 볼 때 캐나다 동부 해안, 미국의 동부 해안, 북해 연안, 아마존 강 유역과 더불어 세계의 5대 갯벌로 꼽힐 정도로 광활하다.

(2) 갯벌의 형성

우선 갯벌이 만들어지려면 모래나 펄이 있어야 한다. 비가 온 뒤 흙탕물이 강을 따라 바다로 흐르면서 모래와 같은 무거운 입자는 하구 가까이 있는 해안에 쌓이며, 가벼운 펄과 같은 아주 미세한 물질은 바깥쪽으로 멀리 운반되면서 파도가 잔잔한 만이나 후미진 해안에 쌓여서 갯벌을 이루게 된다. 이렇게 생성된 갯벌에는 방대한 양의 영양분을 포함해서 여러 바다 생물들의 서식처가 되고, 비로소 수산 자원의 보고 '갯벌'이 만들어지는 것이다. 이러한 갯벌에는 나름대로의 형성 법칙이 있다.

첫째, 강이나 하천이 바다로 흐르면서 육지로부터 끊임없이 퇴적물을 날라다 주어야 한다.

둘째, 경사가 완만하여 퇴적물이 가라앉아 펄이 형성될 수 있는 시간적 여유가 있어야 한다.

셋째, 조석 간만의 차가 커서 퇴적층 형성에 도움이 되어야 한다.

(3) 갯벌의 중요성

1) 갯벌의 기능

갯벌의 중요성이 본격적으로 인정받은 것은 1960년대 이후의 일이다. 과학이 점차 발달하면서 더럽고 쓸모없이 보이는 갯벌의 중요성을 인식하게 된 것이다.

첫째, 갯벌은 육지와 바다를 이어주는 완충 지대로써 각종 어패류의 서식지와 산란장을 제공하고 전체 어획량의 60% 이상을 생산한다.

둘째, 오염 물질을 정화시키는 기능을 가지고 있다. 갯벌의 기능 가운데 우리의 생명을 지켜주는 가장 중요한 것이 바로 이 자연 정화 기능이다.

이 정화 기능에 대해서는 일본에서 이루어진 갯벌의 자연 정화기능과 하수 처리 시설의 정화 기능을 비교한 연구 자료에 의하면 일본의 미카와만 이시키 갯벌(10제곱킬로미터)에서 조사한 연구 결과를 보면, 갯벌의 오염 물질을 제거하는 능력을 여과율로 보면 시간마다 약 8퍼센트의 비율로 감소하는 것으로 나타났고, 이것을 12시간 주기로 계산하면 전체 해수의 96퍼센트를 여과하는 셈이다. 이것을 같은 오염물질 제거 기능을 갖춘 하수 처리 시설을 만드는 비용과 비교하면, 우리 돈으로 약 1,221억 원이고 일 년 동안에 유지 관리비가 57억 원이 든다. 그 밖에 부수적인 사항을 더하면 총액은 약 8,782억 원으로 계산된다. 하수 처리장은 관리비가 필요한 반면에 갯벌은 어업의 수익을 얻는 동시에 자연 정화 사업도 할 수 있는 것이다.

셋째, 동북아시아 철새의 이동 경로와 서식지로 이용된다.

넷째, 갯벌은 생물학적인 관점으로 보면 연구해 볼만한 가치가 있는 곳이다. 갯벌 속에는 멸종 위기에 처해진 생물 중 3분의 1 이상이 서식을 하는데, 이 생물들을 연구함으로써 그 생물의 보존은 물론, 자연 정화의 기능처럼 갯벌이 우리에게 주는 혜택을 개발할 수도 있을 것이다. 또 이 생물들을 이용해 식량 자원이나 의학 자원으로 이용하는 방법도 있다.

다섯째, 갯벌은 그 특유의 경관 때문에 관광 사업으로서의 가치를 가지고 있다. 갯벌은 동시에 많은 양의 물을 저장할 수가 있어서 순간적으로 일어날 수 있는 높은 수위를 낮출 수 있다. 특히 도시 하천수 주변의 습지는 빌딩이나 포장 도로 위에서 흘러내리는 표면수의 급작스런 증가로 일어나는 범람의 피해를 완화시켜 주는 역할을 하는데, 이런 갯벌의 능력을 중요하게 여긴 미국의 일부 정부에서는 태풍이나 허리케인 등으로 일어나는 거센 파도를 완화시키기 위해서 습지를 복원하고 있다.

2) 갯벌 파괴의 실태

갯벌에 관한 무지로 인해 갯벌의 무한한 가치를 살리지 못한 사례가 너무나도 많다.

첫째, 갯벌 가치가 알려지지 않았던 과거에는 갯벌을 쓸모 있는 땅으로 조성하기 위해 간척 사업으로 많은 곳을 농경지, 산업 용지로 전환하여 이용하여 왔다. 그로 인해 수산업자는 그들의 삶의 터전을 잃는 등 여러 가지 문제점이 발생하게 되었다.

둘째, 우리나라 갯벌 중 생태적 가치가 뛰어난 17군데 가운데 13군데가 현재 진행 중인 또는 후에 있을 개발 계획으로 훼손될 우려가 있다.

셋째, 갯벌을 매립하는 간척 사업으로 인한 환경은 자연 생태계뿐만 아니라 경제, 역사, 문화, 기후 등 다양한 형태로 나타난다.

넷째, 간척 사업으로 인해 육지의 각종 오염 물질을 정화해 주는 갯벌이 사라짐으로써 심각한 해양 오염이 야기되고 있다. 갯벌이 얼마나 해양 오염을 방지하는 데 큰 역할을 담당하고 있는지 알 수 있는 예로 서해안을 들 수 있다. 서해안은 한강, 금강, 만경강, 동진강 등 우리나라의 주요 하천이 유입된다. 또한 서해는 해류의 영향이 적고 수심이 얕아 유입 하천의 영향을 더욱 크게 받는 곳이다. 그럼에도 불고하고 서해안 지역에는 적조 발생이 거의 일어나지 않는 이유는 서해안의 잘 발달된 갯벌이 그 원인이라고 본다. 우리나라 서해안같이 부유물질의 농도가 높고 갯벌이 잘 발달된 갯벌이 그 원인이라고 본다. 우리나라 서해안같이 부유물질의 농도가 높고 갯벌이 잘 발달된 환경에서는 하천을 통해 유입되는 오염 물질이 부유물질에 흡착되어 갯벌에서 효과적으로 제거된다는 것이다. 그러나 간척 사업으로 인해 갯벌 파괴로 서해안 갯벌의 자정 작용의 범위가 줄어들고 있어 서해안 지역이 오염될 우려가 있다고 지적된다.

다섯째, 생물들의 서식처를 파괴함으로써 생물 종 다양성 보존에 심각한 위협이 되고 있다.

생물 종 다양성의 보고인 갯벌은 약 1,200여 종이 서식하며 연안 해양 생물의 66%가 의존하며 어업 활동의 90%에 영향을 준다.

여섯째, 갯벌 파괴는 곧바로 해양 생태계의 파괴로 이어진다.

3) 갯벌 보전 방법

갯벌을 보호하기 위해서는 다른 어떤 일보다 먼저 갯벌에 대해 자세히 아는 것이 중요하다. 갯벌의 정의, 갯벌이 환경에 미치는 영향, 갯벌의 무한한 가치성에 대해 이해하는 것이 갯벌을 보호하는 가장 첫걸음이라 하겠다. 정부에서는 갯벌에 대한 전면 조사 실시보다는 관리 계획 수립을 먼저 하여야 한다. 계속 파괴되어 가고 있는 갯벌의 피해를 줄이자는 뜻이다. 람사에서는 한국 갯벌을 람사 사이트로 정하는 등 적극적인 보호 방법을 마련하고 있다. 이렇게 갯벌을 보존하는 운동에 적극적으로 참여를 하는 것도 갯벌을 보호하는 중요한 방법 중의 하나이다. 갯벌을 보호하는 방법 중에서 가장 중요한 것은 생태계의 중요성을 인식해서 어떻게 하면 생물이 살아갈 수 있는지를 생각해야 한다.

나. 갯벌 탐사 활동

(1) 갯벌 활동 사전 학습

1) 갯벌 살펴보기

갯벌에 도착하면 먼저 갯벌의 전체적인 모습이 어떠한지, 육지에서 흘러 들어오는 강물이 있다면 어디로 연결되었는지, 갯벌의 경사는 급한지 완만한지, 갯벌의 흙은 모래와 자갈이 많은지 아니면 펄이 많은지, 주변의 흥미로운 부분을 포함해서 전체의 모습을 살펴본다. 그리고 바닷가를 다니면서 파도에 밀려온 조개껍데기와 바위, 해변에 있는 식물들을 관찰한다.

2) 갯벌 관찰법

갯벌 생물들은 사람이 다가가면 잽싸게 숨는다. 그러나 갯벌 위에 이동한 흔적, 먹이의 흔적을 남긴다. 또 갯벌에는 수많은 구멍이 있고, 그 구멍 속에는 무언가가 살고 있으므로 구멍을 조심스럽게 모종삽으로 파고 들어가 본다. 채집한 생물은 다치지 않게 조심스레 관찰한다. 생물의 이름은 무엇이고, 집이 얼마나 깊은 곳에 있는지 기록 노트에 적고 생물의 자세한 특징을 사진, 그림, 글로 남긴다. 관찰과 채집이 끝나면 원래 살던 곳으로 돌려보내고, 채집 도구를 정리하여 밀물이 들어오기 전에 나오도록 한다.

(2) 갯벌 체험 활동 예시

1) 갯벌 식물 관찰하기

바닷가에 사는 식물들은 우리가 사는 마을이나 산에서는 흔히 볼 수 없다. 바닷가에 사는 식물들은 그 모양만큼이나 특이한 이름을 가진 것도 많다. 식물들의 잎이나 줄기를 따 보고 이름을 지어 보도록 한다.

① 바닷가에 있는 식물의 줄기나 잎 관찰하기

② 잎이나 줄기의 모양과 색깔을 특징을 살펴 기록하기

③ 잎이나 줄기의 맛을 보거나 눌러보기

④ 학습지에 붙이고 잎이나 줄기의 특징을 이용하여 이름을 지어 보기

⑤ 도감을 찾아보고 자기가 지어준 이름과 비교해 보기

⑥ 관찰한 식물을 그리거나 붙이기

※ 관찰한 식물을 그리거나 붙여 보세요.

2) 갯벌 동물 관찰하기

물이 빠지고 난 후의 갯벌을 보면 수없이 많은 생물들이 분주하게 먹이를 찾고 집을 파는 모습을 발견할 수 있다. 과연 갯벌에는 얼마나 많은 생물들이 살고 있는지 확인하도록 한다.

① 게의 종류와 특징, 구멍 관찰하기

칠게, 농게, 방게, 밤게, 쇠스랑게 등 갯벌의 종류에 따라 살고 있는 종이 다르다. 펄 갯벌, 모래 갯벌, 바위 갯벌로 자리를 옮겨서 채집해 보면 다양한 게를 관찰할 수 있다. 또 조용히 앉아 기다리면 게가 두 발로 밥 먹는 귀여운 모습도 볼 수 있다. 이에 대한 관찰 내용을 기록한다.

종 류	특 징	구멍의 모습	그림 그리기

② 갯지렁이와 지렁이의 차이점 알아보기

갯지렁이는 갯벌의 오염 물질을 먹어주는 갯벌의 청소부로 유명하다. 긴 것은 몇 미터가 될 정도로 아주 길고 땅 속 깊이 돌아다니면서 갯벌에 산소를 공급해 주는 역할도 한다.

종 류	공통점	차이점	갯지렁이의 그림 그리기

3) 갯벌 노래 부르기 (갯벌을 빛낸 25가지 생물들)

① 1절

8천 년 전 빙하물 황해가 되어 밀물썰물 오가며 흙을 나르고
넓은 벌판 위에다 갯벌 만들어 많은 생물 살아가는 터전 되었네
짱돌 밑에 도둑게 그의 친구들 부엌까지 온다네.
갈대숲의 참방게 힘도 세구나 물려보면 아플 걸
굴뚝집은 털콩게 바위틈에 납작게
굴하는 덴 칠게 사냥에는 꽃게 갯벌을 살리자.

② 2절

빨간집게 왕발은 붉은 발 농게 하얀집게 왕발은 흰발농게
갯지렁이 많은 다리 징그럽지만 대대손손 갯벌을 청소한다네
갯벌 기는 민챙이 콩모양 콩게 개불알 같은 닷해삼
공룡과도 살았던 개맛조개들 꼬리도 참 길구나.
동죽조개 귀엽다 동죽잡는 갯우렁
갯벌 속의 가무락 모래밭의 바지락
갯벌을 살리자.

다. 탐구 활동 보고서

〈표 35〉 갯벌 탐구 활동 보고서

탐구 활동 보고서

주 제	갯벌 속 생물 관찰　　　　　[관찰]		평 가	
일 시	년　월　일　요일　교시		학년　반　번　조	
			이 름	
기 상				
목 표	갯벌 속에 살고 있는 다양한 생물들을 분류할 수 있다. 갯벌 속 생물들의 생활양식을 설명할 수 있다.			
준비물	모종삽, 삽, 돋보기, 해부 현미경, 채집병, 호미, 가는 체, 해부 접시, 핀셋, 생물 도감			

1. 탐구 활동 과정
   가. 갯벌의 조간대의 상부, 중부, 하부 세 군데를 채집 장소로 정하여 각각의 장소에서 실시해 본다.
   나. 사방 1m 길이로 범위를 정하고 삽(모종삽, 호미) 등을 이용하여 30㎝ 정도 깊이로 흙을 판다.
   다. 파낸 흙을 가는 체(모기장) 위에 넣고 물을 뿌려가며 체 위에 남은 생물을 해부 접시에 담는다.
   마. 채집이 끝난 후 생물들을 동정해 본다(활동 후 방사).

2. 결과 정리 및 토의
   가. 채집한 생물들의 수와 종류는 얼마나 되는가?
   나. 채집한 위치에 따라 생물들의 종류는 어떠한 차이가 있는가?

3. 생각해 볼 점
   가. 채집한 생물들의 갯벌에서의 생태적 지위는 어떠한가?
   나. 갯벌에 나 있는 구멍과 갯벌 속 생물 종의 관계는 어떠한가?

라. 갯벌 탐사의 유의점

갯벌의 흙 속에는 매우 많은 생물들이 살아 숨 쉰다. 따라서 갯벌에 가서 함부로 개흙을 파헤치거나 짓밟으면 그 속의 생물들은 결국 죽게 된다. 우리가 무심코 하는 행동들이 갯벌의 자연스러움을 파괴할 수도 있음을 항상 생각해야 한다.

갯벌을 파괴하는 것은 무분별한 갯벌 매립뿐만이 아니다. 갯벌의 아름다움이 알려지면서 점차 많아지는 탐방객들에 의해 갯벌이 신음하는 소리가 들린다. 특히 갯벌은 다른 생태계와는 달리 매우 예민하고 쉽게 파괴될 수 있는 자연 환경이다.

(1) 갯벌에 함부로 들어가지 않는다

갯벌을 국립공원으로 지정한 독일에서는 갯벌의 출입을 매우 엄격히 관리하고 있다. 어민은 물론 갯벌 조사를 위한 과학자들의 출입도 제한하고 있다. 갯벌의 자연스러움이 사람의 출입으로 인해 파괴되기 때문이다. 우리도 갯벌을 아주 소중하게 보전해야 한다.

(2) 개흙을 마구 헤치거나 갯벌 생물을 함부로 잡지 않는다

갯벌 흙속에는 눈에 보이지 않지만 매우 많은 생물들이 살고 있다. 이들 생물들로 인해 건강한 갯벌이 살아 숨 쉴 수 있게 된다. 개흙을 파헤치면 그 속의 생물들은 자기가 살아온 지금까지의 환경이 갑자기 바뀌게 되어 결국 죽게 된다. '나 한 명쯤이야.' 하는 행동이 결국 갯벌 전체를 망가뜨리게 됨을 명심하시고, 함부로 개흙을 파헤치지 말아야 한다.

(3) 철새들의 활동을 방해하지 않는다

서해안 갯벌은 철새들의 보금자리로써, 먹이를 먹고 짝짓기를 하기 위한 생명의 쉼터이다. 그런 철새들이 있어서 생태계가 유지되며, 더욱 귀중한 갯벌에 새들이 있으면 그들의 평화와 행복을 위해 더욱더 조심스럽게 행동해야 한다.

(4) 쓰레기를 절대로 버리지 않는다

갯벌뿐만 아니라 다른 곳에 놀러가더라도 쓰레기는 항시 다시 가져와야 한다. 그것은 자연을 대하는 우리 인간의 최소한의 예의이다.

갯벌 주변에서 술을 마시거나 음식을 만들어 먹지 않아야 하며, 미리 도시락을 준비하여 환경 친화적인 갯벌 탐방이 되도록 해야 한다.

(5) 갯벌 및 갯벌 주변의 생물을 보호한다.

갯벌 속에는 무수한 생물들이 살고 있다. 아울러 갯벌 주변의 늪지와 바닷가 등에는 다양한 동식물들이 서식하고 있다. 이와 같은 동식물들이 살아가는 삶의 보금자리인 갯벌과 갯벌 주변을 훼손하지 말고 보전하는 마음과 행동을 실천하는 갯벌 탐사 활동이 되어야 한다.

12. 기타 활동: 특별 활동, 자율 활동 등과 연계된 활동

[1] 특기·적성 교육 활동(방과 후 학교 교육 활동)

가. 목적

(1) 학생의 소질·적성 계발 및 취미·특기 신장 교육의 기회를 제공한다.

(2) 방과 후 과외 활동의 교내 흡수를 통한 학부모의 사교육비를 경감한다.

(3) 교내·외 시설 및 지역 사회 인적 자원 활용을 극대화한다.

(4) 다양화하는 교육 수요자의 욕구 충족 및 사회 교육을 지향한다.

(5) 특기·적성 교육 활동과 연계한 동아리 중심의 학생 문화를 창달한다.

나. 기본 방침

(1) 학습자의 요구에 부응할 수 있는 다양한 부서를 조직·운영한다.

(2) 사교육비를 줄이고 저렴한 금액으로 학생의 특기와 적성을 기를 수 있는 방법으로 운영한다.

(3) 소요 경비는 수익자 부담을 원칙으로 한다.

(4) 일부 저소득층 자녀의 부담금은 학교 회계 예산에 편성하여 지원한다.

(5) 1교 1특성화 부서를 육성·지원·운영한다.

(6) 강사 채용 및 특기·적성 교육 전반에 걸쳐 투명성과 신뢰성을 확보한다.

(7) 학교운영 위원회의 심의를 거쳐 학교장이 운영한다.

(8) 학교 전통과 특색을 살릴 수 있는 부서 및 학교의 인적·물적 자원 활동의 극대화로 지역 사회 교육·문화 센터로서의 기능이 확대되도록 힘쓴다.

(9) 특기·적성 교육 활동의 질 향상을 위해 평가·환류, 점검에 힘쓴다.

다. 세부 실천 계획

(1) 부서 편성

1) 예상 부서의 수요 조사
① 예상 부서를 선정한다.
② 교과 교육에서 탈피하여 소질·적성 계발 및 특기 신장을 위한 다양한 프로그램을 선정한다.

2) 부서별 반 조직
① 주당 2시간 이상을 기본 단위로 조직하고 일반적인 활동 부서는 1개 반 20명 내외로 조직하되, 부서별 특성에 따라 가감하여 탄력적으로 운영한다.
② 부서별로 2개 반 이상 편성 시는 가급적 수준별로 반을 편성·운영한다.

(2) 강사의 임용 및 관리

1) 강사 임용
① 강사 임용은 학교운영위원회의 심의를 거쳐 학교장이 임용한다.
② 강사 선발은 서류 심사 및 면접 후 선발하는 것을 원칙으로 한다.

2) 강사의 자격
① 교사 발령 대기자, 교대생 및 사대생, 전공과 부합되는 대학생 및 졸업자
② 교사 자격증 소지자
③ 해당 분야 대학 졸업자, 예·체능 전문가, 기술·기능 보유자 및 교육청에서 운영하는 인력풀에 등록된 강사 등
④ 희망하는 현직 교사(내부 강사)

3) 강사의 임용 구비 서류
① 이력서(사진 부착) 1통
② 자격증 사본(원본 대조) 1통
③ 채용 신체검사서 1통
④ 채용 계약서 2부(학교와 강사가 각각 보관)

(단, 현직 교사 및 명예 교사 위촉 시는 구비 서류 필요 없음)

4) 강사의 복무

① 강사는 연간 활동 계획서를 수립하고, 이에 따른 지도안을 작성하여 학교장의 결재를 얻어 학생을 지도해야 한다.
② 기본적인 복무 사항은 공무원 및 교원의 복무에 준하도록 하되, 그 중요 부분은 계약서에 명기해야 한다.
③ 근무 시간은 원칙적으로 강의 시작 20분 전부터 강의 종료 후 20분까지로 한다.
④ 강의 및 지도 자료는 강사가 준비하고 관리한다.
⑤ 교내에서 누구나 알 수 있게 신분증(명찰)을 패용하고 근무해야 한다.
⑥ 부서의 교육 활동이 끝난 후의 활동 장소(교실, 강당, 운동장 등)의 뒷정리 및 청소 관리는 해당 강사 책임하에 처리하여야 한다.

(3) 수강료 결정 및 수납

1) 수익자 부담으로 정하는 것을 원칙으로 한다.
2) 수강료는 반드시 학교운영위원회의 심의를 거쳐 책정한다.
3) 학교 운영 위원회의 심의를 거쳐 실시 회차별로 징수한다.

(4) 강사비는 부서별로 책정 · 운영한다

(5) 학교운영위원회 심의

1) 특기 · 적성 교육 활동(방과 후 학교 교육 활동) 운영 계획: 프로그램 개설, 강사 채용, 교재 선정(문제 풀이를 위한 부교재 제외), 외부 시설 이용 등
2) 소요 경비 집행 내역: 강사비 책정, 학생 부담비 산정 등

(6) 특기 · 적성 교육비(방과 후 학교 교육비) 운영

1) 강사비 보전: 부서별로 계약한 강사비와 학생 수강료의 차액을 학교 예산에서 지출
2) 수강료 지원 대상 학생 선정
① 보건복지가족부로부터 국민 기초 생활 보장법에 의해 학비를 지원받고 있는 학생
② 등록금을 직접 부담하고 있는 생활이 어려운 저소득층 자녀

(7) 평가 및 환류

1) 수업의 질 관리: 지도 계획 작성, 학습 자료 제작
2) 활동 평가 및 환류: 학생 / 학부모 만족도 조사, 결과는 차기 계획에 반영
3) 학생 축제 문화로 승화: 일부 활동은 교내 축제 시 전시 및 발표

(8) 추진 계획

추진영역	실천내용	목 표	대 상	시 기
홍보	특기·적성 교육 활동 홍보	1회	전교생	3월
조직	희망 부서 조사	1회	전교생	3월
	전년도 호응도 및 부서 선정 의견 수렴	1회	전교생	3월 조직시 반영
	강사 모집 안내	1회	전교생	3월
	학교 운영 위원회 심의	1회	전교생	3월
	극빈자 조사 및 부서 배정	1회	전교생	3월
	등록	1회	전교생	3월
운영	출석부, 출강부 작성	매시간		3~6월
	운영	2회 (40시간)		4~6월
정리	부서별 전시회, 발표회	1회		11월
	부서별 운영 결과 평가	1회		7월

(9) 개설 부서 및 참가 인원

번 호	부서명	강 사	인 원	수강 대상	장 소	비 고
1	서예반	○ ○ ○	10명	전교생	서예실	
2	미술반	○ ○ ○	10명	전교생	2 – 1	
3	컴퓨터반	○ ○ ○	10명	4~6명	컴퓨터실	
4	수리 탐구반	○ ○ ○	5명	4학년	4 – 1	

라. 활동 예시

(1) 강좌 명: 홈 페이지 제작반
(2) 목적

1) HTML 제작용 프로그램을 다루는 방법을 익혀서 홈 페이지를 만들 수 있다.

2) 자신의 생각이나 정보를 문자나 영상, 소리 등의 자료 형태로 구성할 수 있는 기능을 익힐 수 있다.

3) 정보화 시대에 요구되는 지적 능력을 기르고, 건전한 적응 능력을 기를 수 있다.

2 토론·토의 활동 지도

가. 목적

(1) 훌륭한 시민 정신과 뛰어난 리더십을 뿌리내리게 한다.

(2) 문제와 증거에 대한 철저한 분석, 명료한 사고, 자신 있고 힘 있게 의견을 발표하는 능력, 남의 의견을 존중함과 동시에 강력히 자기주장을 내세워야 하는 당위성을 깨닫게 한다.

나. 토의와 토론

(1) 토의는 주어진 문제에 대한 의논으로 해답을 찾아내는 데 의미가 있고, 토론은 오히려 이미 해답이 나와 있으므로 그것을 설득하는 데 중점을 둔다.

(2) 토의는 서로 협력해 의논하면서 생각의 폭을 넓혀 나가는 것이다. 토론은 대립을 전제로 자신의 의견을 정면으로 주장해 나간다. 토의는 일종의 집단 사고이다. 토론은 의견 대립이 먼저 존재하고 대립하는 가운데 발전을 꾀하고자 하는 변증법적인 사고이다.

(3) 토의는 자유스럽게 의논하고 발언하는 것으로 아무런 제약 조건이 없다. 그러나 토론은 규칙과 절차 그리고 방법 등이 정해져 있다.

다. 토의 학습

(1) 활동 목적

1) 학생이 학습 장면에 적극적, 자발적으로 참여할 수 있도록 해준다.

2) 학생들에게 반성적 기회를 부여하여 그들 자신의 지식과 경험을 재구성할 수 있게 촉진해 준다.

3) 학생들의 의사소통 능력을 증진시켜 준다.

4) 학생들에게 건전한 사회적 태도를 지니게 해준다.

(2) 토의 학습의 전제 조건과 교육적 가치

1) 전체 조건

토의의 목적을 달성하기 위해서는 다음과 같은 전제 조건이 필요하다.

① 토의의 주제는 학생들이 절실하게 느끼는 의의 있는 것이 되어야 한다.

② 토의 내용은 실제적 사실에 근거를 두고 있어야 한다.

③ 토의는 모든 학생들이 참여하여 운영되어야 한다.

④ 토의는 형식에 구애됨이 없이 자유로운 분위기에서 이루어져야 한다.

〈표 36〉 토의 진행 및 평정표

평가요소	착안내용	평 점		
		상	중	하
창의성	• 자료의 다양성 · 자신 있는 제안 • 독창적인 아이디어			
협동성	• 타 의견 존중 · 청취하는 자세 • 감정 억제력			
표현력	• 의견 발표의 논리성 · 음성의 속도 • 의사 전달의 명확성 · 설득력			
연구심	• 문제 해결력 · 자료의 명확성 • 자료의 풍부성 · 지식의 강도			
태 도	• 발언 시간 · 전체 인상 • 성의(열성) · 진지성 · 몸가짐			
총 평				

2) 토의 활동 참여에 대한 자기 평가

토의 학습 평가에서는 토의 과정에서의 발언의 활성화보다는 토의 자체가 문제 해결을 위해 좋은 과정이었는가에 중점을 두고, 학습자 전원이 자신들의 특성을 발휘하면서 토의에 참가하였는가에 대한 자기 평가를 해야 하는데 이에 대한 평가 방법을 제시하면 다음과 같다.

토의 학습 참여 평가

※ 다음 문항을 읽고 토의 활동에서 자신의 참여 태도에 대하여 솔직히 대답하여 주십시오.

여러분에게 가장 적당한 것 하나를 골라서 답해 주세요.

3) 토의 학습 자료(예시): 세 살 버릇 여든까지

말이란 마음의 표현입니다. 기분이 좋을 때는 말씨가 부드럽고, 기분이 나쁠 때는 말씨가 거칠어지는 것도 이 때문입니다.

처음 만난 사람이라 하더라도 몇 마디의 대화를 나누어 보면 곧 그 사람의 인격과 교양을 짐작할 수 있습니다. 왜냐하면 말과 인격, 말과 교양은 종이의 앞뒤와 같아서 훌륭한 인격과 교양을 가진 사람은 자연히 부드럽고 고운 말을 쓰고, 그렇지 못한 사람은 예의 없고 품위 없는 말을 쓰기 때문입니다.

여러분은 고운 말을 쓰고 있습니까?

말은 버릇입니다. 어려서부터 고운 말을 쓰면 어른이 되어도 고운 말을 씁니다. 반대로, 어렸을 때 아무 생각 없이 거친 말을 마구 쓰면 어른이 되어도 거친 말을 쓰게 됩니다. "세 살 버릇 여든 간다"는 속담처럼 어렸을 때 길들여진 말버릇이 평생을 따라 다닙니다.

그런데도 요즘 학생들은 거친 말을 많이 씁니다. 예컨대, 친구를 부를 때도 "애, 영길아!" 하고 이름을 부르면 되는데도, "야, 이 새끼야!" 하고 친구를 부르는 건지 욕을 하는 건지 분간하기 어려울 때가 있습니다.

"영길아, 이것 봐." "야, 이 새끼야. 이것 봐."

어느 것이 더 부드럽고 듣기 좋습니까?

"철아, 입을 다물어.", "이 병신아, 아가리 닥쳐!" 어떤 느낌이 납니까?

웃을 일이 아닙니다. 여러분은 어떤 친구와 가까이 지내고 싶습니까?

"말로써 천 냥 빚을 갚는다."는 속담의 의미를 다시 한 번 되새겨 봅시다.

라. 토론 학습

(1) 활동 목표

1) 건전한 비판 정신과 가지 표현 능력을 습득하게 한다.
2) 논리적 사고 능력을 기르게 한다.
3) 합리적으로 문제를 해결하고 그 해결 방법을 자신 있게 실행하는 능력을 가지게 한다.
4) 논쟁의 주제를 다각도로 접근해 봄으로써 사고의 유연성을 가지게 한다.

(2) 토론 활동 (예시)

중부 지방에 대한 협동 지도 그리기를 과제로 제시할 때 과제의 목표는 중부 지방의 자연 환경을 알아내는 것이며, 모둠원은 6명으로 정해 주고 토론을 통해 각각의 역할을 분담하도록 한다. 1차시에는 관동 지방 2명, 충북 1명, 경기도 1명, 서울 인천 1명으로 나눈다. 그리고 모두 모여서 지도를 그리고, 자기가 맡은 과제 영역별로 교과서의 내용을 지도에 옮기는 과정은 숙제로 한다. 2차시에는 숙제한 것을 가지고 6명이 모두 모여 각자의 과제 내용을 일정한 시간 안에 발표하고, 궁금한 것은 질의·응답하는 순서로 진행한다. 그리고 2차시가 끝날 무렵에는 6조각의 지도를 붙여서 교실 뒤에 게시하도록 한다. 토론 활동에서 특별히 관심을 기울여야 할 것은 학생들이 아주 활발하게 학습과 활동에 참여하여야 한다는 점이다.

3 지역 축제 활동 지도

가. 활동 목표

(1) 지역 축제를 통한 만남과 지역적 소속을 확인한다.
(2) 전통 문화의 보존 방법을 알고 실천한다.
(3) 경제적, 관광적 의의를 안다.

나. 향토 지역의 문화 행사 (예)

각 시·군·구청의 홈페이지 방문: 문화 관광과(국) 등

다. 활동 예시

주제: 우리 고장의 문화 행사 널리 알리기

(1) 활동 목표

1) 질서를 지켜 문화 행사를 관람할 수 있다.
2) 우리 지역의 문화·예술 행사의 홍보 방법을 찾아 말할 수 있다.
3) 창의적인 방법으로 홍보물을 만들어 활용할 수 있다.
4) 지역 문화 행사 홍보 활동을 동하여 시역 문화·예술의 소중함과 자긍심을 느낄 수 있다.

(2) 활동 내용

1) 질서 있는 관람 자세를 익혀 문화 행사에 참여한다.
2) 우리 지역에서 이루어지는 문화 행사 관람을 통해 지역 문화 행사에 대한 올바른 이해를
   할 수 있도록 한다.
3) 우리 지역의 문화 행사 시 직접 관람해 보고, 지역 주민들이 어떤 일들을 분담하며, 노
   력해 가고 있는지에 대해 조사 활동을 통해 올바로 이해하도록 한다.
4) 지역 주민들의 활동을 살펴보며, 앞으로 우리가 할 일들에 대해 생각해 보도록 한다.
5) 우리 지역 문화·예술에 대해 조사한 내용을 바탕으로 다양한 홍보 방법을 탐색하고, 적
   절한 홍보 방법을 찾아보도록 한다.
6) 특정 문화·예술의 홍보를 위해 창의적인 방법으로 홍보물을 만들어 보도록 한다.

라. 세부 활동 내용

(활동) 지역 문화 행사 관람하기

활동 과정 및 내용	자료 및 유의점
우리 지역의 문화 행사에 참여한 경험 이야기 나누기 우리 지역의 문화 행사에 대한 이야기를 나눈다. 　- TV 등을 시청하며 문화 행사의 모습에 대해 이야기하기 　- 문화 행사장에 가 본 경험 말하기 우리 지역 문화 행사의 관람 계획 세우기 지역의 문화 행사에 대해 알아본다. 　- 문화 행사가 실시되는 시기와 장소 알아보기 　(지역 기관에서 발행하는 홍보 자료를 통해 문화 행사 계획을 참고하도록 한다.) 　- 문화 행사 관람을 위해 계획 세우기 　출발 시각, 출발 장소, 모둠별 활동을 위한 모둠 편성 　- 안전에 관한 내용 생각해 보기 　(거리 질서, 관람 장소에서의 질서, 귀갓길의 안전) 　(차량을 이용할 경우 안전 수칙) 관람을 통해 알 수 있는 것들에 대하여 알아보기 문화 행사를 통해 알 수 있는 것들을 미리 생각해 본다. 　- 전해 내려오는 행사 알아보기 　(문화 행사에 참여한 사람들이 하는 일) 　(문화 행사의 내용과 방법, 문화 행사가 우리에게 주는 느낌) 　(재미있게 보았던 내용과 개선하였으면 하는 내용) 관람 후 활동 관람을 마친 후 보고회를 가지도록 한다. 　- 모둠별 또는 개인별로 관람한 결과를 발표하기 　(문화 행사의 내용과 진행 방법) 　(문화 행사가 우리에게 주는 느낌) 　- 계속 발전시키거나 고쳤으면 하는 것들 찾아보기 　(계속 발전시켜 나아갈 일) 　(개선해 나아갈 점) 　- 우리가 도울 수 있다면 어떤 일이 있는지 찾아보기 　(휴지 줍기) 　(질서 캠페인 하기) 　(간단한 물건 나르기)	• 관람하게 된 동기에 중점을 두어 이야기를 나누도록 하자 • 우리 지역에서 이루어지는 문화 행사에 대한 이야기를 자기의 경험을 바탕으로 자유롭게 말할 수 있는 분위기를 조성한다. • 관람에 대한 관점을 미리 찾아보도록 하여 학습 활동에 대한 적극적 태도와 목적 의식을 가지도록 한다. • 다양하게 체험한 것을 바탕으로 서로의 생각을 통합할 수 있도록 발표의 방법을 찾아보도록 한다. • 앞으로 이루어질 봉사 활동과 관련지어 생각해 보도록 한다.

마. 참고자료

(1) 활동 계획 수립 시 유의점

지역 문화 행사를 관람하면서 보아야 할 관점을 제시해 주도록 한다.

각종 우리 고장의 문화 행사를 관람할 때 준비 과정, 발표하는 방법, 뒷정리에 이르기까지 일련의 과정을 역할 분담을 통해 조사해 봄으로써 전체적인 행사 운영 방법에 충분한 지식의 얻을 수 있다.

1) 지역 주민들의 활동 모습을 생생하게 느낄 수 있도록 다양한 방법을 강구한다.
2) 지역의 문화와 전통에 대한 관람 및 조사를 통해 고장에 대한 애향심과 문화의 소중함을 느낄 수 있도록 한다.
3) 사전 준비물 등 계획을 잘 세워 조사 활동이 상세히 이루어질 수 있도록 한다.
4) 사전에 과제를 주어 기존의 문화·예술에 대한 홍보물들을 수집하도록 한다.
5) 안전사고 예방에 대한 대비책을 마련한다.

(1) 지역 문화 행사 관람 시 가정 통신문에 들어갈 내용

- 관람 일시
- 관람 장소(목적지) 및 교통편
- 옷차림
- 준비물
- 출발 시각 및 도착 예정 시각
- 학교에서 조사할 장소까지 도로 사정(거리, 폭, 신호등, 횡단보도 등) 및 교통편
- 관람 장소의 시설, 위험 장소, 관람할 내용 등
- 기타 주의 사항

(2) 모둠별 학습지

홍보 계획 세우기

제   학년   반   번   이름 :

※ 우리 지역의 문화·예술 문화제에 대한 홍보는 어떻게 할까요?
- 모둠 이름 :
- 모둠원 명 :
- 홍보 대상 :
- 홍보 방법 :
- 제작 계획 :
- 준 비 물 :
- 역할 분담 :
- 기타 사항 :

$\boxed{4}$ 학생회 지도

가. 목적

(1) 학년·학급·전교 등 전체의 생활과 문제에 관하여 관심을 가지고 가지들의 문제를 스스로의 힘으로 해결해 보려는 실천적인 의욕을 갖는다.
(2) 자타의 의견을 존중하고 다수의 좋은 의견을 모아 실생활에 적용할 수 있는 능력을 기른다.

나. 운영 방침

(1) 학습 생활에 관한 여러 가지 문제를 전 학년, 전 학급 학생이 참여한 가운데 논의하고 아동들로서 할 수 있는 방법을 협의한다.
(2) 학급 생활의 규율, 생활 목표를 정하고 실천하고 그 실행에 관하여 상호 반성한다.

다. 회의 실시

(1) 전교 학생회 회의는 월 1회 마지막 주 금요일에 실시한다.
(2) 학급 학생회 실시 시간은 학급별 계획에 의한다.
(3) 모든 회의는 재적 회원 과반수의 참석과 참석 회원 과반수의 찬성으로 의결한다.

라. 학생회 조직

(1) 전교 학생회

1) 회장: 1명(6학년) → 회의 진행
2) 부회장: 2명(5학년, 6학년 각 1명) → 사회1명, 회의 분위기 조성 및 회의 정족수 보고 1명
3) 서기: 2명 → 회의록 기록 및 낭독 1명, 칠판 기록 1명
4) 학급 대표: 64명(3학년 이상 각 학급 회장 1명, 부회장 1명)
5) 위원회: 6명(최고 학년 임원 중에서 전교 학생회에서 추천)

<표 37> 전교 학생회 부서 조직

구 분	활동 내용
학습 정보부	아침 자습 지도, 자율 학습 지도, 학습 준비물 안내, 학습 활동 안내 및 보조
생활부	등·하교 지도, 복도 통행지도, 고운 말 쓰기, 표준말 사용, 예절 지키기 놀이
도서부	신간 도서 안내, 독후감 발표, 자료 게시, 도서 열람, 도서실 관리, 독서 지도, 도서 수집 및 보수
미화부	복도 미화, 복도 환경 게시, 유리창, 운동장, 후정, 급식소, 화장지 관리
봉사부	학교 봉사 활동 추진, 이웃돕기 운동 추진, 급식 봉사, 급식 질서 유지
체육부	체육 교구 관리, 체육 활동 안내

(2) 학급 학생회

1) 회장: 1명(최고 학년) → 회의 진행

2) 부회장: 1명 → 사회, 회의 분위기 조성 및 회의 정족수 보고

3) 서기: 2명 → 회의록 기록 및 낭독 1명, 칠판 기록 1명

4) 학급 학생회는 전교 학생회의 구성에 준하고, 임원이 그 임무를 수행한다.

마. 사전 지도

(1) 매주 금요일 아침 다음 주 주훈을 칠판 또는 환경물로 게시 안내하여 의제로 토의하도록 지도하기

(2) 매주 금요일 일과 후 학급 임원 중심으로 사전 협의 시간 갖기

(3) 역할 분담(위원회) 활동을 누가 기록하기

(4) 회의 용어 익히기

(5) 임원의 회의 진행 익히기 지도하기

바. 사후 지도

(1) 각 위원회별 계획의 실천 사항 확인 지도

(2) 실천 사항 환경물 게시 홍보 점검 지도

사. 의장의 역할 및 회의 진행 요령

(1) 역할

1) 사회를 보며 회의를 진행한다.

2) 개회, 폐회를 선언한다.

3) 결의 사항을 선언할 때는 의사봉을 사용한다(3번씩).

4) 의제에 알맞은 발언을 유도하고 공평하게 발언권을 준다.

5) 토론된 것을 요약해서 알려주며 회의장 분위기를 조성한다.

6) 자신의 의견을 너무 많이 첨가하지 않는다.

7) 자신의 감정을 밖으로 내보이지 않고 회의를 진행한다.

8) 발언자의 입장에서 생각하고 회의를 진행한다.

9) 의제와 관련이 없는 발언은 적절히 처리한다.

10) 의제 처리 순서를 명확히 알고, 사전에 예상되는 토의 내용을 조사해 두어야 한다.

11) 반드시 발언권을 얻은 후에 발언하도록 한다.

12) 표결 시 가부 동수일 경우 어떤 쪽이든지 결정을 지을 수 있다.

(2) 회의 진행 요령

1) 개회 선언
- 회의 진행에 필요한 인원수가 확인되면 간단명료하게 개회를 선언한다.

2) 국민의례: 부회장이 의례를 진행한다.

3) 회의록 낭독: 서기가 전 회의록을 낭독한다.

4) 실천 반성 및 계획
- 반성: 전 회의에 결의된 사항에 대한 실천 반성을 갖게 한다.
- 계획: 다음 주의 계획을 간단명료하게 보고할 수 있도록 한다.

5) 의제 선정
- 의제 제안자의 제안 취지와 학급 사태 해결을 위한 의제 타당성이 충분히 설명되고, 또 모든 회원이 의제에 대한 의문점을 풀 수 있도록 충분한 설명 및 보충 발언이 되도록 한다.

6) 의제 토의
- 개별화된 의견이 의제와 관련이 있는지 집단 의견화 가능성을 소집단 토의 활동을 통하여 활발히 토의하도록 하고 (개인사고, 소집단 사고, 집단 사고)계획에 의하여 일관성

있는 토의가 되도록 한다.

① "회원의 동의에 재청이 없습니까?"

- 재청이 없으므로 ○○○회원의 동의는 받아들이지 않겠습니다.
- 재청이 있었으므로 ○○○회원의 동의를 받아들이겠습니다.

② ○○○회원이 자기가 제안한 의견을 취소(철회)하고자 취소 동의를 하였는데 취소에 대한 찬, 반을 거수로 결정하겠습니다(거수 확인 후)

- 과반수 회원이 취소에 찬성하므로 ○○○회원의 의견은 취소하도록 하겠습니다.
- 과반수 회원이 취소에 반대하므로 ○○○회원의 의견을 그대로 채택할 것을 선언합니다.

③ ~에 대한 수정 동의가 제청과 함께 있었습니다. 회원들의 의견을 거수로 설정하겠습니다(거수 확인 후).

- ○○은 △△로 수정할 것을 선언합니다.
- ○○은 그대로 채택할 것을 선언합니다.

④ ○○○회원의 ~에 대한 협의는 시간 관계상 오늘 오후 반성 협의회 시간으로 미루고자 긴급동의를 제안하여 주셨는데 회원들의 의견을 거수로 결정하겠습니다(거수 확인 후)

7) 기타 협의

- 진행상 기타 협의 시간으로 미룬 문제에 대해서 동의가 이루어지도록 한다. (예: 본회의 의제 외에 시급히 토의해야 할 중요한 안건이 있으면 제안해 주십시오.)

8) 건의 사항: 학생들이 해결할 수 없는 문제로 선생님이나 학교에 해결 가능한 문제를 중심으로 하되 너무 잡다한 문제가 건의되지 않도록 한다.

9) 교가 제창

10) 폐회: 결의 사항을 강조하고 폐회를 선언한다.

5 아침 활동지도(정보 교육 중심으로)

가. 목적

학생 스스로 할 수 있는 학습의 장을 열어 창의력과 사고력, 아름다운 정서를 기른다.

나. 방침

(1) 즐거운 학교생활이 되게 하기 위해서는 아이들에게 심적인 부담을 주어서는 안 된다.

하루의 첫 출발에서 아이들에게 피곤함을 준다면 이어지는 학과 수업에도 지장을 초래
할 수도 있다.
(2) 과도한 활동성을 요구하는 주제를 주어서는 안 된다. 지나친 활동을 요구하는 주제는
아이들에게 차분함을 주기는 커녕 소란스러움을 야기하는 결과를 가져옴으로써 오히려
아침 시간이 아이들의 분위기만 들뜨게 하는 효과를 줄 수 있다.
(3) 다양한 창의력과 자율성을 길러주는 주제를 주어야 한다.

다. 정보화 기기를 이용한 지도 내용 (예시)

(1) 시조를 통한 아침 활동

http://saem4u.new21.org/zb40pl4/zboard/download.php?id＝morning&page＝1&category＝4&누＝
off&ss＝on&sc＝on&keyword＝&select_arrange＝headnum&desc＝asc&no＝27&filenum＝2

(2) 수화를 배우는 아침 활동

http://ksltv.yonam－c.ac.kr/sign_study/study_song/index.asp?song_name＝마버의성

(3) 영어 방송을 이용한 아침 활동

http://kids.hankooki.com/kids/kid_english/english.htm

(4) 인터넷 동화 듣기

http://www.e－donghwa.com/oh/ani.asp

http://www.donghwanara.com

(5) 키팔(Keypal)로 진행하는 아침 활동

http://saem4u.new21.org/zb40pl4/zboard/download.php?id＝morning&page＝1&category＝4&sn＝
off&ss＝on&sc＝on&keyword＝&select_arrange＝headnum&desc＝asc&no＝46&filenum＝1

(6) 건전 가요 부르기

[소리바다] mp3검색하는 프로그램을 설치하고, 아래 노래를 다운받기
- 백구(김민기)
- 사랑으로(해바라기)
- 우리의 사랑이 필요한 거죠(변진섭)
- 마법의 성(더클래식)·천리길(김민기)·홀로 아리랑(한돌)
- 친구야, 사랑해(한스밴드)·월드컵 송(클론)·촛불하나(god)
- ○ 가사:

http://211.185.150.10/~tdh97/ZB4PL6/download.php?id＝bluebird&page＝1&page_num＝
5&category＝&sn＝odd&ss＝on&sc＝on&keyword＝&prev_no＝&select_arrange＝headnum&desc

=asc&no=60&filenum=2

(7) 탱그램(칠교) 프로그램

http://211.185.150.10/~tdh97/ZB4PL6/download.php?id=bluebird&page=1&page_num=
5&category=&sn=odd&ss=on&sc=on&keyword=&prev_no=&select_arrange=headnum&desc
=asc&no=59&filenum=1

(8) E-mail을 통한 공동 글짓기(Shared Writing)

라. "E-mail을 통한 공동 글짓기(예시)"

(1) 목적

1) 학습자들이 자기들만의 이야기를 만들어 가는 활동을 협의를 통해서 창의적으로 진행할
수 있다.

2) 문서 작성기를 이용함으로써 지루한 타자 연습보다 좀 더 적극적으로 컴퓨터를 이용해
문서를 작성하려는 의지를 높일 수 있다.

3) 비실시간이지만 E-mail을 통한 학습자들 간의 이야기 이어 꾸미기 활동을 통해서 E-
mail에 대한 친숙감을 갖게 하고 ICT 활용에 대한 동기를 부여할 수 있다.

(2) 준비 과정

웰 메일 가입하기, 메일 사용 방법 익히기

(3) 활동 대상: 제○학년 ○반

(4) 필요한 장비

인터넷 접속 가능 컴퓨터 모둠별1대씩, 빔 프로젝트, 프린트, 문서 작성 소프트웨어 등

(5) 활동 준비도(실제 활동 사례)

1개월 이상 타자 연습을 하루 15분 이상 할 것을 권유하였으나 기존의 타자 연습용 프로그
램에 대한 흥미도가 낮아서 제대로 이루어지지 않았다. 하지만 초등학교 제6학년 쓰기 교과
단원 중 이야기 꾸미기 시간을 계기로 하여 타자 실력의 향상과 더불어 많은 동기 부여가 되
고 있다. 6월 중순 현재 8명의 어린이들 중 8명의 학생이 E-mail 주소를 가지고 있다. 이야
기 이어 쓰기는 아침 자습 시간을 이용하여 미리 여러 가지 주제로 활동을 해보았다.

(6) 활동 과정

이야기 이어쓰기의 도입부에 쓸 수 있는 예시자료이다. 이야기 도입부는 중등학교의 경우
시사적인 내용도 다룰 수 있지만, 초등학교의 경우는 쉽게 접근되는 동화가 바람직하다.

제3부

재량 활동 교수·학습 과정안

제1장 | 창의적 재량 활동 교수·학습 과정안 (저학년)

재량 활동 교수·학습 과정안(저학년)

영 역	창의적 재량 활동 (범교과 활동)				대 상	
일 시	년 월 일 요일				지도 교사	
제 재	만화에 대사를 넣어 봐요!					
활동목표	● 만화에 대사 넣기를 통해 창의성을 신장시킬 수 있다.					
장 소	교실	교통편		거 리	소요시간	40'

단 계	활동 과정	시간 (분)	활동 내용	장 소	관련 학습 요소
준비활동	활동 내용	5'	○ 활동 주제 설명하기 ○ 여러 가지 만화 예시 자료 보여 주기	교실	
중심활동	만화내용 만화의 대사 넣기 발표하기	30'	○ 만화를 보여 주고 만화의 내용 설명하기 ● 대사가 없는 만화를 보여주며 만화의 내용을 설명하게 한다. ● 만화의 대사를 보여주며 자신의 생각과 다른 점을 말해 본다. ○ 여러 장면 중 한 장면에 빠진 대사 완성하기 ● 만화의 여러 장면 중 한 장면에 빠진 대사를 완성하게 한다. ● 만화의 앞뒤 정황을 생각하여 대사를 넣을 수 있게 한다. ○ 발표하기 ● 자신이 넣은 대사를 사실감 있게 발표하여 본다. ● 자신이 넣은 대사와 다른 아동의 대사를 비교해 가며 들어 본다.	교실	● 창 의 력 신장 교육 활동 ● 인성 교육 활동
정리활동	정리 및 반성	5'	○ 활동 소감 말하기 ● 활동하면서 재미있었던 점을 이야기한다.	교실	
평가			● 만화의 앞뒤 정황을 얼마나 살펴서 대사를 넣었는가? ● 만화의 대사가 얼마나 독창적인가?		
자료			● 여러 형태의 만화 자료, 만화 학습지, 실물 화상기		
지도상의 유의점			● 어떤 틀에 매이지 않고 자신의 생각을 독창적으로 내놓을 수 있는 허용적 분위기를 만든다. ● 자신과 다른 사람의 생각을 존중하는 마음을 갖게 한다.		

재량 활동 교수 · 학습 과정안(저학년)

영 역	창의적 재량 활동 (범교과 활동)					대 상	
일 시	년 월 일 요일					지도 교사	
제 재	내 물건들에게 하고 싶은 말						
활동목표	• 물건들의 소중함을 알고 물건을 아껴 쓰려는 태도를 가질 수 있다.						
장 소	교실	교통편		거 리		소요시간	40'

단 계	활동 과정	시간 (분)	활동 내용	장 소	관련 학습 요소
준비활동	활동 내용	5'	○ 활동 주제 설명하기 ○ 사전 조사 내용 확인하기 ○ 지우개가 만들어지기까지의 과정 말하기	교실	
중심활동	사전 과제 토의 및 발표하기 역할극 하기 편지글 쓰기 발표하기	30'	○ 자신이 사용하고 있는 학용품 살펴보기 • 연필, 지우개, 공책 등 • 부러진 곳, 낙서, 찢은 곳 등이 있는지 살펴 본다 ○ 학용품 중에 하나가 되어 자신의 심정을 솔직하 게 말해 보기 • 기분 좋게 생각될 때 • 화가 날 때 • 슬퍼질 때 ○ 함부로 다루었던 물건들 중에 한 가지를 골라 사 과 편지나, 감사 편지 등을 써 보기 ○ 편지를 여러 친구들 앞에서 발표하기 ○ 서로 비교해 가며 듣기	교실	• 인성 교육 활동
정리활동	정리 및 반성	5'	○ 상호 평가 및 반성하기 • 활동하면서 재미있었던 점을 이야기한다. ○ 앞으로의 다짐과 각오 말해 보기	교실	
평가	• 자신의 학용품을 바르게 아껴 쓰고 있는가? • 자기 물건에 이름을 썼는가?				
자료	• 사전 조사 내용, VTR 자료, 학용품 다수, 예화 자료 등				
지도상의 유 의 점	• 솔직한 감정이 드러나게 쓰도록 지도한다. • 자신과 다른 사람의 생각을 존중하는 마음을 갖게 한다.				

재량 활동 교수 · 학습 과정안 (저학년)

영 역	창의적 재량 활동 (범교과 활동)				대 상	
일 시	년 월 일 요일				지도 교사	
제 재	나의 꿈 발표하기					
활동목표	● 나의 장래의 꿈을 글과 그림으로 나타내어 발표할 수 있다.					
장 소	교실	교통편		거 리	소요시간	40'

단 계	활동 과정	시간 (분)	활동 내용	장 소	관련 학습 요소
준비활동	활동 내용 꿈의 중요성 말하기	5'	○ 활동 주제 설명하기 ○ 바람직한 꿈을 갖는 것이 왜 중요한가 말해 보기	교실	
중심활동	나의 꿈 발표하기 꿈을 키우기 위한 노력 말하기 나의 꿈 발표하기	30'	○ 나의 꿈 발표하기 　● 나의 꿈을 그림으로 나타내어 발표한다. 　● 나의 꿈을 글로 나타내어 발효한다. ○ 꿈을 이루기 위해 노력하고 있는 점 말해보기 　● 꿈을 키우기 위해 내가 하는 일을 이야기한다. ○ 꿈을 키우기 위한 앞으로의 계획을 이야기하기 　● 건강한 생활을 할 것이다 　● 기능을 많이 익힐 것이다. 　● 책을 많이 읽을 것이다. ○ '나의 꿈' 게시판에 붙이기	교실	● 진로 교육 활동 ● 인성 교육 활동
정리활동	정리 및 반성	5'	○ 활동 소감 말하기 　● 활동하면서 어려웠던 점 이야기하기 　● 다른 친구의 꿈도 비교하며 관찰하기	교실	
평가	● 꿈의 소중함을 알고 있는가? ● 자신의 꿈을 글과 그림으로 잘 나타내어 발표할 수 있는가? ● 꿈을 실현하기 위해 꾸준히 노력하는가?				
자료	● 나의 꿈 발표 안, 그리기 도구 등				
지도상의 유 의 점	● 자신의 꿈을 가지고 있다는 것이 매우 중요함을 일깨워준다.				

재량 활동 교수 · 학습 과정안(저학년)

영 역	창의적 재량 활동 (범교과 활동)					대 상	
일 시	년 월 일 요일					지도 교사	
제 재	장애(우) 체험						
활동목표	• 장애를 직접 체험해 보고 도와주려는 실천 의지를 가질 수 있다.						
장 소	교실	교통편		거 리		소요시간	40'

단 계	활동 과정	시간 (분)	활동 내용	장 소	관련 학습 요소
준비활동	활동 내용	5'	○ 활동 주제 설명하기 ○ 장애인을 보았을 때의 느낌 말해보기	교실	
중심활동	사전 과제 토의 및 발표하기 역할극 하기 편지글 쓰기 발표하기	30'	○ 장애인은 어떻게 살아가는지 이야기하기 ○ 우리들이 장애인을 위해서 할 수 있는 일 이야기하기 ○ 각종 게임을 통해 체험하기 　• 수건으로 눈 가리고 소리만 듣고 따라가기 　• 짝꿍과 다리 묶고 한 발로 반환점 돌아오기 　• 세 발 자전거 밀며 반환점 돌아오기 　• 입으로만 물건 나르기 　• 목발 짚고 반환점 돌아오기 등 ○ 나의 느낌을 글로 써보기 ○ 쓴 글을 발표해 보기	교실	• 인성 교육 　활동
정리활동	정리 및 반성	5'	○ 활동 소감 말하기 　• 활동하면서 어려웠던 점을 이야기한다. 　• 장애인에 대한 올바른 태도에 대해 말해 　• 보고, 도울 수 있는 방법 생각해 보기	교실	

평가	• 장애인에 대한 자신의 생각을 논리적인 글로 표현할 수 있는가? • 장애인에 대한 편견을 버리고 도우려는 마음 자세와 실천 의지가 있는가?
자료	• 수건, 탬버린, 끈, 세발자전거, 쟁반, 목발 등
지도상의 유 의 점	• 흥미 위주의 게임이 되지 않도록 유의한다. • 장애는 극복이 가능하며, 장애인들과 친절한 친구가 되어 생활하는 마음을 갖도록 지도한다.

재량 활동 교수 · 학습 과정안(저학년)

영 역	창의적 재량 활동 (범교과 활동)				대 상	
일 시	년 월 일 요일				지도 교사	
제 재	만화의 한 장면 보고 그리기					
활동목표	● 만화의 한 장면을 보고 다양하게 표현할 수 있다.					
장 소	교실	교통편		거 리	소요시간	40'

단 계	활동 과정	시간 (분)	활동 내용	장 소	관련 학습 요소
준비활동	활동 내용	5'	○ 활동 주제 설명하기 ○ 여러 가지 만화해서	교실	
중심활동	만화내용 만화의 한 장면 보고 다양하게 그리기 발표하기	30'	○ 만화를 보여주고 만화의 내용 설명하기 ● 컷이 빠진 만화를 보여주며 만화의 내용을 설명하게 한다. ● 만화의 컷은 보여주며 자신의 생각과 다른 점을 말해 본다. ○ 만화의 한 장면 보고 다양하게 그리기 ● 만화의 컷이 없는 한 장면에 빠진 컷을 꾸미게 한다. ● 만화의 앞뒤 정황을 생각하여 컷을 꾸밀 수 있게 한다. ○ 발표하기 ● 자신이 넣은 컷을 사실감 있게 발표하여 본다. ● 사진의 넣은 컷과 다른 아동의 컷을 비교해 가며 듣게 한다.	교실	● 창의력 신장 교육 활동 ● 인성 교육 활동
정리활동	정리 및 반성	5'	○ 활동 소감 말하기 ● 활동하면서 재미있었던 점 이야기하기	교실	

평 가	● 만화의 앞뒤 정황을 잘 살펴서 컷을 넣었는가? ● 만화의 컷이 독창적인가?
자 료	● 여러 형태의 만화자료, 만화 학습지, 실물 화장기 등
지도상의 유 의 점	● 어떤 틀에 얽매이지 않고 자신의 생각을 독창적으로 내 놓을 수 있는 허용적 분위기를 만든다. ● 자신과 다른 사람의 생각을 존중하는 마음을 갖게 한다.

영 역	창의적 재량 활동 (범교과 활동)				대 상	
일 시	년 월 일 요일				지도 교사	
제 재	날 낳으시고, 기르시고					
활동목표	● 부모님의 고마움을 글로 표현할 수 있다.					
장 소	교실	교통편		거 리	소요시간	40'

단 계	활동 과정	시간(분)	활동 내용	장 소	관련 학습 요소
준비활동	활동 내용	5'	○ 활동 주제 설명하기 ○ '어머님 은혜' 노래 부르기 ○ 예화 자료 들려줄게	교실	

중심활동	부모님 소개하기
	부모님의 고마움 이야기하기
	고마움을 글로 나타내기
	부모님 얼굴 그려보기
	발표하기
		30'	○ 자신의 부모님 소개하기
			  ● 사진의 부모님을 친구들에게 소개한다.
			○ 부모님에 대한 고마움 이야기하기
			  ● 부모님이 가장 고맙게 생각될 때
			  ● 부모님이 가장 보고 싶었을 때
			○ 부모님의 고마움에 대한 글짓기하기
			  ● 편지글
			  ● 생활문, 동시 등
			○ 부모님 모습 그리기
			  ● 정성스럽게 그린다
			○ 희망자는 친구들 앞에서 발표하기
			○ 편지글과 함께 그림을 봉투에 넣기
			○ 부모님께 전달하기
				교실	● 인성 교육 활동

정리활동	정리 및 반성	5'	○ 상호 평가 및 반성하기 ● 부모님 은혜에 보답하는 방법을 생각해 본다. ○ 앞으로의 다짐과 각오도 말해 보기	교실	
평가	● 부모님의 소중함을 알고 있는가? ● 부모님에 대한 감사하는 마음을 글로 조리 있게 나타낼 수 있는가?				
자료	● VTR자료, 예화 자료 등				
지도상의 유 의 점	● 글짓기를 통해서 부모님에 대한 고마움을 느낄 수 있도록 지도한다.				

재량 활동 교수·학습 과정안(저학년)

영 역	창의적 재량 활동 (창의성 신장 학습)				대 상	
일 시	년 월 일 요일				지도 교사	
제 재	신문에서 찾는 수의 세계					
활동목표	• 숫자 놀이를 통하여 수 개념을 확산시킨다.					
장 소	교실	교통편		거 리		소요시간	40'

단 계	활동 과정	시간 (분)	활동 내용	장 소	관련 학습요소
준비활동	활동 내용	5'	○ 신문으로 할 수 있는 수학 공부 알아보기 ○ 오늘 할 수학 공부 정하기	교실	
중심활동	계획 실행	30'	○ 활동 계획 세우기 • 정한 것을 해결하는 방법 생각하기 • 시간 안에 할 수 있는 분량인지 검토하기 • 준비물로 가능한지 생각하기 • 해결 방법 정하기 ○ 신문으로 공부하기 • 수만큼 오려 붙이기 • 숫자와 닮은 그림 오려 붙이기 • 숫자 오려 붙이고 셈하기 • 학습한 내용을 예쁘게 색칠하여 전시하기	교실	• 인성 교육 활동
정리활동	정리 및 반성	5'	○ 헌 신문과 주변 정리하기 ○ 모둠별로 반성하기	교실	
평가	• 모둠별로 서로 협조하며 수업에 참여하였는가? • 수만큼 바르게 오려 붙였는가? • 헌 신문과 주변을 깨끗하게 정돈하였는가?				
자료	• 헌 신문, 가위. 풀, 색 형광펜(6색) 등				
지도상의 유 의 점	• 교사가 제시한 것을 참고로 전혀 다른 것을 정하는 것이 좋다. • 모둠별 능력에 따라할 수 있는 분량을 조절하도록 한다.				

재량 활동 교수·학습 과정안(저학년)

영 역	창의적 재량 활동 (인성 교육)				대 상	
일 시	년 월 일 요일				지도교사	
제 재	배꼽은 왜 있나요?					
활동목표	• 태아의 성장 과정을 말할 수 있다					
장 소	교실	교통편		거 리	소요시간	40'

단 계	활동 과정	시간 (분)	활동 내용	장 소	관련 학습요소
준비활동	마음 열기	5'	○ 세상에 태어나기 전의 내 모습을 상상하고 말하기 ○ 태아의 심박동 소리를 들려주고 무슨 소리인지 알아맞히게 하기	교실	
중심활동	태아의 성장 과정 어머니의 임신 경험 조사 발표하기	30'	○ 임신 과정 간단히 정리하기 　• 정자와 난자가 만나는 과정을 설명한다. 　• 임신 기간: 10개월 (280일 정도) ○ 초음파로 움직이는 태아 모습을 찍어 보여 주기 　• 보고 난 뒤 느낌을 표현하게 하기 ○ 어머니의 임신 경험 조사 자료 발표하기 　• 임신한 어머니 사진을 보고 느낌을 발표 하기 　• 육아 일기 발표 후 소감 말하기 ○ 배꼽은 이런 일을 한답니다. 　• 자신의 탄생에 대해 궁금한 점에 대해 부모님께 편지를 쓰고 답장을 받아본다	교실	• 인성 교육 활동
정리활동	정리 및 반성	5'	• 활동 소감 말하기 • 활동하면서 어려웠던 점 이야기하기	교실	
평가	• 생명의 소중함을 아는가? • 편지를 쓸 수 있는가?				
자료	• 실물 화상기, 창의력 학습지, 동영상 CD 등				
지도상의 유 의 점	• 태교를 하는 어머니의 마음을 알도록 한다. • 생명의 소중함을 재인식하도록 지도한다.				

재량 활동 교수 · 학습 과정안(저학년)

영 역	창의적 재량 활동 (인성 교육)				대 상	
일 시	년 월 일 요일				지도교사	
제 재	내 친구의 좋은 점					
활동목표	● 친구를 칭찬하는 태도와 올바른 행동을 본받으려는 의지를 가질 수 있다.					
장 소	교실	교통편		거 리		소요시간	40'

단 계	활동 과정	시간 (분)	활동 내용	장 소	관련 학습요소
준비활동	활동 내용	5'	○ 활동 주제 설명하기 ○ 사전 조사 내용 확인하기	교실	
중심활동	친구와 악수하기 친구의 좋은 점 찾기 칭찬 릴레이 게임 친구의 모습 그려보기 발표하기	30'	○ 2분 동안 짝꿍 얼굴 바라보기만 하기 ○ 짝과 함께 간단한 율동 만들어 하기 　● '너하고 나는 친구 되어서' 　● 예쁘다고 생각되는 점 말하기 ○ 그동안 보았던 모습 중에서 칭찬거리나 장점 찾아 말하기 ○ 교사가 지명한 친구를 시작으로 칭찬하는말 릴레이 해 보기 　● 팀을 나누어서 해도 좋다. ○ 친구의 모습을 특징 있게 그려서 사인과 함께 친구에게 선물로 주기 ○ 교실 게시판에 전시해 보기	교실	● 창의력 신장 교육 활동 ● 인성 교육 활동
정리활동	정리 및 반성	5'	○ 활동 소감 말하기 　● 활동 후 반 친구들에 대한 감정을 말한다.	교실	
평가	● 친구의 장점을 많이 말하는가? ● 친구의 소중함을 느끼는가? ● 칭찬 릴레이 게임에 적극적으로 참여하는가?				
자료	● 사전 조사 내용, 예화 자료 등				
지도상의 유 의 점	● 친구 개개인을 긍정적인 시각으로 바라보는 것이 중요하다. ● 공동체 의식을 갖도록 지도한다.				

재량 활동 교수 · 학습 과정안(저학년)

영 역	창의성 재량 활동 (인성 교육)					대 상	
일 시	년 월 일 요일					지도교사	
제 재	고운 노래 고운 마음						
활동목표	● 음악에 맞는 움직임을 리듬에 맞춰 신체 표현을 할 수 있다.						
장 소	교실	교통편		거 리		소요시간	40'

단 계	활동 과정	시간(분)	활동 내용	장 소	관련 학습요소
준비활동	활동 내용 경험 발표하기	5'	○ 활동 주제 설명하기 ○ 관련 노래 부르기 ○ 음악에 맞춰 몸을 움직여 본 경험 말하기	교실	
중심활동	표현 놀이 리듬에 맞춰 동작 만들기 모둠별 발표하기	30'	○ 여러 가지 표현 놀이 해 보기 　● 교사의 시범에 따라 몸을 움직여 본다. 　● 짝과 함께 움직여 본다. ○ '어린이 왈츠'노래에 어울리는 신체 표현을 꾸며 보기 ○ 제재곡을 제창해 본다. 　● 모둠별로 꾸며 연습한다. ○ '아기 염소'노래에 어울리는 신체 표현도 꾸며 보기 ○ 모둠별로 여러 친구들 앞에서 발표하기 　● 다른 모둠의 움직임을 잘 관찰하고 비교해 보기	교실	● 협동 교육 활동 ● 창의력 신장 교육 활동 ● 인성 교육 활동
정리활동	정리 및 반성	5'	○ 상호 평가 및 반성하기 　● 모둠별 활동을 반성해 본다. 　● 잘된 부분과 잘못된 부분을 이야기한다.	교실	
평가	● 제재 곡에 어울리는 신체 표현이었나? ● 모둠별 활동에 협동성, 창의성이 나타났는가?				
자료	● 녹음 자료, PPT 자료 등				
지도상의 유 의 점	● 제재곡을 즐겁게 불러보게 한다. ● 서로 양보하며 협동성을 발휘할 수 있도록 허용적인 분위기를 만들어 준다.				

재량 활동 교수·학습 과정안(저학년)

영 역	창의적 재량 활동 (창의성 신장 교육)					대 상	
일 시	년 월 일 요일					지도교사	
제 재	가족 신문 만들기						
활동목표	● 화목한 가정의 모습을 가족 신문으로 표현함으로써 가족에 대한 사랑을 갖게 한다.						
장 소	교실	교통편		거 리		소요시간	40'

단 계	활동 과정	시간 (분)	활동 내용	장 소	관련 학습요소
준비활동	경험 발표하기	5'	○ 화목한 가정을 표현했던 TV드라마를 본 경험 발표하기 ○ 우리 가정과 비교하여 보기	교실	
중심활동	계획 세우기 가족 신문 꾸미기 자기소개 하기	30'	○ 개인별 준비물 확인하기 ● 어떤 주제로 가족 신문을 꾸밀 것인지 생각하기 ● 이런 가족 보셨나요? ● 추억 이야기 ● 나의 뿌리를 찾아서 ○ 생각한 주제를 다양한 방법으로 표현하기 ● 가족사진을 붙여서 표현하기 ● 만화로 표현한다 ● 동화 형식으로 표현한다 ○ 꾸민 가족 신문을 보여주며 자기 가족 소개하기 ○ 가족들의 자랑거리를 중심으로 만든다 ○ 느낀 점 발표하기	교실	● 창의력 신장 교육 활동 ● 인성 교육 활동
정리활동	정리 및 반성	5'	○ 활동 소감 말하기 ● 가정의 화목을 위해 내가 할 수 있는 일 알기	교실	

평가	● 가족을 다양하게 소개하였는가? ● 가정의 특징을 살려 표현했는가?
자료	● 가족사진, 8절 도화지, 사인펜, 색연필 등
지도상의 유 의 점	● 사전 과제로 제시하여 준비해 오게 한다. ● 가족의 소중함을 느끼게 한다.

재량 활동 교수 · 학습 과정안(저학년)

영 역	창의적 재량 활동 (진로 교육)				대 상	
일 시	년 월 일 요일				지도교사	
제 재	신나는 민속놀이					
활동목표	● 민속놀이의 종류와 놀이 방법을 알고 즐겁게 놀이를 할 수 있다.					
장 소	교실	교통편		거 리	소요시간	40'

단 계	활동 과정	시간 (분)	활동 내용	장 소	관련 학습요소
준비활동	준비 체조 하기 자료 준비 파악과 분단 편성	5'	○ 활동 주제 설명하기 ○ 준비 체조하기 ○ 자료 준비와 놀이 모둠 편성하기	운동장	
중심활동	놀이 방법 익히기 여러 가지 민속놀이	30'	○ 놀이 방법 익히기 ● 순서와 방법을 이해한다. ● 모둠별로 협력하여 실습한다. ○ 제기 차기 ● 땅강아지, 헐랭이, 양발차기 등 ○ 팽이치기 ● 팽이 경주, 팽이 싸움 등 ○ 긴 줄 넘기 ● 들어가고 나오며 넘기 ● 한 줄 셋이 넘기 ○ 비석치기 ● 한 발 떼기 ● 두 발 떼기 ● 배사장 등	운동장	● 진로 교육 활동 ● 인성 교육 활동
정리활동	정리 및 반성	5'	○ 활동 소감 말하기 ● 활동하면서 어려웠던 점 이야기하기 ○ 놀이 왕 뽑기	운동장	
평가	● 민속놀이의 방법을 알고 즐겁게 참여했는가? ● 질서와 놀이 규칙을 잘 지켰는가?				
자료	● 제기, 팽이, 긴 줄, 비석 등				
지도상의 유 의 점	● 준비물을 철저히 준비한다. ● 놀이에 즐겁게 참여하도록 유도한다.				

재량 활동 교수 · 학습 과정안(저학년)

영 역	창의적 재량 활동 (민주 시민 교육)				대 상	
일 시	년 월 일 요일				지도교사	
제 재	우리 모둠이 해 냈어요.					
활동목표	● 건강 생활을 주제로 협동화 제작을 통해 공동체 의식을 함양할 수 있다.					
장 소	교실	교통편		거 리	소요시간	40'

단 계	활동 과정	시간 (분)	활동 내용	장 소	관련 학습요소
준비활동	경험 말하기 활동 내용	5'	○ 몹시 아팠던 경험 말하기 ○ 건강의 중요성 알기	교실	
중심활동	건강 생활의 의미 협동화 그리기 작품 감상	30'	○ 건강 생활이 왜 중요한지 이야기하기 ○ 건강을 지키기 위해 노력할 점 말하기 　● 규칙적인 생활을 한다. 　● 운동을 꾸준히 한다. 　● 음식을 골고루 먹는다. 　● 일찍 자고 일찍 일어난다. ○ 건강하게 생활하는 모습을 주제로 협동화 그리기 　● 씩씩하게 놀이하는 모습을 상상해 본다. 　● 스케치하기 　● 선 따라 부분 나누기 　● 개인별, 또는 짝과 색칠하기 　● 색칠한 부분 붙이기 ○ 모둠별로 작품 전시하기 　● 서로의 작품 비교, 감상하기	교실	● 민주 시민 　교육 　활동 ● 창의성 교 　육 활동 ● 인성 교육 　활동
정리활동	정리 및 반성	5'	○ 활동하면서 느낀 점 이야기하기 ○ 잘된 점과 잘못된 점 이야기하기	교실	

평가	● 건강 생활의 중요성을 알고 있는가? ● 친구들과 협력하여 협동화를 완성하였는가? ● 작품의 주제나 특징이 잘 나타나 있는가?
자료	● 그리기 도구
지도상의 유 의 점	● 학생들이 적극적으로 참여할 수 있는 분위기를 만들어 준다. ● 협동 활동의 중요성을 깨닫게 한다.

영 역	창의적 재량 활동 (진로 교육)				대 상	
일 시	년 월 일 요일				지도교사	
제 재	학급 학예회 발표					
활동목표	• 발표회를 통하여 자신의 기능을 더욱 향상시키고 자신감을 얻기 위해 스스로 준비할 수 있다.					
장 소	교실	교통편		거 리	소요시간	40'

단 계	활동 과정	시간(분)	활동 내용	장 소	관련 학습요소
준비활동	경험 말하기 활동 내용	5'	○ 학예회 경험 말하기 ○ 활동 내용 파악하기 • 학예회를 개최하기 위한 협의 갖기	교실	
중심활동	활동 내용 협의하기 발표 모둠 편성하기 모둠별 연습하기 협의 내용 정리하기	30'	○ 학예회 계획 협의하기 ○ 모둠별 장기자랑 정하기 • 프로그램 종목을 정한다 • 프로그램에 따라 일을 나눈다. • 연습 시간 및 장소를 정한다. ○ 개인별 장기 자랑 정하기 • 다양하게 정한다. ○ 초대할 대상과 범위를 정하기 ○ 초대장 만들기 ○ 모둠별 장기 자랑 연습하기 ○ 협의 내용 정리하기 • 발표된 내용에서 수정할 사항을 다시 조정한다.	교실	• 민주 시민 교육 활동 • 인성 교육 활동
정리활동	정리 및 반성	5'	○ 학예회를 위해 자신이 할 일을 챙겨보기 ○ 모둠일에 잘 참여했나 반성해 보기	교실	
평가	• 다양한 프로그램 계획을 위해 열심히 참여했는가? • 모둠별 활동에 적극 참여했는가?				
자료	• 그리기 도구				
지도상의 유의점	• 다양한 프로그램이 나오도록 자료를 제시한다.				

재량 활동 교수 · 학습 과정안(저학년)

영 역	창의적 재량 활동 (민주 시민 교육)				대 상	
일 시	년 월 일 요일				지도교사	
제 재	내가 사는 곳					
활동목표	• 우리의 생활을 편리하고 안전하게 해 주는 여러 기관이 있음을 알 수 있다.					
장 소	교실	교통편		거 리	소요시간	40'

단 계	활동 과정	시간 (분)	활동 내용	장 소	관련 학습요소
준비활동	사전 지도 활동	5'	○ 준비물 지도 ○ 관람 지도 ○ 안전 지도	교실	• 민주 시민 교육 활동
중심활동	견학 활동	30'	○ 출발 준비(인원, 준비물 점검, 유의 사항 전달) ○ 견학활동①(학교 모습 살피기) • 무엇이 제일 많은가? • 제일 높은 곳은? • 사거리의 모습은?(집, 가게) ○ 견학 활동②(농협) • 각 기관에서 하는 일 살펴보기 ○ 휴식 ○ 견학 활동③(우체국) • 우체국에서 하는 일 살펴보기 ○ 학교 도착 • 자기 집 부근에 어떤 기관이 가까이 있는가?	교실	
정리활동	정리 및 반성	5'	○ 견학 기록문 작성하기 • 활동하면서 관찰한 것, 인상 깊었던 점 견학 기록문으로 작성하기	교실	• 인성 교육 활동
평가			• 우리의 생활을 편리하고 안전하게 해 주는 기관이 있음을 알고 있는가? • 질서를 지키며 현장 견학에 적극적으로 참여하였는가? • 자기 마을의 모습에 대하여 관심을 가지게 되었는가? • 우리의 생활을 도와주기 위해 일하는 분들께 감사하는 마음을 가지고 있는가?		
자료			• 도움 학습장, 스케치북, 필기도구 등		
지도상의 유 의 점			• 현장 학습 계획을 사전에 철저하게 세워 알찬 학습이 되도록 한다. • 안전사고 예방을 철저히 한다.		

영 역	창의적 재량 활동 (진로 교육)				대 상	
일 시	년 월 일 요일				지도교사	
제 재	내가 존경하는 인물 탐구					
활동목표	● 자신이 존경하는 인물을 집중 탐구하여 보고 훌륭한 점을 본받을 수 있다.					
장 소	교실	교통편		거 리	소요시간	40'

단 계	활동 과정	시간 (분)	활동 내용	장 소	관련 학습요소
준비활동	활동 내용	5'	○ 활동 주제 설명하기 ○ '나는 자라서 무엇이 될까요?' 노래 부르기 ○ 존경하는 인물 말하기	교실	

중심활동	나의 꿈과
	취미
	존경하는
	인물
	
	존경하는
	인물에게
	글쓰기
		30'	○ 나의 꿈 발표하기
			○ 나의 취미 발표하기
			○ 내가 존경하는 인물 소개하기
			  ● 가장 인상 깊은 일을 소개한다.
			  ● 느낀 점도 말해 본다.
			○ 그 인물이 남긴 업적 말하기
			○ 존경하는 이유 말하기
			○ 본받고 싶은 점 말하기
			○ 존경하는 인물에게 드리는 글쓰기
			  ● 감사함이나 고마움이 드러나게 쓴다.
			  ● 나의 각오와 다짐도 써 본다.
			○ 편지글 여러 사람 앞에서 발표해 보기
				교실	● 진로 교육
					활동
					
					● 인성 교육
					활동

정리활동	정리 및 반성	5'	○ 활동 소감 말하기 ○ 위인들의 훌륭한 점 정리해 보기 ○ 본받으려는 의지 갖기	교실	
평 가	● 자신의 꿈과 취미를 자랑스럽게 발표할 수 있는가? ● 위인들의 훌륭한 점을 잘 파악하고 본받으려는 의지가 있는가?				
자 료	● 위인전, 위인들의 인물 사진 등				
지도상의 유 의 점	● 위인들을 존경하는 마음을 갖고 본받으려는 태도를 갖게 한다.				

영 역	창의적 재량 활동 (창의력 신장 교육)			대 상	
일 시	년 월 일 요일			지도교사	
제 재	독서 생활				
활동목표	• 독서의 즐거움을 느끼고 즐거운 마음으로 책을 읽는 습관을 기를 수 있다.				
장 소	교실	교통편	거 리	소요시간	40'

단 계	활동 과정	시간 (분)	활동 내용	장 소	관련 학습요소
준비활동	활동 내용	5'	○ 가장 기억에 남는 책 조사하기 • 책 이름은? • 그 까닭은?	교실	
중심활동	학습 활동 전개 책 읽는 방법 책을 읽고 난 후 할 일	30'	○ 학습 활동 전개 ○ 좋은 책 고르는 방법 • 선생님께 여쭈어 본다. • 부모님께 여쭈어 본다. ○ 책 읽는 방법 • 책 읽는 시간을 조사한다. • 책 읽는 방법을 발표해 본다. • 되도록 매일 시간을 정해 놓고 읽는다. • 꾸준히 읽는다. ○ 책을 읽고 난 후에 할 일 • 느낀 점을 글로 써 본다. • 독서 기록장을 만들어 정리한다. • 그림일기를 쓰거나 그림으로 그린다. • 주인공에게 편지를 쓴다. • 친구끼리 편지를 쓴다. • 친구끼리 퀴즈 대회를 열어 본다.	교실	• 인성 교육 활동 • 창의성 신 장 교육 활 동
정리활동	정리 및 반성	5'	○ 학습 정리 • 선생님, 부모님께서 추천해 주시는 좋은 책 고르기	교실	
평가	• 책을 바른 자세로 읽는가? • 책을 읽고 난 후의 느낌을 잘 정리하는가?				
자료	• 동화책, 독서 기록장, 편지지, 스케치북 등				
지도상의 유 의 점	• 자율적 참여 독서가 재미있는 독서가 되도록 유도한다. • 독서 후에는 내용 요약, 독서 감상문 쓰기 등을 생활화하도록 지도한다.				

영 역	창의적 재량 활동 (진로 교육)				대 상	
일 시	년 월 일 요일				지도교사	
제 재	여가 시간을 즐겁게					
활동목표	• 건전한 놀이 방법을 알고 실천하여 자신감과 더불어 정서적인 안정감을 누릴 수 있다.					
장 소	교실	교통편		거 리	소요시간	40'

단 계	활동 과정	시간 (분)	활동 내용	장 소	관련 학습요소
준비활동	활동 내용	5'	○ 활동 주제 설명하기 ○ 자신의 취미 활동 이야기하기 ○ 건전한 놀이가 주는 이로움 알기 ○ 레크리에이션 활동의 의미 알기	교실	
중심활동	놀이 방법 익히기 놀이 게임	30'	○ 놀이 방법 익히기 ○ 동요 익히기 ○ 간단한 게임 노래 익히기 ○ 율동과 함께 노래하기 ○ 여러 가지 박수치기 • 찌개 박수 • 간호사 박수 • 빨래 박수 ○ 닭다리 게임하여 술래 정하기 ○ 관심을 갖고 협동적으로 참여하기 ○ 다양한 방법으로 활동하기 ○ 장기 자랑 해 보기 • 춤 • 노래 등	교실	• 진로 교육 활동 • 민주 시민 교육 활동 • 인성 교육 활동
정리활동	정리 및 반성	5'	○ 활동 소감 말하기 • 활동하면서 재미있었던 점 이야기하기 ○ 고칠 점 말하기	교실	
평가	• 여러 가지 동요와 율동을 익혀 적극적으로 참여하였는가? • 놀이 방법을 잘 알고 여가 시간을 즐겁게 보내는가?				
자료	• 동요집, 녹음기, 레크리에이션 자료집, 놀이 소도구 등				
지도상의 유 의 점	• 자신감과 참여 의식을 돋우어 주도록 한다, • 준비물을 철저히 준비한다.				

재량 활동 교수 · 학습 과정안(저학년)

영 역	창의적 재량 활동 (진로 교육)				대 상	
일 시	년 월 일 요일				지도교사	
제 재	20년 후의 나의 모습					
활동목표	• 20년 후의 모습을 상상해 보고 꿈을 이루려는 의지를 가질 수 있다.					
장 소	교실	교통편		거 리	소요시간	40'

단 계	활동 과정	시간 (분)	활동 내용	장 소	관련 학습요소
준비활동	활동 내용	5'	○ 내 꿈이 이루어진다면 ○ 20년 후의 나의 모습은 어떤 모습일까? 상상 　 하여 발표하기	교실	
중심활동	역할극 하기 그림으로 그려 보기 발표하기 직업의 소중함	30'	○ 미래의 자신의 모습을 상상하여 역할극 꾸며 　 보기 　 • 의사라면 　 • 선생님이라면 　 • 과학자라면 　 • 운동선수의 인터뷰 장면 등 ○ 20년 후의 모습을 그림으로 그려 보기 　 • 수염 　 • 외모 　 • 주름살 　 • 일하는 장면 등 ○ 여러 사람 앞에서 발표해 보기 ○ 직업의 소중함 알기 ○ 일하는 모습의 아름다움 깨닫기	교실	• 진로 교육 　 활동 • 인성 교육 　 활동
정리활동	정리 및 반성	5'	○ 꿈을 이루기 위해 노력할 점 이야기하기	교실	
평가	• 역할극에 적극적으로 참여하였는가? • 꿈을 이루려는 의지가 강한가?				
자료	• 역할극 대본, 필기 도구 등				
지도상의 유 의 점	• 자신 있게 자신을 표현할 수 있도록 허용적 분위기를 만들어 준다. • 직업에는 귀천이 없음을 지도한다.				

제2장 | 창의적 재량 활동 교수 · 학습 과정안 (중학년)

재량 활동 교수 · 학습 과정안(중학년)

영 역	창의적 재량 활동					대 상	
일 시	년 월 일 요일					지도교사	
제 재	내 이름은						
활동목표	• 자기의 이름으로 삼행시를 짓고 발표할 수 있다.						
장 소	교실	교통편		거 리		소요시간	45'

단 계	활동 과정	시간 (분)	활동 내용	장 소	관련 학습요소
준비활동	동기 유발 삼행시 짓기	5'	○ 교사의 이름으로 삼행시를 짓고 발표한다. ○ 학생 교사의 이름으로 삼행시를 짓는다.	교실	
중심활동	삼행시 짓기 발표하기	30'	○ 자기의 이름으로 삼행시 짓기 • 삼행시를 지을 때는 자신을 확실히 알릴 수 있도록 한다. • 긍정적이고 바람직한 내용의 삼행시가 되도록 한다. ○ 삼행시를 발표한다. • 즉흥적인 삼행시를 친구들이 짓는다. • 잘 짓지 못하는 경우에는 친구들의 도움을 받아 짓도록 한다.	교실	• 인성 교육 활동 • 이웃 사랑
정리활동	정리 및 반성	10'	○ 외운 이름을 쓰도록 한다. ○ 누구의 이름이 가장 잘 알려졌는지 안다. ○ 활동 소감을 이야기한다.	교실	
평가	• 문장이 자연스럽게 삼행시를 지었는가? • 자기의 이름에 대한 자부심이 생겼는가?				
자료	• A4용지, 사인펜 등				
지도상의 유 의 점	• 자유스럽고 재미있게 발표하도록 유도한다. • 잘하지 못하는 아동은 친구들이 지어 주어 자연스러운 분위기로 유도한다.				

영 역	창의적 재량 활동			대 상	
일 시	년 월 일 요일			지도교사	
제 재	나의 자랑 발표회				
활동 목표	• 나의 자랑을 자유롭게 발표할 수 있다.				
장 소	교실	활동 방법	개별 및 토의 학습	소요시간	45'

단 계	활동 과정	시간 (분)	활동 내용	장 소	관련 학습요소
준비활동	개인별 발표 계획 세우기	5'	○ 나의 자랑을 생각해 보고 발표한다. ○ 개인별 발표 계획을 세운다.	교실	

중심활동	발표안
	검토하기
	나의 자랑
	발표하기
		35'	○ 소집단 활동
			  • 각자의 발표안을 돌려보면서 이야기한다.
			  • 친구에게 자신의 장점을 물어본다.
			○ 나의 자랑 발표회
			  • 내가 잘하는 일은?
			  • 얼마나 노력하고 있는가?
			  • 부모님의 직업은 무엇이며, 어떻게 돕고 있는가?
				교실	• 인성 교육
					• 진로 교육
					• 이웃 사랑

정리활동	자랑거리
	실현 방법
		5'	○ 자기의 자랑거리 실현 방법 알기
			  • 자기의 자랑거리를 발전시키기 위해 해야 할 일
			    정리하기
			○ '나이 서른에 우린' 노래 부르기
				교실	

평가	• 나의 자랑을 잘 알고 있는가? • 나의 자랑을 발전시키기 위해 끈기 있게 노력하는가?				
자료	• 개인별 발표 계획안				
지도상의 유 의 점	• 자유스러운 발표 분위기를 조성한다. • 부모님의 의견을 참고하도록 한다.				

재량 활동 교수 · 학습 과정안(중학년)

영 역	창의적 재량 활동			대 상	
일 시	년 월 일 요일			지도교사	
제 재	생일날				
활동목표	● 생일의 의미를 알고, 자긍심을 기를 수 있다.				
장 소	교실	활동방법	개별 및 소집단 협력 학습	소요시간	90'

단 계	활동 과정	시간 (분)	활동 내용	장 소	관련 학습요소
준비활동	마음 열기 동기 유발	10'	○ '생일 축하'노래 부르기 ○ 지나간 생일날 있었던 일에 대하여 이야기하기 ○ '나의 태몽' 이야기하기	교실	
중심활동	생일이 같은 달인 사람들 생일날 받고 싶은 선물 생일날 먹고 싶은 음식 생일날 하고 싶은 놀이	70'	○ 활동 1: 생일이 같은 달인 사람끼리 모이기(학습지) 　● 모둠구성 ○ 활동 2: 생일날 받고 싶은 선물(학습지) 　● 생일에 받고 싶은 선물을 신문이나 잡지에서 오려 붙이거나 그림으로 직접 그려보기 ○ 활동 3: 생일날 먹고 싶은 별난 음식(학습지) 　● 글로 쓰거나 만화로 나타내기 ○ 활동 4: 생일에 친구들과 하고 싶은 놀이(학습지) 　● 생일날 친구들과 특별히 하고 싶은 놀이 ○ 생일 프로그램을 만들어 모둠별로 발표하기	교실	● 인성 　교육 ● 정체성 　교육
정리활동	정리 및 반성	10'	○ 느낀 점 발표하기 ○ 내가 세상에 태어난 중요한 가치 이야기하기 ○ 과제 제시 　● 부모님 1분 동안 꼬~옥 안아드리기	교실	

평가	● 탄생의 의미를 알고, 자신을 소중하게 생각하는가? ● 생일 프로그램을 창의적으로 재미있게 만들었는가?
자료	● 학습지(활동 1～활동 5), 사인펜, 색종이, 풀, 신문, 잡지 등
지도상의 유 의 점	● 세상에 태어난 의미를 다짐하여 가장 멋지고 아름다운 나를 가꾸어 가는 계가 되게 한다. ● 흥미 위주의 수업이 되지 않도록 유의한다. ● 과제로 활용할 수 있다.

재량 활동 교수 · 학습 과정안(중학년)

영 역	창의적 재량 활동			대 상	
일 시	년 월 일 요일			지도교사	
제 재	진품 명품 쇼				
활동목표	● 자신이 가장 아끼는 보물을 이유를 들어가며 소개할 수 있다.				
장 소	교실	활동방법	역할놀이	소요시간	45'

단 계	활동 과정	시간 (분)	활동 내용	장 소	관련 학습요소
준비활동	동기 유발	5'	○ 보물이 무엇일까? ○ 나라의 보물은 무엇이 있을까? ○ 우리 도의 보물은 무엇이 있을까?	교실	
중심활동	내가 아끼는 보물 보물 소개 마인드맵 하기 감정단의 평가	30'	○ 내가 가장 아끼는 보물 알기(학습지) ● 보물 1,2,3호와 보물이 된 이유 ● 보물은 어떻게 해서 얻게 되었나? ● 보물을 앞으로 어떻게 보존할 것인가? ○ 내가 가장 아끼는 보물 소개하기 ● 이유와 유래 등 ○ 친구들의 발표를 들으며 마인드맵 하기 ○ 감정단의 평가 ● 모둠별로 출품된 작품을 보며 감정단의 평가에 의해 귀중한 보물찾기	교실	● 인성 교육 ● 경제 교육
정리활동	정리 및 반성	10'	○ 보물의 공통점은? ○ 자신에게 큰 의미가 된 보물을 잘 보존하는 다 짐하기	교실	
평가	● 자신이 아끼는 보물의 소중함을 잘 알고 있는가? ● 자신의 보물을 잘 보존할 수 있는가?				
자료	● 학습지, 필기도구				
지도상의 유 의 점	● 자신의 것을 소중히 여기는 마음에서 자기를 사랑하는 자기애의 바탕을 마련하는 계기가 되도록 한다. ● 보물 자체의 물건보다는 보물에 담긴 의미, 사연, 사람 등을 중시하여 지도한다.				

재량 활동 교수 · 학습 과정안(중학년)

영 역			창의적 재량 활동			대 상	
일 시			년 월 일 요일			지도교사	
제 재		내가 살고 있는 고장은 1					
활동목표		● 우리 시 · 도를 상징하는 것을 조사하여 소개할 수 있다.					
장 소	교실		활동방법	감상 학습, 발표 학습		소요시간	135'

단 계	활동 과정	시간 (분)	활동 내용	장 소	관련 학습요소
준비활동	동기 유발	5'	○ 나의 고향은? ○ 우리 시 · 도에 몇 년 살았는가? ○ 우리 시 · 도에 대하여 알고 있는 것은?	교실	
중심활동	홍보 비디오 감상 우리 시 · 도 찬가 배우기 우리 시 · 도의 상징 삼행시 짓기	110'	○ 도청 홍보 비디오 자료 감상하기 ● 새롭게 알게 된 점은? ○ 우리 시 · 도 찬가 배우기 ○ 우리 시 · 도를 상징하는 것들 알아보기 ● 우리 시 · 도의 상징 마크 ● 우리 시 · 도의 꽃 ● 우리 시 · 도의 새 ● 우리 시 · 도의 나무 ○ ○○시를 상징하는 것들 알아보기 ○ 우리 시 · 도의 시 · 군명으로 삼행시 짓기 ● ○○시, ○○시, ○○군 등	교실	● 국민 정신 교육 ● 민주 시민 교육
정리활동	정리 및 반성	20'	○ 생각이나 느낌 말하기 ○ 애향심 갖기	교실	
평가			● 우리 시 · 도를 상징하는 것과 의미를 알고 있는가? ● 우리 시 · 도 찬가를 부를 수 있는가? ● 우리 시 · 도에 대한 애향심을 갖고 있는가?		
자료			● 우리 시 · 도 건설(홍보용 비디오 자료), 우리 시 · 도 찬가 CD		
지도상의 유의점			● 내가 살고 있는 고장에 대한 바른 이해의 계기가 되도록 한다. ● 우리 시 · 도에 대한 자긍심 및 애향심이 형성되도록 한다. ● 우리 시 · 도에 관한 것도 공부할 수 있도록 한다.		

영 역	창의적 재량 활동				대 상	
일 시	년 월 일 요일				지도교사	
제 재	나의 고장은 2					
활동목표	● 우리 시 · 도의 연혁, 자연 환경, 인구 등을 조사하여 발표할 수 있다.					
장 소	교실	활동방법	조사 발표 학습		소요시간	90'

단 계	활동 과정	시간 (분)	활동 내용	장 소	관련 학습요소
준비활동	동기 유발	10'	○ [우리 시 · 도 찬가]부르기 ○ [내 고장 노래]부르기	교실	
중심활동	조사 영역 정하기 자료 수집 및 분석하기 발표하기	70'	○ 모둠별로 조사 영역 정하기 ● 연혁, 자연 환경, 인구 등 ○ 우리 시 · 도청 홈 페이지를 이용하여 자료를 수집하기 ○ 수집한 자료를 분류하고 분석하여 발표 자료 만들기 ● 내용에 대한 충분한 이해 ○ 발표 및 질의 응답하기 ● 발표 내용에 대하여 질문과 대답으로 충분히 이해하기 ○ 우리 시 · 도 정신 외우기	교실	● 우리 시 · 도 정신 교육 ● 한국 문화 정체성 교육
정리활동	정리 및 반성	10'	○ 우리 시 · 도 연혁에 대하여 간단히 발표하기 ○ 우리 시 · 도 정신 발표하기 ○ [내 고장 노래] 부르기	교실	
평가	● 자료를 적절하게 수집하였는가? ● 내용을 알고 발표하는가? ● 그래프를 해석할 수 있는가?				
자료	● 조사 자료				
지도상의 유 의 점	● 내용을 모두 외우지 말고 이해할 수 있는 자료가 되도록 한다. ● 자연 환경과 인구의 상호 연관성을 찾아보도록 한다.				

재량 활동 교수·학습 과정안(중학년)

영 역	창의성 재량 활동			대 상	
일 시	년 월 일 요일			지도교사	
제 재	전국 소년 체전				
활동목표	• 우리 고장에서 열리는 전국 소년 체전에 대하여 알아보고, 우리들이 할 수 있는 일을 알 수 있다.				
장 소	교실	활동방법	NIE학습	소요시간	45'

단 계	활동 과정	시간 (분)	활동 내용	장 소	관련 학습요소
준비활동	동기 유발	10'	○ 어느 시·도가 잘하고 있는가? ○ 그 이유는 무엇인가? ○ 시민들이 혹시 잘못하는 점은?	교실	
중심활동	스크랩하기 노력 과정 알아보기	25'	○ 영광의 얼굴들을 찾아 스크랩하기 　• 신기록을 수립하였거나 불굴의 의지를 보여준 선수들을 찾아보기 　• 체전의 성공적인 개최를 위해 보이지 않는 곳에서 노력하는 사람들 찾아보기 ○ 영광의 얼굴이 되기까지의 과정을 알아서 발표하기 　• 불굴의 의지 　• 어려운 여건의 극복 등 ○ 달라진 우리 고장의 모습을 찾아보기	교실	• 환경 교육 • 민주 시민 교육
정리활동	정리 및 반성	10'	○ 우리 고장의 달라진 모습은? ○ 시민 의식은 향상되었다고 보는가? ○ 고쳐야 할 시민 의식은?	교실	
평가	• 영광의 얼굴이 되기까지의 과정을 알고 있는가? • 시민 의식이 향상되고 있는가?				
자료	• 신문 자료, 가위, 풀 등				
지도상의 유 의 점	• 불굴의 의지 및 노력을 배우는 계기가 되도록 한다. • 자신의 체력을 기르는 계기가 되도록 한다.				

재량 활동 교수 · 학습 과정안(중학년)

영 역	창의적 재량 활동			대 상	
일 시	년 월 일 요일			지도교사	
제 재	[효]에 관하여 1				
활동목표	• 부모님의 사랑을 깨닫고 내가 할 수 있는 효를 찾아 실천할 수 있다.				
장 소	교실	활동방법	협력학습	소요시간	135'

단 계	활동 과정	시간(분)	활동 내용	장 소	관련 학습요소
준비활동	동기 유발	5'	○ 부모님께 가장 감사했던 일은? ○ 부모님께 가장 서운했던 일은? ○ 가장 많이 혼났던 일은?	교실	
중심활동	가족의 화목한 점 알아보기 영역별 분류하기 느낀 점 발표하기	110'	○ 가정의 화목함을 알기 위해 부모님께서 애쓰시는 점 알아보기 ○ 엄마, 아빠와 어떤 점이 닮았는지 알아보기 　• 준비된 종이에 평소 부모님으로부터 가장 많이 듣는 말씀을 생각나는 대로 10가지만 적는다. 　• 칭찬, 꾸중, 부탁, 격려, 요구 등 　• 무기명 ○ 자료를 순위별로 분류하기 ○ 분류 결과를 확인한 후 각자 느낀 점을 발표한다.	교실	• 충효 정신 • 인성 교육
정리활동	정리 및 반성	20'	○ 부모님이 나에게 진정으로 원하는 것이 무엇인지 생각해 본다. ○ 부모님이 말씀하시기 전에 스스로 행동할 수 있는 방법을 말하고 마음속으로 다짐하는 시간을 갖는다.	교실	
평가	• 자신의 일은 부모님의 염려 없이 자기 스스로 행동할 수 있는 마음자세를 가지고 있는가?				
자료	• 필기도구, 학습지 등				
지도상의 유 의 점	• 부모님의 말씀을 적을 때 신중하게 생각하여 정확도를 높이도록 한다. • 자료 분류 시 영역별로(건강면, 학습면, 생활 습관면 등) 분류하면 이해하기 쉽다. • 단순 자료의 분류에 중점을 두면 자칫 재미로 흐를 수 있으므로 자신의 문제점을 확인하고 이를 해결할 수 있도록 스스로 약속하는 것에 중점을 두어 지도하여야 한다.				

재량 활동 교수 · 학습 과정안(중학년)

영 역	창의적 재량 활동					대 상	
일 시	년 월 일 요일					지도교사	
제 재	[효]에 대하여 2						
활동목표	• 우리 고장에 전해오는 효 이야기를 조사하여 발표할 수 있다. • 옛날의 효와 오늘날의 효가 다른 점을 찾아 말할 수 있다. • 효를 실천하려는 마음을 다진다.						
장 소	교실	활동방법	조사 토의 학습			소요시간	45'

단 계	활동 과정	시간 (분)	활동 내용	장 소	관련 학습요소
준비활동	동기 유발	5'	○ 효행 일기 소개하기 ○ 효가 중요한 이유는 무엇인지 말하기	교실	

중심활동	조사 자료의
	발표하기
	역할극
	꾸미기
		35'	○ 각자 조사한 방법 발표하기
			  • 인터넷, 책 등
			○ 우리 고장에 전해오는 효 이야기하기
			○ 옛날의 효와 오늘날의 효가 다른 점을 찾아 이야기하기
			○ 효의 실천에 있어 달라지지 않은 점은 무엇인지 발표하기
			○ 효를 주제로 한 역할극 꾸미기
			  • 현대판과 옛날 판으로
				교실	• 인성 교육
					• 한국 문화 정체성 교육

정리활동	효 실천의지 다지기	5'	○ 생각하거나 느낀 점 말하기 ○ 앞으로 효를 어떻게 실천할 것인지 말하기	교실	

평가	• 효에 관한 자료를 수집하였는가? • 효 실천의 중요성을 잘 알고 있는가? • 효 실천 의지를 다지는가?
자료	• 조사 자료, 역할극 대본(모둠별) 등
지도상의 유 의 점	• 역할극의 활동에 있어 소외되는 학생이 없도록 한다. • 웃어른을 공경하는 마음을 갖도록 한다. • 시대에 따라 실천 방법이 달라질 수 있음을 알도록 한다.

영 역	창의성 재량 활동				대 상	
일 시	년 월 일 요일				지도교사	
제 재	현장 체험 학습(봉사 활동 학습)					
활동목표	• 태안 유조선 기름 유출 사건 현장을 탐방하고 봉사활동을 한 후, 그 결과를 발표할 수 있다.					
장 소	교실	활동방법	개별학습		소요시간	90'

단 계	활동 과정	시간 (분)	활동 내용	장 소	관련 학습요소
준비활동	동기 유발	10'	○ 태안 앞 바다의 기름 유출 현장을 다녀온 느낌은? ○ 그곳에 가서 하고 온 일은 무엇인가?	교실	• 인성 교육
중심활동	현장 체험 학습 정리 및 발표하기	70'	○ 태안 기름 유출 바다를 다녀온 과정 설명하기 ○ 태안 앞 바다를 다녀 온 경험을 정리하기 ○ 현장 체험 학습 보고서 작성하기 • 조별 토론하기 ○ 토론한 내용을 중심으로 다시 정리하기 ○ 현장 체험 학습 보고서 전체 발표하기 ○ 발표한 내용을 중심으로 정리하기	교실	• 환경교육
정리활동	발표 및 정리	10'	○ 현장 체험 학습 실시 및 실시 후의 발표회 참가 요령을 이해하기 ○ 조별 토론, 전체 발표 요령 알기	교실	• 봉사정신
평가	• 현장 학습 계획서를 잘 계획하였는가? • 현장 학습 보고서는 잘 작성되었는가? • 현장 체험 학습 발표회에 적극적으로 참여하였는가?				
자료	• 학습지, 현장 체험 학습 계획서, 현장 체험 학습 보고서 등				
지도상의 유 의 점	• 태안 앞 바다 기름 유출 사고에 대한 사전 교육을 실시한다. • 태안 아파 바다 기름 유출 사고에 대한 봉사 활동과 현장 체험 학습을 병행한다.				

영 역	창의성 재량 활동				대 상	
일 시	년 월 일 요일				지도교사	
제 재	기회는 이때					
활동목표	• 우리 시·도의 이해를 바탕으로 체험 학습으로 꼭 해보고 싶은 것을 말할 수 있다.					
장 소	교실	활동방법	발표학습		소요시간	45'

단 계	활동 과정	시간(분)	활동 내용	장 소	관련 학습요소
준비활동	동기 유발	5'	○ [우리 고장 노래] 부르기 ○ [내 고향 노래] 부르기	교실	
중심활동	충청남도에 관하여 발표하기 체험 학습 정하기	30'	○ 우리 고장의 역사 유적지 발표하기 • 사적지, 문화재 등 ○ 특산물 발표하기 • 우리 고장 특산물 ○ 국립공원이나 도립 공원 발표하기 • 산, 강, 바다, 공원 등 ○ 박물관이나 민속촌 발표하기 • 여러 지역 등 ○ 체험 학습으로 해 보고 싶은 것을 정하여 그 이유도 발표하기	교실	• 인성 교육 • 한국 문화 정체성 교육
정리활동	정리하기	10'	○ 방학 중 체험 학습을 떠나기 위해 부모님을 어떻게 설득할 것인지 발표하기 ○ 준비물 알기	교실	

평가	• 우리 시·도에 관한 기본적인 것들을 알고 있는가? • 체험 학습의 과제를 선정할 수 있는가?
자료	• 학습지
지도상의 유의점	• 체험 학습의 과제를 선정할 때 내용과 방법까지 지도하여야 한다. • 사후 활동으로 스크랩을 권장하도록 한다.

영 역	창의적 재량 활동					대 상	
일 시	년 월 일 요일					지도교사	
제 재	우리 시·도의 자랑거리를 찾아						
활동목표	• 우리 시·도의 자랑거리를 찾아 소개할 수 있다.						
장 소	교실	활동방법	조사 협동 활동			소요시간	135'

단 계	활동 과정	시간(분)	활동 내용	장 소	관련 학습요소
준비활동	동기 유발	15'	○ 우리고장 부르기 ○ 나의 자랑거리는? ○ 우리 고장을 상징하는 것을 이야기하기	교실	

중심활동	조사 내용 정하기
	조사 방법 토의하기
	발표하기
		110'	○ 모둠별로 자랑거리를 영역으로 정하기
			  • 특산물, 문화재, 관광지 등
			○ 조사 방법 토의하기
			  • 인터넷, 직접 견학, 책 등
			○ 조사 내용 종합, 분석, 정리하기
			  • 중요한 내용, 참고할 내용 등
			○ 발표 방법 정하기
			○ 역할극, 발표, 노래 등
			○ 발표하기
				교실	• 환경 교육
					
					• 한국 문화 정체성 교육

정리활동	편지쓰기	10'	○ 새롭게 알게 된 점 말하기 ○ 다른 사람에게 소개한다면 무엇을 소개할지 편지로 쓰기 ○ 우리 고장 찬가 만들기(모둠별)	교실	
평가	• 우리 고장의 자랑거리를 소개할 수 있는가? • 조사 자료를 수집 분석할 수 있는가?				
자료	• 편지지, 모둠별 자료, 학습지 등				
지도상의 유의점	• 조사 자료를 수집할 수 있는 능력을 기르도록 한다. • 조사 자료를 분류, 분석하는 능력을 향상시키도록 한다. • 다양한 방법으로 발표하여 지루하지 않고 재미있는 탐구 학습이 되도록 한다.				

재량 활동 교수 · 학습 과정안(중학년)

영 역	창의적 재량 활동				대 상	
일 시	년 월 일 요일				지도교사	
제 재	우리 고장을 빛낸 사람들					
활동목표	• 우리 고장을 빛낸 위인들을 조사, 탐구하여 훌륭한 점을 본받을 수 있다.					
장 소	교실	활동방법	조사 발표 학습		소요시간	135'

단 계	활동 과정	시간 (분)	활동 내용	장 소	관련 학습요소
준비활동	동기 유발	20'	○ [한국을 빛낸 100명의 위인들] 알아보기 ○ 우리 고장이 좋은 이유는?	교실	
중심활동	조사 자료 발표하기 마인드맵	95'	○ 각자 조사한 방법 발표하기 • 위인전, 인명사전, 인터넷 등 ○ 정치 지도자는 누구인가? ○ 나라를 구한 지도자는 누구인가? ○ 문화, 학문을 빛낸 사람은 누구인가? ○ 과학, 경제를 빛낸 사람은 누구인가? ○ 조사한 인물 발표하기 • 마인드맵 완성(학습지)	교실	• 국민 정신 교육 • 인성교육 • 한국 문화 정체성 교육
정리활동	새롭게 알게 된 인물의 본받을 점	20'	○ 새롭게 알게 된 위인은 누구인가? ○ 본받고 싶은 위인과 그 이유는?	교실	
평가	• 우리 고장을 빛낸 위인들의 업적, 역사적 의의를 알고 있는가? • 자료의 조사, 분석이 잘되었는가?				
자료	• 위인전, 인물 한국사, 인명사전, 조사 학습지 등				
지도상의 유 의 점	• 우리 고장의 얼을 본받아 바른 인성을 기르도록 한다. • 우리 고장에 태어나고 살아가는 것을 자랑스럽게 여기도록 한다.				

재량 활동 교수 · 학습 과정안(중학년)

영 역	창의성 재량 활동				대 상	
일 시	년 월 일 요일				지도교사	
제 재	미래의 우리 시 · 도 모습					
활동목표	● 미래의 우리 시 · 도의 모습을 그림으로 그리고 설명할 수 있다.					
장 소	교실	활동방법	노작학습		소요시간	135'

단 계	활동 과정	시간(분)	활동 내용	장 소	관련 학습요소
준비활동	동기 유발	10'	○ 우리 시 · 도에 대하여 각자 알고 있는 내용 발표하기 ○ 내가 살고 있는 시 · 도를 왜 사랑하는지 이유를 들어 이야기하기	교실	
중심활동	우리 시 · 도의 발전 계획 알아보기 구상하기 그리기 설명하기	115'	○ 충청남도의 발전 계획 알아보기 ● 안면도 국제 관광 ● 백제 문화권 개발 ● 아산권 신시가지 조성 ● 충남 농업 테크노 파크 ● 금강 종합 개발 ○ 구상하기 ● 쾌적한 환경 ● 살기 좋은 농 · 어촌 ● 세계로 뻗는 황해안 ● 잘 발달된 도시 ○ 그리기 ○ 그림 설명하기	교실	● 인성 교육 ● 국제 이해 교육 ● 경제 교육
정리활동	반성하기	10'	○ 친구들의 그림이나 설명을 들으면서 생각하거나 느낀 점 말하기 ○ 정리하기	교실	
평가	● 우리 시 · 도의 미래를 긍정적으로 잘 구상했는가? ● 우리 시 · 도에 대한 자긍심이 있는가? ● 잘 마무리하는가?				
자료	● 학습지				
지도상의 유의점	● 적절한 의미를 두고 그릴 수 있도록 한다. ● 발전하는 미래상이 드러날 수 있도록 한다. ● 적극적으로 참여하는 태도를 갖도록 한다.				

재량 활동 교수·학습 과정안(중학년)

영 역	창의적 재량 활동			대 상	
일 시	년 월 일 요일			지도교사	
제 재	탐구 발표회				
활동목표	● 방학 동안 탐구한 내용을 발표할 수 있다.				
장 소	교실	활동방법	발표학습	소요시간	135'

단 계	활동 과정	시간 (분)	활동 내용	장 소	관련 학습요소
준비활동	동기 유발	10'	○ 방학 동안 즐거웠던 일 말하기 ○ 공부하는 방법이 변화했다면 어떻게 변했는지 발표하기	교실	
중심활동	탐구 활동의 주제 알아보기 발표회 열기 좋은 탐구물 알아보기	105'	○ 탐구활동의 주제 발표하기 ○ 주제와 주제 선택의 이유 발표하기 ○ 발표회 열기 　● 사회자 정하기 ○ 발표를 들으며 중요한 점 적기(학습지) ○ 발표 내용에 대한 질의 응답하기 ○ 잘한 점에 대해 발표하기 ○ 가장 좋은 탐구물 선정하기 　● 좋은 탐구에 대하여 학습지를 바탕으로 하여 선정해 보기	교실	● 인성 교육 ● 탐구 정신
정리활동	반성하기	20'	○ 이 활동을 통해 생각하거나 느낀 점 말하기 ○ 탐구 학습에 대한 생각 말하기 ○ 탐구 학습에 대한 설문지 작성하기	교실	
평가	● 학습지				
자료	● 자기 주도적으로 탐구 활동을 할 수 있는가? ● 끝까지 하는가? ● 조리 있고 간결하게 발표할 수 있는가?				
지도상의 유 의 점	● 자기 주도적인 학습력의 향상을 고려한다. ● 질의와 응답으로 지루하지 않도록 한다. ● 하루에 10명 이내로 분산, 운영할 수도 있다				

재량 활동 교수·학습 과정안(중학년)

영 역	창의적 재량 활동		대 상	
일 시	년 월 일 요일		지도교사	
제 재	고장의 문화 행사 조사하기			
활동목표	• 명절에 하는 놀이와 먹는 음식에 대해 알아보고, 조상들의 생활 모습과 가치관을 알 수 있다.			
장 소	교실	활동방법	개별학습	소요시간	90'

단 계	활동 과정	시간(분)	활동 내용	장 소	관련 학습요소
준비활동	동기 유발	10'	○ 명절을 지냈던 경험 발표하기 ○ 학습 문제 알아보기 　• 명절에 하는 놀이와 먹는 음식에 대해 알고, 조상들의 생활 모습과 가치관을 알아보자 ○ 학습 계획 세우기 1. 역할놀이 하기 2. 선택 학습(제기차기, 윷놀이, 연날리기) 3. 명절에 하는 놀이에 대해 알기	교실	
중심활동	문제 해결	70'	○ 역할놀이 학습하기 　• 역할놀이 하기 1. 설날: 세배, 윷놀이 2. 정월대보름: 줄다리기, 놋다리밟기 3. 단오: 씨름, 그네뛰기 4. 추석: 송편 만들기, 성묘하기 ○ 선택 학습하기 　• 교실에서 할 수 있는 민속놀이 하기(제기차기 평이치기 등)	교실	• 인성 교육
정리활동	학습 활동 반성	10'	○ 명절에 대하여 우리는 어떤 태도를 지녀야 하는지 말해 보기 　• 명절과 관련된 좋은 풍습에 대하여 관심을 가지고 이어가려는 태도를 지녀야 한다.	교실	
평가	• 명절에 대하여 우리는 어떤 태도를 지녀야 하는지 말할 수 있는가? • 명절에 담겨 있는 의미를 생각하는가?				
자료	• 교사: 명절에 관한 사진 및 OHP 자료, 학습지 등 • 학생: 윷, 제기, 팽이. 풍선, 지점토, 음악 테이프 등				
지도상의 유 의 점	• 명절에 그냥 즐겁게 놀며 먹는 것에 그치지 말고, 그 속에 담겨 있는 의의를 생각하도록 한다.				

재량 활동 교수·학습 과정안(중학년)

영 역	창의성 재량 활동			대 상	
일 시	년 월 일 요일			지도교사	
제 재	전래 동요 부르기 경연 대회				
활동목표	● 전래 동요의 특징을 살려 즐겁게 노래 부를 수 있다.				
장 소	교실	활동방법		소요시간	90'

단 계	활동 과정	시간 (분)	활동 내용	장 소	관련 학습요소
준비활동	마음 열기	10'	○ 마음 열기 ● 교과 시간에 배운 전래 동요를 부르며 자리 이동하기 ● 내가 아는 전래 동요 발표하기	교실	
중심활동	학습 문제 확인 학습 방법 및 순서 안내 학습 활동	70'	○ 공부할 문제 확인하기 ○ 학습 활동 순서 안내하기 ○ 부모님이나 조부모님께서 부르시던 노래 알아 보기 ● 집에서 녹음해 온 자료를 듣고 전래 동요를 음미한다. ○ 전래 동요의 특징에 대하여 알아보기 ● 지은이가 없이 입에서 입으로 전해 내려온다. ● 흥겨운 가락이 많다. ○ 모둠별 발표회(모둠별로 조사해 온 전래 동요 중 1가지씩 발표하기) ● 율동을 하면서 노래 부르기 ● 가사를 바꾸어 노래 부르기 ● 녹음하여 들어 보기	교실	● 우리 문화 알기
정리활동	소감 발표 하기	10'	○ 전체 활동 ● 전래 동요 발표회의 소감을 이야기한다. ● 전래 동요의 소중함 알기	교실	

평가	● 전래동요의 특징을 살려 즐겁게 참여하는가?
자료	● 녹음기, 학습지, 분장도구 등
지도상의 유 의 점	● 리듬에 너무 의존하지 않고 자연스럽고 흥겹게 참여할 수 있도록 유도한다.

재량 활동 교수 · 학습 과정안(중학년)

영 역	창의적 재량 활동			대 상	
일 시	년 월 일 요일			지도 교사	
제 재	전래 동요 부르기 경연 대회				
활동목표	• 전래 동요의 특징을 살려 즐겁게 노래 부를 수 있다.				
장 소	컴퓨터	활동방법	개별학습	소요시간	45'

단 계	활동 과정	시간 (분)	활동 내용	장 소	관련 학습요소
준비활동	동기 유발 활동 목표	5'	○ 재미있는 도안이 담긴 여러 가지 편지지를 보여 준다. ○ 활동목표를 제시한다. • 각자 탐구한 인물에게 생각과 느낌을 담은 편지글을 써본다.	컴퓨터실	• 컴퓨터 활용 • 인성 교육
중심활동	편지 쓰기	30'	○ 활동 안내 • 쓸 내용을 정한다. • 초벌 쓰기를 한다. • 편지지를 디자인하여 꾸미고 정서를 하거나, 컴퓨터로 내용을 정리하고 꾸미기를 한다. • 쓴 글을 발표한다.	컴퓨터실	
정리활동	정리하기 차시 예고	10'	○ 쓴 편지글을 인물에 대해 조사한 내용과 함께 묶는다. ○ 조사한 내용을 잘 정리하여 '인물 이야기'책을 출판하도록 한다.	컴퓨터실	
평가	• 탐구한 인물에게 자기의 생각과 느낌이 잘 드러나도록 편지글을 썼는가?				
자료	• 편지지, 꾸미기 자료, 워드 프로세서, 클립아트 CD. 인터넷 자료 등				
지도상의 유 의 점	• 탐구한 인물에게 편지를 씀으로써 탐구한 인물에 대해서 잘 알도록 지도한다.				

제3장 | 창의적 재량 활동 교수·학습 과정안 (고학년)

재량 활동 교수·학습 과정안(고학년)

영 역	창의적 재량 활동				대 상	
일 시	년 월 일 요일				지도 교사	
제 재	우리 고유의 음식					
활동목표	• 우리 고유 음식의 종류와 특징을 알아보고 설명할 수 있다.					
장 소	교실, 컴퓨터	활동방법	조사 학습, 협동 학습, 실습, 발표회		소요시간	150'

단 계	활동 과정	시간 (분)	활동 내용	장 소	관련 학습요소
준비활동	동기 유발 활동 목표	10'	○ 전통 음식의 사진을 보여 준다. ○ 활동 목표를 제시한다. • 우리 고유 음식의 종류와 특징을 알아보고 설명하여 보자	교실, 컴퓨터실	
중심활동	전통 음식의 종류와 특징 보고회 음식만들기	130'	○ 활동 안내 • 모둠별로 탐구할 분야를 정한다. • 조사 계획을 세운다. • 모둠별로 계획에 따라 조사를 한다. (종류, 만드는 방법, 특징 등) • 조사한 내용을 정리하여 스크랩한다. • 조사 내용 보고하기 • 직접 간단한 전통 음식을 만들어 본다.	교실, 컴퓨터실	• 우리 문화 정체성 교육 • 정보 활용 교육
정리활동	정리하기 차시 예고	10'	○ 전통 음식의 종류를 말해 본다. ○ 다음 시간부터는 우리 고유의 가옥에 대해 알아보도록 하겠습니다.	교실, 컴퓨터실	
평가	• 우리의 전통 음식 특징을 말할 수 있는가? • 서로 협동하면서 다양한 자료를 이용하여 조사하였는가?				
자료	• 고유 음식 관련 사진, 경단 만들기 재료 및 그릇 등				
지도상의 유의점	• 우리 음식 문화의 우수성을 깨닫도록 하고, 전통 음식 만들기 실습 시 안전하게 실시하도록 지도한다.				

재량 활동 교수·학습 과정안(고학년)

영 역	창의적 재량 활동			대 상	
일 시	년 월 일 요일			지도교사	
제 재	우리 고유의 가옥				
활동목표	● 우리 고유의 가옥에 대해 알아보고 그 특징을 설명할 수 있다.				
장 소	교실컴퓨터	활동방법	조사 학습, 협동 학습, 실습, 발표회	소요시간	150'

단 계	활동 과정	시간(분)	활동 내용	장 소	관련 학습요소
준비활동	동기 유발 활동 목표	10'	○ 전통 가옥과 현대 건물 사진을 제시한다. ○ 활동 목표를 제시한다. ● 우리 고유의 가옥에 대해 알아보고 그 특징을 설명해 보자.	교실	● 민주 시민 교육 ● 정보 활용 교육
중심활동	전통 가옥의 정류와 특징 보고회 현장 학습 현장학습결과 발표 하기	130'	○ 활동안내 ● 모둠별로 탐구할 분야를 정한다. ● 조사 계획을 세운다. ● 계획에 따라 조사한다. ● 조사한 내용을 정리하여 스크랩한다. ● 조사 내용 보고하기 ● 외암리 민속마을 현장 학습을 통해 전통·가옥의 구조와 특징을 실제로 알아본다. ● 현장 학습 결과를 정리, 발표한다.	교실,컴퓨터실, 외암리 민속 마을	
정리활동	정리하기 차시예고	10'	○ 전통가옥의 특징 ○ 다음에는 1학기 동안 공부한 내용을 총정리 하는 전시회를 갖도록 하겠습니다.	교실	

평가	● 전통 가옥의 아름다음을 특징을 들어 말할 수 있는가? ● 서로 협동하면서 다양한 자료를 이용하여 조사하였는가?
자료	● 전통 가옥 관련 사진, 현장 학습 계획서, 학습지 등
지도상의 유 의 점	● 현장 학습 지도 시 가옥의 구조와 특징에 유의하여 살펴보도록 안내하며, 전통 가옥의 보존에 대한 관심을 갖도록 한다.

재량 활동 교수 · 학습 과정안(고학년)

영 역		창의적 재량 활동			대 상	
일 시		년 월 일 요일			지도교사	
제 재	종합 전시회					
활동목표	● 1학기 동안 학습한 내용을 모아 전시회를 갖는다.					
장 소	컴퓨터	활동방법	발표회		소요시간	50'

단 계	활동 과정	시간 (분)	활동 내용	장 소	관련 학습요소
준비활동	동기 유발 활동 목표	5'	○ 1학기 동안 활동한 내용을 사진으로 보여준다. 　● 활동 목표를 제시한다. 　● 1학기 동안 학습한 내용을 모아 전시회를 열 　　어본다.	교실, 컴퓨터실	
중심활동	전시회 갖기	40'	○ 활동 안내 　● 모둠별로 스크랩한 내용과 활동한 내용을 정리 　　한다. 　● 자료를 진열한다. 　● 모둠별로 자료를 순회, 관람한다. 　● 관람한 결과를 발표한다.	교실 컴퓨터실	● 인성 　교육
정리활동	정리하기	5'	○ 1학기 동안 공부하면서 느낀 점을 발표한다. ○ 전시한 내용을 살펴보고 상호 평가를 해 본다.	교실, 컴퓨터실	

평가	● 전시한 자료를 통해 무엇을 느꼈는가?
자료	● 스크랩북, 학습지 등
지도상의 유 의 점	● 한 학기 동안 학습한 내용을 서로 연관 지어 생활의 이모저모를 종합적으로 생각할 수 있는 시간 이 되도록 한다.

재량 활동 교수 · 학습 과정안(고학년)

영 역	창의성 재량 활동			대 상	
일 시	년 월 일 요일			지도 교사	
제 재	대주제 제시				
활동목표	● 2학기 동안 탐구할 학습 대주제 '지구촌 시대의 우리'에 대한 학습 방법을 알아볼 수 있다.				
장 소	컴퓨터	활동방법	토의 학습, 전체 학습	소요시간	50'

단 계	활동 과정	시간(분)	활동 내용	장 소	관련 학습요소
준비활동	동기 유발 활동 목표	5'	○ 다른 나라로 여행한 경험을 나눈다. ○ 활동 목표를 제시한다. ● 2학기 동안 탐구할 학습 대주제 '지구촌 시대의 우리'에 대한 학습 방법을 알아본다.	교실	
중심활동	모둠 정하기 탐구 방법 및 학습 방법 토의하기	40'	○ 활동 안내 ● 탐구해 보고 싶은 나라를 정한다. ● 알아보고 싶은 국가별로 모둠을 정한다. ● 활동 방법 토의하기 ● 학습 방법 토의하기 ● 토의 결과 발표하기	교실	● 학습하는 방법의 학습
정리활동	형성 평가	5'	○ 학습 방법에 대한 이해가 잘되었는가? ○ 합리적으로 토의하였는가?(과정 평가)	교실	

평가	● 학습 방법에 대한 이해 ● 합리적으로 토의하였는가?(과정 평가)
자료	● 연간 계획서
지도상의 유 의 점	● 개별적인 탐구 학습이 되도록 유도하되, 서로 정보를 교환할 수 있도록 모둠 활동을 하도록 하며, 개별 학습이 어려운 어린이는 함께 진행할 수 있도록 편성한다.

재량 활동 교수·학습 과정안(고학년)

영 역	창의적 재량 활동				대 상	
일 시	년 월 일 요일				지도 교사	
제 재	다른 나라의 생활 모습은 어떠할까?					
활동목표	• 내가 가 보고 싶은 나라의 생활 모습에 대하여 조사하고, 우리나라의 생활 모습과 비교하여 설명할 수 있다.					
장 소	컴퓨터	활동방법	조사학습, 개별학습		소요시간	200'

단 계	활동 과정	시간 (분)	활동 내용	장 소	관련 학습요소
준비활동	동기 유발 활동 목표	10'	○ 다른 나라의 생활 모습에 대하여 알고 있는 사실을 이야기 나눈다. ○ 활동 목표를 제시한다. 　• 내가 가 보고 싶은 나라의 생활 모습에 대하여 조사하고, 우리나라의 생활 모습과 비교하여 설명해 보자.	교실	• 정보 활용 교육
중심활동	생활 모습 조사하기	180'	○ 활동 안내 　• 생활 모습에 대한 마인드맵 만들기 　• 마인드맵을 정리하여 조사할 영역 정하기 　• 조사 방법 논의하기 　• 조사하여 정리하기 　• 정리한 자료 발표하기	교실	
정리활동	형성 평가	10'	○ 다양한 조사 자료를 활용하는가? ○ 계획에 따라 관련 내용을 조사하여 정리를 잘 하는가? ○ 정리한 내용을 효과적으로 발표하는가?	교실	• 세계 시민 교육

평가	• 학습 방법 설계하기 • 자료 활용하기 • 내용 정리하기 • 내용 제시하기
자료	• 기록지, 디스켓, 여러 가지 필요한 조사 자료 등
지도상의 유의점	• 개별적으로 탐구하는 과정을 수시로 지도하여 효과적인 학습이 이루어지도록 한다.

재량 활동 교수 · 학습 과정안(고학년)

영 역		창의적 재량 활동			대 상	
일 시		년 월 일 요일			지도 교사	
제 재	다른 나라에는 어떤 제도들이 있을까?					
활동목표	• 내가 가 보고 싶은 나라에는 어떤 제도들이 있는지 조사해 보고, 우리나라의 제도들과 비교하여 설명할 수 있다.					
장 소	교 실	활동방법	조사 학습, 개별 학습		소요시간	150'

단 계	활동 과정	시간 (분)	활동 내용	장 소	관련 학습요소
준비활동	동기 유발 활동 목표	10'	○ 우리나라에는 어떤 제도들이 있는지 이야기 나눈다. ○ 활동 목표를 제시한다. • 내가 가 보고 싶은 나라에는 어떤 제도들이 있는지 조사해 보고, 우리나라의 제도들과 비교하여 설명해 보자.	교실	
중심활동	여러 가지 제도 조사하기	130'	○ 활동 안내 • 제도에 대한 마인드맵 만들기 • 마인드맵을 정리하여 조사할 영역 정하기 • 조사 방법 논의하기 • 조사하여 정리하기 • 정리한 자료 발표하기	교실	• 정보 활용 교육 • 세계 시민 교육
정리활동	형성 평가	10'	○ 다양한 조사 자료를 활용하는가? ○ 계획에 따라 관련 내용을 조사하여 정리를 잘하는가? ○ 정리한 내용을 효과적으로 발표하는가?	교실	

평가	• 학습 방법 설계하기 • 자료 활용하기 • 내용 정리하기 • 내용 제시하기
자료	• 기록지, 디스켓, 여러 가지 필요한 조사 자료 등
지도상의 유 의 점	• 개별적으로 탐구하는 과정을 수시로 지도하여 효과적인 학습이 이루어지도록 한다.

재량 활동 교수 · 학습 과정안(고학년)

영 역	창의적 재량 활동			대 상	
일 시	년 월 일 요일			지도교사	
제 재	다른 나라의 자연 환경은 어떠할까?				
활동목표	• 내가 가 보고 싶은 나라의 자연 환경에 대하여 조사하고, 우리나라의 자연 환경과 비교하여 설명할 수 있다.				
장 소	컴퓨터	활동방법	토의 학습,전체 학습	소요시간	150'

단 계	활동 과정	시간 (분)	활동 내용	장 소	관련 학습요소
준비활동	동기 유발 활동 목표	10'	○ 우리나라의 자연 환경에 대하여 이야기를 나눈다. ○ 활동 목표를 제시한다. • 내가 가 보고 싶은 나라의 자연 환경에 대하여 알아보고, 우리나라의 자연 환경과 비교하여 설명해 보자.	교실	

중심활동	자연 환경 조사하기	130'	○ 활동 안내
			  • 자연 환경에 대한 마인드맵 만들기
			  • 마인드맵을 정리하여 조사할 영역 정하기
			  • 조사 방법 논의하기
			  • 조사하여 정리하기
			  • 정리한 자료 발표하기
				교실	• 민주 시민 교육

정리활동	형성 평가	10'	○ 조사 영역을 바르게 정하였는가? ○ 조사 자료 활용을 잘하였는가? ○ 조사한 내용 정리를 잘하는가? ○ 정리한 내용을 효과적으로 발표하는가?	교실	
평가	• 학습 방법 설계하기 • 자료 활용하기 • 내용 정리하기 • 내용 제시하기				
자료	• 기록지, 디스켓, 여러 가지 필요한 조사 자료 등				
지도상의 유 의 점	• 개별적으로 탐구하는 과정을 수시로 지도하여 효과적인 학습이 이루어지도록 한다.				

재량 활동 교수·학습 과정안(고학년)

영 역	창의적 재량 활동			대 상	
일 시	년 월 일 요일			지도 교사	
제 재	다른 나라의 역사와 문화는 어떠할까?				
활동목표	• 내가 가 보고 싶은 나라의 역사와 문화에 대하여 조사하고, 우리나라와 비교하여 설명할 수 있다.				
장 소	교실	활동방법	조사 학습, 개별 학습	소요시간	150'

단 계	활동 과정	시간 (분)	활동 내용	장 소	관련 학습요소
준비활동	동기 유발 활동 목표	10'	○ 다른 나라의 역사와 문화에 대하여 알고 있는 것을 이야기 나눈다. ○ 활동 목표를 제시한다. • 내가 가 보고 싶은 나라의 역사와 문화에 대하여 조사하고, 우리나라와 비교하여 설명해 보자.	교실	
중심활동	역사와 문화 조사하기	130'	○ 활동 안내 • 역사와 문화에 대해 조사하고 싶은 내용 마인드맵 만들기 • 마인드맵을 정리하여 조사할 영역 정하기 • 조사 방법 논의하기 • 조사하여 정리하기 • 정리한 자료 발표하기	교실	• 정보 활용 교육 • 세계 시민 교육
정리활동	형성 평가	10'	○ 다양한 조사 자료를 활용하는가? ○ 계획에 따라 관련 내용을 조사하여 정리를 잘하는가? ○ 정리한 내용을 효과적으로 발표하는가?	교실	

평가	• 학습 방법 설계하기 • 자료 활용하기 • 내용 정리하기 • 내용 제시하기
자료	• 기록지, 디스켓, 여러 가지 필요한 조사 자료 등
지도상의 유의점	• 개별적으로 탐구하는 과정을 수시로 지도하여 효과적인 학습이 이루어지도록 한다.

재량 활동 교수 · 학습 과정안(고학년)

영 역	창의적 재량 활동				대 상	
일 시	년 월 일 요일				지도교사	
제 재	연구 내용 공유하기					
활동목표	• 나라에 대하여 조사한 내용을 종합하여 우리나라와의 관계 등을 관련지어 발표할 수 있다.					
장 소	교실	활동방법	감상 학습, 발표 학습		소요시간	100'

단 계	활동 과정	시간 (분)	활동 내용	장 소	관련 학습요소
준비활동	동기 유발 활동 목표	5'	○ 그동안 조사하면서 있었던 이야기를 나눈다. ○ 활동 목표를 제시한다. ○ 나라에 대하여 조사한 내용을 종합하여 우리나라와의 관계 등을 관련지어 발표해 보자.	교실	• 정보 활동 교육 • 세계 시민 교육
중심활동	조사한 내용 종합하여 발표하기	80'	○ 활동 안내 ○ 발표 순서 정하기 ○ 발표하기 ○ 질의 응답하기 ○ 상호 평가하기	교실	
정리활동	형성 평가	5'	○ 내용 정리가 충실한가? ○ 정리한 내용을 효과적으로 발표하는가?	교실	

평가	• 내용 정리하기 • 내용 제시하기
자료	• 기록지, 디스켓, 여러 가지 필요한 조사 자료 등
지도상의 유 의 점	• 탐구한 내용을 조리 있게 정리하여 발표할 수 있도록 안내한다.

재량 활동 교수·학습 과정안(고학년)

영 역	창의적 재량 활동			대 상	
일 시	년 월 일 요일			지도교사	
제 재	자랑스런 나의 아버지				
활동목표	• 부모님께서 하시는 일을 알아보고(사전에 방문하여 보고)보고서를 쓸 수 있다.				
장 소	교실	**활동방법**	조사 협동 학습	소요시간	50'

단 계	활동 과정	시간 (분)	활동 내용	장 소	관련 학습요소
준비활동	동기 유발 활동 목표	10'	○ 나의 가족 소개하기 ○ 내가 어떤 일을 했을 때 부모님이 가장 기뻐하나? ○ 아버지(어머니)직장을 찾았을 때 있었던 일 소개하기	교실	
중심활동	자랑스런 나의 아버지	30'	○ 가져온 아버지 사진을 친구들에게 소개하기 ○ 나는 어떤 때 아버지가 가장 좋은가? ○ 아버지께서 슬퍼하셨던 때는 언제인가? ○ 최근에 아버지와 단둘이 했던 대화는 무엇이었나? ○ 아버지 직장에 가서 본 내용과 느낀 점을 구체적으로 보고서 양식에 맞게 써 본다.	교실	• 민주 시민 교육 • 충효 교육
정리활동	정리하기	10'	○ 모둠원끼리 시계 방향으로 돌려 친구들의 아버지께서 하시는 일을 알아보고, 내 아버지에 대한 자긍심을 갖는다. ○ 반 친구들에게 우리 아버지의 직장에 대해 소개하고 나의, 생각과 앞으로의 다짐 등을 발표하도록 한다.	교실	
평가	• 우리 아버지의 직업을 자신 있게 말할 수 있는가? • 아버지의 직장에 다녀온 후 보고서를 쓰는가?				
자료	• 여러 직종에 종사하는 사람들의 화보, 보고서 양식 용지 등				
지도상의 유 의 점	• 직업은 귀천이 있는 게 아니라 자신이 즐거움과 보람을 느끼면서 하는 일이 잘 선택한 직업임을 학생들이 스스로 느끼도록 하고, 특히 아버지께서 선택한 직업은 우리의 생활을 훨씬 편안하게 해 주는 것을 알고 감사함을 갖도록 한다.				

재량 활동 교수 · 학습 과정안(고학년)

영 역	창의적 재량 활동			대 상	
일 시	년 월 일 요일			지도 교사	
제 재	가족 신문 만들기				
활동 목표	● 가족 신문 만들기를 통하여 가족에 대한 관심과 유대감을 강화시킬 수 있다.				
장 소	교실	활동방법	개별학습	소요시간	50'

단 계	활동 과정	시간 (분)	활동 내용	장 소	관련 학습요소
준비활동	신문의 구성 이해하기 기사 내용 구상하기	10'	○ 신문의 구성과 내용을 살펴보고 그 특성을 이해한다. ○ 가족 신문에 어떤 내용의 기사를 실을 것인가를 구상하고 신문의 대략적인 얼개를 짠다.	교실	
중심활동	자료 모으고 분류하기 기사 내용 작성하기 기사 내용 편집하기	30'	○ 사진, 그림, 삽화 등 신문을 만드는 데 필요한 자료를 모아보고 기사 내용에 따라 분류한다. ○ 구상한 내용을 고려하여 자기 가족의 특색을 잘 나타낼 수 있는 기사를 작성한다. ○ 작성한 기사를 신문 용지의 크기와 미관을 고려하여 배치하고 기사의 제목을 만든다.	교실	● 가족화목
정리활동	감상하기 정리하기	10'	○ 완성된 가족 신문을 한데 모아 감상 활동을 통해 서로 잘된 점을 찾아본다. ○ 주변 정리 및 청소하기	교실	
평가	● 흥미를 갖고 주제에 맞게 기사화하고 꾸몄는가? ● 작품을 바르게 감상하고 정리정돈 하는가?				
자료	● 교사: 참고 작품 ● 아동: 가족에 관한 여러 가지 자료, 4절 캔트지, 색연필, 사인펜 등				
지도상의 유 의 점	● 가족 간의 사랑과 화목이 잘 드러날 수 있는 기사, 가족들의 새로운 소식 등을 소개하도록 한다. ● 친구의 작품을 보면서 가족에 대해 비난하지 않도록 지도한다.				

재량 활동 교수 · 학습 과정안(고학년)

영 역	창의적 재량 활동			대 상	
일 시	년 월 일 요일			지도교사	
제 재	행복한 우리 가정				
활동목표	● 행복한 가정이란 어떤 것이고, 우리가 노력해야 할 점은 무엇인지 말할 수 있다.				
장 소	교실	활동방법	토의학습	소요시간	50'

단 계	활동 과정	시간 (분)	활동 내용	장 소	관련 학습요소
준비활동	가족 모두 행복했던 순간 연상하기	10'	○ 부모님뿐만 아니라 온 가족이 즐거웠던 일 발표 해보기 ○ 온 가족이 즐거워하는 사진을 제시하며 설명해 보기	교실	
중심활동	행복한 우리 가정	30'	<활동 1> ○ 행복한 우리 가족의 모습을 그려 보기 스케치북에 그리기 <활동 2> ○ 행복 카드 만들기 　● 신문에서 가장 행복한 이야기나 그림을 오려서 카드로 만들기 　● 뒷면에 주고 싶은 가족도 적어 보기 <활동 3> ○ 행복한 가족을 만들기 위해 내가 할 일 편지로 적기 　● 부모님 두 분께 따로 적어도 좋고 같이 적어도 좋다. 　● 실천 가능한 약속을 적는다. 　● 부모님께 부탁하고 싶은 말도 적는다.	교실	● 인성 교육 ● 충효 교육
정리활동	실천 의지 다지기	10'	○ 이런 일을 잘 실천하면 우리 가족은 어떻게 될까? 발표해 본다. ○ 행복한 가정이 되기 위해선 나의 역할이 중요하다는 것을 아동들이 확실히 인식하도록 한다. ○ 과제 　● 부모님 안아드리기 반응 적어 오기	교실	
평가	● 우리 가족이 행복해지기 위해 내가 할 일을 알고, 실천 의지를 다질 수 있는가?				
자료	● 크레파스, 스케치북, 두꺼운 종이, 신문, 가위, 풀, 사인펜, 편지지, 편지 봉투 등				
지도상의 유 의점	● 가족의 행복을 위해선 나의 역할이 중요하다는 것을 알고, 책임 의식과 실천 의지를 다지도록 한다.				

재량 활동 교수 · 학습 과정안(고학년)

영 역	창의적 재량 활동			대 상	
일 시	년 월 일 요일			지도교사	
제 재	봄의 야생화				
활동목표	• 봄의 들판에서 흔히 볼 수 있는 내가 알고 있는 야생화를 말해 보고 찾아볼 수 있다.				
장 소	교실	활동방법	조사 협동 학습	소요시간	50'

단 계	활동 과정	시간 (분)	활동 내용	장 소	관련 학습요소
준비활동	우리나라의 야생화 알아보기	10'	○ 우리나라 야생화를 본 경험 발표하기 ○ 야생화 이름 이야기하기 ○ 들어 본 야생화와 화보 소개하기	컴퓨터실	

중심활동	봄의 야생화
	알아보기
		20'	○ 책, 신문, 잡지, 인터넷 등에서 조사, 수집한 꽃에 대하여 발표하기
			• 꽃의 이름, 특징, 생김새, 꽃말 등을 정리한다.
			○ 새로운 야생화 찾기
			○ 야생화의 특징 알기
			• 우리나라 전 지역에 분포한다.
			• 약재로 많이 쓰인다.
			• 깨끗한 곳에서 자란다.
			• 아름다운 꽃을 피운다.
			• 특이한 이름을 가지고 있다.
			○ 우리 학교 주변에서 보았거나 이름을 들었던 야생화 조사하기
				컴퓨터실	• 환경
					  보전
					
					• 자연
					  보호

정리활동	조사한 것 소개하기	10'	○ 내가 조사한 봄의 야생화를 프린트하여 모둠원끼리 시계 방향으로 돌려보고, 비교 · 소개해 본다. ○ 우리 것의 소중함을 알고 자연을 소중히 하는 마음을 갖도록 한다.	컴퓨터실	
평가	• 봄의 야생화 종류와 특징을 설명할 수 있는가? • 꽃을 보고 구별할 수 있는가?				
자료	• 야생화의 화보, 컴퓨터, 프린터, A4용지 등				
지도상의 유 의 점	• 꽃의 종류는 수도 없이 많으나 특히 봄에 자생하는 꽃을 국한하여 조사해 보고, 그 특징을 알 수 있도록 범위를 제한하도록 한다.				

재량 활동 교수 · 학습 과정안(고학년)

영 역	창의적 재량 활동			대 상	
일 시	년 월 일 요일			지도교사	
제 재	새, 곤충, 식물과 나				
활동목표	• 안전한 나들이 방법과 동, 식물의 관찰 방법 및 관찰 기록문을 쓰는 방법을 알 수 있다.				
장 소	교실	활동방법	토의학습	소요시간	50'

단 계	활동 과정	시간 (분)	활동 내용	장 소	관련 학습요소
준비활동	'봄'과 연상되는 말 마인드맵 하기	10'	○ '봄' 하면 연상되는 말을 마인드맵 하기 ○ 봄에 볼 수 있는 식물과 동물을 스무 고개 놀이를 통해 알아보기	교실	• 환경 환경
중심활동	안전한 나들이 방법 알기 동, 식물의 관찰 방법 알기 관찰 기록문 쓰는 방법 익히기	20'	○ 봄 동산을 관찰하기 위해 지켜야 할 안전 수칙을 알아보기 ○ 동, 식물을 자세히 관찰하는 방법을 알아보기 ○ 말 · 듣 · 쓰 53쪽을 보고 개미귀신에 대한 관찰 기록문을 읽고 관찰 기록문에 들어갈 내용 알기	교실	
정리활동	준비물 안내하기	10'	○ 봄 동산 관찰에 필요한 준비물을 알아보고, 모둠 별로 준비할 수 있도록 역할 분담하기	교실	

평가	• 관찰 기록문에 들어갈 내용을 알고 있는가? • 안전한 나들이를 하기 위해 지킬 일을 알고 있는가?
자료	• 파브르 곤충기, 곤충, 식물의 사진이나 그림 등
지도상의 유 의 점	• 동물과 식물 등 생명에 대해 소중히 생각하도록 한다. • 관찰하는 방법에 대해 자세히 지도한다.

재량 활동 교수 · 학습 과정안(고학년)

영 역	창의적 재량 활동			대 상	
일 시	년 월 일 요일			지도교사	
제 재	야외 동산 관찰				
활동목표	● ○○산에 올라가 봄빛으로 변해 가는 동 · 식물을 관찰하고 자연의 신비를 느낄 수 있다.				
장 소	교실	활동방법	체험학습	소요시간	100'

단 계	활동 과정	시간 (분)	활동 내용	장 소	관련 학습요소
준비활동	봄 환경에 대해 서로 이야기 해 보기	10'	○ '봄동산 꽃동산' 노래 부르기 ○ 봄에 관계되는 노래를 다양하게 부르기 ○ 산에 갔을 때 조심해야 할 일 알아보기	교실	

중심활동	야외의 봄 동산 관찰하기	80'	○ 주위를 둘러보기
			○ 모둠원들과 함께 파릇파릇 피어나는 식물을 자세히 관찰하기
			○ 관찰한 식물을 그려 보기
			○ 이론에서만 알던 식물을 실물과 대조해 본다.
			○ 향기를 맡아보고 손으로 만져 보기
			○ 땅 위를 자세히 살펴 동물 관찰하기
			○ 날아다니는 동물이 있나 관찰하기
			○ 친구들과 상의하여 종류와, 생김새를 적어 보기
				교실	● 환경
					  보전
					
					● 자연
					  보호

정리활동	등산에서 관찰한 것 소개하고 정리하기	10'	○ 모둠원끼리 시계 방향으로 돌려 친구들이 보고 관찰한 것을 얘기해 보고 집중 모임을 갖고 전체 친구들 앞에서 발표해 보도록 한다. ○ 우리가 버린 것들은 반드시 우리가 처리해야 다음에 산을 찾는 이가 즐겁다는 것을 알고, 또 자연이 변함없이 유지된다는 것을 아동들이 스스로 터득하도록 한다.	교실	
평가	● 산에서 관찰한 것들을 본 대로 그리고 표현할 수 있는가? ● 자연의 아름다움에 대해 소감을 말할 수 있는가?				
자료	● 간편한 복장, 메모지, 학습지, 필기도구 등				
지도상의 유 의 점	● 자유분방하게 관찰하도록 하나 숲 속에 오면 조심해야 할 동 · 식물이 있다는 걸 알고 스스로 조심하며 자연이 훼손되지 않도록 주의하도록 한다.				

영 역	창의적 재량 활동		대 상	
일 시	년 월 일 요일		지도교사	
제 재	나의 탄생			
활동목표	● 생명의 소중함을 알고 올바른 생활을 실천할 수 있다.			

장 소	교실	활동방법	조사학습	소요시간	50'

단 계	활동 과정	시간 (분)	활동 내용	장 소	관련 학습요소
준비활동	작년과 올해의 나의 신체 변화	5'	○ 작년과 올해의 신체의 변화 알아보기 ○ 올해의 달라진 점 ○ 얼마나 달라졌나?	교실	
중심활동	내 출생의 비밀	40'	○ 사람의 일생 알아보기 ○ 나와 부모님의 닮은 점 찾아보기 ○ 내가 후손에게 물려주고 싶은 성격이나 정신 이 야기하기 ○ 나의 신체도 그려 보기	교실	● 인성 교육
정리활동	학습 활동 결과 발표 및 정리	5'	○ 생명의 전달 ○ 생명의 소중한 의미 찾기 ○ 올바른 정신, 바른 마음의 중요성 찾기	교실	
평가	● 생명의 소중함을 말로 표현할 수 있는가? ● 부모님과 나의 같은 점을 찾을 수 있는가?				
자료	● 조부모 및 부모, 나의 사진, 사인펜, 색연필 등				
지도상의 유 의 점	● 생명의 소중함을 알고 나의 탄생을 통하여 생명의 신비와 존엄성을 깨달을 수 있도록 한다. 또한 생명의 연속성을 알고 올바른 생활을 실천할 수 있도록 한다.				

영 역	창의성 재량 활동			대 상	
일 시	년 월 일 요일			지도교사	
제 재	내 친구				
활동목표	● 이성에 대한 관심을 이야기할 수 있다. ● 사랑의 자연스러운 표현 방법을 알고 사랑을 위해 노력할 수 있다.				
장 소	교실	활동방법	체험학습	소요시간	50'

단 계	활동 과정	시간 (분)	활동 내용	장 소	관련 학습요소
준비활동	사랑의 종류	5'	○ 사랑의 종류에 대해 알아보기 ○ 우리 반 친구들이 좋아하는 이성 친구 ○ 설문 조사 결과를 발표한다. ○ 학습 문제 확인 및 학습 안내	교실	
중심활동	사랑의 표현 방법	40'	○ 사랑을 표현하는 방법 알아보기 ○ 이 세상에 사랑이 없다면 상상하여 이야기해 보기 ○ 이성 친구와 자연스럽게 친해질 수 있는 방법 이야기하기 ○ 내 마음을 전하기	교실	● 인성 교육 ● 성 교육
정리활동		5'	○ 사랑의 가치에 대해 이야기하기 ○ 사랑을 위해 노력해야 할 점 알아보기 ○ 학습 내용 정리하기	교실	
평가	● 이성 간의 사랑을 잘 표현할 수 있나? ● 사랑하는 대상에게 편지를 쓸 수 있나?				
자료	● 설문 조사 결과				
지도상의 유 의 점	● 이성 간의 사랑을 표현할 때 신체적 표현보다 마음의 표현에 중점을 두어 지도하도록 한다. 학생들이 이 시간을 통하여 여러 가지 형태의 사랑에 좋은 의미를 부여할 수 있도록 지도에 유의한다.				

재량 활동 교수 · 학습 과정안(고학년)

영 역	창의성 재량 활동			대 상	
일 시	년 월 일 요일			지도교사	
제 재	전래 동요의 세계				
활동목표	• 전래 동요를 감상하고 전래 동요를 부를 수 있다.				
장 소	교 실	활동방법	조사 협동 학습	소요시간	50'

단 계	활동 과정	시간(분)	활동 내용	장 소	관련 학습요소
준비활동	전래 동요 부르기	10'	○ 알고 있는 전래 동요 부르기 ○ 간단한 율동하며 동요 부르기	교실	
중심활동	가사 바꾸어 보기	40'	○ 전래 동요 부르기 ○ 전래 동요에 대하여 알아보기 ○ 가사 바꾸어 부르기	교실	• 문학 고전
정리활동	전래 동요를 부르면서 느낀 점	10'	○ 전래 동요를 부르면서 느낀 점 이야기하기 ○ 전래 동요에 대해 알게 된 점 발표하기 ○ 차시 예고	교실	

평가	• 전래 동요를 흥겹게 부를 수 있는가? • 전래 동요의 가사를 느낌에 맞도록 잘 바꾸었는가?
자료	• 전래 동요 테이프, 전래 동요집 등
지도상의 유의 점	• 요즘의 청소년들은 동요보다는 가요에 더 익숙해져 있다. 이런 학생들에게 전래 동요에 대한 관심과 흥미를 가질 수 있도록 잘 이끌어 준다.

영 역	창의성 재량 활동				대 상	
일 시	년 월 일 요일				지도교사	
제 재	더불어 사는 우리					
활동목표	● 학급 신문 제작을 통해 협동하는 마음을 가질 수 있다.					
장 소	교실	활동방법	조사 협동 학습		소요시간	50'

단 계	활동 과정	시간 (분)	활동 내용	장 소	관련 학습요소
준비활동	학급 신문을 만들 때의 태도	5'	○ 학급 신문을 만드는 필요성 ○ 협동하는 마음 가지기	교실	
중심활동	학급 신문 만들기	40'	○ 준비물 점검하기 ○ 제작 방법 협의하기 ○ 작업 계획 세우기 ○ 협동하여 작품 제작하기	교실	● 인성 교육
정리활동	학급 신문을 만들면서 느낀 점	5'	○ 교실 벽면에 붙이기 ○ 교실 꾸미기 ○ 작품 감상하기 ○ 학급 신문을 만들면서 느낀 점 발표하기	교실	
평가	● 학급 신문을 다양한 방법으로 잘 만들었나? ● 학급 신문을 만들 때 협동하는 태도를 가졌나?				
자료	● 4절 켄트지, 색종이, 색 사인펜, 가위, 풀 등				
지도상의 유 의 점	● 협동 작품을 만들다 보면 잘하는 아동과 그렇지 못한 아동이 생기게 된다. 하지만 잘 못하는 학생들도 그 작품에 무엇인가 능력을 발휘하며 참여할 수 있도록 잘 이끌어 준다.				

참고문헌

강현석 외(2004). 현대 교육과정과 교육평가. 서울: 학지사.

경기도교육정보연구원(2000). 창의성 교육, 수원: 경기도교육정보연구원출판부.

교육과학기술부(2008). 고등학교 교육과정 해설. 광주: 한솔사.

교육과학기술부(2008). 중학교 교육과정 해설. 광주: 한솔사.

교육과학기술부(2008). 초등학교 교육과정 해설. 광주: 한솔사.

교육과학기술부(2008). 2007년 개정 초등학교 교육과정 해설(1). 서울: 대한교과서주식회사.

교육부(2000). 특별황동ㆍ재량활동 교육과정의 편성과 운영. 교육부 장학자료.

교육인적자원부(2007). 고등학교 교육과정(교육인적자원부 고시 제2007-79호). 서울: 대한교과서주식회사.

교육인적자원부(2007). 중학교 교육과정(교육인적자원부 고시 제2007-79호). 서울: 대한교과서주식회사.

교육인적자원부(2007). 초등학교 교육과정(교육인적자원부 고시 제2007-79호). 서울: 대한교과서주식회사.

교육인적자원부(2008). 고등학교 교사용 지도서(계발활동). 서울: 대한교과서주식회사.

교육인적자원부(2008). 고등학교 교사용 지도서(봉사활동). 서울: 대한교과서주식회사.

교육인적자원부(2008). 고등학교 교사용 지도서(자치활동). 서울: 대한교과서주식회사.

교육인적자원부(2008). 고등학교 교사용 지도서(적응활동). 서울: 대한교과서주식회사.

교육인적자원부(2008). 고등학교 교사용 지도서(행사활동). 서울: 대한교과서주식회사.

교육인적자원부(2008). 초등학교 교육과정 해설(특별활동). 서울: 대한교과서주식회사.

교육인적자원부(2008). 초등학교 교사용 지도서(계발활동). 서울: 대한교과서주식회사.

교육인적자원부(2008). 초등학교 교사용 지도서(봉사활동). 서울: 대한교과서주식회사.

교육인적자원부(2008). 초등학교 교사용 지도서(자치활동). 서울: 대한교과서주식회사.

교육인적자원부(2008). 초등학교 교사용 지도서(적응활동). 서울: 대한교과서주식회사.

교육인적자원부(2008). 초등학교 교사용 지도서(행사활동). 서울: 대한교과서주식회사.

교육인적자원부(2008). 중학교 교육과정 해설(특별활동). 서울: 대한교과서주식회사.

교육인적자원부(2008). 중학교 교사용 지도서(계발활동). 서울: 대한교과서주식회사.

교육인적자원부(2008). 중학교 교사용 지도서(봉사활동). 서울: 대한교과서주식회사.

교육인적자원부(2008). 중학교 교사용 지도서(자치활동). 서울: 대한교과서주식회사.

교육인적자원부(2008). 중학교 교사용 지도서(적응활동). 서울: 대한교과서주식회사.

교육인적자원부(2008). 중학교 교사용 지도서(행사활동). 서울: 대한교과서주식회사.

교육인적자원부(2008). 중학교 교육과정 해설(특별활동). 서울: 대한교과서주식회사.

교육인적자원부(2007). 중학교 재량활동의 선택 과목 교육과정. 서울: 대한교과서주식회사.

교육인적자원부(2002). 지식 사회의 도래와 한국 교육의 대응. 교육인적자원부 홍보 자료.

교육인적자원부(1997). 특별활동 교육과정(고시 별책 18). 서울: 대한교과서주식회사.

교육인적자원부(2007). 특별활동 교육과정. 서울: 대한교과서주식회사.

교육인적자원부(2001). 특별활동 교육과정 편성·운영의 실제, 서울: 대한교과서주식회사.

권이종(1997). 독일의 특별활동. 특별활동 교육과정 개정 위원회 미간행 자료. 한국교원대학교.

김대현 외(2004). 교육과정 및 교육평가. 서울: 학지사.

김두정(2004). 한국 학교 교육과정의 탐구. 서울: 학지사.

김성래(2002). 중학교 창의적 재량 활동의 효율적인 운영. 부산교육 303호. 부산광역시교육과학연구원.

김은영(2007). 한권으로 끝내는 창의적 재량 활동. 서울: 삼양미디어.

김재복 외(2000). 초등학교 교육과정 해설. 서울: 교육과학사.

김재춘·부재율·소경희(2008). 교육과정과 교육평가. 파주: 교육과학사.

김정규(2008). 교육과정과 교육평가. 서울: 형설출판사.

김종서(2003). 교육과정과 수업. 서울: 배영사.

김종화 외(2008). 교육과정 및 교육평가. 서울: 형설출판사.

김진곤(2001). 초등학교 재량 활동 교육과정 활성화 연구. 동아대학교 교육대학원 석사학위논문.

김필식 외(2008). 현대 교육학 개론. 서울: 형설출판사.

남궁용권 외(2008). 신교육학 개론. 서울: 양서원.

대전갈마초등학교(2001). 창의적 재량 활동 교육과정. 교육부 지정 교육과정 연구학교 보고서.

동상초등학교(2001). 창의적 재량 활동 학년별 프로그램 적용을 통한 자기 주도적 학습 능력신장. 부산광역시교육청 지정 시범학교 보고서.

박경묵 외(2000). 초등 특별활동론. 서울: 양서원.

박경묵 외(2004). 특별활동·재량 활동 교육과정의 이해. 서울: 양서원.

박도순 외, 교육과정과 교육평가, 서울: 문음사, 2003.

박순경(1999). 교육과정 운영에 있어서 재량 활동의 함의. 교육학 연구. 제37집. 제4호.

박순경·소경희·차우규(1998). 초등학교 재량 활동 활성화 방안 연구. 한국교육과정평가원연구보고서.

박승배(2008). 교육과정학의 이해, 서울: 양서원.

박은종 외(2003). 푸른 꿈을 그리는 재량 활동. 서울: 한국교육출판사.

박은종(2005). 특별활동 길라잡이. 서울: 한국교육신문사.

박은종(2008). 한국 사회과 교육과정 탐구: 분석 및 모형 개발 탐색. 파주: 한국학술정보(주).

박점란(2001). 자기 주도적 학습 능력 신장을 위한 주제 탐구 중심 재량 활동 프로그램 개발. 이화여자대학교 교육대학원 석사학위 논문.

박찬석(2002). 도덕과 교육과정의 재량 활동에 관한 연구. 국민윤리연구. 제49집.

박철홍(1985). 공통 교육과정의 쟁점에 관한 고찰. 서울대학교 대학원 석사학위 논문.

부산광역시교육청(2003). 초등학교 재량 활동 자료집. 부산광역시교육청.

분포중학교(2003). 다양한 창의적 재량 활동 프로그램 개발·적용을 통한 자기 주도적 학습능력 신장. 부산광역시교육청 지정 시범학교보고서.

송민영(2005). 초등학교 특별황동·재량활동. 파주: 학지사.

송인섭 외(20080. 교육과정 및 교육평가. 서울: 양서원.

신동로(2008). 교육과정과 교육평가. 서울: 형설출판사.

양경순(2001). 제7차 교육과정의 재량 활동에 관한 초등학교 교사의 인식 연구. 홍익대학교 교육경
　　　영관리대학원 석사학위 논문.

양미경(2008). 교육과정 및 교수 방법. 파주: 교육과학사.

오성삼 외(2008). 교육과정 평가의 이해. 서울: 양서원.

운현초등학교(1996). 교육과정 구성의 이론적 배경과 실제. 운현초등학교 열린교육 자료집.

유광찬(2001). 특별황동 및 재량활동. 서울: 교육과학사.

유광찬(2006). 특별활동과 재량활동의 탐구. 파주: 교육과학사.

유광찬·장미옥(2002). 재량 활동 운영 실태 및 개선 방안에 관한 연구. 초등교육연구. 제15집. 제1호.

윤병희(2002). 미래 사회와 교육과정의 연구 과제. 교육과정연구. 19(1). 한국교육과정학회.

이경환(1998). 재량 활동 교육과정의 편성·운영. 교육부. 제7차 교육과정 연수자료.

이규은(2000). 재량 활동 교육과정 편성·운영의 실제. 서울: 도서출판 창.

이규은(2003). 초등학교 재량 활동 교육과정에 관한 실태 조사 연구. 초등교육연구. 제16집. 제2호.

이규은(2004). 특별활동 교육과정의 이론과 실제. 서울: 동문사.

이성호(2008). 교육과정. 서울: 문음사.

이영만(2008). 통합교육과정, 파주: 학지사.

이영준(2002). 초등학교 재량 활동의 운영 실태 및 개선 방안에 관한 연구. 부산교육학연구. 15(1).

이해명(2008). 현대 교육과정 및 교육평가. 서울: 교육아카데미.

이향숙(2002). 초등학생들의 정보 윤리 의식 실태에 관한 연구. 광주교육대학교 교육대학원 석사학
　　　위 논문.

정영근(2002). 한국 학교 수준 교육과정 개발 유형 특징의 연구: 재량 활동에 있어서의 교사의 교
　　　육과정 활동을 중심으로. 교육과정여구. 제20지1. 제3호.

정원구(2002). 고등학교 재량 활동 교육과정 편성·운영. 부산교육. 제303호. 부산광역시교육 과학
　　　연구원.

정원욱(2003). 중학교 창의적 재량 활동. 서울: 서원각.

조혜천(2001). 초등학교 재량 활동 교육과정 연구. 단국대학교 교육대학원 석사학위 논문.

최호성(2008). 교육과정 및 평가. 파주: 교육과학사.

충북영동고등학교(2002). 제7차 교육과정 시행에 대비한 재량 활동 교육과정의 편성 운영. 연구학
　　　교 보고서.

충청남도교육청(2001). 자치·적응활동의 실제. 충청남도교육청 장학자료.

충청남도교육청(2003). 창의적 교육활동 운영의 실제. 충청남도교육청 장학자료.

충청남도교육청(2004). 초등학교 교육과정편성·운영 지침. 충청남도교육청 장학자료.

충청남도교육청(2005). 초등학교 교육과정 핸드북. 대전: 용해출판사.

충청남도교육청(2001). 특별활동 편성·운영. 대전: 성문출판사.

충청남도당진교육청(2001). 새시대 새교육 새로운 교육과정. 충청남도당진교육청 장학자료.

충청남도당진교육청(2001). 실천중심 장학자료. 충청남도당진교육청 장학자료.

한국교육학술정보원(2001). ICT활용 교육을 통한 학교 교육 내실화 방안 연구. 한국교육학술정보원.

함수곤(1997). 일본의 특별활동. 특별활동 교육과정 개정 위원회. 미간행 자료. 한국교원대학교.

함수곤(2000). 교육과정과 교과서. 서울: 대한교과서주식회사.

함수곤·김명수·조주연·양미경(2000). 제7차 교육과정에 따른 초·중등학교 재량 활동 실천사례 개발. 교육인적자원부 수탁과제.

함종규(1989). 인간 형성을 위한 교육과 특별활동: 학교 교육에서의 특별활동 역할 기능을 중심으로. 숙명여자대학교 논문집. 제29편.

허미경(2002). 초등학교 재량 활동 운영에 관한 연구. 부산대학교 교육대학원 석사학위 논문.

허영식(2008). 지구촌 시대의 시민교육. 서울: 학문사.

현철호(2003). 중학교 창의적 재량활동. 서울: 서원각.

홍후조(2003). 교육과정의 이해와 개발, 서울: 문음사.

황기현(2003). 중학교 창의적 재량 활동. 서울: 서원각.

Apple.M.W.(1979). *Ideology and Curriculum*. London: RKP.

Brady.L.(1987). *Curriculum development*. NY: Prentice Hall.

Brooks.J.G. & Brooks.M.G(1993). *The case for constructivist classrooms*. Alexandria. VA: Association for Supervision and curriculum Development.

Burbules.N.C.(1993). *Dialogue in teaching*. New York: Teachers College press.

Cohen.D. & Harrison.M.(1992). *Curriculum action project: Areport of curriculum design making in Australian secondary schools*. Sydney: Macquire University.

Dewey. J.(1938). *Experience and Education*. New York: Macmillan.

Gall.M.D., Gall.J.P., Jacobsen.D.R., & Buullock.T.L.(1990). *Tools for learning*. Alexandria, Virginia: Association for Supervision and Curriculum Development.

Hamrin.S.A., & Erickson.C.E.(1939). *Guidance in The Secondary School*. London: Ha-per.

Jacobson.P.B.(1979). *The Principalship*. New Jersey : Prentice-Hall.

Karoly, P. & Kanfer, F. H. (1982). *Self Management and Behavior Changer: From Theory to Practice*. N. Y.: Pergamon Press.

Long.H.B.(1989). *Theoretical foundations for self-directed learning*. Paper presented at the Annual Meeting of the American Associstion for Adult and Continuing Education(Atlantic City.NJ).

Marsh, C., Day, C., Hannay, L., & McCutcheon, G.(1990). *Reconceptulizing School-based Curriculum development*. London: The Famer Press.

Michaels, K.(1988). *Curriculum development and design*. Boston: Allen & Unwin.

Skibeck, M.(1989). *The school and curriculum decisions*. in Ron, I. Glatter(eds.).

Spring.J.(1986). *The American School 1642 ~1985*. New York: Longman.

Steffe.L. & Gale.J.(1995). *Constructivism in Education*. Hillsdale.HJ: Lawrence Erlabum Associates.

Tamir & Peretz(1986). *Teacher's autonomy in a centrally developed and controlled curriculum*. ERIC. RD 269386.

Tanner & Tanner.L.(1980). *Curriculum development*: Theory into pratice. NY: MacMillan.

Tyler.R.W.(1949). *Basic principals of curriculum instruction*. Chicago: University of Chicago Press.

Walker.D.F.(1971). *A naturalistic model for curriculum development*. School Review.80(1).

Young.M.F.D.(1998). *The curriculum of the future: From the 'new sociology of education' to a critical theory of learning*. London: Collier−Macmillan.

Zais.E.(1986). *The uncertainty principle in curriculum planning*. Theory into practice. 25(1).

·저자·

박은종
(朴殷鍾)

·약 력·

학력
진주교육대학교 사회교육과 졸업
충남대학교 교육대학원 사회교육과 졸업
한국교원대학교 대학원 사회과교육학과 사회과교육 전공 졸업
충남대학교 대학원 교육학과 교육심리학 및 교육과정 전공 박사과정 수료
공주대학교 대학원 사회교육학과 사회과교육 전공 박사과정 졸업
(교육학 박사: 사회과 교과 교육학 전공)

경력
한국교총 정책전문위원, 혁신위원, 교권위원, 홍보위원
충남교총 연구위원
충남교육청 장학자료 개발위원
한국 교원 교직윤리헌장 제정위원
충남대학교 교육연구소 객원연구원
충남대학교 인문과학연구소 객원연구원(Post-doc)
교육과학기술연수원 강사
공주대학교 시간 강사
홍익대학교 교양학부 외래 교수
한국산업연수원 청주능력개발원 외래 첨삭 교수
동신대학교 교양교직학부 외래 교수
충청남도교육청 장학사 (충청남도당진교육청·부여교육청 근무)
(현) 충청남도교육연수원 교육연구사
     공주대학교 겸임 교수
e-mail: ejpark7@kongju.ac.kr

·논문·
사회과 기능 영역의 지도 방안 연구
사회과 수업 설계에 관한 연구
사회과의 새로운 평가 방법 연구
사회과 법교육과정 연계성 분석 연구
초등학교 사회과 교과서 자료 분석 연구
현대 사회과 교육의 구성주의적 접근 방법 연구
세계화 시대 한국 민주시민교육 접근 방법 탐색
국제 이해 증진을 위한 세계 시민 교육의 방안 연구
제7차 사회과 교육과정의 문제점과 대안적 접근 방안 연구
세계화·정보화 시대 바람직한 민주시민교육 방법 연구
국제이해교육 증진을 위한 세계시민교육 접근 방법 연구
외 다수

·저서·
수업 장학 및 수업 분석(공)
현장 체험 학습 길라잡이(공)
재량 활동 교육과정 지도(공)
특별활동 길라잡이(공)
사회과 평가 자료집(공)
사회과 교육학과 교육평가
한국 사회과 교육과정 탐구: 분석 및 모형 개발 탐색

재량활동 교육과정의 실행:

이론과 실제

• 초판 인쇄	2008년 11월 25일
• 초판 발행	2008년 11월 25일
• 지 은 이	박은종
• 펴 낸 이	채종준
• 펴 낸 곳	한국학술정보㈜
	경기도 파주시 교하읍 문발리 513-5
	파주출판문화정보산업단지
	전화 031) 908-3181(대표) · 팩스 031) 908-3189
	홈페이지 http://www.kstudy.com
	e-mail(출판사업부) publish@kstudy.com
• 등 록	제일산-115호(2000. 6. 19)
• 가 격	23,000원

ISBN 978-89-534-5151-3 93370 (Paper Book)
　　　 978-89-534-5158-2 98370 (e-Book)